适用于高等学历继续教育

人力资源培训与开发

张燕娣　主　编

徐小莲　副主编

复旦大学出版社

前　言

对个人而言,在这个快速变化的新时代,终身学习已成为必然。对组织而言,随着经济全球化进程的加快,市场竞争日益激烈,人力资源培训与开发的价值与意义愈加突显。组织的竞争,说到底是人才的竞争,只有重视人力资源培训与开发,加强人才培养,不断为组织赋能,才能使组织在激烈的竞争中立于不败之地。从国家层面来看,党的十八大以来,党中央作出人才是实现民族振兴、赢得国际竞争主动的战略资源的重大判断,并作出全方位培养、引进、使用人才的重大部署。习近平总书记强调,"人才是衡量一个国家综合国力的重要指标。国家发展靠人才,民族振兴靠人才"。可见人才培养已经上升到关乎国家发展、民族振兴的战略高度。而全方位的人才培养,仅仅靠正规的学校教育是远远不够的,培训与开发作为全方位人才培养体系的重要组成部分,其地位与作用不言而喻。人力资源培训与开发无论对个人提升、组织获取竞争优势还是国家发展都有着至关重要的意义。

培训与开发是人力资源管理的一项重要职能,其内容涉及人力资源管理中的"育人"和"用人",联结着"选人"与"留人",在整个人力资源管理过程中居于核心地位。我们期望通过本书为广大读者呈现出系统、实用的人力资源培训与开发理论及技术知识,回答好人力资源培训与开发"是什么""为什么""怎么做""怎么用"这样几个问题,以期对读者在培训与开发领域取势、明道、优术有所启迪和助益。

本书具有以下特点:

1. 时代特色鲜明

本书吸收了培训与开发近年来的最新研究成果和有关数据资料,介绍了当前培训与开发实践中的新方法、新案例,也反映了当今时代重大事件对培训与开发的影响,具有较强的时代性。

2. 内容系统,重点突出

横向来看,现代意义上的人力资源培训与开发已有了更为丰富的内涵。本书既介绍了一般意义上的培训与开发理论与实务,又介绍了职业开发与组织发展,在内容上涵盖了现代人力资源培训与开发的各个模块,并且对每个模块的内容都进行了系统介绍。其中,第四章到第七章对一般意义上的培训与开发流程的各个环节(需求分析、计划制定、组织与实施、效果评估与转化)分章进行了详细介绍,突出了重点。纵向来看,本书内容既包括了培训与开发的历史、现在和未来的时间发展线,也体现了从一般方法技术介绍到不同人员培训开发的具体应用的逻辑线,脉络清晰。横向与纵向结合,体现了本书的全面性和系统性。

3. 理论性与应用性并重

本书对人力资源培训与开发涉及的概念、基础理论、模型等理论知识阐述清楚,具有很强的理论性。如第二章专章介绍了学习理论的有关内容,还有其他章节的培训效果转化理论、职业选择理论、职业生涯发展阶段理论、战略性员工培训模型、培训效果评估模型等。同时,本书对人力资源培训开发的一般流程方法进行了细致介绍,并借助案例、培训与开发实践中的工具、表单、制度文件等突出方法技术的实用性,使读者能快速掌握实务操作技能。本书第八章分别对新员工、管理人员、骨干员工、外派人员和领导力培训开发的方法流程进行了详细介绍,也充分体现了实用、具体的特点。

4. 体例编排实用有新意

本书体例编排充分考虑教学需要,在每章前设置了知识导览图,形式新颖,同时还设有学习目标、重点概念,有助于读者快速了解本章知识体系框架、学习或教学目的与重点。然后通过引导案例引出该章内容,让读者带着问题进入该章内容的学习,其间还以资料链接的形式呈现了大量实用的表格模板及文案。每章后有案例分析和练习,便于读者回顾、总结与巩固该章内容,提高学习效果。每章后的思考与练习题型多样,有单选题、多选题、简答题、论述题,内容突出该章重点,形式契合考试需要,便于教学使用。

5. 满足多种使用需求

基于以上几个方面的特点,本书既可以作为高等院校管理类专业的教材与考试用书,也可以作为人力资源培训机构或各类组织中管理者的培训用书,还可以供人力资源管理工作者或相关工作人员在实践中参考使用。

本书由张燕娣(上海师范大学)担任主编,徐小莲(上海市教育考试院)担任副主编。具体分工如下:张燕娣负责编写第一章、第三到第十章,徐小莲负责编写第二章和各章的思考与练习题。全书由张燕娣负责结构与内容体系设计、案例选取、统稿和修改定稿。

本书的编写得到了我的研究生们的不少帮助:刘嘉根参与了本书部分资料的初期收集整理工作,姜焕志参与了部分案例资料的收集整理和部分初稿的文字校对工作,邵学良参与了思维导图的制作和部分初稿的文字校对工作,白云、陈茹参与了部分初稿的文字校对工作。在此对他们的辛勤付出表示衷心感谢!

本书的完成与出版得到了上海师范大学继续教育学院俞伟东院长和盛爱军副院长的大力支持与帮助,在此谨致以最诚挚的谢意!出版过程中,也得到了复旦大学出版社于佳老师的诸多帮助与建议,在此一并表示感谢!

在本书的编写过程中,我们参阅了国内外专家学者的大量书刊文章,得到了许多收获和启发,在此向所有作者表示深深的谢意!

虽然本书在编写过程中经过反复修改,但由于知识水平有限,肯定存在错漏之处,恳请各位专家、学者、人力资源从业者及广大读者批评指正。

上海师范大学　张燕娣

2022 年 1 月于上海徐汇

目 录

第一章 人力资源培训与开发概述 ·· 1
    第一节 人力资源培训与开发的含义与作用 ································ 4
    第二节 培训与开发的原则、类型与流程 ·································· 11
    第三节 战略性培训与开发 ·· 16
    第四节 培训与开发的历史与发展 ·· 22

第二章 培训与开发基础理论 ··· 35
    第一节 学习与学习过程概述 ·· 38
    第二节 西方主要学习理论 ·· 44
    第三节 成人学习理论 ·· 47

第三章 培训开发管理体系建设 ·· 55
    第一节 培训开发管理体系建设概述 ······································· 60
    第二节 培训开发管理体系的内容 ·· 65
    第三节 培训开发管理体系的组织建设 ···································· 74

第四章 培训需求分析 ··· 85
    第一节 培训需求分析概述 ·· 87
    第二节 培训需求分析的内容与实施 ······································· 92
    第三节 培训需求分析结果 ·· 105

第五章 培训计划制定 ··· 113
    第一节 培训目标设计 ·· 116
    第二节 培训计划编制 ·· 119
    第三节 培训经费预算 ·· 127

第六章 培训的组织与实施 ··· 136
    第一节 培训实施工作 ·· 140

　　　　第二节　培训课程设计 ··· 145
　　　　第三节　培训方法及选择 ··· 149
　　　　第四节　培训师的选择与培训 ·· 161
　　　　第五节　培训机构的选择与培训风险防范 ································· 166

第七章　培训开发效果评估与转化 ·· 177
　　　　第一节　培训效果评估概述 ·· 179
　　　　第二节　培训效果评估的流程 ·· 184
　　　　第三节　培训效果评估模型 ·· 189
　　　　第四节　培训效果的经济价值分析 ······································· 195
　　　　第五节　培训效果测定方案的设计 ······································· 199
　　　　第六节　培训效果转化 ··· 202

第八章　人员培训与能力开发 ·· 215
　　　　第一节　新员工入职培训 ·· 218
　　　　第二节　管理人员的培训与开发 ·· 226
　　　　第三节　骨干员工的培训与开发 ·· 236
　　　　第四节　外派人员的培训与开发 ·· 240
　　　　第五节　领导力开发 ··· 248

第九章　职业开发 ··· 255
　　　　第一节　职业开发概述 ··· 258
　　　　第二节　职业生涯规划 ··· 267
　　　　第三节　职业生涯管理 ··· 278

第十章　组织开发 ··· 294
　　　　第一节　组织开发概述 ··· 296
　　　　第二节　组织开发的方法 ··· 302
　　　　第三节　学习型组织 ··· 310

各章部分习题参考答案 ·· 325

参考文献 ·· 327

第一章
人力资源培训与开发概述

 知识导览

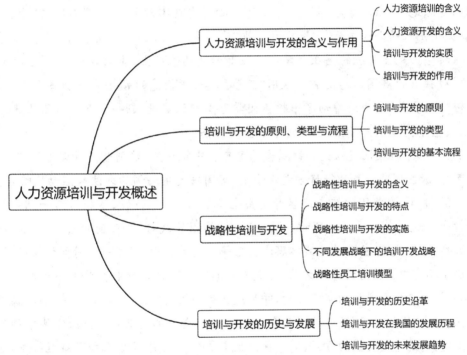

📂 学习目标

1. 掌握人力资源培训、人力资源开发的含义，理解传统培训与开发的联系与区别
2. 了解培训与开发的实质、作用、类型
3. 理解培训与开发的原则，掌握培训与开发的一般流程
4. 掌握战略性培训与开发的含义、特点和实施过程
5. 了解不同发展战略下的培训开发战略、战略性员工培训模型
6. 了解培训与开发的历史与未来发展趋势

7. 了解培训与开发在我国的发展历程

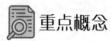
重点概念

人力资源培训　人力资源开发　传统意义的培训与开发　职业开发　组织发展
战略性培训与开发

引导案例

中粮集团：培训是一种工作方法

作为国内最具影响力的企业大学之一，忠良书院是中粮经理人的摇篮，中粮管理思想的发源地，中粮人学习、研讨、决策的中心。忠良书院的"忠良"二字与"中粮"同音，取义于中粮的企业文化"忠"与"良"，即"高境界做人，专业化做事"；"书院"二字则是中粮希望书院在传统的企业大学和企业商学院的基础上，能承载更多的文化内涵，形成中粮独有的格调。忠良书院运用"五步组合论"构建的领导力培训体系，通过团队学习法的实施，有力地推动了中粮集团学习型组织建设、领导力开发与团队建设。

一、团队学习——推进战略转型的主要方法

2005年，中粮集团进入大规模战略转型期。中粮认为，培训是一种促进组织沟通、全员参与、激发团队智慧的很好方式。于是，集团决定用培训的方法来启动战略转型。

2005年4月，集团党组专门召开了由全体核心团队经理人参加的第一期高层战略研讨会。这次集体培训和研讨，确定了中粮集团的战略、企业使命愿景、行业战略、地域战略、组织战略、业务单元战略思考框架等。研讨会后，经过一段时间的实践，逐渐探索出了具有中粮特色的培训方法，也就是"团队学习"法。这种方法的最大特点是紧贴业务，解决工作中遇到的实际问题，并且是在解决问题中学习知识、锻炼技能、提升能力。在中粮，"团队学习"还从培训理念上被赋予了全新的定义：从企业发展中的实际问题出发，通过培训会议的方式，引导团队成员在统一的逻辑结构和思维框架下，通过激发团队成员的智慧，达到形成共识、解决团队发展的重大问题、塑造团队文化的目标。

现在的"团队学习"，无论在理念还是方法方面，已经不是传统意义上的培训，而是早已成为中粮人的一种工作方法，是团队决策的方法，是团队建设的方法，是推动人才发展和企业进步的方法。

为了更好地解决问题，团队学习采用了"解决问题六步法"作为思考和解决问题的基本方式。它把解决问题的过程分为六个层层递进的步骤，即回顾具体工作、查找界定问题、分析问题根源、制定解决方案、制定行动计划、实施行动计划。中粮集团以解决问题六步法为思维逻辑，形成了团队学习的六个核心环节，即：热身、导入、研

讨、催化、关闭、执行,其中每一步都搭配运用了头脑风暴、团队列名法、鱼骨图、结构树、帕累托分析等团队研讨工具。

在团队学习的过程中,催化师和学员都会采用这种思维方式对问题进行层层分解和集体研讨。从具体形式看,团队学习的现场是采用"结构化会议"的模式,具体步骤如下:

一是热身。明确培训要达到的目的,即要解决的实际问题。二是导入,即导入相应的理论和理念、经验和教训、研讨工具和方法。三是进行分小组的专题研讨,制定问题的解决方案。四是集中在一起分小组进行呈现汇报,团队领导对汇报进行质询、点评、引导、催化,使团队成员形成共识。五是对解决的问题进行总结关闭,明确解决方案,清楚下一步的行动方案。

二、基于五步组合论的领导力培训

培训是经理人工作的重要组成部分,也是其必须掌握的领导技能。中粮集团明确要求:经理人是各单位培训工作的第一责任人,是第一培训师。为了提高中粮经理人的系统思维能力和战略管理能力,忠良书院建立了分层、分类的领导力课程培训体系,推出了五步组合论、战略十步法、6S管理体系等具有中粮特色的核心领导力课程。

按职业生涯的不同阶段,忠良书院将中粮经理人队伍分为初级、中级、后备、核心团队四个层级。从入门到提升,经理人都要接受相应的培训,包括基础领导力项目(LDP)、运营领导力项目(ALDP)、战略领导力项目(SLDP)、高管领导力项目(ELDP)(见图1-1)。根据经理人不同的专业领域,忠良书院又分别针对人力资源、战略、财务、审计、法律、市场营销、供应链七个领域,为经理人开设不同的培训课程项目,以提升其专业能力。系统的领导力培养体系,能够有效提升经理人的领导力,同时激发他们的责任感、使命感和驱动力。

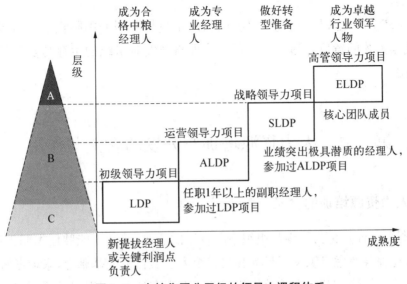

图1-1 中粮集团分层级的领导力课程体系

这种分层、分类的领导力课程体系是基于中粮集团的核心管理理念——五步组合论。它是一种系统思考的方法，把所有管理问题用一个逻辑联系起来，然后在这个逻辑内部系统思考、全面解决，就像给经理人提供一张企业管理的地图一样。

第一步，选CEO。这里的CEO是广义的，是指部门的负责人。这个过程是公司管理最根本的一个动作，是最关键的过程。CEO的选择有很多决定因素，包括股东导向、股权架构、企业文化、技术等。

第二步，团队建设。这一步已开始走向运营，包括搭建班子、企业文化塑造、分工、激励、领导力建设等。

第三步，战略。如果没有一个好的队伍，很难做出好的战略。这里面涉及对行业发展的速度、规模，公司的竞争力、定位等问题。

第四步，管理运营。通过业务的运行，使企业有竞争力。管理运营的最终目标是使企业能够在产品和服务上体现出市场的竞争力。

第五步，价值创造。这是一个评价的过程。从股东层面可以评价回报率、股东的财务要求等，从员工层面可以评价员工满意度，从政府社会层面可以评价对社会的责任、税收的责任等，从银行的角度可以评价企业的负债比率，等等。

五步组合论的关键是五步之间的关联性。这个框架具有很强的逻辑性，覆盖了企业管理过程中的内在逻辑。

为了实现企业的战略目标，忠良书院加大了对中粮经理人的培养，加大对培训的投入，保证为企业发展提供充足胜任的人才。

（资料来源：https://www.pinlue.com/article/2017/04/1115/431135535058.html）

随着经济全球化进程的加快，组织面临的是更加激烈的国际竞争。而组织的竞争，说到底是人才的竞争，因此，人力资源培训与开发对组织的生存与发展起着至关重要的作用。

第一节　人力资源培训与开发的含义与作用

一、人力资源培训的含义

人力资源培训是指为了满足组织不断发展的需要，使员工能胜任本职工作，提高工作绩效，在综合考虑组织发展目标和员工个人发展目标的基础上，采取各种方式提升员工的知识、技能、态度、素质及价值观的一系列有计划、有组织的系统培养与学习训练活动。

培训已成为广义教育范畴的一个重要概念,它与教育既有联系又有区别。教育和培训都是人力资源投资的重要途径,但教育是培养人力资源,而培训是对现有的人力资源进行调整、优化和提升。教育一般侧重对思想理论的传播和文化的传承,培训则侧重对专业性和实践性内容的培养训练,尤其重视知识与实际应用的关系;教育一般为长期行为,不具有明确的短期目的,培训一般为短期行为,在一定时间内达到某种比较明确的目的;教育意在传授引导,培训意在提升技能。

现代人力资源培训的内容已突破了岗位所需知识、技能的范畴,更注重提高人的胜任力。除了知识、技能的培训,当代许多组织把更多的时间投入到人员心理素质的提高和优秀组织文化的塑造上。观察力、注意力、记忆力、思维能力、想象力等智力因素,与动机、兴趣、情绪、意志、个性等非智力因素在当代已是培训的重要组成部分。优秀的组织文化的塑造有利于改变或培养员工的价值观,有助于员工形成组织需要的习惯、行为。

现代人力资源培训的对象延伸到了组织外部。在现代组织中,培训对象不仅包括组织内部员工,而且已经扩展到组织外部人员,其对象可以是顾客、消费者、销售商、供应商等。例如,恩科公司的恩科大学、新加坡佳通轮胎集团的佳通学院、摩托罗拉大学、联想管理学院都将其培训服务延伸到了关联客户和上下游企业。恩科大学为恩科公司的经销商、系统集成商和大用户免费提供了解网络新趋势、新动向和应用技术的培训,为潜在客户举办各种讲座。LG电子和三星公司向其供应商提供涵盖领导能力、解决问题方法和应用计算机支持设计(ACD)等培训课程。

二、人力资源开发的含义

人力资源开发(human resource development;HRD)是一个内涵丰富的概念,于20世纪80年代兴起,是旨在提升组织人力资源质量的管理战略和活动。最早从组织角度定义这一概念的美国学者纳德勒(Nadler)认为,人力资源开发是雇主在某一特定时间内所提供的有组织的学习体验,以期提升组织绩效和为个人成长提供可能性。美国培训与发展协会(ASTD)认为,人力资源开发是综合运用培训与开发、职业开发和组织发展来提高个人、团队以及整个组织的绩效的活动。[①]

现代意义上的人力资源开发,是指一个组织在现有人力资源基础上,依据组织战略目标、结构变革、内外部环境变化等,对人力资源进行调查、分析、规划、调整,提高组织或团队的人力资源管理水平和素质潜能,旨在满足组织当前或未来工作需要、为组织创造更大效益和价值的一系列系统性和规划性的活动。人力资源开发既面向当

---

① P. A. Mclagan(1989). Model for HRD Practice, Training and Development Journal, 41: 53.

前,也面向未来,但它更注重组织与员工未来的需求和发展,更具有战略性。它不仅包括传统意义上的培训与开发领域,还包括组织发展与职业开发。

1. 传统的培训与开发

培训与开发(training and development；T&D)是指组织根据组织战略目标,通过各种方式使员工获得或改进与现有或未来工作有关的知识、技能、动机、态度和行为等的有计划、有组织的系统性活动,从而有效提高员工和组织绩效,实现组织目标。

培训与开发是两个密切相关的概念,在实践中经常不做严格的区分。甚至在一些场合可以混用,但实际上这两个概念是有明显区别的。

传统意义上,培训是指组织有计划地实施以提高员工学习与工作相关技能与能力为目的的活动。开发是指为员工今后发展而开展的正规教育、在职体验、人际互助以及个性和能力的测评等活动。无论是培训还是开发都是企业有意识、有目的、有计划的活动。严格地讲,培训与开发是一个系统化的行为改变过程,这个行为改变过程的最终目的就是通过工作能力、知识水平的提高以及个人潜能的发挥,明显地表现出工作上的绩效提升。但传统意义上的培训侧重于当前的岗位和工作任务,主要是向员工传授完成当前的某项任务或工作所需要的知识或技能;而开发则以未来为导向,强调为未来的工作任务或岗位做准备,要求员工学习与当前工作不直接相关的内容,提升其面向未来的职业能力。培训往往带有强制性,是必须完成的;开发一般和管理人员相联系,提升管理人员或具有管理潜能者的有关素质,如创造力、综合管理、抽象推理等能力,往往意味着被开发者能力素质的提升,其本身往往更具有积极性和主动性,其他员工根据自身的情况自愿参加,所以员工开发具有一定的灵活性。培训是指培养和训练,其对象主要是员工与技术人员,开发是指通过一定的途径使潜在的能力得到有效的呈现,其对象主要是管理人员。例如,企业让一个技术水平较低的车工参加车削技能学习班,这是传统意义上的培训;企业准备提拔一名员工任销售经理,但他缺乏这个职位的管理知识和技能,企业让他参加相关的管理学习班,这就是传统意义上的开发。传统的培训与开发的区别见表1-1。

表1-1 传统培训与开发的比较

比较因素	培训	开发
目的	短期绩效改进	为未来岗位或变化做准备
侧重点	当前	未来
参与方式	强制性	自愿
与当前工作的相关性	高	低
关注焦点	效率提升和组织发展	员工发展
对象	专业技术人员、基层员工	管理人员或管理者后备人员

随着培训在组织中地位的提高,培训越来越重视组织发展与经营战略的契合,培训与开发之间的界限也越来越模糊。要想通过培训获得竞争优势,培训就不能仅仅局限于基本技能的培养与提升,还要关注员工,提高其分析和解决工作问题的能力,满足现代组织对速度与灵活性的要求。此外,培训还要从单纯地向员工传授具体技能转变为创造一种知识共享的氛围,使员工能自发地分享知识,创造性地应用知识以满足客户的需求。在现代意义上,无论是培训还是开发都要注意员工与组织现在和未来的发展,而且一般员工和管理人员都必须接受培训与开发,因此,很多人习惯于把两者并称为培训,也有很多人将二者统称为"培训开发"。本书前文对人力资源培训的界定就涵盖了传统意义的培训与开发。

2. 职业开发

职业开发是在确保个人职业目标与组织目标一致的基础上,以期实现个人与组织需求之间的最佳匹配。职业开发的重点是在工作中扮演各种不同角色的个体,并使个人的职业发展与组织发展有效契合、相互促进。职业开发与培训有所不同,它不是直接针对员工个人的学习与提高;职业开发也与组织发展不同,它不研究个体或团队之间的相互关系。

职业开发主要包括职业生涯规划和职业生涯管理。职业生涯规划强调个人在职业生涯发展中的主观能动性,个人通过评价自己的技术、能力,了解自己的兴趣、价值观、机会等因素,从而选择合适的职业生涯发展目标,建立起一个比较现实的职业规划方案,并努力去实现它。职业生涯管理则更关注于组织在员工的职业发展过程中的主导作用,即强调组织要指导与督促员工制定实施其职业生涯规划。一般来说,职业生涯规划是职业生涯管理的起点和终点,因为职业生涯管理的开展要以职业生涯规划为依据,而职业生涯管理的目的就是要实现职业生涯规划的目标;但另一方面,职业生涯管理往往又包括职业生涯规划,职业生涯管理是从职业生涯规划的制定开始的,在整个管理过程中,需要不断地对职业生涯规划的内容进行调整,对职业生涯规划进行再规划。

职业生涯规划与职业生涯管理,是整个人力资源开发的一个重要的组成部分,它为人力资源开发活动提供了一个未来的工作方向,为应对环境变化的挑战、组织目标的实现以及与之相适应的人力资源开发提供了一个科学的依据与思路。对于组织来说,职业开发能把个人发展需要与组织发展需要联系在一起,形成人力资源开发的合力;能在双赢中让员工个人获得适应性发展;能帮助组织留住更多的人才。

3. 组织发展

组织发展(organization development;OD),指的是为了改进组织效率,解决组织中存在的问题,并达成组织的目标,根据组织内外环境的变化,有计划地改善和更新组织的过程。具体而言,组织发展是在组织理论的指导下,聚焦于改善和更新人的行为、人际关系、组织文化、组织结构及组织管理方式,从而达到提高组织生命力和组织效能的目的。

组织发展既强调宏观也强调微观的组织变革。宏观的组织变革的最终目的是提高组织的有效性,而微观的组织变革主要指个人、小群体以及团队的改进。

组织发展具有以下四个方面的显著特点:一是组织发展应具有长期性,它不应仅仅是解决短期面临的业绩问题;二是组织发展应得到组织高层管理人员的支持;三是组织发展主要通过培训实现变革;四是组织发展鼓励员工参与并发现问题,寻找解决问题的方法,挑选合适的方案,确认变革对象,贯彻执行有计划的变革方案和评估结果等一系列环节。

人力资源开发专业人员在组织发展中主要承担变革的代理人角色。推动变革一方面要求人力资源开发专业人员与直线经理们经常性地沟通组织的战略问题和业务问题,并为其提供具体的建议;另一方面也要求人力资源开发专业人员直接参与到组织的战略变革中去,如为计划和实施变革召开员工会议。

总而言之,人力资源开发所包含的三项主要内容各有侧重,培训与开发主要是确保个人具备能够完成当前或未来工作的核心专长与技能;职业开发主要是确保个人的发展规划、目标与组织的目标相匹配;而组织发展关注的则是团队和组织,倡导在团队内部和各团队之间进行变革和创新,从而达到提高组织绩效的目的。

三、培训与开发的实质

培训与开发实质上是一种系统化的智力投资。培训与开发作为人力资源开发和组织发展的重要手段,并非只是一种成本支付性活动,而更是一种智力投资活动,组织投入人力、物力对员工进行培训开发,员工素质得以提高,人力资本升值,组织绩效改善,获得投资收益,这是创造智力资本的重要途径。对于员工个人来说,这种机会不仅可以补充新知识、掌握新技能、确立新观念,还可以增强员工对终身职业的满足感,使员工更加忠诚于自己的组织。而对组织来说,可能一时投入较大,但其效果迟早会在组织效能中体现出来,从而增强组织的竞争力。

要准确理解培训与开发的实质需把握以下四方面的内容。

1. 培训与开发是一种人力资本投资

人力资本是与物质资本、金融资本相并列的三种资本存在形态之一。人力资本是一种稀缺的生产要素,是组织发展进步乃至社会进步的决定性因素,但是它的取得不是无代价的。要想取得人力资本,就要进行投资活动,即人力资本投资。员工培训与开发就是要在改进员工的知识、技能,提高员工的工作积极性和提升潜能的行为活动中进行投资,即体现在道德、观念、知识、技能和能力等方面。

2. 培训与开发的主要目的是提高员工的绩效从而更好地实现组织的目标

当组织提出一项培训开发计划时,必须准确地分析其成本和收益,考查它对组织目标实现的价值。员工培训与开发的目的是提高员工现在和将来的绩效和职业能力,从根本上讲,是为实现组织的目标服务。这就要求组织在计划及实施员工培训与开发时,必须首先明确这样一些问题:为什么要进行培训开发,需要进行什么样的培训开发,对象是哪些人,由谁来进行,如何进行,如何评价其效果等,不能为了培训和开发而进行培训与开发,更不能做表面文章。如果这些问题不明确,只能使培训与开发的效率与效果大打折扣。

3. 培训与开发是组织开展的有计划、有步骤的系统管理行为

培训与开发必须确立特定的目标,提供特殊的资源条件,遵循科学的方法和步骤,进行专门的组织和管理。它包括分析培训开发需求、制订培训开发方案、实施培训开发方案、评估培训开发效果等环节。从管理的全过程来看,培训与开发既是一种管理手段,也是一个系统的管理过程。

4. 培训与开发是员工职业发展和实现自我价值的需要

现代人力资源管理理论认为,一个组织成员在为组织做贡献的同时,也要尽力实现自身价值,不断进行自我完善和发展。有效的培训开发活动不仅能够促进组织目标的实现,而且能够提高员工的职业能力,拓展他们的发展空间。换言之,培训与开发带来的应该是组织与个人的共同发展。从实际效果来看,无论是对知识、技能等的培训,还是对素质、管理潜能的开发,不但会使组织从中受益,员工个人自身的知识、技能等人力资本也无疑会得到提升,进而也增强了员工适应各种工作岗位和职业的能力。从组织角度来说,在实施培训和开发的过程中,绝不能忽视员工的个人职业发展,这样才能进一步增强组织的凝聚力,更好地提高组织的运行绩效。因此,员工培训与开发是员工职业发展、实现自我价值的需要。

四、培训与开发的作用

培训与开发是组织人力资源管理的重要组成部分,是组织人力资本增值的重要途径,也是提高组织效益的重要手段。有效地设计和实施人力资源培训与开发,将对组织和员工产生重要的作用。

1. 对组织的作用

(1) 有利于吸引和留住优秀员工。诸多调查显示,"较多的培训机会"越来越成为吸引优秀员工加入和留住他们的重要因素,甚至是仅次于薪酬因素,因此培训开发可以避免企业的骨干流失,进而提升企业的竞争力。

(2) 有助于增强组织凝聚力。通过培训开发,把企业的发展战略、经营理念、管理模式、价值取向、文化氛围等传递给员工,培养企业员工的团队精神,对员工产生吸引力和凝聚力。

(3) 有助于提高组织的竞争力。首先,员工在培训中学到了安全知识,掌握了操

作规程,能够减少事故的发生率;其次,通过培训,员工学习掌握正确的工作方法,纠正错误和不良的工作习惯,改进工作态度,能够降低工作损耗,不断提高工作质量;再者,通过培训开发,员工整体素质得到提高,创新能力增强,将有助于研制开发新产品,员工也将有更多的能力和意愿参与组织的管理,改进管理内容。劳动生产率、产品竞争力和管理效率的提高都将有助于组织竞争力的提升。此外,根据马斯洛的需求层次理论,在员工的基本需求满足之后,要留住优秀员工,仅提供优厚的物质待遇往往是不够的,还要不断地给员工充电、加压,使其在工作中体会到挑战的乐趣、成就感和自我价值,这是现代组织留人的重要手段。一些知名企业的实践证明,如果企业拥有良好的培训开发体系,就会有效减少员工的抱怨,离职率也会降低。一些组织还把培训开发作为对优秀员工的一种奖励。这样,员工成为学习型员工,组织成为学习型组织,将给企业带来更强的竞争力。可以说,培训开发是组织发展和壮大的主要动力。

(4) 有助于组织获得高收益。培训开发是投资,统计数据表明:对员工培训投资1元,可以创造50元的回报。对于企业来说,很难获得精确的财务数据来计算每项培训开发的收益,但企业的收益和培训开发之间毫无疑问有着明确的逻辑关系:培训开发在一定程度上投入了资金和资源,但通过培训开发以后,员工的素质得以提高,企业的形象得以提升,内部管理成本降低,管理效率提高,企业的效益得到提升,这就是培训开发给企业带来的回报。

据美国培训与发展年会统计,投资培训开发的企业,其利润的提升比其他企业的平均值高37%,人均产值比平均值高57%,股票市值的提升比平均值高20%。在过去50年间,国外企业的培训开发费用一直在稳步增加。美国企业每年在培训上的花费约300亿美元,约占雇员平均工资收入的5%。目前,已有1 200多家美国跨国企业包括麦当劳都开办了管理学院,摩托罗拉则建有自己的大学。这些都是很好的培训范例。

(5) 是解决组织问题的有效措施。对于组织不断出现的各种问题,培训开发有时是最直接、最快速和最经济的管理解决方案。

(6) 推动组织文化的形成与完善。组织文化是一个组织前进与发展的灵魂,是组织创造生产力的精神支柱。培训与开发可以使员工在了解组织文化的同时,推动组织文化的形成与完善,树立良好的组织形象。

2. 对员工的作用

(1) 增强就业能力。现代社会职业的流动性使员工认识到充电的重要性,换岗、换工主要取决于自身技能和能力的高低,培训开发是刚走出校门的员工增长自身知识、技能的一条重要途径。因此,很多员工希望组织能够提供足够的培训开发机会,这也成为一些人择业时考虑的一个因素。

(2) 增加获得较高收入的机会。员工的收入与其在工作中表现出来的劳动效率和工作质量直接相关。为了追求更高收入,员工就要提高自己的工作技能,技能越高报酬越高。而培训开发是员工增长知识、提高技能的重要途径。

（3）增强职业的稳定性。从组织来看，组织为了培训开发员工，特别是特殊技能的员工，提供了优越的条件。所以在一般情况下，组织不会随便解雇这些员工，为防止他们离开给组织带来的损失，总会千方百计留住他们。从员工来看，他们把参加培训、外出学习、脱产深造、出国进修等当作是组织对自己的一种奖励。员工经过培训，素质、能力得到提高后，在工作中表现得更为突出，就更有可能受到组织的重用或晋升，员工因此也更愿意在原单位服务。

（4）提高员工的自我认知水平。通过培训与开发，员工能够更好地了解自己在工作中的角色和应承担的责任与义务，有助于员工更全面客观地了解自身能力、素质等方面的不足以及发展的潜力，从而提高自我认知水平。

（5）更具竞争力。未来的职场竞争将更加激烈，随着人才机制的创新，每年都有大量的新人才加入竞争队伍中，让员工每时每刻都面临着被淘汰的风险。面对竞争，要避免被淘汰的命运，只有不断学习，而培训开发则是最好、最快的学习方式。

第二节　培训与开发的原则、类型与流程

一、培训与开发的原则

员工培训与开发在组织发展中有着举足轻重的地位。要做好培训与开发工作，需坚持以下原则。

1. 战略导向

员工培训开发是组织管理的重要环节，必须纳入组织的发展战略之中。因此，在组织员工培训开发项目时，一定要从组织发展战略的高度去思考问题，使员工培训开发工作成为组织发展战略的重要内容，避免发生"为培训而培训，为开发而开发"的情况。

2. 长期性与持续性

员工培训开发需要组织投入大量的人力、物力，这对组织的运转必然会有或大或小的影响。有的员工培训开发项目有立竿见影的效果，有的则需要一段时间后才能反映到员工工作绩效或组织的经济效益上来，尤其是管理人员和员工观念的培训更是如此。因此，要正确认识智力投资和人才开发的长期性和持续性，坚持人本管理理念，抛弃急功近利的思想，坚持培训的长期性原则。

3. 学以致用

员工培训与普通教育的根本区别在于，员工培训特别强调针对性、实用性和实践性。组织发展需要什么，员工缺什么就培训什么，培训和开发应有明确的目的。有关

计划的设计应根据实际工作的需要,并考虑工作岗位的特点。要努力防止脱离实际和形式主义问题,讲求实效,学以致用,把培训开发成果最大限度地转化为生产力,为提高企业经济效益服务,有效促进企业竞争优势的发挥。

4. 主动参与

一般而言,主动参与有助于增强员工的学习热情,提高学习效果。为调动员工接受培训开发的积极性,一些企业采用"自我申请"制度,由员工定期填写申请表,反映员工过去五年内的能力提高和发挥情况、今后五年的发展方向及对个人能力发展的自我设计,然后由上级针对员工申请与员工面谈,互相沟通思想、统一看法。最后由上级在员工申请表上填写意见,报人事部门存入人事信息库,作为以后制订员工培训开发计划的依据。同时,这种制度还可以使员工意识到个人对工作的"自主性"和自己在企业中的主人翁地位,疏通上下级之间思想交流渠道,有利于促进集体协作和配合,增强员工接受培训和应用培训的意愿,进而提升培训开发效果。

5. 因人施教

一个组织不仅岗位繁多,员工水平参差不齐,而且员工在人格、智力、兴趣、经验和技能等方面均存在差异。对标担任工作所必备的各种条件,各员工存在的差异内容与差异程度亦有不同。因此,组织在进行培训开发时应因人而异,不能采用普通教育"齐步走"的方式来进行。也就是说要根据不同的对象选择不同的培训内容和培训方式,有的甚至要针对个人制订培训发展计划。

6. 个人与组织共同发展

员工通过培训开发,学习和掌握新知识和技能,提高个人的管理水平,有利于个人职业的职业发展。作为组织正常运转的重要组成部分,培训开发也是调动员工工作积极性、改变员工观念、提高组织凝聚力和组织竞争力的一条重要途径。因而有效的培训开发,会使员工和组织共同受益,促进二者共同发展。

二、培训与开发的类型

按照不同的分类标准,员工培训与开发可做以下分类:

1. 按培训与开发的对象分

培训开发的类型有决策人员培训开发、管理人员培训开发、技术人员培训开发、业务人员培训开发和操作人员培训开发等。培训开发的对象不同,决定其内容、方式、时间也不同。如对决策人员进行培训开发,内容重点放在宏观经济理论、战略制定等方面;若对象是技术人员,则培训开发的内容多偏重专业技术的更新和最新技术的跟踪。

2. 按培训与开发的内容分

按照培训开发的内容进行划分,可分为员工知识培训、员工技能培训、员工态度培训、员工职业道德培训及法律法规培训等类型。对员工进行职业道德培训是一项长期的工作,不在于形式,应与企业文化建设联系起来。

3. 按培训与开发的性质分

有适应性培训(新员工)、提高性培训(老员工)和转岗性培训(不同技能)。

4. 按培训与开发的方式分

员工培训开发的方式有头脑风暴法、参观访问法、工作轮换法、事务处理法、课题研究法、情景模拟法、研讨会法和授课法等。在实践中,针对不同的培训开发对象,将几种方法结合起来运用,其培训与开发的效果更好。

5. 按培训与开发的时间分

时间往往成为组织进行人员培训开发的一个"瓶颈",特别是对骨干员工的培训开发,更是"惜时如金"。这方面,组织可在在职培训和离职培训的方式中进行选择。在职培训是指受训人员不离开自己的工作岗位,利用业余时间或节假日参加学习。这种培训方式的最大优点是受训人员的工作不会受到影响,甚至在他们接受培训的过程中,也能随时处理工作中的问题。离职培训也叫脱产培训,是指受训人员离开自己的工作岗位,利用一段专门时间集中学习一门知识,或是掌握一项技能。组织往往在引进一项新技术,或是为了提高受训人员的能力时,采用离职培训的方式。离职培训的员工由于能够得到充足的时间,所以学习的效果是最好的。但由于受训人员远离工作岗位,不可能兼顾工作,对组织来说增大了成本。

6. 按培训与开发的地点分

培训地点比较灵活,大体可分为组织内培训和组织外培训。组织内培训除了特指培训班的地点外,还可以泛指为工作轮换、事务处理、情景模拟等类型;同样,组织外培训也可以包括参观访问、学校进修、国外深造等形式。

三、培训与开发的基本流程

一个完整的培训开发系统的运作过程通常应包括培训开发需求分析、确立培训开发目标、制定培训开发计划、实施培训开发计划和评价培训开发效果等 5 个步骤(见图 1-2)。

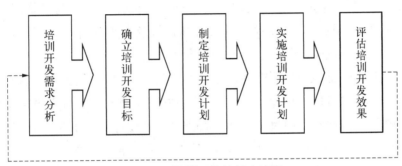

图 1-2 培训开发的基本流程

(一)培训开发需求分析

培训开发对组织来说是一件重要而又必须付出成本的大事,因此,一个组织如何选择和实施培训开发计划,必须以真正的需要作为标准,这就要进行培训开发需求分析。培训开发需求分析是指在规划与制订培训开发计划之前,由有关人员采用各种方法和技术对企业及其成员的目标、知识和技能等方面进行系统分析,以确定组织内需要接受培训开发的人员和需要培训开发的项目或内容。培训开发需求分析是培训开发活动的首要环节,是制订培训开发计划的前提,也是进行培训开发评估的基础。培训开发需求分析可以从组织、任务、个人三个层次展开,包括组织需求和员工需求两个方面,这里主要指组织需求,但应尽量注意平衡组织与员工的需求和意愿,尽可能使之趋于一致,形成培训开发需求总体分析。

(二)确立培训开发目标

根据培训开发需求分析来确立培训开发目标,以使培训开发更加有效。培训开发目标是指培训开发活动的目的和预期效果。有了培训开发目标,才能确定培训开发对象、内容、方法等具体工作,并可在培训开发之后对照此目标进行效果评估。培训开发目标一般包括三方面的内容:一是说明员工应该做什么;二是阐明可被接受的绩效水平;三是受训者完成指定的学习成果的条件。培训开发目标可以分为若干层次,从某一培训开发活动的总体目标到每堂课的具体目标,越往下越具体。

培训开发目标的设立要与组织的宗旨相容,和组织长远目标相吻合,对组织部门可以起到工作指南作用;培训开发目标应切合实际,受训者可以在培训开发过程中对照培训开发目标找出差距,具有可行性;培训开发目标应具体,操作性强,可测量,为后期的培训开发评估提供重要的参考依据,一般来说,目标越具体,就越能取得培训开发的成功。培训开发目标应有一定的难度,对受训者起到有效的激励作用。

(三)制定培训开发计划

培训开发计划是培训开发目标的具体化,培训开发计划包括长期计划、中期计划与短期计划。在制定培训开发计划的同时必须考虑到许多具体的情景因素,例如行业类型、组织规模、用户要求、技术发展水平和趋势及员工现有水平等。要明确培训开发对象,如大学毕业生、新员工、晋升的管理人员。

在制定培训开发计划时,要选择采用什么样的员工培训开发方式,有在职培训与离职培训两大类。在每一类中又有一些具体的方法。培训部门可以根据组织的参训人员人数和层次,培训开发项目情况和经费预算以及现有的培训资源,选择不同的培训开发方式,如脱产、不脱产等,是组织内部培训还是外部培训等。

根据人力资源的总体计划和上述调查分析和选择的结果,制定若干个培训开发项目计划,并确定每个培训开发项目的主要内容和效果目标。对上述培训开发项目做出经费预算、师资落实途径以及培训开发时间和地点的安排,写出计划实施方案细节并形成相关的文件,然后将培训开发计划草案送交有关部门或人员审阅讨论,并加以修改,最后形成人力资源培训开发计划并由培训部门或培训主管负责执行。

(四)实施培训开发计划

在培训开发计划制订好之后,按照既定目标展开培训开发工作,通过各种培训方法,使学员学有所获。

具体内容包括:确定培训人员和参训人员;确定教材;确定培训地点;准备培训设备;确定具体的培训时间;拟订并下发培训通知,以及进行培训控制。由培训师具体根据时间安排进行培训,人力资源管理部门在培训过程中跟踪检查,一方面为培训提供各种必备的条件,另一方面不断检查计划实施情况,必要时根据目标、标准和受训者的特点,调整培训方法、内容和进度。同时配合做好组织培训开发工作,以维护良好的培训秩序,确保培训开发效果。

(五)评估培训开发效果

培训开发是否有效,无论对培训的组织部门、业务部门的经理还是投资培训开发的决策层,这都是一个应该明确回答的问题。否则,就会产生盲目投资的行为,不利于组织的发展,也不利于下一个培训开发项目的立项和审批。这就需要对培训开发的效果进行评估。评估培训开发项目,必须明确根据什么来判断项目是否有效,即确立评估的标准。

1. 评估标准

一般来说,评估标准的确立需要考虑以下四个方面:

(1)目的:是否达到了培训开发的目的。

(2)成本:培训开发方案所付出的代价如何,是否值得。

(3)效率:是否以最有效的方法达到目的,主要是比较不同的培训开发方法,评估所采用的方法是否符合最经济原则。

(4)资源利用:用于培训开发的资源是否得到了最佳的分配。

2. 评估培训开发效果的注意事项

评估培训开发效果应注意做好以下两方面的工作:

(1)确定评价标准:要以目标为基础;要与培训开发计划相匹配;要具体,具有可操作性。

(2)及时评价培训开发结果:培训开发结束后,应及时对培训开发效果进行评价,特别是要注意培训开发效果转移的评价。

第三节 战略性培训与开发

一、战略性培训与开发的含义

培训开发的价值取决于它是否与组织的战略相一致,是否紧密围绕着组织的战略进行。

战略性培训开发就是将培训开发提升到战略层面,围绕组织的战略进行培训开发,它强调培训开发与组织的愿景、使命、价值观的协调一致,根据战略要求对员工进行培训开发,以顺利实现组织的战略目标。战略培训开发具有高杠杆性,可以给组织带来更高的价值。

图 1-3 展示了战略培训开发的含义。

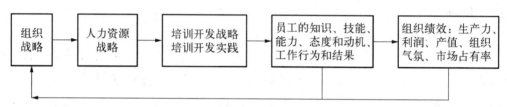

图 1-3 战略性培训开发

培训开发的战略性主要表现在以下两个方面:(1)战略制定时,要考虑员工素质存量和可能的增量,即现在员工具有哪些素质,通过培训开发或其他手段能获得或提高哪些素质。基于此,制定出来的战略规划才有可行性。(2)战略实施时,会对员工的素质提出要求,培训开发要能适应战略落地对员工素质的各种要求。

自 1990 年以来,许多公司都开始将培训开发和公司战略、人力资源战略相联系,如表 1-2 所示。

表 1-2 公司战略与培训开发的联系

公司名称	公司战略 (以 20 世纪 90 年代为例)	人力资源战略	培训开发
通用汽车	成本有效性	裁员、人工成本控制、提高生产力、工作再设计等	岗位培训、专业培训
英特尔	成长	招聘甄选、快速增长的工资	广泛的培训开发项目、专业培训、团队合作、人际技能
肯德基	利基市场战略	专门化工作设置	专业培训项目
通用电气	并购	有选择性地裁员、再安置	培训系统整合、导向培训、文化融合、团队合作

人力资源管理的价值主要体现在要围绕公司的战略进行,否则其价值要大打折扣,培训开发亦是如此。培训开发负责人要深刻理解培训开发的战略导向,并切实贯彻执行,在此过程中,单位领导的支持和其他资源的配合也是非常重要的。

战略性培训开发与一般的培训开发活动存在明显的不同,主要体现在以下方面:

(1) 理念不同。一般的培训开发活动围绕工作岗位而提高特定的技能和行为,很少去考虑组织内外部环境的变化。战略性培训开发则围绕组织价值观和战略目标展开,强调知识的创造和分享,鼓励营造持续学习的组织氛围,从而实现学习和工作的整合,成为支持组织持续学习和绩效提高的有力工具。

(2) 地位不同。战略性培训开发直接与组织战略相联系,以人为中心,重点是开发实现战略目标所必需的人力资源。而一般的培训开发往往是规范性、事务性的工作,根据上级指令安排相关事宜,与组织战略有联系但联系并不紧密。

(3) 重点不同。战略性培训开发具有长期性、整体性、前瞻性,侧重变革培训和人本管理,其价值体现在提升员工能力和组织绩效上,属于"主动开发型";一般的培训开发具有短期性、局部性、滞后性,主要用于维持组织的正常运转,根据预先制定的严格规范的计划实施,自主性较小,属于"被动反应型"。

二、战略性培训与开发的特点

1. 与组织战略紧密结合

从本章的开篇案例中我们已经看到了战略性培训与开发的这个特点。要使培训与开发具有战略性,必须考虑组织战略和其他组织因素的影响。

2. 具有前瞻性和主动性

战略性的培训与开发应主动地分析组织所处的内外环境因素,发现、预测其变化并寻找机会,从培训与开发的角度为组织发展提供支持。

3. 具有系统性

首先,战略性培训与开发是一个系统的过程。它和组织的具体问题相联系,经过发现问题、诊断问题、沟通问题、形成培训与开发总体框架,再到组织实施,最后进行效果评估,这是一个完整的系统过程。其次,系统性还体现在战略性培训与开发应将组织的培训需要、部门的培训需要和个体的培训需要结合起来考虑,以确保培训与开发项目的效果。再者,战略性的培训与开发不仅要考虑组织战略目标的实现,还应该考虑到员工的职业发展。

4. 具有弹性和动态性

战略性培训与开发应该与时俱进,具有弹性和动态性,随时根据知识的更新,技术的发展变革调整培训开发的内容和方式,根据环境及组织战略的变化及时做出反应。

5. 整合组织中的各种资源

尽管有时候培训开发表面上看只涉及某个层面，如中层管理人员，但从战略的角度出发，应该与整个组织中的其他资源配合协调进行。在这中间，高层管理者的支持非常重要，另外也需要各个部门的配合与支持。

6. 注重持续学习

一些学者用"战略性培训永不停止"来说明战略性培训与开发和传统的培训与开发项目的区别。永不停止意味着培训与开发已经渗透到了组织的日常工作中，组织应该鼓励学习，并努力塑造学习的氛围，从这一点来看，战略性培训与开发是将组织带入学习型组织的有效途径。

三、战略性培训与开发的实施

战略性培训开发的实施过程大致可分为以下五个步骤。

1. 制定培训与开发战略

作为组织战略的一个组成部分，与其他职能战略类似，培训开发战略应在整体战略下制定和规划，不同的组织战略对应不同的培训与开发战略。在对组织所处的环境、发展的目标和掌握的资源进行充分分析的基础上，将培训与开发战略与组织战略匹配。培训与开发工作者在实际操作中，既要充分理解组织的发展规划、经营业绩、财务现状，也要熟悉组织内不同部门的业务。可邀请高层管理者参与制定培训开发战略，并就组织战略发表自己的看法。

为确保培训开发战略与组织战略具有相关性，在制定培训与开发战略时需回答表1-3中的问题。

表1-3 制定培训与人力资源开发战略需要回答的问题

问题1	组织的愿景和使命是什么，说说经营战略的战略驱动
问题2	组织应具备怎样的能力来应对经营战略和外部环境带来的挑战
问题3	哪种类型的培训与人力资源开发最能吸引、留住和培养组织所需要的人才
问题4	哪种能力是组织取得成功和实施经营战略的关键
问题5	组织是否制定了相关计划，让组织内外成员清楚培训开发和经营战略之间的关系
问题6	组织的高管团队是否公开支持培训与开发计划
问题7	组织提供的培训与开发机会是否既针对个人也针对团队

资料来源：Hughes R, Beatty K. Five Steps to Leading Strategically. T+D, 2005 (2).

2. 制定培训与开发规划

通过相应的技术手段，结合组织的实际情况，将培训与开发战略分解为可执行的计划,即培训与开发规划,其中人员素质、数量和结构是规划的核心。制定培训与开发规划的流程如下:建立组织员工培训开发的领导机构,调查培训与开发需求,编制规划,批准与实施。在编制规划的过程中,需要将培训与开发总目标分解成子目标,结合战略制定相应的培训与开发项目规划,优先满足重点项目。

3. 制定培训与开发方案

完成培训与开发战略与规划的制定后,便要着手计划具体的培训与开发活动,如使用与新技术相关的培训开发策略,让固定的雇员越来越多地参与培训,缩短开发时间以及开发新的培训内容等,以确保之前制定的战略规划能够成功实现。制定方案的过程需要明确培训与开发的目标、客体和对象,具体流程如下:结合培训与开发战略与规划,分析培训与开发的组织需求、任务需求和员工需求。在方案设计阶段,设定培训与开发工作的目标,进而确定培训与开发的对象和客体。值得注意的是,在战略性培训开发的过程中,各项工作的开展需要保持与战略规划的一致性,对于能够支持战略规划、有利于组织发展的客体和对象应有所偏重。

4. 确定培训与开发的主体与方法

根据战略性人力资源开发的目标、客体和对象,匹配对应的主体和方法:选择合适的相关人员(如培训者、供应商等)、开发手段、开发方式,制定开发预算,准备相关物资(如文书、材料、场地等)。

5. 评估战略性培训开发的过程与效果

完成战略性培训与开发的实施后,需要对其效果进行评估,除经典的柯克帕特里克(Kirkpatrick)四层次评估(反应、学习、行为、效果)外,战略性培训开发还需特别关注战略是否在培训与开发的过程和效果中得以体现和落实,通过矩阵等方法判断培训与开发活动是否真正有助于推动经营战略的实施以及目标的实现。

四、不同发展战略下的培训开发战略

被誉为"竞争战略之父"的迈克尔·波特(Michael E. Porter)将企业战略分为成本领先战略、差异化战略和集中化战略三种。当企业采用成本领先战略时,主要依靠低成本来取得市场竞争优势。配合成本领先战略时,人力资源策略应突出强调在人力资源取得、使用、调整等环节的有效性、低成本性和较小的不确定性,企业并不鼓励创造性与创新性,对员工的培训投入较少,因而人力资源的吸引策略应该是与成本领先战略较为匹配的一种人力资源策略。当企业采用差异化战略时,主要是争取在产品或服务等方面比竞争者有更好的独到之处,从而取得市场优势。因此,此类企业的一般特性是具有较强的营销能力,强调产品的设计和基本研究,企业以产品的品质优异而著称,与其相匹配的人力资源策略应突出体现创新性和弹性,所以,投资策略是采用差异化战略的企业较为理想的人力资源策略。当企业采用集中化战略时,其战

略特征是结合了成本领先战略和差异化战略,因而与其相匹配的人力资源策略也将是上述人力资源策略的综合。

(一) 差异化战略下的培训开发战略

差异化战略要求员工以创新的方式工作,这意味着员工必须对自己和其他人所掌握的不同技能进行重新组合,从而创造出新的技能组合。由于创新过程依赖于员工个体的专业能力和创造性,而员工的离职可能会给企业带来致命的损失,因此这一战略下的人力资源管理战略的重点在于提高员工技能和留住高技能的员工。提高员工技能主要通过培训来实现,保留人才则需要多种人力资源管理活动的支持,包括薪酬管理、晋升制度的建立、福利计划的完善、职业培训、适当的工作指导等。

因此在采用差异化战略的企业中,要求更多地关注员工的技能提高和掌握关键技术的员工的稳定性,所以培训开发的重点在于:

1. 加强培训

为员工提供提高现有技能的机会,同时也使员工在劳动力市场上具有更强的竞争力,提升员工的个人价值和企业的竞争力。

2. 为员工创新提供支持

即在时间、场所、资源等方面为有创新能力的员工提供足够的支持,使他们有发挥自己才能、实现自己价值的机会。

3. 给员工更大的自主权

由于这类创新型员工一般素质较高,因此可以在其工作所涉及的范围内赋予他们更大的自主处理权,实行弹性工作制,让员工自主管理,调动员工的积极性,便于他们从事创新性的工作。

(二) 成本领先战略下的培训开发战略

成本领先战略要求人们以更经济的方式工作,其主要目的是通过降低每个员工单位的产出成本来提高产量。这类战略要求减少员工雇用数,降低工资水平,雇用兼职员工,业务外包,采用自动化,改变工作规则以及允许弹性工作制等措施。这类战略对员工的行为要求有:稳定的工作行为,对某一项工作短期而高度的关注,员工可以进行基本的自主管理和独立工作,在高度重视产量的同时对质量给予适度的关注,强调结果,保证工作的低风险。

值得注意的是,采取这种战略的企业往往处于各种各样的危机之中,例如为了生存而战,它很少强调员工培训和员工发展。所以在这种战略下人力资源管理战略的重点在于使员工对企业的战略目标产生高度认同感,认识到成本压缩对他们的意义,对能够节省成本的行为给予激励,使他们感到自己所节省的成本对企业生存的重要性,与企业同甘共苦。

(三) 集中化战略下的培训开发战略

集中化战略要求人们以更严谨的态度工作。实施此类战略的企业要求员工具有相对稳定的行为方式,能长期集中精力做好一项工作,员工之间有适当协作和相互依赖的工作关系,在注重产量的同时对质量给予高度的重视,高度关注产品的制作和运送过程,保证各个环节的低风险,更重要的是促使员工树立视质量为生命的工作价值观。

由于这类战略的目标是以质量取胜,并不要求员工具有相同的生产率,因此需要加强对员工工作行为的控制,减少缺勤和员工流失(这主要是从熟练员工的重置成本和流失的损失来考虑的),强调员工行为的稳定性和重复性。这就要求这类培训开发战略需要更注重质量控制和工作监督,促使员工掌握所需技术,并且能够理解工作中严格控制的意义,从而乐于接受工作控制,防止出现行为的不确定性和随意性。

在以上任何一种战略下,都有一个共同的重点:建设与企业战略相一致的企业文化,这是推动企业战略的重要支持。经济的进步给企业带来的影响远比我们所能想象到的更为深刻,企业的战略选择成为企业发展的决定因素,培训开发战略则是战略管理实施的重要保证。要起到推动企业战略的作用,它必须与企业战略相匹配,这是培训开发战略发挥应有作用的"黄金法则"。

五、战略性员工培训模型

丹尼尔·温特兰德(Daniel Wentland)基于对多家企业的个案研究,提出了战略性员工培训模型(strategic training of employees model, STEM)。该模型指出,实施战略性员工培训有三个阶段:宏观组织阶段,微观组织阶段,实施、反馈和评估阶段。

在宏观组织阶段,组织战略被整合在培训过程中,战略计划发生在组织集团、业务、职能和运作的所有层面,而培训也需要在这四个层面上与组织战略紧密结合。

在微观组织阶段,组织从不同岗位的工作如何支持组织战略角度出发制定员工的培训项目,更注重任务分析。温特兰德借助4P(产品、地点、促销和价格)来说明如何决定战略性培训的内容。

在STEM模型中,产品指的是培训内容,地点指的是培训在哪里进行,促销指的是沟通有关培训的信息,价格指的是与培训有关的成本。一旦培训内容确定,就可以进入实施、反馈和评估阶段了。该模型提出的分析框架如图1-4所示。

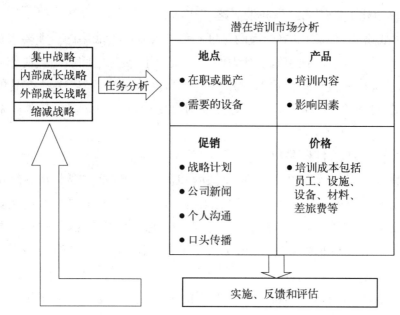

图 1-4　战略性员工培训模型

资料来源：Dan Wentland. The Strategic Training of Employees Model：Balancing Organizational Constraints and Training Content. S.A.M.Advanced Management Journal，Winter 2003，68(1)，ABI/INFORM Global，略有改动。

第四节　培训与开发的历史与发展

一、培训与开发的历史沿革

人类培训开发的历史源远流长，总结起来可以划分为六个阶段。

（一）人类早期阶段

这时人类处于采集、狩猎、畜牧和农耕时期，在培训形式上，主要是年长者或有经验的人在生产活动过程中，或者在休息时对年轻人或者新手进行相关内容的讲解或示范，而且常常是以讲故事的形式进行。年轻人或新手通过聆听、观察或模仿来掌握相关的内容，使前人的经验或教训能够代代相传，不断积累，保证了人类知识、经验或技能的延续并且不断提高生产效率。这种原始的培训方式没有固定的教材，施教者和受教者之间也没有明确的师徒关系，培训往往是无意识、无明确组织的。

（二）师徒制阶段

随着社会的发展，手工业出现了。与农牧业不同的是，手工业有明显的技术性，这些技术必须通过一定的训练才能够掌握，于是就出现了师徒制。例如，一些铁匠铺、衣服店、理发店等为了满足不断增长的业务需求，需要雇佣工人，但由于当时没有职业学校或技术学校，店主无法找到合适的工人，只好自己做师傅传授技术，培训这些被雇佣来的新工人。学徒向师傅学习手艺期间，他们可能没有工资或者只有非常少的工资，直到他们出师为止。早在公元前1800年，在汉谟拉比法典中就有了一些关于学徒制的规定。学徒制并不仅仅局限于手工业范围，在古代，教堂或寺庙负责传授宗教和艺术知识，军队负责培训士兵，还有许多专业人士通过学徒制将医学、法律和其他许多专业性知识从上一代传到下一代，如孔子、鬼谷子等。当时的学徒制实际上发挥着当今大学和学院的教育作用。

随着经济的发展，师傅带徒弟的培训方式越来越流行，并逐渐正规化，尤其在那些需要特定技能的行业，这种培训方式得到了广泛的应用。即使在今天，师傅带徒弟这种培训形式在一些行业或岗位也被普遍采用。

（三）手工技能学校阶段

工业革命的爆发使企业大量涌现，企业对技术工人的培训就显得非常重要和迫切，传统的师傅带徒弟的培训方法已经不能满足企业对员工数量和技术细分的需要了。1809年，美国人戴维德·克林顿在纽约建立了第一所私人职业技术学校，这是一所手工技能培训学校，其目的是给失业的年轻人提供职业培训。随后，类似的手工技能培训学校在美国普遍建立，尤其是在中西部各州。这种手工技能培训学校可以看作是职业技术教育的雏形。

此阶段的出现，预示着培训已经迈向了专门化和正规化的阶段，这个时期培训的特点是标准化、高效率，培训的个性化逐渐消失。

（四）工厂学校阶段

工业革命发生后，新机器和新技术得到了广泛应用，作坊式的传统生产方式被打破，新工人不具备操作新机器的知识和技能，老员工也需要重新进行培训，学徒制培训已经不能适应需要了。随着工厂数目的增加，对技术工人的需求量超出了手工技能学校的供给量，而且手工技能学校培养的学生也不能完全符合各工厂个性化的要求，为此，各个工厂开始尝试自行建立培训机构，即工厂学校。

第一个有文字记载的工厂学校是1872年由美国厚和公司建立的，该公司是纽约的一家印刷机制造商。后来，威斯汀豪斯、通用电气、国际收割机，以及后来的福特、西部电力、固特异等公司都建立了自己的工厂学校。

工厂学校和学徒制培训不同，它倾向于要求工人在短期内掌握完成某项特定工作所需要的技术。

（五）管理培训开发阶段

20世纪50年代以来，世界经济经历了深刻的变革，新技术成果层出不穷，知识成为社会发展的主要推动力量。此前，西方国家的培训主要是技能培训。企业强调对生产工人开展与岗位相关的工作技能培训,目的是提高劳动生产率。其后,由于科学技术的进步,企业生产的自动化水平大大提高,大量重复性的工作逐渐由机器完成,同时企业的规模越来越大,企业的组织系统越来越复杂,企业对于管理的需求越来越迫切,企业的生存和发展越来越依赖于其管理水平,因此,管理因素逐渐受到关注,培训的重点由工作技能转向管理能力。

1956年通用电气公司成立了克劳顿管理学院,它的对象是公司的中高级管理人员,这在当时显得与众不同,在此之前,企业培训开发主要是针对一线员工技能方面展开的,管理人员主要依靠经验和实践自我成长。因此,克劳顿管理学院的成立是培训史上一个标志性事件,它拉开了企业管理培训开发的序幕。从某种意义上讲,克劳顿管理学院具备了企业商学院的某些性质。

(六) 企业大学阶段

克劳顿管理学院成立后,企业商学院的发展并没有掀起高潮,这种局面直到1974年摩托罗拉大学的成立才被打破。严格意义上讲,克劳顿管理学院成立之初并没有和公司的战略相联系,直到30年后才开始对其战略进行支持。摩托罗拉大学的成功运作以及它对企业战略价值的贡献,引起了全世界企业大学的兴建高潮,企业大学让培训开发成为企业发展的战略伙伴,演变为战略培训。

企业大学不仅仅是名称的改变,更在于职能的真正转变。1992年,摩托罗拉大学又完成了一次重要转型,从企业内部培训为主转变到内外兼顾的全价值链的培训,摩托罗拉大学实现了真正意义上的全价值链培训,成为真正意义上的"综合性的企业大学"。在此之后,企业大学蓬勃发展,迄今为止,世界500强企业中,已有近70%的公司成立了企业大学。

二、培训与开发在我国的发展历程

我国的人力资源培训开发的发展具有不同于西方国家的轨迹和特色,大致经历了五个阶段。

(一) 第一个阶段: 20世纪80年代初期

以"补课"为特征的社会继续教育培训体系初步建立与完善。

(二) 第二个阶段: 20世纪80年代中后期

培训职能开始细化,典型特征是厂长经理培训逐渐制度化、规范化,中青年后备人才培训稳步发展。国家大力支持国有企业的岗位培训,满足了该阶段企业经营的要求。

(三) 第三个阶段: 20世纪90年代初期

随着现代企业制度的建立,相关产权制度、法律法规的培训全面开展。同时,国有企业改革逐渐深化,向国外学习先进经验、导入先进的管理理论与思想逐渐被重视。在此阶段,中国的工商管理培训开始起步。

(四) 第四个阶段:20 世纪 90 年代中后期

1995 年左右,保险公司、传销公司的蓬勃发展带动了培训行业的成长。

1996 年,企业自主培训全面展开,工商管理培训继续深入,形成了以工商管理为核心,各种短期培训为辅助,成人继续教育为配套的培训格局。

1997—1998 年,成功学的流行,催生了一批自由讲师和培训公司。

1999—2000 年,民营企业、外资企业的迅速发展,形成培训需求市场,各种培训力量开始试探性介入,大量专业培训机构成立。

(五) 第五个阶段:21 世纪初期

2001—2003 年,市场竞争向人力资本层次升级,培训需求爆炸式增长,引起社会多方面的关注。

2003 年后,培训开发对于组织的重要性日益被组织认知,出现各式各样的培训班和培训形式,呈多元化发展。各类培训机构异军突起,培训市场竞争日益激烈。人员培训与开发从最初的不需要、不被信任、盲目信任上升到理性思考,人们开始重视培训开发前的需求分析,培训开发中的监督指导以及培训开发后的效果评价。一些企业逐渐在内部建立培训开发体系和制度,甚至成立企业商学院,在组织内部组织大规模的培训开发活动。

近些年来,战略人力资源的概念逐渐被企业界所熟悉,人员培训与开发也逐渐向战略层次转变,不断寻求企业战略与员工职业生涯发展的契合点。战略层次的培训与开发,真正达到了组织目标与个人发展双赢的局面。

三、培训与开发的未来发展趋势

展望未来,培训开发呈现出以下发展趋势。

(一) 培训开发理念的变化

1. 更加注重速度

现代培训开发不仅重视培训开发的内容,更加注重培训开发的效率。一是不断增加有关学习能力的训练课程;二是在培训开发中改革传统的方式方法,更多地采用互动式教学、模拟训练、案例教学等,努力创造能使学员更快、更有效地掌握知识与技能的环境和条件,提高培训开发效率。

2. 从"以工作为中心"到"以人为中心"

传统培训开发是以工作为导向的,其过程就像机械化的产品生产一样,即输入毛坯—机械加工—输出产品。这种培训开发的优点是标准化、效率高,缺点是缺乏激励性、能动性和灵活性,很难开发人的潜能。未来的培训开发,组织将更重视员工的潜能开发和个人价值的提升。组织为了留住人才和提高人才的竞争力,不断在开发人才自身潜力上下功夫。因此,培训开发不仅要满足工作的需要,也要体现以人为本,注重人的潜能开发。近年来,许多组织在员工培训开发中坚持以人为本的理念,进行了许多积极的尝试,如实行个人设计培训开发计划,提倡参与式培训开发、职业生涯设计和终生教育以及开展丰富人生的培训开发活动等,这些都是这种趋势的表现。

3. 从注重"投资"到注重"效益"

自美国经济学家舒尔兹1960年提出著名的"人力资本"学说以来,企业逐渐将培训开发的消费观念转变为投资的理念。人力资本的理念导致了在培训开发上的投资不断增加。然而,既是投资就要考虑收益,就要运用经济投资的模式、方法规划和运作培训开发资源。20世纪90年代以来,信息技术快速发展,知识经济初见端倪。人们越来越重视培训投资的效益问题,很多企业根据经济原则建立了培训开发体系,尝试对培训开发投资进行成本核算和效益评估。一些企业为了提高培训开发的有效性,培训开发前注意做好培训开发需求分析,激励员工学习的主动性和积极性,提高他们的学习效率,采用科学、灵活的培训开发方法,促进员工思想和行为得到有效的改变。一些企业将培训开发评估作为培训开发工作的重要组成部分,通过制订培训评价标准、选择评价方法,进行评估和反馈,为有效应用培训成果、改进和完善以后的培训工作、提高培训效益提供了重要依据。

4. 从"福利"到"竞争之本"

以前,许多企业的员工将培训开发作为一种福利或待遇。但是,在快速变化和激烈竞争的时代,企业的竞争就是人才的竞争,人才竞争力的强弱主要取决于人力资本的增值和人才资源的有效运作,而人力资本增值的主要手段是培训开发。研究表明,对培训开发的投资与生产率的提高密切相关。许多国外企业将其工资总额的3%～5%投资于培训开发。因此,现代培训开发已经成为企业提升竞争力的一把利器。比如,许多企业加大员工培训开发的投资力度,提高员工素质;有的企业将提供培训开发机会作为企业留住和激励人才的重要举措;一些优秀企业的培训开发系统已经成为使企业的资产升值的重要组成部分,企业的培训课程已经能够成为拳头产品或服务进行销售等。

(二) 培训发展部门地位与职能的变化

1. 培训开发任务越来越重

相关数据表明,20世纪90年代末,知识型工人已占劳动力的1/3,超过了产业工人,成为最大的工作群体。这样,在更多的人转入知识型工人队伍时,需要受到更多、更复杂的培训开发。据《美国新闻与世界报道》预测,在今后50年里,企业将会在更大程度上投资培训和职业训练。从这一角度看,培训部门的任务会日益加重。

2. 培训开发部门的战略地位提高

21世纪的企业将面临越来越多的变化与挑战,企业的经营目标和手段必须不断进行战略性调整。由于企业经营战略在很大程度上影响着培训需求、培训类型、培训数量以及培训所需资源的配置，因此培训职能也必然会受到企业经营环境和经营战略变化的强烈影响。为了适应企业的战略变化，帮助企业赢得竞争优势和实现经营目标，培训部门从职能构建、工作方式和工作内容上，形成以企业经营战略为中心的管理模式。比如，培训部门参与领导层战略的制订，将培训计划纳入企业发展战略规划之中，根据战略变化调整培训开发策略和活动等。培训开发部门成为企业的战略伙伴。

3. 培训开发角色的拓展

随着企业经营战略的变化，培训部门的角色和作用也在拓展。比如，在环境变化缓慢的时期，企业能够预测员工掌握的知识和技能，培训部门的角色主要是企业学习和训练，向员工传授特定的知识和技能。然而，当面对环境快速变化和竞争挑战时，企业很难预测未来将遇到什么问题。这时，培训要密切关注环境和企业战略变化，预测由此而产生的培训需求变化，并将培训活动与业务需要结合起来。这时，它更多地扮演着观察者、预测者和连接者的角色。再者，随着工业经济向知识经济转变，人们相信赢得竞争优势的关键在于开发和利用智力资本。然而，智力资本开发与利用不仅在于传授知识和技能，其更深层次的价值在于培养企业内员工的系统理解能力和创新能力。也就是说，要使员工了解企业的整个生产和服务过程及各部门之间的关系，能够激励他们提供高质量的创新产品和服务。为了达到这一目标，企业的培训部门必须建立一种能够促进知识创造和知识共享的机制，对智力资本进行管理。为此，许多企业中出现一批头衔为"知识主管""学习主管""智力资本主管"等的高级管理人员，其职能主要是使企业智力资本升值。他们收集、挑选有价值的知识并将其传递给员工。企业通过内部的知识交流，不断地将员工的智力资本转化为企业的共享资产，使企业成为一个能够适应环境变化、不断提高竞争能力的学习型企业，培训部门的工作也日益受到重视。

(三) 培训开发内容的变化

1. 热点变化频繁

从行业发展来看，随着对从事某行业的资格要求不断提高，适应各种职业和职业资格要求的培训不断出现。就专业发展而言，专业分工细化的趋势也导致各类新的专业培训层出不穷。

2. 范围扩展

组织的培训开发不仅仅局限于员工的培训开发，还包括对老板和高层管理人员进行培训开发，因为需要提升的不只是基层员工，作为管理人员也要适应不断发展变化的组织环境，要为适应组织发展的需要而不断充电。

3. 层次更加深入

根据学习理论，按照"由表及里，由浅入深"的规律，培训开发内容可以分为不同的层次：知识学习、技能培训、态度养成、潜能开发。其中，潜能开发是人才开发中最深层次的内容,指对人的心理素质的开发,涉及一系列的人的个性心理品质和潜意识的调整与开发。

(四) 培训开发技术的发展趋势

随着培训开发的规模日益扩大,培训开发水平不断提高,培训开发技术体系也日益完善,培训中新技术的应用将更加广泛。

信息技术的发展和运用不仅改变了组织内部的运作方式,同时也改变着组织的培训开发方式。传统培训以讲授为主,培训工具十分简单,这种培训往往易受时间、地点、人员方面的限制,难以收到很好的培训效果。现代培训工具最大限度地把高科技产品应用于培训开发工作中,如利用网络系统打破时间、空间的限制使培训开发变得更加便捷。实践表明,近年来兴起的计算机多媒体技术被广泛地运用于企业培训开发工作中,如运用光盘进行人机对话、自我辅导培训、利用互联网进行规模巨大的远距离培训、VR(虚拟现实)技术的使用等,都使培训开发和教育方式产生了质的变化,既丰富了培训开发手段又提高了培训开发质量。这种技术创新,使员工获得新知识和新技术的速度大大加快,使企业可以迅速适应市场的快速变化。可以说,将来培训开发最突出的变化应该是 M-Learning(移动学习)与 E-Learning(电子学习)逐渐取替 C-Learning(课堂学习)的主导地位。随着沉浸式技术的不断改进和发展,实施 VR 技术培训的企业越来越多,VR 技术在培训中的应用也将逐渐成为主流。如快餐连锁店肯德基使用 VR 游戏教员工如何烹制炸鸡;美国联合包裹运送服务公司用 VR 技术培训实习司机;大众集团运用 VR 技术来培训生产和后勤部门的员工。

(五) 培训开发方法的变化

从广义角度来看,培训开发方法包括知识能力培训开发的一切手段,如集体授课、实习体验、工作轮换、自我开发等。20 世纪 50 年代以后,在美国等一些工业发达国家中,为了适应现代管理培训的需要,出现了许多新的培训开发方法,如定性讨论法、个案研究法、经营演习、敏感性训练、管理风格训练、问题分析与决策方法培训等。

与传统讲授法或实习法等比较,这些新方法有许多优点:第一,新方法汲取了参与式教学的思想,通过讨论、思考和体验,将学员从被动学习者转化为主动学习者,激发了员工的学习热情,增强了他们在实践中运用学习成果的意愿。第二,除了个人开发外,新的方法更注重企业目标和集体开发、集体训练,立足于使全体人员建立变革的意愿,并逐步、有计划地进行全员培训,从而增强和保持了培训效果;同时,这种方法有助于克服个人培训开发后的"回归倾向",即回到旧的集体中,又恢复了原来的作风和习惯。第三,新方法强调体验式教学,对员工更具有启发性和激励性,更适用于员工的潜能开发,为员工开发向深层次发展提供了更有效的工具。

(六) 培训开发模式的变化

随着科技的发展和现代企业组织结构的变化,大量新的培训开发模式应运而生。

1. 企业联合培训将成为实现人才和知识共享的一个重要途径

兄弟厂家可以互派员工去实地考察、学习,或者互派专家进行实地技术指导,也可以通过企业间共同聘请资深的培训师进行统一的培训。企业联合培训优点在于可以节约成本、取长补短,实现资源共享。

2. 虚拟培训组织(VTO)成为企业培训部门发展的另一种趋势

在这种模式下,管理人员、业务部门和普通员工都被视为内部顾客,培训部门的工作以内部顾客为中心,侧重于学习和评估培训开发的有效性,再根据顾客的需求来提供培训,如科宁、苹果等正组建VTO使自己对客户需求迅速作出反应并提供高质量的服务。

3. 企业办学培养人才成为一种潮流

企业办学途径有两种:一种是企业自身成立专门的培训大学,自行设计课程,安排培训时间;另一种是与独立大学和学校进行联合办学。世界上最大的无线通信设备供应商摩托罗拉公司的成功可以说在很大程度上归功于它的员工培训模式——企业办学。

4. 专业培训咨询机构的出现使事务性工作外包成为可能

高层管理人员64%的时间应进行计划和组织,即处理战略规划和决策,而用在领导职能上的时间,譬如处理事务性问题,应只占工作时间的22%。但据相关调查发现,现在国内许多企业的高层管理人员,尤其是培训管理人员,他们80%的工作时间都用来处理大量琐碎的事务性工作,处境十分尴尬。随着市场机制的不断完善,相关法律法规的逐渐健全,专业培训与管理咨询市场的规范,企业事务性工作的外包将成为培训市场的一种趋势。

案例分析

摩托罗拉基于企业战略的人才培养体系

企业要想获得成功,必须拥有适合自己特点的战略,拥有满足战略实施要求的各类流程,拥有制定流程与实施流程的人才。从这个意义上讲,决定企业成败的关键因素就是人才。摩托罗拉自成立之初就清醒地认识到人才的重要性,并始终如一地将人才的开发作为公司运营的重要工作之一。

一、将人才培养专门化

早在20世纪70年代,为了应对当时的挑战,摩托罗拉公司明确地将人才的培训与培养提上了议事日程。为了配合企业科技领先的战略,成立了摩托罗拉科技中心,将专业人才的培养与复合型人才的培养结合起来。

20世纪80年代,摩托罗拉加快了人才培养的步伐,也加大了人才培养的力度,使人才的培养专门化，并成立了摩托罗拉大学，这是最早成立的企业大学之一。

20世纪90年代，随着胜任力模型的理念与实践不断深入人心，摩托罗拉为了更好、更有效地培养人才，在总部成立了资质能力中心，专门研究适合摩托罗拉战略与业务发展的核心胜任力模型，并建立了相应的评价体系。

进入21世纪后，摩托罗拉公司也面临着战略调整的新挑战。为了更有效地提高复合型人才在某些特定专业方面的素质，摩托罗拉大学重新组合自己的资源，设立了五大学院，专门从事人才培养的研究和建设工作。

摩托罗拉从90年代至今，人才培养实践可分为三个阶段：第一阶段是1997年前，第二阶段是1998—2005年，第三阶段为2005年以后。其人才培养主要围绕"核心领导力模型"和"CAMP项目"展开。

在第一阶段，为了有效地摸索出适合中国特色的人才培养体系，摩托罗拉高层领导经过多方面的调研、标杆学习与讨论，逐步形成摩托罗拉（中国）人才培养的核心领导力胜任力模型。此时的领导力胜任力模型的主要内容包括战略性思考、人才培养、人力资源与财务、团队建设与团队领导、业务开发、项目管理、企业文化与商业道德。

CAMP（china accelarated management program）是（摩托罗拉）中国管理人才加速培养项目的英文缩写，此项目的设计就是要为具有高潜能素质的中国员工提供更多的职业发展机会，以便他们能够在当前和未来的业务部门承担更为重要的职责。

CAMP项目第一阶段的内容主要包括四大类别：课堂教学、实践性学习、岗位轮调、辅导与指导。课堂教学分三个阶段完成，总课时量为四个星期；实践性学习要求学员在本职岗位上与经理人员、下属共同完成一个实际的业务项目；岗位轮调要求学员在不同的国家完成不同的工作；辅导与指导贯穿于人才培养项目的整个过程，主要当事人就是被培养的管理人员与他的直接经理，或者岗位轮调过程中负责对该员工进行监管与考核的经理人。

在第二阶段，摩托罗拉根据企业运营的环境变化和战略调整不断创新人才培养模式，以满足企业新市场、新业务发展的需要。调整后的能力模型简称为4E+1E的领导者胜任力模型。该模型将摩托罗拉领导人的核心胜任力分为五大范畴：眼力（envision）、魅力（energize）、魄力（edge）、执行力（execution）、约束力（ethics）。

根据摩托罗拉全球领导力模型的变化，并结合摩托罗拉中国人才培养的实际需求，公司对原有的领导人才培养项目进行了调整。修改与调整后的CAMP中层管理人才培养项目侧重于中高级管理人员在企业扮演的四大角色所必须掌握的知识和技能。这四大角色是业务的规划者、过程的管理者、员工的开发者、关系的营造者。

二、全新的领导人才胜任力模型

2005年后，摩托罗拉的人才培养仍然坚持从战略出发，根据战略调整核心能力模型，根据能力模型来调整培养项目和计划的系统方法。在这一阶段，公司的战略与企业文化内容都做了相应的调整。

摩托罗拉公司为了应对新的竞争环境,提出了"无缝移动"战略。

由于公司整体战略的调整,使得公司的文化与价值观也发生了相应的变化。摩托罗拉在坚持"操守完美"与"对人保持不变的尊重"这两个核心理念的基础上,进一步明确了摩托罗拉企业文化的5大价值观:客户导向、鼓励创新、提升业绩、坚持原则、一个摩托罗拉。

摩托罗拉(中国)电子有限公司根据总公司的战略以及相应的领导人才胜任力模型的变化,重新设置了适合摩托罗拉(中国)电子有限公司实际情况的人才培养项目。

该胜任力模型将领导人才的核心胜任力分为基础能力(领导人才都应该具备的能力)和高级能力(主要针对高层领导人才的需要和特点)。基础能力主要针对初级和中级领导人才,在这个层次,公司对初级领导人才和中级领导人才在能力方面的要求和侧重点都不一样。例如,对于中级领导人才来讲,除了具备初级领导人才应该具备的核心能力之外,更要培养以客户为中心的思想和能力,提高变革管理的能力。

初级领导人才的培养,注重知识和操作技能方面的培训,对于中层领导人才的培养就应加大学习量,以及实践环节和业务模拟环节。而高层领导人才培养,主要以自学和辅导以及业务模拟、案例分析、成功经验的分享为主,以便他们反复训练和展示全方位的能力。

三、有效的 CAMP 项目

为了应对全球电子与电信领域的飞速变化,摩托罗拉(中国)决定进一步深化领导人才培养计划,以便为摩托罗拉培养更多胜任未来业务挑战的领导人才。中层管理人才培养项目 CAMP 就是以能力模型为基础的领导人才培养项目中的一个重要组成部分。该项目为中层领导人才提供众多的机会,以便他们学习和运用最先进的管理理念。

(1)宗旨。这一阶段 CAMP 项目实施的宗旨是使培养对象能在主要的领导力与管理技能方面有明显的提高,并且将学习和掌握的技能与实践经验带回工作岗位,传授给同事与下属,以便为各部门和整个摩托罗拉的业务发展做出更大的贡献。

该项目专门为摩托罗拉的中层领导人才所设计,并且以总部领导人才培养的胜任力模型为基础。学员所掌握的知识与技能将有助于他们在团队中发挥更大的作用,使团队的力量得到不断壮大。项目的实施过程还将有助于学员不断强化关系营造、相互合作以及互相分享的能力。

(2)目标。当 CAMP 项目发展到第三个阶段的时候,既保留了原有项目中大量的项目目标,同时也增加了一些新的内容,项目结束后,学员将能够有以下提高:确定他们能够运用核心的基本技能;展示出激励能力、团队建设与团队领导的技能;运用有效的指导、辅导和教练技能来培养自己的下属;清晰人力资源、财务等职能部门的核心政策及运用工具,并且在自己的工作中灵活运用;根据摩托罗拉新的领导人才胜任力模型要求,培养和强化领导力理念、胜任能力以及与之相适应的领导与管理行为;更好地了解摩托罗拉的客户、产品与技术;进一步明确摩托罗拉在电子通信领域所面临的机遇与挑战;以积极的态度向成功的经理人学习。

(3) 框架与课程设置。首先,为了保证摩托罗拉(中国)人才培养的总体目标与总部的规划相一致,项目框架的设置参考了总部所确定的领导人才核心胜任力模型的内容,并结合中国的具体情况,增加了相当丰富的内容,以满足中国市场的要求,使得人才培养的项目更为有效;其次,在重新对中层领导人才培养项目进行定位的时候,明确说明 CAMP 应该以培养团队管理思想与团队管理能力为核心。

(4) 非课堂教学活动。在摩托罗拉人才培养项目实施的过程中,正是由于实施了这些"非课堂教学活动",才摆脱了传统人才培养过程中单一的课堂教学的方式,使得整个培养的过程丰富多彩,环环紧扣,从而提高了培养对象的兴趣以及项目的效果。

(5) 评价工具。项目的效果需要一定的方法来测评,评价工具的具体操作在不同阶段有不同的内容。在 CAMP 项目第三阶段,评价工具主要有五种:课后一级评估、事前360度评估、事后360度评估、课堂观察与意见反馈、优秀学员与优秀导师评选。

课后一级评估是对所有课程都使用的最基本的评估工具。为了保证项目的质量,针对每个课程和环节都要实施一级评估,以测量每个教学活动在设计、讲授等方面的优点和缺点,以便及时改进和提高。

事前360度评估就是根据最新的领导人才胜任力模型,建立360度评价的工具。评价的意见来自培养对象、培养对象的直接经理、培养对象的下属和同事,除了为每位学员提供一份简明扼要的评估结果报告外,项目管理人员还要对每位评估对象作简要的意见反馈,并要求他们与自己的经理人员进行沟通,以便得到他们的帮助、辅导与指导。

事后360度评估就是利用事前360度评估的工具和内容,在项目结束以后的3~6个月内对培训对象再次进行评估。评价的意见仍然来自培养对象、培养对象的直接经理、培养对象的下属和同事。事后评估的目的就是要督促培养对象在实际工作中有意识地去运用所学的知识和技能,有意识地去强化某些必要的行为方式与做事方式。

课堂观察与意见反馈是一种特殊的评价工具。它的优点是让培养对象时刻提醒自己,在培养项目实施的整个过程中,自己都处于他人的评价之中,同时,也要求自己随时留意他人的行为表现,学习他人的长处。

优秀学员与优秀导师评选活动本身就是对学员综合情况以及导师辅导情况进行评价的一个过程。被评为优秀学员和优秀导师的员工都会得到公司颁发的优秀学员奖牌和优秀导师奖牌,以表彰他们在整个项目实施过程中作出的突出贡献。

评价的目的在于了解培养对象在各个方面的真实情况,以及培训项目本身的效果。让被评价的人了解到他人对自己的看法,同时了解自己在参加整个培养项目过程中所取得的成绩和需要努力改进的地方,使得培养对象的努力更具有明确的方向性,收到事半功倍的效果。

(资料来源,https://www.docin.com/p-1510661355.html)

案例思考题

1. 什么是战略性培训开发?
2. 摩托罗拉公司是如何围绕战略来进行员工培训与开发的?

思考与练习

一、单项选择题

1. 组织进行培训的最终目的是 ( )
   A. 员工技能的提高　　　　B. 组织绩效的提高
   C. 员工行为的改变　　　　D. 组织文化的形成

2. 以下不属于人力资源开发与培训的联系的是 ( )
   A. 培训是人力资源开发的基础性工作
   B. 二者的边界趋于模糊
   C. 现在两者都注重当前和未来发展的需要
   D. 人力资源开发比培训更加重要

3. 下列不属于战略性培训与开发特点的是 ( )
   A. 局部性　　　B. 前瞻性　　　C. 长期性　　　D. 主动性

4. 下列哪项不属于培训与开发的原则 ( )
   A. 培训导向原则　　　　B. 长期性原则
   C. 学以致用原则　　　　D. 因人施教原则

5. 当组织实施以下哪种战略时,组织人力资源管理战略的重点在于提高员工技能和留住高技能的员工 ( )
   A. 成本领先战略　　　　B. 集中化战略
   C. 差异化战略　　　　　D. 综合化战略

二、多项选择题

1. 按照培训内容进行划分,培训开发类型可分为 ( )
   A. 员工知识培训　　　　B. 员工技能培训
   C. 员工态度培训　　　　D. 员工职业道德培训
   E. 法律法规培训

2. 培训需求分析包括哪几个层次？ （ ）
A. 人员分析　　　B. 组织分析　　　C. 部门分析　　　D. 工作分析
E. 技能分析

3. 丹尼尔·温特兰德提出的战略性员工培训模型(STEM)指出实施战略性员工培训包含哪些阶段？ （ ）
A. 宏观组织阶段　　　　　　　B. 微观组织阶段
C. 管理变革阶段　　　　　　　D. 实施、反馈和评价阶段
E. 计划阶段

4. 按培训与开发的性质分类，培训与开发可分为 （ ）
A. 适应性培训　　　　　　　　B. 提高性培训
C. 员工态度培训　　　　　　　D. 员工职业道德培训
E. 转岗性培训

5. 差异化战略下，组织应采取的人力资源培训与开发战略有 （ ）
A. 加强对员工工作行为的控制　　B. 很少强调员工培训和员工发展
C. 为员工提供提高现有技能的机会　D. 为员工创新提供支持
E. 给员工更大的自主权

三、简答题

1. 人力资源培训的含义是什么？人力资源开发的含义是什么？
2. 传统意义上的培训与开发有哪些区别？
3. 培训与开发的作用有哪些？
4. 培训与开发的基本流程是怎样的？
5. 什么是战略性培训与开发？其实施过程是怎样的？

四、论述题

1. 请阐述培训与开发的未来发展趋势。
2. 请简述组织不同发展战略下的培训开发战略。

第二章
培训与开发基础理论

 知识导览

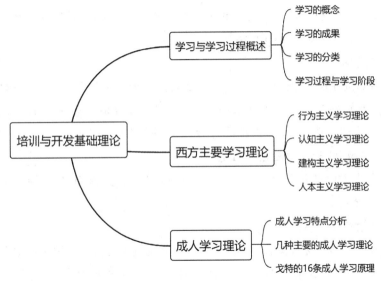

学习目标

1. 掌握学习的概念、学习成果的类型
2. 了解学习的分类
3. 掌握学习过程、学习曲线和库伯的学习圈理论
4. 了解西方主要学习理论流派的代表人物及其主要观点
5. 掌握成人学习的特点及理论
6. 了解戈特的16条成人学习原理

重点概念

学习　反应式学习　情景式学习　跨情景式学习　超越式学习　接受学习　发

现学习　有意义学习　机械学习　单环学习　双环学习

引导案例

丰田公司的 OJT 培训

丰田公司的成功在很大程度上得益于其完善的人才培养体系和卓有成效的培训工作。培训的成功又有赖于采用了合适的培训方式。

在日本丰田，常见的培训方式有三种：在岗培训（OJT）、离岗培训（FJT）和员工自修，其中 OJT 最受推崇。根据丰田的实践，真正意义上的 OJT 是指在工作岗位上，在上司或指导老师的指导下，一对一有计划地培养特定员工特定工作技能的过程。

在丰田公司，OJT 是最主要、最重要的人才培养方式。OJT 不单单是学习技能、经验的有效方式，还是传承企业文化的一种有效形式。丰田 OJT 培训方式主要有三种：工作指导、岗位轮换和问题解决。

一、工作指导

工作指导（job instruction training，JIT）是传统的"师傅带徒弟"这一培训方式的发展，是指学员在一名有经验的员工（老师或师傅）的指导下按一定的方法和程序进行技能培训的过程。常见的工作指导方法有：讲解（必须验证）、示范、写给他看、书面解释、让他试操作、让他复述、对他提问。

工作指导是丰田监督管理者必须接受的一项培训，是最具丰田特色的一线员工 OJT 培训方式之一。

二、岗位轮换

和其他日本企业一样，岗位轮换一直是丰田及其在世界各国事业体引以为豪的一种人才培养方式，也是员工职业发展的主要渠道。日本丰田实行的是职能工资制。员工能力的高低，一个重要的评价要素就是所能胜任岗位的多少。胜任岗位越多，当某岗位缺人，你可以补足；当有同事年休，你可以顶替；当有新人入社，你就是师傅。你胜任岗位多，工作复杂程度就高，你工作能力就强，自然就应该得到较高待遇。所以，多技能员工培养是丰田现场操作员工主要的培训方式，方法即是岗位轮换。

丰田公司不主张定岗定编定员。定岗定编定员在短时间内是节约了成本，但无法培养多技能员工，没有足够的替补队伍，一旦人员流失则损失更大，而且一个员工长期从事一项工作会感到单调乏味，久而久之会使工作积极性降低，工作效率减退，不利于公司发展。

丰田公司的现场操作员工在从事一个岗位一段时间后，经过考核，评价优秀者根据个人意愿可轮换到另一个相邻岗位。一个班内岗位轮换完后，即具备做班长的资格，如果具有一定管理能力可候补晋升班长，也可轮换到同一工序另一个班。如果能在一个组内担当多能工，即具备当组长资格，以此类推。岗位轮换不仅减少长期从事一项工作带来的单调枯燥感，而且由于与薪酬、晋升相联系，作为多能工、师傅是非常荣幸的事，大大提高了员工的进取心、积极性、责任感、忠诚度。在丰田，通过岗位轮换，有不少一线员工成为系长、课长甚至部长等公司领导。

岗位轮换不仅仅是现场技术工人和生产骨干的培养方式，也是各级管理人才、业务骨干培养的有效途径。在丰田，各级管理人员，每3年至5年调换一次，工作在海外丰田事业体的管理、生产、技术、营销人员通常每3年轮换一次。

三、问题解决

问题解决培训可以说是丰田公司独有的。

问题解决培训就是学员在丰田学院接受了TBP(丰田工作方式)培训后，回到工作岗位，一边工作一边运用所学方法解决实际问题。问题解决在生产现场，与丰田独特的提案活动、QC活动、PJ小组、现场5s等实际理念和操作基本上是一致的。

丰田推广问题解决方法的目的是首先培养员工的问题意识，然后发现问题，通过正确的方法找到真正的原因，提出切实可行的解决方案并付诸实践，不断完善自己的方案，直到问题真正解决。实际上就是一个PDCA循环。同时，培养学员沟通交流能力、团队协作精神、现场实践理念，以及学员的逻辑性、数据分析、语言归纳、遵守规则等能力和习惯。

丰田问题解决方法分为三个层次：发生型问题解决、课题设定型问题解决和职业生涯规划，分别为初级、中级和高级课程，适用于初级、中级和高级人才。目前主要集中培训的课程为前两种。

在丰田，"什么是问题"是需要首先解决的问题。现实生活工作中，不是没有问题，问题存在于每个角落、每个方面，没有问题是不可能的，关键是你愿不愿意承认问题，想不想去寻找问题，解决问题。那么，什么是问题呢？问题就是我们生活的不快、矛盾、冲突，工作中的差距，即与我们的职责要求的差距，与我们作业标准的差距，与我们工作的理想状态的差距。问题有两种：一种是已经发生的问题(即与我们的职责要求的差距，与我们作业标准的差距)；一种是目前还没有发生但是根据经营环境的变化，根据公司机构变化、职责调整，或者根据与同行业不同行业标杆企业比较，可能出现的问题或者存在的差距(即与我们工作的理想状态的差距)。

关于问题解决培训，有两种做法：一种是将所有理论步骤讲完后，学员回岗位寻找问题，分析、提案，制作成A3资料进行汇报；一种是将步骤进行分解，分阶段进行，讲授完几个步骤，回岗位与上司、同事进行研讨，作成A3资料，回到教室向老师、学员汇报，接受老师、学员提问、辩论。老师对每个报告进行评价后，又讲授几个步骤。学员回岗位后，一方面对前几个步骤报告中存在的问题与上司、同事进行讨论，收集分析数据，进一步完善后继续下几个步骤的信息收集、发现、报告制作。如此反反复复，半年之后,将所有的过程、发现、结果汇总成一张 A3 报告,提交上司和老师审议,同意后向公司育人委员会汇报,由育人委员会成员进行评价。

(资料来源:www.hrsee.com/?id=1151)

丰田公司员工培训成功的一个重要原因是在培训中充分考虑了成人学习的特点,根据成人培训学习的原理采用了恰当的培训方式。懂得了学习理论和人力资源培训与开发的基本原理,才能在实际培训与开发工作中有效运用相关理论和原理,采用合适的方法,恰当地组织与实施,保证培训与开发的效果。

第一节 学习与学习过程概述

从某种意义上说,培训与开发本身就是一种特殊的学习,因此在很多人看来培训开发与学习是一回事。但现代人力资源管理认为将二者进行区分具有重要意义。

一、学习的概念

对学习的界定有多种角度。从能力角度界定学习,是以美国人力资源管理学家加涅(R. Gagne)、梅德克(K. Medsker)和诺易(R. A. Noe)等为代表的,他们认为,学习是指相对长久且不属于自然成长过程结果的人的能力的变化。从行为角度界定学习,以西方行为主义学派为代表,他们认为学习是一种获得知识的过程,得到的经历体验导致持续的行为改变。换言之,学习被认为是通过经历体验而导致持续的行为改变的过程。

另一种表述认为,学习的本质不是行为的变化,而主要是大脑中认知结构的变化。在很多时候,虽然人的行为相同,但是态度和动机有很大差异。因此,学习是人的能力和倾向的变化。根据这一定义可以得出,学习的本质是行为潜能的变化。这种在人的心理内部发生的变化是不能观察和测量的,人们必须通过外部行为做出学习是否发生的推断。内在的变化和外显的行为有时是一致的,有时却是不一致的。

综上,我们认为,学习是由经验产生的知识、技能、能力或行为潜能的相对持久的变化,这种变化并非自然成长的结果,而是与特定的培训开发活动有关。

二、学习的成果

1965 年,加涅在其《学习的条件》一书中对学习成果进行了分类,他认为学校学习的知识与技能可以分为五种类型，即言语信息、智力技能、动作技能、态度和认知策略。这五类学习成果的内容如表 2-1 所示。

表 2-1 学习成果的类型

学习成果类型	内 涵	能力描述	举 例
言语信息	名称或标志、事实和知识体系	陈述、复述或描述以前存储在大脑中的信息	陈述遵守公司保密制度的三条理由
智力技能	能够理解、计划、解决问题	应用可推广的概念和规则来解决问题和发明新产品	设计并编写一个满足顾客要求的计算机程序
动作技能	身体运动的协调性	精确并按时开展一项体力活动	射击并持续击中小的移动靶
态度	人们在自身道德观和价值观基础上对事物的评价和行为倾向	选择个人活动的方式	在 24 小时内回复来函
认知策略	信息加工的过程	管理自己的思考和学习过程	分别使用三种不同的策略来判断发动机故障

资料来源：Gange R，Medsker K. The conditions of learning. New York：Harcourt-Brace，1996.

（1）言语信息。言语信息是用口头或书面语言表达的事实性知识或事实性信息，是雇员完成工作所需的特定知识集合，加涅将言语信息区分为"事实""名称""原则"和"概括"。例如一名经理必须知道不同设备的名称和全面质量管理的有关知识。

（2）智力技能。智力技能主要是指程序性信息，包括对各种概念和规则的掌握，例如一名经理必须知道绩效评估的过程，才能对雇员进行评价。

（3）动作技能。动作技能是指身体运动的协调能力，这是一种习得性的能力，以它为基础的行为表现反映在身体运动的速度、精准度、力量和连续性上，关键因素是反复练习和反馈。例如一名电信修理工必须具备爬梯子和电线杆所需的身体协调性和灵活性。

（4）态度。态度是指人偏好某种行为方式的信念和情感的综合，包括认知成分（信念）、情感成分（感情）和目的成分（个人根据自己的学习态度而采取的行为方式），如工作满意度、敬业度和参与度等。加涅认为态度是一种学习所得的内部状态，它能够影响个人对某些事情采取行动的选择。

（5）认知策略。认知策略是学习者用以支配自己的内部心理加工过程的技能，它能够调整学习的过程，会影响学习者的下列决策：关注（或注意）什么样的信息，如何记忆，如何解决问题。例如，在时间管理时更倾向于重视早晨的时间安排。

三、学习的分类

由于对学习定义的角度不同，学习现象本身的纷繁复杂，根据不同的标准，学习可以分为不同的类型。下面介绍几种较有代表性的分类。

(一) 塞尔的学习类型理论

爱德华·塞尔(Edward Cell)根据人们学习思考的方式,把学习分为四类:反应式学习、情景式学习、跨情景式学习、超越式学习。

反应式学习,指的是针对某种特定情景做出的反应性变化,比如"死记硬背"和斯金纳提出的"操作性条件反射"式学习,都属于反应式学习的范畴,这种学习常用于行为模式训练,需要学习者同时掌握多种技能,且具备应对突发情况的能力。

情景式学习,指的是学习者对情景的认知改变,即"反应式学习能力的改变"。塞尔认为反应式学习离不开情景学习,因为我们对情景的理解决定了我们对它的反应方式。

跨情景式学习,指的是学习如何改变我们对情景的理解,即对个体特有的学习过程本身进行反思和改变,这种学习方式也被称为"学会学习"。

超越式学习,指的是修正或创造新概念,利用这些新概念促进学习者观念和思维方式的转变。

(二) 奥苏伯尔的分类

戴维·奥苏伯尔(David P. Ausubel)的学习分类有两种,一种是接受学习和发现学习,另一种是机械学习和有意义学习。

1. 接受学习和发现学习

接受学习指学习的主要内容是以定型的形式呈现给学习者,学习者在学习的过程中不需要任何发现,只需将语言文字所表达的知识内化到自己的认知结构中,以便将来适时再现或应用。而发现学习的特征是:学习的主要内容不是现成给予的,而是由学习者自己独立发现的,然后加以内化。

2. 机械学习和有意义学习

根据学习内容和学习者原有知识的关系不同,奥苏伯尔又将学习分为机械学习和有意义学习。机械学习是指当前的学习没有与已有的知识建立某种联系;有意义学习是指当前的学习与已有的知识体系建立了实质性的、有意义的联系。机械学习和有意义学习也是人类学习活动中不可缺少的两个方面。我们在教学中不能忽视其中任何一种学习方法,在原有基础上发展新知识时应多采用有意义学习;而在对基础的学习和基本技能的学习上,机械学习的效果可能会更好。

(三) 阿吉里斯的单环双环学习理论

克里斯·阿吉里斯(Chris Argyris)认为两种情况会导致学习:第一种情况是当组织取得预期的成果,即在行动设计和行动结果之间有一个匹配时会发生学习;第二种情况是当发现并纠正预期结果与实际结果之间的不匹配时也会发生学习,即不匹配会转变为匹配。基于这两种情况,将组织学习分为单环学习(single-loop learning)和双环学习(double-loop learning)两种模式。

阿吉里斯用一个温度计的例子来说明单环学习和双环学习的区别：假设目标温度是 26℃，通过升温或降温的行动策略来将温度保持在目标值。当行动未能达到预期的结果时，我们根据当前的实际温度来调整行动策略，但不会改变对 26℃ 这一目标温度的预先判断，这是单环学习；但当对认识局势的制约性可变因素提出疑问时，如认为目标温度应设置为 23℃ 而不是 26℃ 时，我们不仅会调整行动策略，还会调整预设的前提条件，此时的学习称为双环学习。也就是说，只要在不质疑和改变系统的根本价值观的情况下，对错误的检测和纠正，学习都是单环的。当产生匹配，或者改变行动来纠正不匹配时，就发生了单环学习。当纠正不匹配时，首先检查和改变控制变量，然后才是行动的改变，这就发生了双环学习。在双环学习中，学习者会进一步反思组织行为的前提设置是否恰当，谋求从前提假设上实现根本性的改善，涉及对于组织的根本价值观或战略目标的改变，其难度相对较大。双环学习是观点和思维习惯改造不可缺少的部分，有利于组织成员提出突破性的想法，实现巨大的飞跃。

(四) 其他分类

管理及心理学家彼得·哈尼(Peter Honey)将学习分为行动型、反省型、理论型和实际型。我国教育心理学家根据学习的内容和结果一般把学习分为知识学习、动作技能学习、智慧技能学习和社会行为规范学习，认为教育是通过知识、技能来形成和发展学生的能力和体力的，是通过行为规范的学习来促进学生态度和品德的形成和发展的。因此这种分类更具有实际意义。

对于学习的各种分类方法都各有其优点和缺点，相互间没有好坏之分，但是这些分类可以帮助我们找到促进学习的方法。

四、学习过程与学习阶段

在具体的学习中，学习过程与学习进度无疑是人们必须关注的两个方面。其中，学习进度一般是以学习曲线表示的。

(一) 学习过程

学习过程主要包括预期、知觉、加工存储、语义编码、长期储存、恢复、推广、回馈八个步骤。

(1) 预期。预期是指学习者带入学习过程中的一种思想状态，包括培训前的准备，对培训目标的理解，判断将学习成果应用于工作中可能带来的益处。

(2) 知觉。知觉是指将从环境当中获取的信息进行组织整理，使其经过加工处理后能作为行为指南。

(3) 加工存储。在加工存储中，会出现信息的编排和重复，使得资料可以编入记忆中。加工存储受一次能够加工的材料量的限制，研究表明每次存储的信息不宜超过五条。

(4) 语义编码。语义编码是指信息来源的实际编码过程。

(5) 长期储存。当信息被关注、编排和编码后,这些信息就可以存入长期记忆中。

(6) 恢复。恢复包括找到存储于长期记忆中的学习内容,然后用其影响绩效。

(7) 推广。学习过程很重要的一项内容不仅是能够准确重复学过的内容,而且还要能够在类似而又不完全相同的环境中应用所学内容,即推广。

(8) 回馈。回馈是指通过学习者运用所学内容所获得的反馈,这种反馈使学习者能够采取更为切合实际的行动,并提供对工作业绩进行激励或强化的信息。

(二) 学习曲线

学习曲线,是一种表现学习进度的有效方法。学习曲线可以向受训者和培训者提供有效的信息,如果培训中发现进入停滞期,则需要采取一种不同的方法,如鼓励措施。当实行新的人力资源培训开发项目时,学习曲线可以向未来的培训者和受训者都表达进步预期值,也可以用它帮助计划或安排未来的培训课程。

以下是学习曲线的区分图,具体如图 2-1 所示。

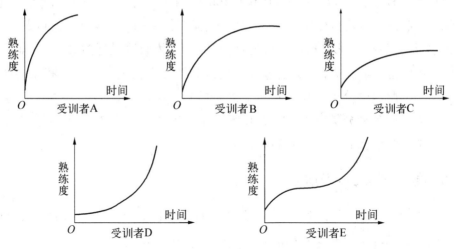

图 2-1　学习曲线的区分图

注:① 受训者 A 的学习曲线表现出很快的学习进度,短时间内就达到了很高的程度。
② 受训者 B 的学习曲线表现出较低的学习进度,培训结束时达到程度比受训者 A 要低。
③ 受训者 C 很快就达到了中等水平,但之后尽管持续努力却收效不大。
④ 受训者 D 与受训者 C 恰好相反,该受训者开始进步缓慢,然后却平稳地上升到一个较高的水平。
⑤ 受训者 E 的学习曲线表明起初进步很快,在培训中期进步缓慢,在后期又恢复原来的程度。

(三) 库伯的学习圈理论

戴维·库伯(David Kolb)的学习圈理论强调学习的过程,认为体验式学习过程是由四个适应性学习阶段构成的环形结构(见图 2-2),包括具体经验(concrete experience)、观察思考(reflective observation)、抽象概念化(abstract conceptualization)、积极试验

(active experimentation)。具体经验是让学习者完全投入一种新的体验;观察思考是学习者在停下的时候对已经历的体验加以思考;抽象概念化是学习者必须达到能理解所观察的内容的程度并且吸收它们使之成为合乎逻辑的概念;到了积极试验阶段,学习者要验证这些概念并将它们运用到制定策略、解决问题中去。

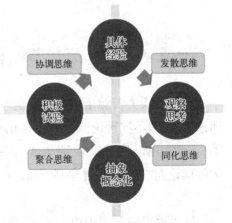

图 2-2 库伯的学习阶段与学习风格

学习圈理论展示了体验式学习的四个阶段,由于学习者偏好的阶段不同,不同个体之间存在学习类型的差异。库伯提出了四种学习风格:发散思维、同化思维、聚合思维、协调思维。

发散思维产生于具体经验和观察思考,利用态度学习,适合需要丰富想象力、对不同观点有敏感性的学习。

同化思维产生于观察思考和抽象概念化,利用知识学习,适合综合不同的观点、形成解释框架的学习。

聚合思维产生于抽象概念化和积极试验,利用习惯学习,适合理论指导实践的学习。

协调思维产生于积极试验和具体经验,利用技巧学习,对信息主动加工,适合通过试错法开展的实践和学习。

表 2-2 归纳了四种学习风格的主要学习阶段和特征。

表 2-2 库伯的四种学习风格

学习类型	主要学习阶段	主 要 特 征
发散思维	● 具体经验 ● 观察思考	● 善于产生想法,多角度审视环境,并且能够了解它们的意义和价值 ● 对人、文化和艺术感兴趣
同化思维	● 观察思考 ● 抽象概念化	● 善于归纳推理,形成理论模型,并且综合各种不同的观点形成统一的解释 ● 注重想法和抽象的概念,较少关注人
聚合思维	● 抽象概念化 ● 积极试验	● 善于决策,将想法应用于实践,并且善于假设、推理、归纳 ● 更偏好技术处理类的任务而不是人际交往方面的事务
协调思维	● 具体经验 ● 积极试验	● 善于将决策应用于实践,制定计划,并且投入新的试验 ● 倾向于与人交往,但是可能会显得缺乏耐心并且急功近利

资料来源:Kolb D A. Learning style inventory, version 3.1. Boston:Hay/McBer Training Resources Group,2005.

第二节　西方主要学习理论

　　学习是人力资源培训与开发的基础,有效的人力资源培训与开发实践应以学习理论为核心,不同理论流派有不同的学习观。学习理论是对学习规律和学习条件的系统论述,用以描述或说明人类和动物学习的类型、过程,以及有效学习的条件。学习理论是一个非常复杂的体系,不同的学习理论对于培训和开发具有不同的指导作用。

　　世界著名的学习理论主要有:行为主义学习理论、认知主义学习理论、建构主义学习理论、人本主义学习理论。

一、行为主义学习理论

　　行为主义的主要代表人物有巴甫洛夫、桑代克、斯金纳等,他们将学习活动简化为实验室中的心理试验,认为学习是在刺激和反应之间建立联结的过程,刺激和反应之间联结的强弱取决于反应结果的好坏。愉快的结果加强联结,而令人厌恶的结果则削弱联结。另外,学习的主要动力是内部驱动力和外部驱动力,强化的反应会重复出现。

　　1. 巴甫洛夫的条件反射理论

　　巴甫洛夫的条件反射理论主要包括行为的"保持与消退""分化与泛化"两个方面。

　　(1) 保持与消退。巴甫洛夫发现,在动物建立条件反射后继续让铃声与无条件刺激(食物)同时呈现,狗的条件反射行为(唾液分泌)会持续地保持下去。但当多次伴随条件刺激物(铃声)的出现而没有相应的食物时,则狗的唾液分泌量会随着实验次数的增加而自行减少,这便是反应的消退。

　　(2) 分化与泛化。在一定的条件反射形成之后,有机体对与条件反射物相类似的其他刺激也做出一定反应的现象叫作泛化。而分化则是有机体对条件刺激物的反应进一步精确化,那就是对目标刺激物的反应加强保持,而对非条件刺激物的反应消退。

　　2. 桑代克的联结学习理论

　　桑代克认为所谓的学习就是动物(包括人)通过不断地尝试形成刺激—反应联结(即 S-R 联结),从而不断减少错误的过程。他把自己的观点称为试误说。

　　3. 斯金纳的强化理论

　　桑代克侧重于研究学习的 S-R 联结,而斯金纳则在桑代克研究的基础上进一步探讨小白鼠乐此不疲地按动操纵杆的原因——因为小白鼠每次按动操纵杆都会吃到食丸。斯金纳把这种会进一步激发有机体采取某种行为的程序或过程称为强化，凡是能增强有机体反应行为的事件或刺激叫作强化物，导致行为发生的概率下降的刺激物叫作惩罚。

4. 班杜拉的社会学习理论

美国心理学家班杜拉在反思行为主义所强调的刺激—反应的简单学习模式的基础上，接受了认知学习理论的有关成果，提出学习理论必须研究学习者头脑中发生的反应过程的观点，形成了综合行为主义和认知心理学有关理论的认知—行为主义的模式，提出了"人在社会中学习"的基本观点。

根据以上行为主义学习理论的观点，结合组织现行的培训开发工作，我们能够意识到行为是学习者对环境刺激所做出的反应。他们将环境看成是刺激物，把伴随而来的有机体行为看作是反应，认为所有行为都是习得的。

行为主义学习理论应用在组织培训开发实践上，就是要求组织掌握塑造和矫正员工行为的方法，为员工创设一种环境，尽可能在最大程度上强化员工的合适行为，消除其不合适行为。

二、认知主义学习理论

1. 布鲁纳的认知结构学习理论

布鲁纳主要研究有机体在知觉与思维方面的认知学习，他把认知结构称为有机体感知和概括外部世界的一般方式。

布鲁纳始终认为，学校教育与实验室研究猫、狗、小白鼠受刺激后作出的行为反应是截然不同的两回事，他强调学校教学的主要任务就是要主动地把学习者旧的认知结构置换成新的，促成个体能够用新的认知方式来感知周围世界，并提倡有效学习方法、重视学科基本结构的掌握、强调基础学科的早期教学、主张学生去发现学习。

2. 奥苏伯尔的认知同化理论

奥苏伯尔是美国的认知主义心理学家，他在批判行为主义简单地将动物心理等同于人类心理的基础上，创造性地吸收了皮亚杰、布鲁纳等同时代心理学家的认知同化理论思想，提出了著名的有意义学习、先行组织者等，并将学习论与教学论两者有机地统一起来。

3. 加涅的信息加工理论

1974年，加涅利用计算机模拟的思想，坚持利用当代认知心理学的信息加工的观点来解释学习过程。他认为，任何一个教学传播系统都是由"信源"发布"消息"，编码处理后通过"信道"进行传递，再经过译码处理，还原为"消息"，被"信宿"接收。该模型呈现了人类学习的内部结构及每一结构所完成的加工过程，是对影响学习效果的教学资源重新合理配置、调整的一种序列化结构。

认知学习理论的基本观点表明：人的认知不是由外界刺激直接给予的，而是外界刺激和认知主体内部心理过程相互作用的结果。学习过程不是逐步尝试与错误的过程，不是依靠试误实现的，而是一个突然领悟和理解的过程。

结合组织员工培训开发工作，我们能够意识到员工受训学习是员工凭借智力与理解的认知过程，绝对不是盲目地尝试，强化并不是学习产生的必要因素。根据这种观点，员工学习过程可被解释为每个员工根据自己的态度、需要和兴趣并利用过去的知识与经验对当前工作的外界刺激（如培训内容）作出主动的、有选择的信息加工过程。

因此，培训师的任务不单纯是向学员灌输知识，而是首先激发学员的学习兴趣和学习动机，然后将当前的培训内容与学员原有的认知结构有机地联系起来，使得学员不再是外界刺激的被动接收器，而是主动地对外界刺激提供的信息进行选择性加工的主体。

三、建构主义学习理论

1. 维特罗克的知识构建论

维特罗克认为学习过程不是先从感觉经验本身开始的，它是从对该感觉经验的选择性注意开始的。任何学科的学习和理解总是涉及学习者原有的认知结构，学习者总是以其自身的经验（包括正规学习前的非正规学习和科学概念学习前的日常概念）来理解和建构新的知识或信息。建构一方面是对新信息的意义的建构，同时又包含对原有经验的改造和重组。因此，他们更关注如何以原有的经验、心理结构和信念为基础建构知识，更强调学习的主动性、社会性和情境性。

2. 凯利的个人构建学说

凯利的个人构建学说主要包括以下五方面的内容：第一，个人建构是不断发展、变化和完善的，可推陈出新，不断提高；第二，个人建构因人而异，现实是个人所理解和知觉到的现实，面对同一现实，不同的人会有不同的反应；第三，在研究人格的整体结构的同时，不能将其组成部分弃于一端，而应努力做到整体与部分、形式与内容的有机统一；第四，当人们总用已有的建构去预期未来事件时，不可避免地要遇到一些困难和麻烦，新的信息和元素需要加入原有的建构之中；第五，一个人要获得一种同现实十分一致的建构体系绝非轻而易举，而要经过大量的探索和试误过程。

建构主义学习理论强调以学员为中心，要求学员由被动的接受者变成信息加工的主体，知识意义的主动建构者。相应培训应围绕"自主学习策略、协作学习策略、学习环境"设计，以促进学员主动建构知识意义。

建构主义学习理论强调学习过程中学员的主动性、建构性、探究性、创造性，认为知识不是通过培训师传授得到,而是学员在一定的情境即社会文化背景下,借助学习,通过必要的学习资料及有意义建构的方式获取知识的过程。建构主义学习理论要求培训师由知识的传授者、灌输者转变为学员主动建构意义的帮助者、促进者,要求培训师在培训过程中采用全新的授课思路和授课模式。

四、人本主义学习理论

作为心理学的一般理论,人本主义反对将人等同于动物,而是把人看作一个整体,关注人的全面发展,倡导在设计学习活动时要充分考虑学习者自身的发展和提高。人本主义学习理论重点研究如何为学习者创造良好的环境,关注人的全面发展,引导其从自己的角度感知世界,发展对世界的理解,达到自我实现的最高境界。人本主义理论对学习者的本质持积极乐观的态度,主张设身处地为其着想,重视其内心世界的发展和完善,人自身发展和提高的动机是人力资源培训与开发领域的重要基础。但人本主义过分强调学习者的中心地位,片面关注天赋潜能的作用而忽视了教育和环境的影响。

人本主义学派的代表人物包括马斯洛、罗杰斯等。

1. 马斯洛的自我实现的三大理论、需要层次理论

马斯洛提出的自我实现的三大理论分别是性善论、潜能论和成就动机论。马斯洛认为,人的需要是分等级的:低层次的需要是高层次需要的基础,人类需要层次呈波浪式发展,也就是说,不同层次的需要可以同时存在,不同层次的需要的发展与许多因素有关。

2. 罗杰斯的意义学习

所谓意义学习,不是指那种仅仅涉及事实积累的学习,而是指一种使个体的行为、态度、个性以及在未来选择行动方针时发生重大变化的学习。罗杰斯认为意义学习有四个要素:学习具有个人参与的性质,即整个人都投入到学习之中;学习是自我发起的,即有外界的学习刺激,但学习活动还是发生在学习者内部;学习是渗透性的,即学习者通过学习可以改变自己的行为、态度,甚至个性;学习是学习者自我评价的,因为只有学习者自己才真正地清楚这种学习是否真正地满足了自己的需要,自己的知识是否有了增长。

第三节 成人学习理论

成人学习理论关注的是成人学习的特殊性。由于组织员工都是成人,具有成人学习的一般特征,所以研究和掌握成人学习理论,并合理地加以利用,对提高员工培

训与开发的效果是大有裨益的。

一、成人学习特点分析

成人学习是一种目的性极强的学习过程。针对员工培训,组织须考虑员工具有成人学习的这一特性,因为这影响着员工培训是否能够有效开展。成人学习的特点主要包括社会性特点、能力特点和心理特点三个方面。

1. 社会性特点

(1) 学习的延续性。成人的学习,是在已有知识经验的基础上的再学习、再教育,具有延展性、继续性。

(2) 学习的职业性。成人学员的学习同个人的职业相联系,怀着个人的需求、问题、感觉与希望。

(3) 学习的从属性。成人学员是社会中的劳动成员,他们对科学文化技术的需要,实质上是社会的需要。

(4) 学习的终身性。当今社会要求每个人必须不断地学习,把学习贯穿到人的整个一生,生命不息,学习不止。

2. 能力特点

(1) 目标明确。学习目标明确,有助于员工形成恒定的学习动力。

(2) 自制力较强。自制力强,有助于员工排除各种干扰,稳定学习情绪,形成对学习的专一性和持久性。

(3) 理解能力较强。理解能力强,有助于员工对知识的理解和掌握。

(4) 应用性强。应用性强,有助于员工理论联系实际,促进创造能力的迅速提高。

(5) 学习能力较强。经过学习实践,员工可以积累较为成功的学习经验。

3. 心理特点

(1) 成人自尊心强,有独立的基于自身社会经验得到的观点。

(2) 学习的信心弱,对超出自身范围的知识信心不足。

(3) 表达的需求强,成人有发表自己见解的心理需求。

二、几种主要的成人学习理论

有关成人的学习理论主要有麦克卢斯的余力理论、诺克斯的熟练理论和麦基罗的知觉转换理论(见表2-3)。

成人学习理论对人力资源培训与开发有着十分重要的意义,其中对培训与开发的启示中一个基本的要求就是互动性,也就是受训者与培训者都要参与到培训与开发的学习过程中来,具体应用见表2-4。

表 2-3 成人学习理论

理论观点	理论内容
麦克卢斯余力理论	他所指的生活的余力是指生活能力与生活负担之差,即生活的能力剩余。生活余力可因能力增加或负担减少而增加,也可因负担增加或能力减少而减少,成年个体的需要在能量需要与实现需要的可能性之间寻求生长变化的平衡。学习动机的强度取决于生活余力的大小
诺克斯熟练理论	成人的社会角色以及周围环境因素的作用,要求成人必须努力缩小现有熟练水平与期望熟练水平之间的差距。当个体由低一级熟练发展到高一级熟练之后,其自身的角色及社会环境又会产生更高水平的熟练要求,个体必须继续做出新的努力去达到新的熟练水平
麦基罗知觉转换理论	麦基罗发现当知觉转换发生时,成人的生活将出现危机,这种危机主要是一种意识的产生,是由于成人已经认识到自身与环境之间存在着严重的不和谐因素,在这种危机意识作用下,成人总是努力寻找摆脱危机的途径。而最主要最有效的途径就是参加学习

表 2-4 成人学习理论在培训与开发中的应用

设计问题	应用
自我观念	相互启发与合作指导
经验	将受训者的经验作为范例和应用的基础
准备	根据受训者的兴趣和能力进行开发指导
时间角度	立即应用培训内容
学习定位	以问题为中心而不是以培训主体为中心

也有人对成人学习理论提出了批评,他们认为:一方面,学习是一个连续的过程,没有必要单独区分为儿童阶段和成人阶段;另一方面,成人学习者存在个体差异,不能一概而论。

三、戈特的 16 条成人学习原理

国内外许多专家对成人学习原理进行了研究。美国管理学家汤姆·W.戈特(Tom W. Goad)博士在其所著的《第一次做培训者》(*The First Time Trainer*)一书中,总结了关于成人学习的 16 条原理。这些原理为许多企业所应用,并经实践证明能有效促进培训工作取得成功。

(1) 成人是通过干而学的。经验告诉我们,通过动手干某件事来学习,是最终意义上的学习,亲自动手达成的结果能给学员留下深刻的感性认识。此外,成人学习新东西时希望通过动手来加以印证的想法,能激起更高的学习积极性。

(2) 运用实例。成人学员总是习惯于利用所熟悉的参考框架来促进当前的学习,因此需采用大量真实、有趣、与学员有关的例子,吸引学员的注意力,激发他们的兴趣。

（3）成人是通过与原有知识的联系、比较来学习的。成人丰富的背景和经验对其学习过程产生影响，他们习惯将新东西与他们早已知道或了解的东西加以比较，并倾向于集中注意那些他们了解最多的东西。因此，要充分运用"破冰船"之类的工具，在培训开始时，让学员相互认识，了解学员各自的背景，为培训班定下基调，尽快调动学员参与的积极性，避免抽象空洞的说教，否则成人学员难以与其经验进行比较，从而可能陷入迷茫，失去对学习的兴趣。

（4）在非正式的环境氛围中进行培训。这点是提醒培训组织者设法使学员在心情轻松的环境下接受训练，避免严肃古板的气氛。

（5）增添多样性。灵活改变进度、培训方式、教具或培训环境等能帮助增加学习情趣，取得良好的培训效果。

（6）消除恐惧心理。在培训过程中给予学员学习信息反馈是必要的，但应该经常以非正式方式提供反馈，如能将成人学员担心学习成绩与个人前途直接挂钩的恐惧心理排除掉或将之减小到最低限度，那么每个学员都能学到更多的东西。

（7）做一个推动学习的促进者。成人学习中要避免单向讲授，培训师是一个学习促进者，灵活有效的培训方式能大大促进学习的进程。

学习促进者的主要职责包括：保持中立；促使学员履行学习的职责；识别学员参加学习的主要目的；达成对预期学习效果的认同；强化学习的基本原则；强化有效的学习行为；指导学员群体实现学习目标；鼓励全体学员；引导学员高效学习的激情；成为学习评判者；帮助学员明确学习目标；讲解、演绎和答疑解惑。

（8）明确学习目标。学员必须在一开始便被告知其学习目标，这样他们才能经常注意自己是否走在通向成功的正确道路上。

（9）反复实践，熟能生巧。实践是帮助学员完成规定学习目标的有效手段，通过实践，可将理论转化为学员在实际工作中能运用自如的工具，并真正成为属于他们自己的方法。

（10）引导启发式的学习。告诉学员一个结果只能帮助他解决当前的一个问题，而通过引导启发学员投入学习，同时提供资料、例子、提问、鼓励等帮助，成人学员就能自己找出结果，并完成所期望的任务，这才是培训所期望的最终效果。

（11）给予信息反馈。及时、不断地进行学习信息反馈，能使学员准确知道自己取得了哪些进步，哪些方面还需进一步努力。明确的目标会成为积极的学习动力。

（12）循序渐进，交叉训练。学习过程的每一部分都建立在另一部分的基础上，因此某一阶段的学习成果可在另一阶段的学习中得到应用与加强，使学员的能力逐步得到强化和提高。

（13）培训活动应紧扣学习目标。紧扣学习目标可使培训过程中的所有活动沿着预期的轨道进行，这目标应被学员清楚、了解与认同，在培训过程中应予以反复强调。

（14）良好的初始印象能吸引学员的注意力。培训初始给学员的印象非常重要，如果培训的准备工作很不充分、拖沓，则很难引起学员对培训的充分重视，从而影响学习的效果。

（15）要有激情。培训师的表现对学习气氛具有决定性的影响，一个充满激情的培训师能感染学员，引导激发他们投入到学习的角色中。

（16）重复学习，加深记忆，通过多样性的培训方法，使重复学习变得更加有趣与富有吸引力。通常至少重复所学内容三次，但最好通过不同的方式去学，以此来反复加深认识。

案例分析

香格里拉酒店集团的员工培训

香格里拉酒店集团非常重视对员工的培训工作，集团要求下属酒店拨出用于培训发展的专项预算，每年至少投资员工工资总额的2%用于员工的培训与发展。资金上的支持，能保证培训工作的有效进行。除此之外，集团人力资源管理层还在企业内部打造了一套全方位的培训体系，无论你是新人，还是普通员工，抑或是中高层管理人员，都会有针对性的培训方案。

一、新员工的入职培训

一个新员工入职后，酒店首先安排入职培训，后期会根据员工在酒店内的工作状况和实际工作需要安排不同阶段的培训课程。香格里拉酒店集团在员工培训方面提出独具特色的Shang Care I～IV四阶段培训，每阶段的培训根据入职时间培训不同的主题和内容。Shang Care I 为服务意识和企业理念的培训，Shang Care II 仍为服务理念及技能培训，包括关注客人旅途劳顿、客人期望管理等内容。Shang Care III 包括如何处理客人投诉，及时作出反应赢得客人忠诚感。Shang Care IV 包括倾听客人感受、道歉、如何当场处理无法解决的问题等方面。Shang Care I～IV四阶段培训是员工的基础培训课程，随着员工对自己工作的不断熟悉，将四阶段课程穿插进行，使员工对顾客服务更加标准化。新员工在进行以上四个阶段培训的同时，也在接受各部门的岗位培训，理论知识与服务技能同时受训，更快地适应岗位要求。

二、伙伴教练（Buddy Trainer）

这是香格里拉集团员工初到岗位时最普遍的一种培训机制。Buddy Trainer首先强调"带领"，即老员工带领新员工在实践中逐渐适应新的环境，融入新的组织文化，了解所在行业的特点等。Buddy Trainer强调的另一方面是"伙伴"。安排与新员工职级相近、在职时间稍久一点的员工做搭档，使两个人都会觉得非常亲切。如果让上级或者是导师制里所说的"导师"去指导新员工，就难免带有上下级的色彩，而"伙伴"之间,无论是在工作上还是生活上,都会给对方提出一些具有平级色彩的建议,并且这样的建议更容易被对方接受。对于刚入行的新员工来说,有一个亲切的伙伴,能够帮助他们更快速地融入新环境。

需要特别指出的是,Buddy Trainer 中的两个人一定是属于同一部门的,如果员工被调转到另外一个部门或另一个岗位,那么该部门还会给他(她)安排新的"伙伴"。比如咖啡厅新来了一个员工,部门就会为其选择一个已经在咖啡厅就职一年左右的"伙伴"。如果他(她)被调到前台,还会在前台指派一个"伙伴"帮助他(她)适应新岗位。

三、管理人员培训

针对不同层次的管理人员,香格里拉酒店制订了不同的培训计划。酒店为主管级员工安排"部门培训",以在岗集中培训方式为主,培训内容围绕工作中的基本流程和服务技巧展开;针对部门经理级别员工的培训,香格里拉称之为"天使培训",主要以介绍香格里拉的服务文化为主;而针对总监和副总监级的培养领导力的培训制度体系,香格里拉称之为"卓越督导"培训。

香格里拉集团有自己的培训学院,集团每年都会选拔出较为优秀的员工送到香格里拉学院进行更深入的培训,这也是香格里拉集团内部培训的一大特色。

四、导师制

与基层员工伙伴式的"老带新"相比,香格里拉为中高层管理人员提供的则是较为复杂的"导师制"。目前,香格里拉集团已形成了一系列针对中高层人员的培训方案。如集团行政培训生(cooperate management trainee;CMT),还有集团行政管理培训生(corporate executive trainee;CET)和集团高级行政管理培训生(corporate senior executive trainee;CSET)。这些培训的目的基本上都是将三级经理培养为二级经理,将二级经理培养为一级总监,将一级总监培养成为未来的总经理或驻店经理。

中幅级员工一旦被总部选中为 CMT、CET、CSET 人选,就要接受为期约 16 个月的专项培训。培训分为三个阶段:轮岗培训(3~4 个月)、重点职能培训(6 个月)和执行培训(6 个月)。培训期间,员工要在不同的酒店里接受特定训练,培训后总部会对其做出评价,判断其是否能够顺利毕业,然后再到其他酒店去担任新职务。比如,香格里拉在青岛确定了一个三级厨师做 CMT 人员,在轮岗培训阶段,他要在酒店转岗熟悉不同部门的情况;在重点职能培训阶段,可能要被派往其他酒店加强重点技能的训练;在执行培训阶段,他将作为二级行政副主厨在另一家酒店工作任职。这期间,各个酒店的总经理将作为他的导师,每隔一段时间(1~2 个月)就会找他进行一次面谈,了解他的学习过程和遇到的困难,给予指导,并在每个阶段完成后对其进行培训效果评估。所有培训结束并评估合格后,他才有可能正式被晋升为行政主厨,派驻到酒店任职。

与此同时,部门的总监还将承担起副导师的责任和角色。刚才例子里的行政副主厨,每到一家酒店工作,行政主厨就自然成为他的"副导师",这种关系和 Buddy Trainer 类似,但最后还是由总经理对他的表现拿出评估意见。在每一个员工接受培训之前,先由他的上司、老总进行能力评估,然后总结出其在能力素质方面还有哪些欠缺,并上报总部形成培训计划。派驻到酒店时,该酒店会提前收到总部下发的培训计划,并根据培训要求,制订相应的培训方案。在执行培训阶段,员工通过直接上岗,在实践中接受训练和导师的指导,导师也会对其提出更具针对性的反馈意见。在培训结束时,导师(总经理)会对他的领导力、执行力和辅导能力进行综合打分。

(资料来源:http://www.hrsee.com/?id=1082)

案例思考题

香格里拉酒店集团的培训体现了哪些人力资源培训与开发的原理或学习理论?

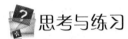

思考与练习

一、单项选择题

1. 学习如何改变我们对情景的理解,即对个体特有的学习过程本身进行反思和改变,这种学习方式是 （　　）

   A. 反应式学习　　　　　　　　B. 情景式学习
   C. 跨情景式学习　　　　　　　D. 超越式学习

2. 将组织学习分为单环学习和双环学习两种模式的是 （　　）

   A. 爱德华·塞尔　　　　　　　B. 戴维·奥苏伯尔
   C. 彼得·哈尼　　　　　　　　D. 阿吉里斯

3. 将从环境当中获取的信息进行组织整理,使其经过加工处理后能作为行为指南,这是学习过程中的哪个步骤? （　　）

   A. 预期　　　B. 知觉　　　C. 加工存储　　　D. 语义编码

4. 根据加涅在《学习的条件》一书中对学习成果的分类,"应用可推广的概念和规则来解决问题和发明新产品"属于哪一种成果类型? （　　）

   A. 言语信息　　B. 智力技能　　C. 运动技能　　D. 认知策略

5. 成人学员是社会中的劳动成员,他们对科学文化技术的需要,实质上是社会的需要,这是指成人学习的哪一特点? （　　）

   A. 延续性　　B. 终身性　　C. 从属性　　D. 职业性

二、多项选择题

1. 根据库伯的学习圈理论,同化思维的主要学习阶段是 （　　）

   A. 具体体验　　B. 观察思考　　C. 抽象概念化　　D. 积极试验
   E. 发现学习

2. 下列属于认知主义学习理论流派代表人物的是 （　　）
   A. 布鲁纳　　　B. 桑代克　　　C. 马斯洛　　　D. 加涅
   E. 奥苏伯尔
3. 下列选项中,属于行为主义学习理论的有 （　　）
   A. 桑代克的联结学习理论　　　B. 斯金纳的强化理论
   C. 班杜拉的社会学习理论　　　D. 加涅的信息加工理论
   E. 罗杰斯的意义学习理论
4. 爱德华·塞尔的学习类型理论根据人们学习思考的方式把学习分为哪几类？
   （　　）
   A. 反应式学习　　B. 情景式学习　　C. 发现学习　　D. 跨情景式学习
   E. 超越式学习
5. 下列关于人本主义学习理论的说法,正确的有 （　　）
   A. 人本主义强调教育和环境对学习的影响,奖励和刺激在学习过程中起到了重要作用
   B. 人本主义理论对学习者的本质持积极乐观的态度,主张设身处地为其着想
   C. 人本主义反对将人等同于动物,把人看作一个整体,关注人的全面发展
   D. 人本主义学派的代表性理论包括性善论、成就动机理论等
   E. 人本主义学习理论认为学习过程不是逐步的尝试与错误的过程,不是依靠试误实现的,而是一个突然领悟和理解的过程

三、简答题

1. 什么是学习？学习成果有哪几种类型？
2. 学习过程有哪几个步骤？
3. 简述诺克斯的熟练理论的内容。
4. 简述戈特的16条成人学习原理。
5. 成人学习的特点有哪些？

四、论述题

1. 试述认知主义学习理论。
2. 试述库伯的学习圈理论。

第三章
培训开发管理体系建设

 知识导览

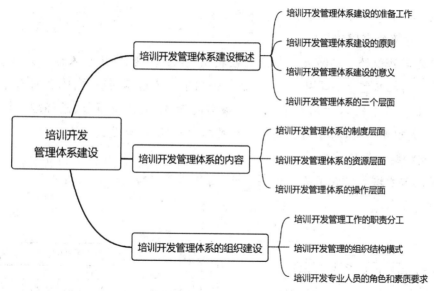

学习目标

1. 了解培训开发管理体系建设的准备工作以及对组织和员工的意义
2. 理解培训开发管理体系建设的原则
3. 掌握培训开发管理体系三个层面的内容
4. 掌握培训开发管理工作的职责分工
5. 了解培训开发管理的组织结构模式
6. 了解培训与开发专业人员的角色和素质要求

重点概念

培训开发管理体系　培训开发制度体系　客户模式　专业模式　矩阵模式　企业大学模式　虚拟模式

引导案例

丰田汽车公司的人才培养体系

在2019年财富世界500强排行榜中,来自日本的丰田汽车公司排在第10位,是日企中排名最高的,在全球汽车行业中仅次于德国的大众公司(第9位)。目前丰田公司全球员工人数已经超过了36万人,如何将这么庞大的员工群体培养成训练有素的人才呢?丰田有着自己健全的人才培养体系。

一、人才培养高屋建瓴

丰田公司的创始人丰细喜一郎就曾经指出"企业盛衰,决定于人才""人才资本,决胜经营",因此在整个公司从上到下,都认识到了人才培养的重要性,并将人才培养融入了企业文化之中,人才培养不仅是人事部的责任,也是董事长、总经理、部长、课长的责任,更重要的是,人才培养是每一个员工的责任,甚至是义务。

二、精心组织保驾护航

公司把人才培养当成了头等大事来抓,图3-1是丰田的培训组织体系。

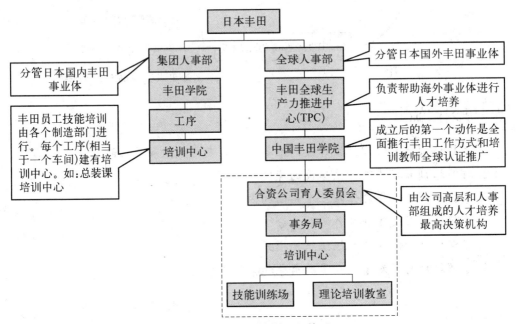

图3-1　丰田培训组织体系

三、层层选拔培训师资

培训效果的好坏，有一个非常重要的因素，那就是培训的师资。在人才培养是每一个丰田人的职责和义务的观念影响下，能够成为培训教师成了一种荣誉、一种信任，而且还代表着自己受领导器重。但能成为一名丰田的培训教师非常不容易，挑选的过程非常严格。以丰田中国为例，培训教师可以分成两类：一个是技能培训教师，另一个是管理培训教师。

对于技能培训教师而言，丰田中国首先会按照日本丰田老师的要求设立选拔条件，在整个公司上下各个工序内推荐和选拔老师。经过层层筛选出的人员要接受日本丰田培训老师为期一个月的培训，培训合格者进入日本丰田全球生产力推进中心培训，然后再进入相关工序技能培训中心培训，最后考试合格取得相应技能等级培训教师资格证，才能回国任教。

对于管理培训教师而言，丰田中国由中日双方推荐中方中层干部作为老师候选人，然后由具备培训老师资格者进行授课，在经过公司育人委员会全体成员评价合格后才能聘为公司正式培训老师，如果要成为公司的全球管理培训教师，就必须参加中国丰田学院举办的全球培训老师资格认证。

以上过程之中，必须要掌握两个原则：(1) 使用日本丰田教材培训；(2) 老师必须由日本丰田相关人员培养、考核，得到认可后才有资格授课。

四、不同对象区别对待

针对不同的培养对象，丰田有不同的培养体系。

（一）新人教育体系

丰田公司将入职不满三年的员工界定为"新人"。新员工的培训过程具备以下特点：入社培训要经过六个阶段；接受三级教育（即公司级、部门级和岗位级）；内容涉及公司文化、工作方法、安全环境、职业卫生、丰田生产方式（TPS）以及岗位技能多个方面；部门主管通常会为其制定一年甚至更长的教育培养计划，分配相应的前辈做其指导老师；总耗时6个月～2年。

新人熟悉工作进度、掌握知识技能的好坏，将与指导老师的评价联系在一起。丰田还在一些特别部门设置了小组长，每个组有3人到5人。小组长既要做好自己的本职工作，也要为新人和下属制定工作目标，要和组员加强交流与沟通。丰田不仅采用小组长制，还建立了工作岗位前辈制度。该制度要求老员工应该给予新员工一些帮助和指导。

（二）事技员（干部）和技能员（工人）培训体系

事技员和技能员教育培训体系相同，分为晋级培训、专门培训和OJT（在岗培训）。主要包括丰田工作方式（toyota business program；TBP）培训、TPS培训、管理技巧培训、领导力培训、业务提高培训、操作技能培训、新工艺新技术新设备培训、信息技术培训、安全培训、OJT培训、岗位轮换、5S培训、现场管理、QC与改善培训、汽车知识培训、特殊工种培训、外语培训、ISO培训、职业卫生培训、3T(TT)培训……

丰田公司会针对不同资格的员工，安排针对性的培训内容和专项教育。对于日企来讲，资格重于职务。丰田也是如此，取得一定资格，就具备担当相应职务的能力，只要机会允许，随时可上任。

比如丰田公司将技能员分成TM(职员)、TL(组长)、GL(班长)、CL(系长)等，这些都要按照资历(入社年限)来划分。

对于新任的CL，他们的培训内容是为期5天的职责、方针管理、OJD和领导力培训；而CL满两年的就包含了TBP(进阶)、业务规划、危机管理等内容。总之，到了次长、部长的职位，要根据职位和工作年数，安排不同的教育训练。

五、非常重视问题解决培训

在丰田公司，晋级培训由人事部主导。人事部根据每种资格的知识、能力要求设置相应的课程，选派在该领域优秀的内部老师授课，或选派老师外部接受培训后授课，个别要求较高、内部无合适人选的，则直接邀请大学老师或咨询机构的培训老师授课。晋级培训的主干课程是问题解决方法，2005年提升为丰田工作方式(toyota business program；TBP)，成为与丰田生产方式相当的工作方法。后者用于生产现场，前者用于管理领域。问题解决方法之所以受到丰田高层如此重视，得益于丰田人事部门十几年的不断推广、完善，并经过实践检验行之有效且硕果累累。

丰田技能培训由制造部门主导，但结果须报人事部门。其最大的特点就是理论结合实际。一个培训中心，其实就是作业现场的翻版，所有的教具和生产现场一模一样。学到的技能回去后马上就能得到运用。

在丰田，公司上下对安全都特别重视，就组织机构而言，公司设有安全委员会及其办事机构——安委会事务局，每月定期召开安全会议，由总经理亲自主持，每个部门设有专兼职安全员，每月由安委会事务局召集召开安全例会。

丰田公司对安全的要求近乎苛刻，每一项作业都有安全要领，即使手指一点点划伤都需要汇报，并分析原因，寻找解决的方案。这种做法让每一个丰田员工有极高的安全意识。

每一个员工进公司、进部门、进岗位或换部门、换岗位，都必须进行安全培训，安全培训档案随员工在公司内部流动。安全培训内容包括新员工三级教育，现场安全教育(KYT、4S、STOP6、异常处理、岗位安全点检、作业要领书、应急处理、安全消防演练、防护用品使用等)，现场监督者安全教育(安全生产方针、班组安全生产管理、安全政策、法律法规、现场安全管理等)，特殊作业人员安全教育，施工安全教育，复工教育，换岗教育，安全员教育，安全生产管理者教育，四新(新工艺、新产品、新设备、新材料)安全教育等。

对安全的重视,体现在丰田价值观上,就是"尊重";体现在人力资源管理理念中,就是"安全第一主义"。这是对生命的尊重、对人的尊重,也是对社会、对家庭、对员工的责任。

六、海外研修三种形式

随着海外市场不断拓展,海外事业体对各类人才的需求不断增加,仅仅靠丰田公司培养人才并对外输出远远不够,为适应这种变化,2000年后在丰田本部成立了丰田全球生产力推进中心(toyota production center；TPC),负责帮助海外事业体进行人才培养。

丰田公司在世界各地的事业体基本上采用丰田管理模式,包括丰田生产方式,丰田工作方式,人事管理,零部件供应和物流、品质管理,安全环境管理等。再加上汽车技术、产品开发等核心的东西都集中在丰田公司本部。各国事业体要按此模式进行生产、经营,就需要经常派员到日本丰田学习,即所谓的出国研修。

出国研修分为三种形式:见学、现场研修和ICT。

(1) 见学,就是见中学,边看边学。具体可分为两种,一种是会议见学,参加一个主题会议,如环保会议、法律会议、人事会议等,由主办方的丰田公司相关部门介绍其做法,然后要求与会者介绍各公司具体做法,让大家看出差距,之后由专人带领进行现场参观,接着回到培训教室要求与会者写感受、写改善方案、写推进日程等,回国后向相关领导汇报,接受其对改善效果的监督、考核。第二种是真正的见学,主要是制造部技术人员或主管直接深入到丰田公司相关生产工序现场,向现场员工、班组长、系长、课长学习专业技巧或现场管理技能。通常,见学支付的费用低、时间短、层次高,丰田公司人事部对相关部门控制严格,只准看、问、记,不准录像、拍照、复印或带走任何资料。

(2) 现场研修主要针对各个工序操作工人。因为从日本丰田引进新产品、新工艺、新设备,一方面日本丰田会派员工来现场指导,另一方面各个事业体也会派大量优秀操作工人去日本丰田学习,时间长短不定,通常1~3个月的较多,学习的地方一是日本丰田汽车相关工序,二是丰田全球生产推进中心(TPC)。这些员工学成回国后就是师傅,在本班组推广其所学知识。

(3) ICT是一种长期培养方式。ICT(intra company transfer),即丰田公司内部员工调动。它是培养丰田事业体中高级管理人才、技术人才及其他专门人才的一种培养方式,时间1~3年不等。这也是丰田公司向各个事业体招聘廉价劳动力的一种方式。

每年年初,各个丰田事业体根据日本丰田ICT招募部门、条件、时间,在内部进行人员选拔,再推荐到日本丰田全球人事部,经相关招募单位审核后即可。中国事业体推荐ICT人员必须具备几个条件:日语二级或英语六级,在丰田事业体工作三年以上，具备上级任职资格。ICT 人员到日本丰田从基础做起，在丰田日常工作中感受学习其工作方式、工作技巧。他们在丰田领取薪水，只有丰田同级资格员工薪水的三分之一甚至更少。

ICT 既为丰田提供了廉价、优质的劳动力，又培养了熟悉其文化的专业人才。这种各方收益的培养方式得到日本丰田、各国丰田事业体、员工的大力支持，成为激励丰田事业体管理人员、专业技术人员的有效方式之一。

七、外语培训常抓不懈

作为一个国际化的大公司，外语培训是丰田公司专门培训中最重要的项目之一。丰田公司每年要派出大量的管理干部、营销干部到世界各地。选拔外派干部的一个主要条件就是外语。不会外语，即使有很好的业务能力，也很难得到长期派遣的机会。

丰田外语培训分为两种，一种是常规培训，每天都安排有诸如英语、汉语、法语、拉丁语等语言培训，员工自愿报名参加学习；一种是强化培训，即外派之前，接受为期一个月相关专家的专项培训。

在外语培训中，英语作为一种世界通用语言受到多数员工的青睐。近年来，随着中国经济的发展汉语学习也逐渐成为丰田内部的热门培训课程。

（资料来源，http://www.hrsee.com/?id=1151，略有改动）

第一节　培训开发管理体系建设概述

培训与开发管理体系是对培训与开发管理有计划、有方法、有目标的顶层设计、资源整合和有效实施的整个过程进行管理的系统。在组织的培训开发实践中，符合组织战略的培训开发管理体系的建立往往体现在组织制定并颁布实施的《员工培训开发管理手册》中。

一、培训开发管理体系建设的准备工作

在建设培训开发管理体系之前，管理者需要提前注意以下三个方面的状况，以判断组织环境是否适合构建培训开发管理体系。

1. 思想观念

在实施培训开发管理体系之前，培训开发管理者需要让组织各层级对培训开发管理体系具备客观和理性的概念，而不是想当然，从观念上为培训开发管理体系的建设做好思想准备，包括单位最高领导的观念、各部门管理层的观念以及员工的观念等。

2. 组织环境

完整的培训开发管理体系是比较高阶的管理工具，如果组织不具备基本的管理基础，是无法有效实施的。因此，在构建培训开发管理体系之前，培训开发管理者要判断组织当前所处环境的适应情况，包括组织的管理基础、组织的整体氛围、组织的员工关系管理状况等。

3. 建设方案

对于大部分组织来说，培训开发管理体系的构建并不能够或者没有必要一步到位，而应根据组织观念和管理基础的情况有计划、有选择地分步构建实施。培训开发管理体系构建方案是否符合组织实际、方案的落地是否现实、具体方案是否具备可操作性等，都会影响到培训开发管理体系乃至培训的有效性。

二、培训开发管理体系建设的原则

明确的原则能够指导培训开发实践活动的具体实施，能够确保培训开发的效果。组织培训开发体系的建设必须从组织自身的特点和实际出发，除了要搞清楚培训开发体系所包含的内容和本组织培训开发的现状外，组织还要注意遵循以下六个原则。

1. 基于战略原则

培训开发的目的是通过提升员工的素质和能力来提高员工的工作效率，让员工更好地完成本职工作，实现组织战略目标。因此培训开发体系的建设必须根据组织的现状和发展战略的要求，为组织培训开发符合企业发展战略的人才。

2. 动态开放原则

组织要生存，必须适应不断变化的外部环境，这就要求组织的培训开发体系必须是一个动态、开放的系统，而不是固定不变的。培训开发体系必须根据组织的发展战略和目标进行及时的调整，否则培训开发体系就失去了实际的意义，就不可能真正发挥推进绩效改善和提升组织竞争力的作用。

3. 保持均衡原则

一个有效的培训开发体系必须保证组织员工在不同的岗位都能接受到相应的训练，这就要求培训开发体系的建设必须保持纵横两个方向的均衡。纵向要考虑新员工、一般员工、初级管理者、中级管理者、高级管理者之间的各个不同级别，针对每个级别不同能力的要求，设置相应的培训开发课程；横向要考虑各不同职能部门要完成工作需要哪些专业技能，以此来寻找培训开发需求和设计相应的课程。

4. 满足需求原则

培训开发体系的建设必须在满足工作需求的同时，满足组织需求和员工需求。满足组织需求，才能保证培训开发的人才是组织所需要的，而不仅仅是岗位所需要的；满足员工需求，才能从根本上调动员工的培训开发主动性和积极性，从而保证培训开发的效果。

5. 全员参与原则

培训开发体系的建设,不只是培训部或培训开发管理员的事,培训开发体系中的任何一项工作,都不能只靠培训部门孤军奋战,必须上下达成共识,全员参与,必须得到领导的大力支持,必须得到业务部门的积极配合才能完成。

6. 员工发展原则

如果培训开发体系和培训课程的开发能够与员工自我发展的需要相结合,就可以达到组织和员工双赢,在员工得到发展的同时,也能为组织的发展作出相应的贡献。

三、培训开发管理体系建设的意义

培训开发管理体系的建设对组织和员工双方都具有重要意义,既有利于实现组织目标,也能使员工在培训开发中提高自我能力和素质。

(一) 培训开发管理体系建设对组织的意义

1. 实现组织战略目标

组织的战略目标可以分为总体和细分战略目标,细分战略目标是对总体战略目标的分解,包括人力资源战略目标、营销战略目标、品牌战略目标和技术战略目标等,而拥有满足战略要求的人才是实现组织战略目标的基础,是构建有效培训体系、提高员工整体素质与能力的必备方法。

为了使组织得到发展,培训开发活动应在组织战略的实施过程中进行辅助,使培训开发活动不仅着眼于当前所需要的知识和技术,更着眼于组织未来的发展。而建立一个良好的培训开发体系则能够有效解决这些问题。只有战略性、长期性、计划性的培训开发方式才能更好地将培训目标与组织发展战略相结合,使培训开发真正符合组织的需要。

2. 实现组织人才战略

组织要实现自身的战略目标,就需要培训和开发组织发展所需要的各种人才,形成自身的人才战略。实现组织人才战略不能一蹴而就,需要培训开发体系的良性运作以及确保人才的持续培养,进而最终实现组织的人才战略。

3. 减少组织培训投资的浪费

不健全的培训开发管理体系会导致组织在培训开发的过程中发生许多不必要的问题,导致巨大的培训投资浪费,因此在培训成本的投入方面需要进行详细预算。完善的培训开发管理体系,能够保证培训开发过程按照规定程序实施,避免过多的损耗,减少投资的浪费。

4. 提升组织竞争能力

完善的培训开发体系能够确保组织的所有员工都可以在各自的岗位上结束相应

的培训,从而提高人员的工作能力和素质。这是提高组织竞争力的根本动力,知识是构成员工综合素质的重要部分,具有较强竞争力的组织能够将员工的隐性知识转化为组织的共享知识。

(二)培训开发管理体系建设对员工的意义

1. 为员工创造良好的成长环境

完善有效的培训开发管理体系能够为员工创造良好的成长环境。组织创建有利于培养创造力和工作积极性的成长环境,能够为员工提供态度、知识、技能等方面的培训支持,形成有利于员工成长的环境。

2. 满足员工自我成长的需要

一方面,构建有效培训开发体系能够帮助员工应对工作中的困难和挑战,掌握职业发展的技巧和方法;另一方面,组织培训开发可以提升员工的绩效,使其物质的需求和职务的提升等方面得到满足,职务提升同时也会产生新的培训开发需求。因此,组织需要根据自身实际情况,在不同的职能之间找到衔接点,以便完善人力资源管理系统,使培训开发的激励效果更加持久。比如,培训在提升员工能力之后,再以何种方式考察其新价值,如何对员工进行重新评估,合理地进行职业规划等。

四、培训开发管理体系的三个层面

一套完整的培训开发管理体系一般应包含三个层面,分别是制度层面、资源层面和操作层面,如图 3-2 所示。

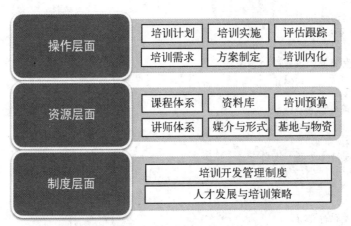

图 3-2 培训开发管理体系的组成

1. 培训开发管理的制度层面

这是培训开发管理体系的最底层,也是最基础的层面,是组织基于自身的战略,制定的人力资源规划中关于人才培训与开发的纲领性政策或导向性思路。

> **资料链接**

××公司培训开发管理体系建设方案设计模板

文件编号		受控状态	

一、总体规划
  1. 培训开发体系建设的必要性
    ……
  2. 培训开发体系建设的目标
    ……
  3. 培训开发体系的构成
二、培训开发管理体系建设之制度层
  1. 培训开发管理系统建设
    ……
  2. 培训开发管理制度建设
    ……
  3. 培训开发管理流程建设
    ……
三、培训开发管理体系建设之操作层
  1. 培训需求
    ……
  2. 培训计划
    ……
  3. 培训组织与实施
    (1) 培训内容确定
      ……
    (2) 培训课程开发
      ……
    (3) 培训方式选择
      ……
    (4) 培训组织
      ……
  4. 培训评估
四、培训开发管理体系建设之资源层
  1. 培训讲师队伍建设
    ……
  2. 培训课程体系建设
    (1) 按培训内容划分的课程体系
      ……
    (2) 按岗位动态系统划分的课程体系
      ……
  3. 培训资料库建设
    ……
五、培训体系运行评价
  ……

相关说明			
编制人员		审核人员		批准人员	
编制日期		审核日期		批准日期	

2. 培训开发管理的资源层面

这是培训开发管理体系的中间层面,是组织内部为培训开发策略和制度能有效实施所提供的可调配或者可以使用的资源。

3. 培训开发管理体系的操作层面

这是培训开发管理体系的最上层,是组织在贯彻培训开发策略、使用各种培训资源的过程中,为了保证培训开发的有效、有序进行所采取的一系列关键行为。

培训开发管理体系的三个层面是相互作用、共同发展的。完整的培训开发管理体系是保证人才培养与培训开发系统完整的必要保证,是保证培训开发持续有效运转的重要保障。培训开发管理者在评估组织自身的培训开发管理体系建设质量时,如发现组织当前培训开发管理工作关注的模块有缺项,那么说明组织当前的培训开发管理体系是不完整的。对于培训开发管理体系还不完善的组织,需要对照这三个层面的内容不断加以完善。

第二节 培训开发管理体系的内容

培训开发管理体系包括制度、资源和操作三个层面。制度层面是处在整个培训开发管理体系的最底层、最基础的层面,资源和操作层面包含较多的管理模块,不同的管理模块有不同的含义、功能和作用。

一、培训开发管理体系的制度层面

培训开发管理体系的制度层面包括人才发展与培训策略以及培训开发管理制度两部分内容。

(一)人才发展与培训策略

人才发展与培训策略就是根据组织的战略制定出的人力资源管理策略,再制定出人力资源管理规划,从而形成人才发展与培训策略。根据组织的战略不同,组织的人才发展与培训策略也有所不同。

以一般的组织为例,可以按员工的工作能力和工作态度两个维度将员工分为四种类型,分别采用不同的发展与培训策略,如图3-3所示。

在组织中,第一类员工工作态度积极性高、能力较强,他们是组织的宝贵财富。在推动组织发展、创造价值方面做出贡献

图3-3 不同人员的发展与培训策略

的主要是这部分员工,对于这类比较杰出的员工,组织应给予重点晋升与发展,或者为他们提供一些特别的福利待遇,以期留住员工。反之,如果对他们不闻不问,当他们受到外部诱惑时,则容易选择跳槽离开。

第二类是工作积极、但工作能力有所欠缺的员工,他们具备成为组织发展中坚力量的潜力。对于这类员工,组织应给他们提供一些必要的培养和培训,帮助其成长,提高工作能力,使其努力成为第一类员工。

第三类员工的工作能力较强,但工作积极性不高,对于这类人员,组织需要加强管理,通过完善的规章制度和科学的绩效管理来评估、规范和引导其工作行为,使其向第一类员工靠拢。

第四类员工的工作态度和工作能力都比较差,对组织的贡献价值相对较低。对这类员工需先了解分析其具体情况,根据员工不同的能力特点实施必要的轮岗,或者降级在本岗位继续观察锻炼,同时给予必要的关注和培训。

组织可以根据自身实际情况来选择人才发展与培训策略,但同时需要其他的管理体系作为支撑。例如,组织首先需要有一套相对比较完善的人才评价机制,其次需要有一套能够操作人才盘点的管理机制,最后需要组织的人力资源管理者具备相应的管理能力。

(二) 培训开发制度体系建设

1. 培训制度体系的概念

培训开发制度体系,即能够直接影响和作用于组织培训开发系统及其活动的各种法律、规章、制度及政策的总和。它主要包括培训开发的法律和政令、培训的具体制度和政策两个方面。

组织培训开发的具体制度和政策是组织员工培训开发工作健康发展的根本保证,是组织在开展培训开发工作时要求人们共同遵守并按照一定程序实施的规定、规则和规范。组织培训开发制度的根本作用在于为培训开发活动提供一种制度性框架和依据,促使培训开发沿着法治化、规范化的轨道运行。

组织培训开发涉及两个培训主体——组织和员工,这两个主体参加培训开发的目的存在一定的差别。在无一定制度保证的情况下,这种差别将导致培训开发目的无法达到或者培训开发效果不佳。因此,要想提高培训开发的效率,就必须建立一套完整的培训开发制度,通过制度来明确双方的权利和义务、利益和责任,理顺双方的利益关系,使双方的目标和利益尽量相容。由于培训开发制度是由组织制定的,所以制度的主要目的在于调动员工参与培训开发的积极性,同时也使组织的培训开发活动系统化、规范化、制度化。

2. 几种常见的组织培训开发制度

现代管理强调制度化和规范化的管理,因为相对于管理者个人主观、随意的管理，它更稳定、有序、公平和有效。考虑到现代组织的培训开发是经常性的、大规模的、全方位的，而不是个别的、偶然的行为，建立和实施培训开发的制度体系是必要的。从内容而言，培训开发管理制度应涵盖培训开发管理的资源层面和运作层面的所有工作，包括培训机构与职责、培训对象和培训形式、培训计划管理、培训资源管理、培训实施管理、培训评估管理、培训协议管理、外派培训开发管理和培训费用管理等。

一般来说，组织培训开发制度体系中应该包括的内容主要有：
- 制定组织员工培训开发制度的依据。
- 实施组织员工培训开发制度的目的和宗旨。
- 组织员工培训开发制度实施的办法。
- 组织培训开发制度的核准与实行。
- 组织培训开发制度的解释与修订。

在不少组织中，员工培训开发制度是由若干详细的子制度形成的制度体系。这些子制度，常见的如培训开发服务制度、入职培训制度、培训开发激励制度、培训考核评估制度、培训奖惩制度、培训开发风险管理制度，分别对企业员工培训开发中的各个方面的事宜进行了详尽规范和说明。下面介绍五种常见的组织培训开发制度：

（1）培训开发服务制度。

员工培训开发对组织来说是一项很大的投入，它包括直接的培训费用、员工离岗期间的工资福利和暂时替代其工作者的工资福利等。组织对员工培训开发的投资与其他一切投资活动一样是有风险的。其中一个常见的风险是受训后的员工跳槽。

我们知道，企业是自主经营、自负盈亏的经济组织；事业单位、社会团体也有自己相对独立的利益；即使是国家政权组织，如政府机构，现代的管理理念也要求其降低成本。因此，任何组织对员工培训开发的投入都是相当慎重的。为了避免员工跳槽给组织带来的损失，组织通常都有一套员工培训开发服务制度，规定培训对象在受训后必须为组织的某个工作岗位服务一定的时期。这个制度的核心是：接受培训前，员工必须与组织签订培训服务协议。协议的内容通常包括培训开发的项目、培训的费用分担、培训期间的待遇、培训后要达到的技术或能力水平、培训后服务的岗位和年限、违约责任或补偿等。

（2）入职培训制度。

大多数组织都有入职培训制度，即都有关于员工上岗之前和任职之前必须经过全面培训的制度规定。新员工导向培训就是这一制度的重要内容。为了保证工作安全和工作质量，即使是经过严格挑选的、符合一定条件的员工，在进入一个新的工作岗位时，也必须经过针对具体岗位、职位要求的培训阶段。入职培训制度通常包括：建立这一制度的意义和目的；适用的范围；特殊情况下不能参加培训的请假手续和补救措施；这一制度的实施主体和各层各部门的责任人；入职培训的基本要求；入职培训的基本方法和形式；入职培训期间的待遇等。

（3）培训激励制度。

培训工作的有效进行离不开各方参与的积极性。它包括培训对象的积极性、培训对象所在部门领导者的积极性、人力资源管理部门的积极性、组织高层领导的积极性。任何一方缺乏积极性，培训工作的效果都将大打折扣。为了提高员工接受培训的积极性，组织通常要有配套的人力资源政策或制度，如培训结果与人员任用、晋升、工资挂钩的制度。为了激励培训对象所在部门主管对培训工作的支持和合作，需要建立岗位培训责任制，需要把培训任务的完成情况与各级领导的工作考核、晋升相挂钩。为了使组织的高层领导对培训有积极性，必须建立科学、严密的培训考核、评估的指标体系和考核评估的实施制度。当高层领导看到了实实在在的培训效果，尤其是看到培训给企业利润增长带来了好处，投资培训的积极性自然大增。对于人力资源管理部门来说，如何促使其积极地做好员工培训和开发工作，也需要一系列的制度来规范和激励。

（4）培训考核评估制度。

有没有培训考核评估制度以及这一制度是否完善、合理，不仅会影响到员工对培训的态度，而且决定了培训工作能否通过不断地总结经验教训而日臻完善。培训考核制度的内容包括：考核评估的主体和客体；考核评估的内容或维度；考核的标准区分；考核的形式；考核结果的签署；考核结果的备案；考核结果的证明（证书）发放和考核结果的使用等。

（5）培训风险管理制度。

培训的风险除了培训对象跳槽外，还包括培训对象选择不当、培训没有取得预期效果、商业或技术秘密的泄露等。为此，要建立相应的制度来防范和规避风险。这方面的制度主要是培训合同的签订和管理制度。与培训对象签订无固定期限的劳动合同；培训合同中明确双方的权利义务和违约责任；加入保密条款和违约补偿条款等。

3. 员工培训制度的建立与修订

培训制度是组织实施和管理培训活动的基本规范。培训的成功有赖于培训制度的指导与规范，培训制度的合理和完善程度决定了培训工作的质量与水平。但培训制度在建立以后并不是一成不变的，当组织的外部环境和内部条件发生变化时，培训制度也应做出相应的修改，以适应组织发展、市场竞争和国家法律法规的要求，从而促进组织培训与开发活动的健康发展。为此，培训制度的建立和修订必须遵循一些基本的原则：

（1）与组织战略相匹配。

员工的培训和开发服务于组织战略的实现，培训制度同样也是如此。要避免将培训制度变为实现个别人、个别部门利益合法化的手段，也要避免从个别培训项目出发确定培训角度,培训制度的内容重在激励还是重在约束,要取决于组织的战略,要从全局着眼。

(2) 稳定与灵活相结合的原则。

稳定是任何制度的基本特征,但稳定又是相对的,制度是为实践服务的,要随着实践的需要而变化。这就要求培训制度一方面具有稳定性,以维护制度的权威。不成熟的做法、不具普遍性的例子不要上升到制度的层面。进入制度层面的内容必须被确认是在一定时期内具有普遍适用性的。另一方面,培训制度又需要经常调整,使其不断完善,更适合培训实践的需要。要注意的是,培训制度的修订要按照规定的程序进行,避免主观随意性。

(3) 一般和具体相结合的原则。

不同的培训项目都有自己的特殊情况,为了使培训制度能适用于每一个培训项目和培训对象,实现制度面前人人平等,培训制度中的规定不能太过具体和细化,只要提供基本的原则即可。如权利与义务对等原则;费用分担原则;确保工作需要原则等。但培训制度又具有指导培训工作的功能,要使具体的培训活动有章可循,培训制度的条款又必须具体和明确。为了解决这一矛盾,培训制度必须具有合理的体系结构,特别是层次结构。有些培训制度是总体的、原则的,而更多的则是不同项目的实施细则。

资料链接

某公司员工培训与教育管理办法

第一章 总 则

第一条 为鼓励员工参加提高其自身业务水平和技能的各种培训,特制定本办法。

第二章 范围和原则

第二条 公司全体员工均享有培训和受教育的权利与义务。

第三条 员工培训是以提高自身业务素质为目标的,须有益于公司利益和企业形象。

第四条 员工培训和教育以不影响本职工作为前提,遵循学习与工作需要相结合、讲求实效,以及短期为主、业余为主、自学为主的原则。

第三章 内容和形式

第五条 培训、教育形式

(1) 公司举办的职前培训;

(2) 在职培训;

(3) 脱产培训；
(4) 员工业余自学教育。

第六条 培训、教育内容
(1) 专业知识系统传授；
(2) 业务知识讲座；
(3) 信息传播(讲课、函授、影像等方式)；
(4) 示范教育；
(5) 模拟练习(案例教学、角色扮演、商业游戏等方式)；
(6) 上岗操作(学徒、近岗上岗练习、在岗指导等方式)。

第四章 培训教育管理

第七条 公司培训教育规划
(1) 公司根据业务发展需要，由人事部拟订全公司培训教育规划。每半年制定1次计划。
(2) 各部门根据公司规划和部门业务内容，再拟订部门培训教育计划。

第八条 公司中高级(专业技术)人员每年脱产进修时间累计不低于72小时，初级(专业技术)人员每年脱产进修时间累计不低于42小时，且按每三年一个知识更新周期，实行继续教育计划。

第九条 公司定期、不定期地邀请公司内外专家举办培训、教育讲座。

第十条 学历资格审定。员工参加各类学习班、职业学校、夜大、电大、函大、成人高校的学历资格，均由人事部根据国家有关规定认定，未经认可的不予承认。

第十一条 审批原则
(1) 员工可自行决定业余时间参加各类与工作有关的培训教育；如影响工作，则需经主管和人事部批准方可报名。
(2) 参加业余学习一般不应占用工作时间，不影响工作效率。

第十二条 公司每半年考核员工培训教育成绩，并纳入员工整体考核指标体系。

第十三条 对员工培训教育成绩优异者，予以额外奖励。

第十四条 对员工业绩优异者，公司将选拔到国内或国外培训。

第十五条 凡公司出资外出培训进修的员工，须签订合同，承诺在本公司的一定服务期限：
(1) 脱产培训6个月以上、不足1年的，服务期2年；
(2) 脱产培训1年以上、不足3年的，服务期3年；
(3) 脱产培训3年以上、不足4年的，服务期4年；

(4) 脱产培训 4 年以上的,服务期 5 年。

多次培训的,分别计算后加总。

第十六条 凡经公司批准的上岗、在职培训,培训费用由公司承担。成绩合格者,工资照发;不合格者,扣除岗位津贴和奖金。

第十七条 公司本着对口培训原则,选派人员参加培训回来后,一般不得要求调换岗位;确因需要调岗者,按公司岗位聘用办法处理。

第五章 培训费用报销和补偿

第十八条 符合条件的员工,其在外培训教育费用可酌情报销。

第十九条 申请手续

(1) 员工申请培训教育时,填写学费报销申请表;

(2) 经各级主管审核批准后,送交人事部备案;

(3) 培训、教育结束,结业、毕业后,可凭学校证明、证书、学费收据,在 30 天内经人事部核准,到财务部报销。

第二十条 学习成绩不合格者,学费自理。自学者原则上费用自理,公司给予一定补助。

第二十一条 学习费用较大、个人难以承受的,经总经理批准后可预支费用。

第二十二条 学杂费报销范围:入学报名费、学费、实验费、书杂费、实习费、资料费及人事部认可的其他费用。

第二十三条 非报销范围:过期付款、入学考试费、计算器、仪器购置费、稿纸费、市内交通费、笔记本费、文具费、期刊费、打字费等。

第二十四条 员工在约定服务期限内辞职、解除劳动合同的,均应补偿公司的培训出资费用,其范围为:

(1) 公司出资培养的大、中专毕业生、研究生;

(2) 公司出资培训的中、高级技工;

(3) 公司出资培训的高技术、特殊、关键岗位员工;

(4) 公司出资出国培训的员工;

(5) 公司出资在外办班、专业培训累计超过 4 个月教育的员工。

不包括转岗再就业、领导决定调职、未被聘任落选后调离的情况。

第二十五条 补偿费用额计算公式

$$补偿额 = 公司支付的培训费用 \times (1 - 已服务年限/规定服务年限)$$

其中,培训费用指公司支付的学杂费,公派出国、异地培训的交通费和生活补贴等。不包括培训期间的工资、奖金、津贴和劳动福利费用。

> 第二十六条 补偿费用由调出人员与接收单位自行协商其是否共同支付或分摊比例。该补偿费用回收后仍列支在培训费用科目下,用于教育培训目的。
>
> **第六章 附 则**
>
> 第二十七条 本办法由人事部会同财务部执行,总经理办公会议通过后生效。

二、培训开发管理体系的资源层面

资源是管理行为的基础,很多项目要正常地开展,都离不开资源。培训开发管理的资源层面正是为组织培训的有效实施和落地提供各种资源上的支持,具体包含以下管理模块。

1. 讲师体系

讲师体系指的是在培训开发管理中,对培训讲师的开发和管理。讲师体系管理模块的内容包括:从哪里获取培训讲师;如何选拔培训讲师;如何开发和培养培训讲师的能力;如何激励培训讲师;如何管理培训讲师等。

2. 课程体系

培训课程体系管理模块的内容包括:如何开发培训课程;如何定期更新培训课程;如何管理培训课程等。课程体系的建设应首先保证关键岗位员工的课程体系是完整的。

培训课程体系建立在培训需求分析基础上,根据员工不同的能力素质可以分为入职培训课程、固定课程和动态课程。

(1) 员工入职培训课程。课程设置较为简单,属于普及型培训,主要包括企业文化、企业政策、企业相关制度和企业发展历史等内容的培训。

(2) 固定培训课程。固定培训属于基础性培训,针对员工工作调动、职位晋升、绩效考核等方面进行的固定课程培训,主要目的是弥补员工在能力和知识方面的不足之处。

(3) 动态培训课程。这类课程是根据企事业管理和科技发展的动态,并结合组织发展的目标和竞争战略做出培训需求分析,并在此基础上确定的培训内容,以保证员工能力进一步提升。

3. 媒介与形式

媒介与形式指的是组织培训可以用到的传播渠道和能够驾驭的培训形式资源。媒介与形式管理模块的内容包括:培训可以通过怎样的媒介进行传播;组织可以操作的培训形式有哪些;不同的培训形式适合哪种类型的培训等。

4. 资料库

资料库与课程体系有着不一样的功能和定位,它指的不是组织的档案资料室,也不是指培训档案的存放处。资料库指的是在组织中有价值的、能够被组合或加工后转化为培训课程的原始资料体系。

5. 基地与物资

基地与物资指的是培训需要的培训场所资源和培训需要的物资资源。基地与物资管理模块的内容包括：组织可以用来开展培训的培训场所有哪些；不同的培训场所适合开展什么类型的培训；组织拥有开展培训需要的物资有哪些；如何管理这些培训物资等。

6. 经费预算

培训与开发的经费预算指的是组织为培训开发管理提供的可支配的资金资源。培训开发管理者在管理培训预算模块时需要注意，不能被动地等着组织来提供资金，不能以一种组织出多少资金就办多少事的态度做事，而应当根据培训的需求，提前做好培训资金使用的筹划，提前做好各项目的预算，提前和组织的相关管理层沟通。

三、培训开发管理体系的操作层面

当培训开发的制度层面和资源层面比较完善之后，如果培训过程中仍有问题，或者培训之后没有效果，通常都是因为培训在操作层面出现了问题。培训开发管理操作层面包含如下管理模块。

1. 培训需求

培训需求管理模块是对组织内什么样的人适合什么样的培训信息进行了解、加工、处理并形成管理决策的过程。

组织层面的培训需求调查一般是在每年 11 月底之前，由人力资源部、各部门的培训开发管理者对培训需求进行客观、准确、细致、全面的调查分析，并统一汇总至人力资源部。培训开发管理者对培训需求进行分类汇总，对于共性的需求由人力资源部统一组织单位级别的培训，而对于某个部门的个性需求，则由部门的培训开发管理者自行组织部门培训。

2. 培训计划

培训计划是当培训开发管理者了解了组织的培训需求之后，在考虑组织战略、人力资源规划和策略以及现有的培训资源之后制定的培训计划。

培训开发管理者一般应在每年的 12 月底前制定出下一年度单位层面的培训计划，并且要报单位领导审核批准后执行。各部门要参考单位的培训计划，在 12 月底前制定出各部门的培训计划，由部门负责人审核批准后，交人力资源部备案。

培训计划需结合受训部的实际情况，详细具体、切实可行，并明确每次培训的培训对象、培训主题、培训时间、培训负责人、培训讲师等，做到分工明确、保障有力，保证培训计划的可执行性。

培训计划一旦通过,就要严格执行,并根据实际需要及时更改培训计划。人力资源部组织单位层面的培训要以书面形式通知各参训部门,参训部门人员要按时参加,并且严格执行签到制度。一般各部门组织的部门内部培训需要至少提前几天通知人力资源部,以备人力资源部定期对各部门培训计划的执行情况进行跟踪。

3. 方案制定

培训方案是具体培训活动实施参照的依据。在收集、审核、确认并审批通过组织整体和各部门的培训计划之后,培训开发管理者要根据每次培训的目的和预期效果的不同,制定有针对性的、具体的、可操作的、可执行的培训方案。

4. 培训实施

培训正式实施时,有实施前的准备,实施过程中的组织协调和实施之后的总结。很多培训开发管理体系不完善的组织,大都是在培训时把重点工作放在了培训实施前、中、后这些具体操作环节。

5. 培训内化

培训内化管理模块是培训开发管理者让参训人员把培训中获得的信息内化为自身的知识、技能、观念等的过程。这一步主要是通过培训过程中或结束之后,培训开发管理者保证参训人员持续运用和实施培训内容而实现的。

6. 评估跟踪

培训的评估和跟踪是培训结束之后,跟踪和评估参训人员对培训信息的掌握程度,以及培训内容的应用情况。可以通过培训结束后的满意度调查、培训前后行为的改变、培训后的行动计划和结果的评估、培训前后绩效情况的比较等评估手段加以实施。培训内化和培训评估跟踪两个管理模块也可以合并实施。

第三节 培训开发管理体系的组织建设

有效的人力资源培训开发体系必须依靠有效的组织作为基本保障,这种组织建设包括机构设置和人员配备。

一、培训开发管理工作的职责分工

培训开发管理体系的构建与管理工作纷繁庞杂,需要组织各部门的支持配合共同完成。高层提供政策、方向和支持,培训部提供资源、方法、制度,各级管理者推动,讲师有效组织培训,员工积极参与,这样才能真正有效地推动培训工作,提高培训有效性。国内有学者细分了培训开发管理工作的职责体系,并对各部门所承担的角色进行了分析,详见表 3-1。

表 3-1　培训开发管理工作的职责分工

战略管理(20%)	资源与建设管理(30%)	日常营运管理(30%)	基础行政管理(20%)
企业家培养 中高层管理队伍培养 组织变革推动 企业文化推动 核心能力培养 培训政策制定等	技能体系建立与管理 课程体系建立与管理 讲师培养与管理 培训信息体系建设与管理 培训经费管理等	需求调查 计划制订 培训实施 培训评估 培训开发管理制度的监督与执行等	会务组织 文档管理 日常行政工作

组织高层	人力资源部门	业务部门	培训师	员工
制定或批准人力资源开发战略 制定或批准培训政策 审定、批准培训计划和培训预算 制定或批准重点项目	拟订培训战略,执行培训战略 拟订培训制度、工作流程 培训资源建设与管理 日常培训营运管理 基础行政工作	配合支持人力资源部门的活动	课程调研与课程开发 进行培训 培训辅导与跟踪 学习研究	提供个人培训需求 按要求参加培训 在工作中不断应用,养成良好工作习惯 做辅导员,实施在岗培训

二、培训开发管理的组织结构模式

根据管理学的基本原理:功能决定结构,结构支持功能,组织发展战略目标的实现取决于组织结构的有效设置。因此,培训与开发职能的完成将依赖于一个精简、高效的人力资源培训开发部门的组织结构。由于企业战略、规模、行业、发展阶段以及理念的不同,培训开发的组织结构也不尽相同,主要有以下五种模式。

(一) 客户模式

按照客户或者职能部门的不同组建培训开发部。例如,培训开发部下面设立子部门,分别负责 A 客户、B 客户等的培训开发;或者按照职能部门划分,下设技术、财务、生产、营销等部门,分别负责技术部门、财务部门、生产部门或营销部门等的培训开发,如图 3-4 所示。

图 3-4　客户模式的培训开发部组织结构

1. 客户模式的优点:
- 针对性强,能较好地把握客户的培训需求。
- 每个部门负责一个客户,能够比较系统全面地规划其培训开发,能够灵活适应各种新情况,迅速作出调整。

2. 客户模式的缺点：
- 培训人员要花费较多的时间了解客户或职能部门，不断更新培训内容。容易造成培训人员职位重复设置，人员膨胀。例如，两个部门都设有财务培训师。
- 一些专项课程是由客户开发的，培训师很难保证培训的有效性。有些专项课程是培训师所不熟悉、不胜任的，由客户自行开发培训，但效果不是培训师所能控制的。

（二）专业模式

按照专业、课程或领域的不同组建培训部门。例如，有的部门负责安全培训，有的部门负责财务培训等，如图3-5所示。

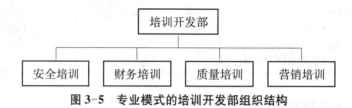

图3-5 专业模式的培训开发部组织结构

1. 专业模式的优点：
- 培训师都是某个专业的专家，培训效果较好。
- 培训计划一般由人事部门制订，培训师主要负责培训的内容和进度，培训师相对比较轻松，可以把更多精力放在提高培训水平方面。

2. 专业模式的缺点：
- 培训师主要关注的是自身的专业和领域，可能对组织不熟悉，对组织的培训需求不了解。
- 管理人员需要对培训对象进行调查，了解其培训需求以及培训效果，以确保培训的有效性。

（三）矩阵模式

一般按照客户和专业两个维度组建培训部门。在此模式下，培训师既要向培训经理汇报，又要向职能部门经理汇报。培训师既是培训专家，又是职能专家；既熟悉自己的专业领域，又了解职能部门。一般情况下，专业维度是长期和稳定的，客户维度是短期和暂时的，随情况的变化而不断变化。如图3-6所示。

1. 矩阵模式的优点：
- 既考虑到了客户或职能部门的需求，又考虑到了培训师的专业，将二者较好地结合起来。
- 节省培训师，培训师资源得到充分利用。能在不增加机构和人员编制的前提下，将以前不同部门的培训师集中在一起。

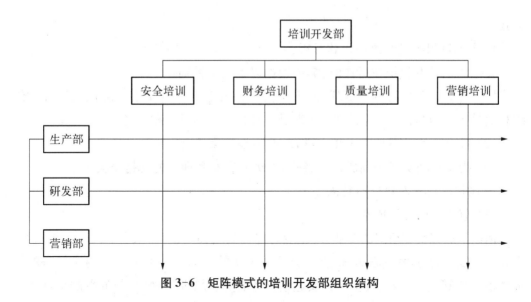

图 3-6　矩阵模式的培训开发部组织结构

- 能较好地解决组织结构相对稳定和培训开发任务多变之间的矛盾,使一些临时性、跨部门的培训开发变得不再困难。

2. 矩阵模式的缺点

- 培训师受多重领导,多方面接受指令,有时会无所适从,产生矛盾或冲突。
- 培训师的归属感差,有时可能会产生"临时工作"的观念。

(四) 企业大学模式

以组建学院或大学的形式进行培训开发。在企业大学模式下,可以提供范围更广的培训项目和课程,学员和培训师也不完全限于本组织的员工,其客户群还包括公司外部的相关利益者,如社区大学,普通高校等。

目前,国内外各企业纷纷创办企业大学,如摩托罗拉大学、西门子管理学院、海尔大学、春兰学院、华为大学、青岛啤酒管理学院、蒙牛商学院等。据统计,到 2017 年,我国企业大学数量已达 2 700 家。①

企业大学绝不仅仅是种时兴的形式,通过企业大学可以将培训开发提升到战略层面;企业大学是企业文化建设的有效平台,通过企业大学可以向内部员工或外部利益相关者宣传贯彻企业的价值观、理念以及行为规范等;企业大学可以提高人力资源开发的有效性;另外,企业还可以通过企业大学将企业目标与社会责任相结合。企业大学的不足之处在于费用高昂。

(五) 虚拟模式

通过远程网络、信息共享等 IT 技术组建虚拟培训开发组织进行培训开发的一种

---

① 柯素芳:《2018 年企业大学发展现状与 2019 年前景分析》,https://www.qianzhan.com/analyst/detail/220/181217-35c8ab01.html。

模式。

1. 虚拟培训开发组织的运作原则

虚拟培训开发组织在运作时，需要遵循以下三个原则：

(1) 员工对学习负主要责任，而不是由组织或者其主管负责。虚拟培训开发组织相信员工会对自己的成长负责，培训是一种福利而不是一种任务。

(2) 最有效的学习是在工作中进行，而不是在课堂上。

(3) 为了顺利实现培训成果的转化，上级主管对受训者的支持至关重要。

2. 虚拟培训开发组织的特点

(1) 节约培训开发成本。

借助于虚拟培训组织的专业性，企业可以提高培训质量，谋求企业外部发展机会，提高企业创新能力；另一方面，企业不必花费过多的精力和财力去建立内容繁多的培训体系，以降低企业培训负担。如安达信财务公司在培训过程中，与外界的培训和学习机构保持联系，抓住各种内部、外部的机会来设计和开发新的培训方案，通过增进个人、项目团队和其他核心人员之间的知识转移来激发团队思考。虚拟培训组织为学员提供了关于教育实践的战略依据，实时地更新培训策略，同时降低了培训成本。

(2) "量体裁衣"的自助式培训。

虚拟培训组织为员工提供了可供选择的培训课程，以员工为核心，可以根据企业的发展目标和自身需要从各种工具和资源中进行选择。

(3) 全新的培训观。

虚拟培训组织具有全新的培训观，要使接受培训的员工了解企业未来的发展方向，提升对公司的战略理解力和领悟能力，加强员工的人际沟通能力，培养员工的大局观念和整体协作能力，注重对员工创新意识和创新思维的培养。

(4) 良好的培训环境。

虚拟培训开发组织运用现代通信技术和手段缩小了地域的界线，创造了跨国界、跨文化的学习环境，营造了合作培训的氛围，不同国界、不同年龄的人共同协作学习，学习培训过程轻松活泼，在互动中学习知识。培训随着知识经济的发展在不断更新变化，使最新的培训知识、理念、技能得到即时共享。

三、培训开发专业人员的角色和素质要求

关于培训与开发专员的角色和素质要求，这里主要介绍美国培训与开发协会的研究成果和英国培训专家罗杰·贝尔特提出的人力资源开发专员五角色理论。

1. 美国培训与开发协会提出的角色和能力要求

美国培训与开发协会通过研究确定了人力资源培训与开发专员的五大关键角色及其相应的能力要求（见表3-2）。

表 3-2　培训与开发人员的角色、任务和能力

角色名称	角色任务	相 应 能 力
分析/评估角色	研究、需求分析、评估	了解行业知识、应用计算机能力、数据分析能力、研究问题能力等
开发角色	项目设计、培训教材开发、评价等	了解成人教育的特点,具有信息反馈、协作、应用电子系统和设定目标的能力等
战略角色	管理、市场营销、变革顾问、职业咨询	精通职业生涯设计与发展理论、培训与开发理论,具有管理能力、计算机应用能力等
指导培训师、辅助者角色	教学、演示、答疑、咨询等	了解成人教育原则,具有讲授指导的能力、交流反馈的能力、应用电子设备和组织团队的能力等
行政管理者角色	日常事务处理、安排等	应用计算机能力,选择和确定所需设备的能力,进行成本—收益分析的能力,项目管理、档案管理的能力等

2. 罗杰·贝尔特的培训与开发专员五角色理论

罗杰·贝尔特认为人力资源培训与开发专业人员担负着多种职能,明确这些职能有助于我们对本职工作的评价和改进。培训与开发人员的工作有：制定培训政策；分析培训需求；缔造培训的创造性思维；制定培训目标；研究培训课程设计；培训内容的设计和开发；培训的管理和组织；培训市场的推广。培训专业人员也是培训负责人,组织发展的代理人、教练和导师；培训顾问和建设者；学以致用的代理人；培训资源的管理者；建立联系的负责人；培训质量的评估人及培训结果的评估人。

罗杰·贝尔特进一步将这些具体的职能归纳为五个角色,即培训者、设计者、创新者、顾问和管理者。各种角色之间的关系和各自的功能见图 3-7。

其中,培训者和设计者的任务在于维持培训与开发的正常运作和既定绩效。创新者和顾问的角色任务则在于面对情况的变化,研究并提出应对或解决问题的方法。管理者居中心位置,显然要兼顾前面四个角色。

五大角色所要求的素质能力是有区别的。培训者应该是学习和教育专家,精通学习规律,了解学习方法和手段,能够制订和实施培训计划；设计者的核心知识和技能应该是关于培训需求分析、培训

图 3-7　人力资源开发专业人员的角色[①]

[①] 徐芳：《培训与开发：理论及技术》,复旦大学出版社,2005 年,第 22 页。

项目开发的;顾问和创新者的关键素质和能力在于视野的开阔、思维的灵活、相关经验和知识的广博、敢于承担风险和责任、勇于尝试等。管理者则需要组织能力和影响力。

综合以上两种理论,培训与开发专业人员可以扮演不同的角色。一个培训专员承担多少角色是由企业培训开发组织体系决定的。不同的角色需要不同的能力和素质,如需求分析专家必须具备调查技能,掌握统计分析技术;而培训讲师则应当具备良好的口头表达能力。

案例分析

惠普公司的培训体系

惠普公司被誉为"中国IT界的黄埔军校",其全方位的培训体系不仅让惠普留住了众多优秀人才,还为惠普人才更替带来良性循环。学习发展部(learning & development)是中国惠普公司负责培训的部门,负责制定面向中国惠普公司5 000多名员工的培训计划。

一、惠普的培训体系结构

惠普的培训体系分为三个层次,包括公共平台培训、专业平台培训以及领导力培训。惠普公司的培训体系如图3-8所示。

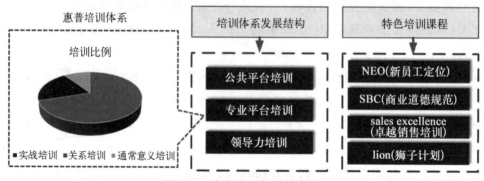

图3-8 惠普公司的培训体系

1. 公共平台培训

该培训分成很多不同的课程,比如NEO"新员工定位(new employee orientation)"培训,惠普会为新员工做公司整体框架的全面介绍,使他们在第一时间充分了解公司的愿景、使命和战略方向;新员工必须参加的商业道德(SBC)培训将告诉新员工什么事情可以做,什么事情不能做。另外,惠普自主开发和购买第三方培训课程,在内部网上放置3 000门网上课程供员工免费学习。学习发展部随时选择及更新这些网上课程。在这里,惠普公司员工可以学到诸如演讲技巧、自我激励、项目管理等方面的课程。惠普会结合每个员工的职业特点安排不同的培训内容。

2. 专业平台培训

专业平台的培训与惠普各个业务部门(BU)相关,包括产品、销售、市场、研发等。例如"卓越销售培训(sales excellence)"。惠普每年会投入很多资源用于业务部门员工的培训,其中最为重视销售培训,针对销售人员的培训课程有50多门,课程量非常大。"卓越销售培训"是专业平台培训的代表,它致力于打造出一支惠普全球的精英销售团队。惠普有一个"70-20-10"培训法则,70%是员工在业务项目中获得的实战培训;20%是通过导师指导、团队互助等方式获得的培训,称为关系培训;10%是通常意义的培训,比如读书、网上学习和面对面培训等,可见惠普十分注重实战培训。当公司对员工赋予一项挑战性的任务时,这本身就是培训,这也是对惠普"工作是最好的培训方式"理念最好的诠释。

3. 领导力培训

如果员工在销售、市场或技术工作上获得了长足发展,而希望转为经理人,惠普则有针对各个级别经理人的培训计划,如"狮子计划"、惠普高级经理人学习俱乐部等,都对惠普培养经理人的领导力起到了重要作用。通常每年中国惠普都会派遣各种类型的经理人到惠普全球分公司工作,期满回国后,他们又成为中国惠普的中坚力量。

另外,惠普对刚进入公司的应届毕业生也十分关注,通过为期三至四个月的完整培训计划让一点工作经验都没有的学生,在几个月的时间之内熟悉整个惠普,包括企业文化、业务、产品知识等。同时,在这几个月的时间里通过举行各个阶段性的考试,以检验培训结果。

二、惠普的特色培训课程

除了特色培训体系外,惠普还有一系列的特色培训课程。

1. 新员工定位(NEO)

惠普公司的培训分工非常细,这个培训都是每名进入惠普的新员工必须参加的。培训课程对公司整体框架进行全面介绍,使员工充分了解公司的愿景、使命和战略方向。

2. 商业道德规范(SBC)

惠普认为一个企业对员工没有严格的道德规范要求,就不可能成为受人尊重的企业。诚信和正直是惠普对员工最重要的一项考评标准。SBC培训告诉新员工什么事情可以做,什么事情不能做,让员工在日常工作中用最高的商业首选标准来约束自己。这个培训也是要求每名员工必须参加的。

3. 卓越销售培训(sales excellence)

"卓越销售培训"是惠普全球同步的,针对全球顶尖销售人员的培训,对象包括售前、销售和市场人员,旨在打造出一支惠普全球的精英销售团队,更好地服务客户。首先,参加培训的销售人员要做角色定位。其次,"卓越销售培训"会生成全面的能力评估模型,为参加培训的销售人员做进一步的评估,比如对于销售经理,能力评估模型会评估他究竟具备什么样的能力——业务管理能力、人员管理能力、行业知识能力、公司知识能力等等,同时评估他的这些能力现阶段处于什么水平。然后根据分析和评估结果定制化地实施培训。最后进入销售大学学习,除了有面对面讲师授课外,更多的时候销售人员会从他的导师(都是惠普的资深经理)和团队中获得实战经验,刻苦学习2~3年后,就可以从销售大学毕业了。他们在学校中获得的各种分数不仅对他的业务有很大帮助,甚至与他的工资、奖金、公司股票等也紧密相关。

4. 狮子计划(lion)

"狮子计划"由惠普公司全球副总裁兼中国区总裁孙振耀亲自挂帅,该课程旨在从国内员工中培养出更多的国际化职业经理人,作为企业领导团队的预备队。在每一次的培训过程中,核心管理团队成员都要参与、指导分组讨论,并现身说法,与参加培训的员工分享自己的职业生涯和领导力心得。培训首先选出那些具有领导和管理潜力的员工,根据培训对象的特点设计不同课程,进入准备阶段。在此期间公司会为每名员工指派一位资深经理人作为导师,邀请各界成功人士与员工面对面交流。如果已经升任经理人,培训内容则主要是怎样管理团队、如何为员工做评估等,使其更好地适应角色转换。"狮子计划"会随时关注经理人的成长和发展,随着经理人的经验积累、能力增长,有可能做高级经理人时,培训内容就侧重策略制定等方面,因为他们的决策通常对公司的发展有很大的影响。

(资料来源,http://www.chnihc.com.cn/research-center/research-case/case-trainlist/1894.html,有改动)

案例思考题

1. 惠普公司的培训体系是怎样的?
2. 惠普公司的员工培训体系有何特色?其优势是什么?

思考与练习

一、单项选择题

1. 下列选项中,属于培训开发管理体系的操作层面的是 ( )
   A. 课程体系   B. 讲师体系   C. 方案制定   D. 培训预算
2. 固定培训课程属于什么性质的培训? ( )
   A. 动态性培训   B. 基础性培训   C. 普及型培训   D. 升级型培训
3. 对于工作积极、但工作能力有所欠缺的员工,应采取的培训开发策略是( )
   A. 提供必要的培养和培训   B. 重点晋升与发展
   C. 轮岗、降级   D. 加强管理

4. 下列哪一项不是培训师的工作职责　　　　　　　　　　　　　　　（　　）
A. 课程调研与课程开发　　　　　B. 做辅导员，实施在岗培训
C. 学习研究　　　　　　　　　　D. 培训辅导与跟踪

5. 规定员工上岗之前和任职之前必须经过全面的培训，以适应企业发展的需要，提高员工队伍素质的培训制度是　　　　　　　　　　　　　　　　　　（　　）
A. 培训服务制度　　　　　　　　B. 入职培训制度
C. 培训评估制度　　　　　　　　D. 培训激励制度

二、多项选择题

1. 在罗杰·贝尔特的培训与开发专员五角色理论中，作为顾问和创新者的关键素质和能力是　　　　　　　　　　　　　　　　　　　　　　　　　　（　　）
A. 广博的知识　　　　　　　　　B. 敢于承担风险
C. 精通学习规律　　　　　　　　D. 灵活的思维
E. 影响力

2. 下列选项中，哪些是人力资源部的工作职责　　　　　　　　　　　（　　）
A. 课程调研与课程开发　　　　　B. 拟订培训制度、工作流程
C. 制定或批准人力资源开发战略　D. 培训资源建设与管理
E. 培训辅导与跟踪

3. 下列选项中，属于培训开发管理体系的资源层面的有　　　　　　　（　　）
A. 培训内化　　　　　　　　　　B. 人才开发与培训策略
C. 讲师体系　　　　　　　　　　D. 跟踪评估
E. 媒介与形式

4. 关于矩阵模式的培训与开发管理的组织结构，下列描述正确的有　　（　　）
A. 既考虑到了客户或职能部门的需求，又考虑到了培训师的专业
B. 节省培训师，能在不增加机构和人员编制的前提下，将以前不同部门的培训师集中在一起
C. 能较好地解决组织结构相对稳定和培训开发任务多变之间的矛盾
D. 培训师受多重领导，多方面接受指令，有时会无所适从，产生矛盾或冲突
E. 可以向内部员工或外部利益相关者宣传贯彻企业的价值观、理念以及行为规范

5. 关于专业模式的培训与开发管理的组织结构，下列描述不正确的有　（　　）
A. 有些专项课程是培训师所不熟悉、不胜任的
B. 能较好地解决组织结构相对稳定和培训开发任务多变之间的矛盾
C. 培训师的归属感差，有时可能会产生"临时工作"的观念
D. 培训师可能对组织不熟悉，对组织的培训需求不了解
E. 培训师都是某个专业的专家，培训效果较好

三、简答题

1. 应从哪几个方面来判断组织环境是否适合构建培训开发管理体系?
2. 组织培训开发管理体系的建设需要遵循哪些原则?
3. 培训开发管理体系的三个层面及其具体内容是什么?
4. 虚拟培训开发组织有哪些特点?
5. 矩阵模式培训开发组织有哪些优缺点?

四、论述题

1. 试述培训开发管理体系建设的意义。
2. 试述美国培训与开发协会提出的人力资源培训与开发专员的角色与能力要求。

第四章
培训需求分析

知识导览

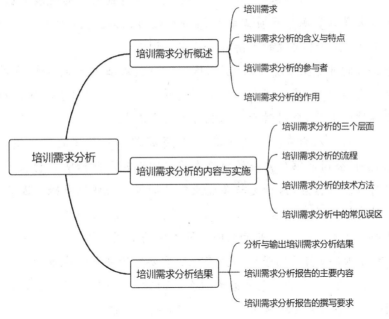

学习目标

1. 掌握培训需求及培训需求分析的概念
2. 了解培训需求的分类及产生的原因
3. 了解培训需求分析的影响因素、特点、参与者
4. 理解培训需求分析的作用
5. 掌握培训需求分析的三个层面
6. 掌握培训需求分析的流程、技术方法以及培训需求调查的主要方法
7. 了解培训需求分析的常见误区

8. 掌握分析与输出培训需求分析结果的主要步骤及培训需求分析报告的主要内容
9. 了解培训需求分析报告的撰写要求

重点概念

培训需求　培训需求分析　组织分析　任务分析　人员分析　重点团队面谈法　缺口分析法　期望标准　未来标准　胜任力　胜任力模型

引导案例

西门子公司：基于人力资源规划进行培训需求分析

德国西门子公司作为一家老牌的跨国企业，一直将创新视为发展的核心。因此，西门子会投入大量的资源用于员工的培训与发展，以满足企业对于创新的需求。对于企业培训来讲，第一步要做的事情就是确定培训需求。

西门子公司的业务主要集中在能源、医疗、工业、基础建设等领域，它要求员工具备一流的个人素质，特别是在工程、IT、医学等专业方面拥有出色的知识和能力。但是随着业务环境的变化，公司对于员工能力上的要求也在发生变化。

西门子公司对于人力资源规划非常重视，并将其纳入整体的战略规划之中。通过人力资源规划，公司能够从系统的角度去确定实现既定目标所需的人力资源数量；也能通过现有技能的盘点，来确定与实现业务目标所需的技能差距。因此，西门子员工培训需求的来源正是基于人力资源规划。

西门子公司主要通过以下五步来确定员工培训需求：

（1）环境分析：每当西门子由于生产计划需要搬迁到新的城市和地区的时候，就要对环境开展分析。新环境在意味着新机会的同时，对企业也提出了新的要求，例如需要额外的工作人员，需要现有员工去学习掌握新的技能等。

（2）当前劳动力盘点：通过对员工以往档案的分析，西门子分析和掌握现有员工拥有什么样的工作能力和技能。

（3）未来劳动力分析：西门子确定未来需求的员工需要学习什么样的技术或者是需要哪种类型的培训。

（4）分析和确定目标：确定了培训需求，就可以拟定未来的预期或者是培训目标。

（5）缩小差距：有了目标，可以通过一系列的有效方式来缩小乃至弥补技能上的差距。

针对培训需求的分析可以分为两类：基于任务的分析和基于员工绩效的分析。无论是新员工，还是现有员工，西门子都将评估他们的培训需求。由于西门子非常重视创新，如何快速地去应对业务环境的不断变化就显得格外重要。例如，当前地球气候的变化，碳足迹的环保理念越来越流行，西门子现在专注于风力涡轮机和可再生能源。这样一来，西门子就有两种办法来解决问题：一是雇佣更多的能够操作风力涡轮机的新员工；二是对现有员工进行培训，让他们掌握风力涡轮机的运行。

人力资源规划对于组织未来的发展至关重要。比如，在2012年时，西门子参与竞标伦敦奥运会的某些建设项目。如果竞标成功，西门子需要提供安全保障、医疗保障、运动项目的沟通及媒体技术等。因此，如果他们想要取得积极的结果，就应该雇用新人或培养现有的拥有合适技能的员工。

通过人力资源规划，西门子可以保持竞争优势，建立一个人才发展的模式：通过新老员工的替换来缩小技能差距，通过让现有员工提升技能来填补空白。通过这种方式，人力资源规划可以帮助西门子确定其培训需求和目标。

（资料来源：http://www.hrsee.com/?id=799）

人力资源培训与开发是一个系统的活动过程。培训需求分析是这个系统活动的第一步，它的质量高低直接影响培训与开发活动的效果好坏。培训管理者只有挖掘出真正的培训需求，才能对症下药，达到最佳的培训效果。

第一节　培训需求分析概述

一、培训需求

（一）培训需求的概念

培训需求反映了组织要求具备的理想状态与现实状态之间的差距，这个差距在很多时候可以通过培训的方式加以干预，进而得到弥补，这就是培训需求。当组织出现一些问题，只有通过培训才能解决或才能更好地解决时，培训需求就应运而生。

（二）培训需求的分类

员工培训需求可以从不同角度进行不同的分类。

1. 按培训对象的范围分类

按培训对象的范围不同可分为普遍培训需求和个别培训需求。

（1）普遍培训需求。

普遍培训需求是指全体人员的共同培训需求，包括职业素养、通用管理技能、个人发展等培训需求，不包括专业知识、专业技能等的培训需求。根据普遍培训需求具体目的的不同，其培训内容也有所不同（见表4-1）。

表 4-1　普遍培训需求的目的与内容

普遍培训需求的目的	具 体 内 容
增强组织认同	组织文化、组织发展历程、组织关键事件、组织基本规章制度等
提升员工素质	员工工作态度、工作方法、人际关系、职业生涯管理等
提升员工通用技能	计算机操作、外语应用、应用文写作等基本技能

(2) 个别培训需求。

个别培训需求是由于部门不同、层级不同、岗位不同、资历不同而产生的,是部分人员或个别人员的培训需求,各类专业技能培训就属此类(见表 4-2)。

表 4-2　个别培训需求的分类与内容

个别培训需求分类	具 体 内 容
不同类别人员的培训需求	新入职员工、新任管理人员等的培训需求
不同工作部门的培训需求	人力资源部门、行政部门、生产部门、质量管理部门、采购部门、营销部门等的培训需求
不同工作团队的培训需求	临时项目组织、部门内不同团队等的培训需求

2. 按培训时间的长短分类

(1) 短期培训需求。

短期培训需求大多是指组织在未来一年内的培训需求,包括年度培训需求、季度培训需求、月度培训需求等。这类培训侧重于对具体问题的解决和具体事项的处理,如对突发情况的处理、引进技术的普及、政策法规的学习等。

(2) 长期培训需求。

长期培训需求指组织在未来一年以上(不含一年)的培训需求,这类培训需求的产生并不是基于现状,而是基于组织未来发展的要求,其制定的依据是组织未来的发展战略和经营管理目标,主要涉及理念变革、战略转换、人才培养等方面的内容。

(三) 培训需求产生的原因

培训活动的开展是基于不同的培训需求。因此明确培训需求产生的原因直接关系到培训活动的有效性和针对性。培训需求产生的原因大致可以分为以下五类。

1. 因组织重组和变革而产生的培训需求

组织重组和变革是组织全面、深刻的变化,其中蕴含的培训需求量大、面广、种类多。旧观念的化解和新思想的形成,新的政策和运作机制的推出和适应,机构调整和岗位变化等都会使组织产生强烈的培训需求。

2. 因工作变化而产生培训需求

不同的工作岗位所要求的技能、知识和素质都有所不同,即便是同一工作岗位,因为企业内外部环境的变化及企业发展的需求,其工作内容也可能发生巨大变化,为了更快地适应这种工作变化,培训需求随之产生。如新设备或新程序引进时,员工需要掌握一些新的知识和技能,或需要员工改变旧的行为方式,形成新的工作习惯。培训在这方面通常是大有用处的。

3. 因人员变化而产生培训需求

当新进员工进入组织后,需要帮助其了解组织的使命、文化、目标,了解组织的结构、机制和政策,对其进行管理制度及岗位职责等方面的培训,帮助其缩短融入组织的过程,从而更早、更好地为实现组织目标而发挥作用。这是培训需求产生的最常见原因。

4. 因绩效变化而产生培训需求

实现既定的或者更高的绩效目标是企业所希望的,但是部分员工因能力方面的原因,达成既定的目标有些困难,由此产生了相应的培训需求。

5. 行业普遍问题或共性问题而产生培训需求

行业或相似组织中已经出现或经常出现的问题中,有些是可以通过培训解决的,如安全问题,许多组织都有成功经验可供借鉴。这也是培训需求产生的原因之一。

二、培训需求分析的含义与特点

(一) 培训需求分析的含义

培训需求分析,就是判断是否需要培训及确定培训内容的一种活动或过程。具体而言,培训需求分析是指在需求调查的基础上,由培训主管部门、部门主管人员以及员工个人等采取各种方法与技术,对组织内部各部门及其成员的目标绩效与能力结构以及现有绩效和能力结构等进行比较分析,以确定是否需要培训、谁需要培训、何时需要培训、需要何种培训等的一种活动或过程。培训需求分析是整个培训有效进行的前提,也是制订培训开发计划的基础。

培训需求分析包括两种类型,一种是目前已经存在的差距,即通过对组织及其成员进行全面、系统的调查后所确定的理想状况与现有状况之间的差距;另一种是前瞻性的绩效差距,即通过预测组织在未来一段时间内环境的变化、战略目标的调整、组织生命周期的演进以及员工在组织中成长的需要,进而判断目前员工的绩效水平与未来需要的绩效水平的差距。

培训需求分析对组织的培训工作至关重要,它是培训计划中的一个必要环节,是真正有效地实施培训的前提条件,是使培训工作准确、及时和有效实施的重要保证,它回答的问题是培训活动要达到的目标是什么。

值得注意的是,在需求分析过程中,往往会不可避免地受到各种因素的影响。这些因素可以分为常规性因素和偶然性因素。

1. 常规性因素

是指在确定培训需求时需要考虑的一般性因素,主要包括社会发展环境、组织战略和使命、同类组织培训情况、员工个人职业生涯设计、员工考核与评价，以及组织资源状况对培训需求的限制。这些因素是在分析、决定培训需求时必须考虑的因素，只有将培训需求与这些因素结合起来，才能保证培训开发有效、顺利地进行。例如，如果培训内容与员工个人职业生涯规划相悖，则可能导致培训开发工作不顺利。

2. 偶然性因素

是指由特殊事件影响培训需求的因素，主要包括新员工加入、职位变动、员工绩效下降、顾客投诉增加、发生生产事故、技术水平提高、生产设备更新等。这些事件的发生都是培训需求的标志，也是决定培训需求的因素之一。

（二）培训需求分析的特点

（1）主体的多样性。培训需求分析的主体既包括培训部门的分析，也包括各类人员的分析。

（2）客体的多层次性。通过对组织及其成员的目标、素质、技能、知识的分析，来确定组织的现有状况与应有状况的差距、员工个体的现有状况与应有状况的差距及组织与个体的未来状况。

（3）内容的丰富性。培训需求分析的核心就是通过对组织及其成员的现有状况与应有状况之间的水平差距分析，来确定培训的必要性以及培训的内容。由于员工的工作性质、积累的人力资本等情况的差异，因而培训需求的内容呈现出多元丰富的特点。

（4）方法的多样性。培训需求分析的方法包括问卷调查法、现场观察法、工作任务分析法和重点团队面谈法等。

（5）结果的指导性。培训需求分析的结果是确定培训目标、制定培训计划的依据，具有很强的指导性。

三、培训需求分析的参与者

培训需求分析可以由以下人员参与：

（1）人力资源部工作人员。培训需求分析的整个工作是由人力资源部门主持的，同时他们对每个岗位的要求和变化也是最清楚的。

（2）员工本人。培训的对象就是每位员工，本着促进员工职业发展的原则，了解他们的学习需要并制订相应的培训项目与计划，将有助于培训得到员工的支持并取得理想的效果。

（3）员工的上级。作为员工的直接管理者，他们对员工的优缺点比较了解，他们能帮助人力资源部门明确培训目标和培训内容，并亲自督促执行。

（4）项目专家。专家具有丰富的经验和渊博的知识，他们对问题的看法往往是颇有见地的，因此通过向专家咨询、请教，无疑会获得一些启示。

（5）客户以及其他相关人员。作为组织的客户及其他相关人员，往往能更客观地看待与分析组织存在的问题,这对培训与开发项目的设计是有帮助的。

四、培训需求分析的作用

培训需求分析是培训开发的首要工作,是培训计划制订、培训方案设计、培训实施与评估等整个培训工作的基础。因此,必须充分认识培训需求分析的重要性与作用。

1. 有利于找出差距,确认培训目标

培训需求分析的基本目标就是确认差距,即确认任职者的应有状况或未来状况同现实状况之间的差距。它包括三个环节:① 必须对所需要的知识、技能、能力进行分析,即理想或未来的知识、技能、能力的标准或模型是什么;② 必须对现实实践中所缺少的知识、技能、能力进行分析;③ 必须对理想的或现在与未来所需要的知识、技能、能力与现有的知识、技能、能力之间的差距进行比较分析。这三个环节应独立有序地进行,以保证分析的有效性。找出差距,才能使培训目标明确,使后续的培训计划有针对性,进而保证培训效果。

2. 有利于及时调整应对变化

由于市场环境的变化,企业的发展过程是一个动态的、不断变化的过程,当组织发生变革时(不管这种变革涉及技术、程序、人员,还是涉及产品或服务的提供问题),培训计划均要满足这种变化的要求。因此,培训需求分析有助于培训开发的负责人在制定培训计划以前及时地把握住这种变革的趋势,对培训进行多角度的分析和透视,以适应组织变革。

3. 为组织的人才储备打好基础

培训需求分析既对标现实需求,也对标未来需求,因此在设计培训计划时,就会充分考虑到短期和长期,兼顾人力资源培训开发的需要,为人才储备做好基础性工作。

4. 提供多种解决实际问题的方法

培训需求分析本身就是问题导向的组织培训行为,做好培训需求分析能为组织解决实际工作中出现的问题提供思路和办法。弥补差距的方法很多,有些可能与培训本身无关,如人员变动、工资增长、新员工吸收,或者是几种方法的综合使用等。对于可以通过培训弥补的差距,也需要针对不同的情况选择不同的培训方法。最好的方法是把几种可供选择的方法结合起来,其中包含多样性的培训策略,这样既有利于节约成本,又能有效解决问题。

5. 有利于做好培训的价值及成本分析

当进行培训需求分析并找到了解决问题的方法后,培训管理人员就能够把成本因素引入培训需求分析中去。需要回答的问题是"不进行培训的损失与进行培训的成本之差是多少"。如果不进行培训的损失小于培训的成本,则说明当前还不需要或不具备条件进行培训。

6. 有利于获取内部与外部的多方支持

无论是组织内部还是外部，通过需求分析收集了制定培训计划、选择培训方式的大量信息，这无疑给将要制定的培训计划的实施提供了支持条件。例如，中层管理部门和受影响的工作人员通常支持建立在培训需求分析基础之上的培训规划，因为他们参与了培训需求分析过程。

第二节　培训需求分析的内容与实施

一、培训需求分析的三个层面

培训的成功与否很大程度上取决于需求分析的准确性和有效性。培训需求分析可以从组织、任务和人员三个层面来进行。这三个层面之间并不是孤立的，它们是相互联系、不可分割的整体，任意一个层面的缺失都会影响培训需求分析结果的真实性、有效性和科学性。

由于组织分析与培训开发是否适合组织的战略目标及组织是否愿意在培训开发上投入时间与资金的决策相关，因此，通常要先于任务分析、人员分析进行。任务分析和人员分析往往是同时进行的。

（一）组织分析

组织层次的培训需求分析是指通过对组织的战略目标、资源、环境等因素的分析，准确找出组织存在的问题，并据此确定具体的培训需求。具体包括以下内容。

1. 明确组织战略目标

组织战略目标是评价组织绩效的重要标准，因此，在进行培训需求分析之前，首先应当明确组织战略目标。组织中高效运作的领域应当视为典范，为其他单元实现更有效的运作提供借鉴。而对于那些没有达到组织目标的领域则需要进行更为深入的分析，并采取相应的培训开发计划或者管理方面的措施。经营战略还会影响培训开发的类型。例如，实行紧缩投资战略的公司会比实行其他战略的公司更看重诸如新职业介绍和寻找工作技能方面的培训开发。同时，组织战略也会影响培训开发的频率、类型及公司培训开发部门的组建模式。在期望培训开发能有助于实现经营战略与目标的公司中，培训开发支出及培训开发频率一般都要高于随意进行培训开发或没有战略目标理念的公司，是否有明确、清晰的组织战略目标既对组织的发展起决定性作用，也对培训开发的设计与实施起决定性作用，直接影响培训开发的战略目的。

2. 了解组织资源

组织资源的分析包括对资金资源、时间资源和人力资源等的分析。可利用的资源情况在一定程度上会限制培训开发工作的开展,并影响培训需求的优先次序。资金资源分析主要是确定组织能否为支持培训工作开展承担相应的经费,时间资源分析主要是分析组织业务开展方式和经营管理的特点是否能确保足够的培训时间,人力资源分析主要是分析组织目前的人力资源状况能否确保培训的顺利开展。

3. 分析组织环境和氛围

组织环境分析主要是从组织内部和外部两方面进行。内部环境分析包括组织文化、组织的软硬件设施、组织经营运作的方式及各种规章制度等。外部环境分析包括组织所在地区的经济发展状况、地域文化、法律法规等。组织氛围对于培训开发工作的成败有很大的影响。研究表明,同事和管理者对培训开发的支持在员工参与培训开发的热情和动力方面具有十分重要的作用。培训开发效果是否令人满意的关键在于同事和管理者对参与培训开发活动是否抱有积极的态度。

为了保证组织分析的有效性,以下是一些常见的询问问题:

- 组织的使命和战略是什么?
- 培训内容将如何影响员工与客户的关系?
- 这个培训项目如何与经营战略需求保持一致?
- 组织资源是否应该投入到这个培训项目中?
- 为了使得培训成功,我们应该从管理者和同事那里获得什么信息?
- 哪些组织资源是培训活动的重要组成部分?
- 我们拥有能够帮助我们开发培训项目并保证项目能够满足公司经营需求的专家吗?
- 员工认为培训项目对他们来说是一个机会、奖励、惩罚,还是时间上的浪费?

(二) 任务分析

1. 任务分析的内容

任务分析是在特定工作岗位的层次上进行的,主要包括查看工作描述和工作规范,确定某个工作的业绩产出标准,要达到此产出标准所必须完成的任务以及完成这些任务所需的知识、技能、行为、态度等,所有这些最终的结果决定培训的内容应该是什么。

在进行任务分析时,必须明确两个主要因素,即任务的重要性与水平。重要性关系到某项工作的具体任务、行为以及这些行为发生的频率,某项任务发生的频率越高,说明此任务对于整个工作的重要性越高。水平则是员工完成这些任务的能力要求,这在一定程度上反映了从事此项任务的门槛高度。这两个因素构成了任务分析的主体,图 4-1 显

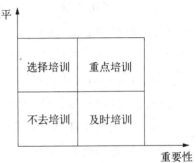

图 4-1 重要性—水平组合图

示了两因素的组合关系与培训重要性关系。

任务分析的最终成果就是对任务活动的详细描述,主要内容包括员工执行的任务和完成任务所需的知识、技能、能力和其他素质,即 KSAOs。其中 K(knowledge)是指执行工作任务需要的具体信息、专业知识、岗位知识;S(skill)是指在工作中运用某种工具或操作某种设备以及完成某项工作任务的熟练程度,包括实际的工作技巧和经验;A(ability)包括人的能力和素质,如空间感、反应速度、耐久力、逻辑思维能力、学习能力、观察能力、解决问题的能力、基本的表达能力等;O(others)主要是指有效完成某一工作需要的其他个性特质,包括对员工的工作要求、工作态度、人格个性以及其他特殊要求。

表 4-3 是一个任务描述示例。

表 4-3 任务描述示例

任务描述	任务等级	
	重要性(发生频率)	水平(资格要求)
● 见到顾客要微笑着说"您好!"	0 1 2 3 4 5	0 1 2 3 4 5
● 及时给顾客倒水,递菜单	0 1 2 3 4 5	0 1 2 3 4 5
● 耐心地帮顾客点菜,适时地推荐本店特色菜	0 1 2 3 4 5	0 1 2 3 4 5
● 随时等候客人的服务要求,并及时满足客人要求	0 1 2 3 4 5	0 1 2 3 4 5
● 准确地帮助客人结账,开出发票,送客人出门,道"欢迎再来!"	0 1 2 3 4 5	0 1 2 3 4 5
● 处理一些与顾客有关的临时事件,如茶水打翻等	0 1 2 3 4 5	0 1 2 3 4 5

2. 任务分析的步骤

任务分析可以从以下几个步骤入手:

第一,确定要分析的工作岗位。

第二,列出所要执行任务的基本清单。清单的获取可以通过多种渠道完成,例如,访问并观察熟练员工和他们的经理;与其他进行过任务分析的人员讨论。如果该岗位有完善的工作说明书,也可以从工作说明书中获取该岗位的任务清单。

第三,采用书面调查等访问形式来获取信息。为了确保任务基本清单的可靠性和有效性,可以请一组专门项目专家(在职人员、经理等)以开会或者接受书面调查的形式回答有关工作任务的问题。可以从以下角度来提问:执行该任务的频率如何?完成各项任务需要多长时间?该任务对于完成整个工作有多重要?学会完成此任务有多困难?表 4-4 给出了一份任务调查问卷的示例。

表 4-4　任务陈述调查问卷示例

姓名：	日期：	岗位：

请从以下几个方面给每一项任务打分：任务对工作绩效的重要性、执行频率以及执行任务的难度（任务所处的水平）。
在评分时请参照以下尺度：
重要性
4＝任务对有效绩效至关重要
3＝任务重要但并非至关重要
2＝任务比较重要
1＝不重要
0＝没有执行过这项任务
执行频率
4＝每天执行一次任务
3＝每周执行一次任务
2＝几个月执行一次任务
1＝一两年执行一次任务
0＝没有执行过这项任务
难度
4＝有效执行这项任务需要以前有过丰富的工作经验或培训经历（12～18 个月或更长）
3＝有效执行这项任务需要以前有过少量的工作经验或培训经历（6～12 个月）
2＝有效执行这项任务需要以前有过短期的培训经历或工作经验（1～6 个月）
1＝有效执行这项任务不需要以前有过特定的培训经历或工作经验
0＝没有执行过这项任务

任　　务	重要性	频　率	难　度
1. 维修设备、工具和安全系统	3	4	3
2. 监督员工工作绩效	4	4	2
3. 为员工制订工作日程进度	4	4	3
4. 使用计算机统计软件	2	2	3
5. 应用统计方法监控生产过程中的变化	4	3	4

资料来源：雷蒙德·A.诺伊.雇员培训与开发（第三版）[M].中国人民大学出版社,2007.

第四，明确要胜任各项任务所需的 KSAOs。通过对以上水平因素的分析，可以得出现有员工的能力结构欠缺什么，应该培训什么，决定了培训内容。

任务分析是一个烦琐的、复杂的过程，因此，为了使得任务分析更为有效，在进行任务分析过程中，应该注意以下几点：

- 任务分析不仅要明确应该做什么，还应该清楚现实中员工是怎么做的。
- 任务分析是一个解构的过程，首先要将工作分解成职责和任务。
- 收集信息要采用多种方法，这样才能保证所收集的信息的完整性、丰富性。
- 为了使得任务分析更有效，应该多从专门项目专家那里收集信息，专门项目专家包括熟悉该项工作的在职人员、经理人员和雇员。

- 任务分析过程中,沟通非常重要,良好的沟通有利于获取更为完整、真实的任务分析信息。
- 在作任务分析时,必须与公司的长期战略、短期规划相结合。

(三) 人员分析

人员分析是通过考察员工当前工作绩效与要求工作绩效之间的差距,以确定应该接受培训的人员和培训的内容。简单地说,人员分析的关键就是找出哪些人员"不愿",哪些人员"不能",这样才能有针对性地设计培训方案。

要做好人员分析,首先要确保人员已经做好受训准备。受训准备是指员工是否具有相应的学习课程内容并且可以将其应用于工作的个体特征(能力、态度、信仰和动机);工作环境是否有利于学习,同时又不会对工作业绩产生太大影响。人员分析时,主要分析个体特征、工作输入、工作输出、工作结果和工作反馈,分析以后得到相应的培训需求。个体特征是指员工的知识、技能、能力和态度。工作输入是指指导员工应该做些什么、怎样做以及什么时候做,还包括那些提供给员工以利于其完成工作的资源、条件、环境等。工作输出是指工作绩效水平。工作结果是指员工基于业绩、绩效而得到的激励。工作反馈是指员工在执行工作时收到的信息。

人员分析也可以从分析员工的绩效入手,如图 4-2 所示,其过程可以分为四个步骤:

- 进行全面准确的绩效评估或通过其他渠道获取这方面的资料。
- 确认员工行为、特质与理想的绩效标准之间的差距。
- 确认差距来源,可能涉及整合组织分析、任务分析和个体的技术能力方面的资料。
- 选择恰当的干预措施,以消除差距。这些措施可以是特定的培训开发项目,也可以是其他人力资源管理政策。

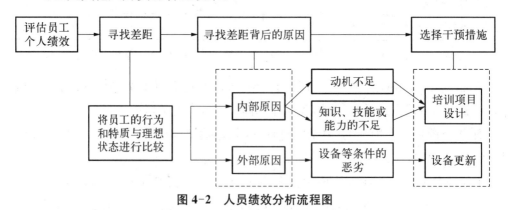

图 4-2 人员绩效分析流程图

二、培训需求分析的流程

通过对培训需求的调查,对其信息进行整理、分析,得出有效培训需求的过程就是培训需求分析的过程。

(一) 培训需求分析的前期准备

要成功地进行培训需求分析,必须做好充足的准备。前期准备工作主要包括:

1. 理解组织使命和战略

只有对组织的使命有较深刻的理解,才能使培训需求分析做到有针对性和目标性。组织战略在一定程度上决定了培训的方向、方式以及评估的方式。

2. 了解组织的整体能力结构以及绩效状况

组织的员工能力结构与其业务性质相关。因此,培训需求分析必须针对与其业务内容息息相关的内容来进行。例如,对于以技术工人为主的组织,对其进行艺术欣赏培训是无效的。另外,培训组织者必须了解组织员工的整体绩效情况大致处于什么水平,这样才能在需求调查时保证其科学性,避免偏颇。

3. 做好分析前动员

从培训需求分析到培训开发实施,再到培训开发效果评估,是一个随时与员工沟通的过程。因此,每一步都要做好沟通工作。为了保证培训需求调查得出的结果的真实性与完整性,要做好调查前的动员,让员工了解到培训开发的重要性、此需求调查对于他们的好处等,这样培训需求调查才能成功。

(二) 培训需求调查

培训需求调查即通过一系列的方法和渠道全面、公正、客观地收集与培训开发主题相关的需求信息。这就要求调查者明确调查对象、调查方法和渠道以及调查主题等,如表4-5所示。与此同时,也可以同时对培训对象、培训方式、培训时间、地点等做一些相关调查。

表4-5 培训需求调查

调查对象	调查方法	调查主题
企业高层管理者	访谈法	组织使命
培训主管	问卷法	理想能力结构
部门主管	访谈法	目前能力结构
员工个人	档案资料法	核心竞争力
	小组讨论法	培训方式
	测验法	
	观察法	
	自我分析法	

1. 培训需求调查方式

培训需求调查可以从两种角度入手。一种是自由申报式,即由员工个人或部门自主地填写培训需求表。这样的调查方式较为自由，可以获取很多组织者或者管理者预想不到的信息。但是这种方式也会收到很多不切实际的培训申请，筛选工作量大。表 4-6 是一个个人培训需求表的示例。

表 4-6 个人培训需求表

姓名：			学历：	
年龄：			工龄：	
培训课程名称	培训内容	时间	培训方式	备注

培训需求调查的另一个角度是培训开发组织者通过前期准备工作，做出简单的培训开发项目计划，然后针对几个培训开发项目设计调查问卷进行调查，这样员工就可以有针对性地选择，而不是凭空想象。这种方式调查效率较高，但是也可能忽视一些本来急需培训开发而组织者没有考虑到的项目。表 4-7 是某银行对 EXCEL 办公技能培训的需求调查表。

表 4-7 需求调查表示例

EXCEL 办公技能培训需求调查表						
个人信息						
姓名			年龄			
部门			学历			
工龄			性别			
项目调查：请在您认为最符合的表格中打"√"。其中，"1"代表非常不符合，"5"代表非常符合						
项目	1	2	3	4	5	
1. 我在工作中经常会用到 EXCEL						
2. EXCEL 给我的工作带来了很大的便利						
3. 在使用 EXCEL 时，有很多功能不会用						
4. 我在工作中需要经常处理数据						
5. 我在工作中需要经常制作表格						
6. 我在工作中需要经常使用函数						
7. 我在工作中经常使用图表分析						
8. 我在工作中急需使用快捷键						

(续表)

项 目	1	2	3	4	5
9. 我在工作中感觉到了 EXCEL 技能的欠缺					
10. 我赞成进行 EXCEL 办公技能培训					

培训事宜调查

	工作日			周 末		
11. 如果要培训的话,我想培训时间在	上午	下午	晚上	上午	下午	晚上
12. 您觉得公司还需要哪些培训?						

2. 培训需求调查方法

可以用来进行培训需求调查的方法有许多种,这里主要介绍以下几种:

(1) 访谈法。访谈法是通过与被访谈人进行面对面的交谈来获得培训需求信息的方法。访谈对象可以是组织的高层管理人员,以便了解组织战略对员工和工作的要求。也可以是有关部门的负责人,以了解具体工作和岗位对员工的有关要求。当然也可以是某些特殊岗位上的员工,一般来说,员工最了解自己的能力、知识和技能的缺陷所在。访谈中提出的问题可以是封闭式的,也可以是开放式的。前者的结果较容易分析整理,后者则能了解到更多更深层次的信息。访谈可以是结构化的,即以标准模式向所有被访谈者提出同样的问题;也可以是非结构化的,即针对不同对象提出不同的开放式的问题。通常是两种方式的结合,以结构化访谈为主,非结构化访谈为辅。

有效的访谈需要一定的技巧。因此,在访谈前,对访谈员进行培训是有意义的。下面几点是做好访谈工作必须注意的:

- 确定访谈目的,明确访谈所要了解的关键信息。
- 准备全面的访谈提纲。这对于启发访谈对象讨论关键信息,避免偏离中心具有重要作用。
- 营造融洽的、相互信任的访谈氛围。导致访谈对象对访谈没有兴趣甚至抵触的原因很多。解释可能存在的误会,讲清访谈的目的,承诺访谈内容的去处或保密,先谈论轻松的话题,然后逐渐进入严肃或敏感的话题,对被访谈者的尊重甚至语言的选择,都可以产生营造融洽氛围和相互信任的效果。没有相互信任或者当事人有较多的顾虑,都会影响信息的真实性。

访谈法的好处是双方能够直接产生感情和思想的交流,便于发现问题和调整访谈计划,容易使访谈深入,发现关键信息。但是,访谈占用较多的人力,成本较高,故只能针对少数对象,组织一般很少推出大规模的访谈计划。另外,因为访谈内容中有较多的开放性和非结构性的问题,所以对收集到的信息很难进行量化分析。此外,访谈的效果对访谈者的访谈能力和技巧的依赖程度较大。

（2）重点团队面谈法。重点团队面谈法是对访谈法的改进，严格来讲也是访谈法中的一种，即其面谈对象不再是所有人员，而是培训者从培训对象中挑选出一批熟悉问题的员工作为代表参加面谈，从而调查培训需求信息。

重点小组成员不宜太多，通常由8~12人组成一个小组，其中包括1~2名协调员，一人组织讨论，另一人负责记录。这些人员的选取要符合以下两个条件：

- 选取的成员的意见和建议具有代表性与普遍性，能代表所有培训对象的培训需求。因此，选取的成员应当来自不同部门和不同层次。
- 选取的成员要了解和熟悉需求调查中讨论的问题，他们在各自岗位上具有丰富的工作经验，熟悉岗位各方面的要求及其他员工的工作情况。

重点团队面谈法的优点在于不必和每个员工逐个面谈，花费的时间和费用相对于访谈法要少。而且各类培训对象代表聚集在一起，各抒己见，可以充分发挥头脑风暴法的作用，从而使各种观点意见在小组中经过充分讨论以后，得到更有价值的培训需求信息。这种需求调查方法还易激发出小组中各成员对组织培训的使命感和责任感。

重点团队面谈法的缺点在于对协调员和讨论组织者要求较高。可能会因为协调员和讨论组织者的素质问题导致大家不愿说出自己的真实想法，不敢反映本部门的真实情况，使对某些问题的讨论流于形式。

（3）问卷调查法。

问卷调查法是以标准化的问卷形式设计一系列的问题，要求调查对象就问题进行打分或是非选择。当调查对象规模较大，而时间和资金又相对有限时，这是一种值得推荐的培训需求分析方法。问卷可以以信函、传真或直接发放的方式让被调查者填写，也可以在进行面谈和电话访谈时由访谈人填写。

问卷调查的质量与问卷的设计关系密切。设计一份好的问卷，一般要遵循这样的程序：列出希望了解事项的清单；封闭式问题和开放式问题等各种题型的选择和比重的确定；对问题进行分类、排序等编辑并使之成文；请他人检查、评价问卷，进行修正或调整；在小范围内试用，做进一步的修改或调整。

问卷调查法的优点主要在于人均调查的成本低，同一份问卷可以反复使用，甚至可以对不同组织层级的人员使用同一份调查问卷。对收集到的数据较容易进行分析和统计。这主要是因为问卷是标准化的，而且封闭式的问题占相当的比重。

问卷调查法的主要问题是对问卷设计的要求较高；被调查者很少有发挥的空间，因为被调查者必须按试卷的思路和框架进行回答，而且试卷中往往有大量的封闭式问题，这样就很难发现新的和更深层面的信息；低返回率的可能性，当被调查者对问卷内容不感兴趣，或感到答卷成本高（取决于问卷的长度和难度，邮寄、上网的费用和方便程度等),调查问卷有去无回的情况就会出现。

(4) 观察法。

观察法是观察者从旁观者的角度观察员工工作中的行为,以获取希望得到的信息。观察法要求观察者对被观察者的工作有深刻的了解,了解其行为的标准。实施观察法有一定的困难,为了不影响被观察者的工作,使其表现正常,一般应该隐瞒观察者的存在,但这样做容易引起被观察者的反感。因此,沟通显得尤为重要,应该让被观察者了解观察者的任务,明白自己的角色,使其自觉配合。观察法耗时长且适用范围有限,只适用于那些能够通过观察加以了解的工作,不适用于复杂程度高或以脑力劳动为主的工作。

(5) 关键事件法。

关键事件是指那些对组织目标的实现起较大的促进作用或阻碍作用的事件,是工作运作中对组织绩效有重大影响的事件。如系统故障、重要客户的获得或流失、产品的次品率和员工的主动离职率突然上升、出现重大事故等。关键事件的记录是培训需求分析的重要信息来源。关键事件法的成效在很大程度上取决于关键事件的记录情况。组织要建立重大事件记录制度,运用工作日志、主管笔记等手段记录下尽可能正确而全面的关键事件。关键事件记录应该包括事件发生的时间、地点、原因或背景;员工的特别有效或无效的行为及其行为后果;当时员工能控制和支配或不能控制和支配的资源和行为等。通过对这些资料的分析,可以发现员工能力和素质方面的缺陷从而确定培训需求。

(6) 绩效分析法。

绩效分析法就是对员工的既有绩效和组织期望的绩效进行对照,找出差距,然后分析差距产生的原因,确定培训是否能消除这些原因从而提高绩效水平。绩效分析法的优点是简单明了,易于实施;能及时找到解决问题的方法;制定的措施有针对性。其缺点是易失去方向性,对整体的轻重缓急不易把握。

(7) 头脑风暴法。

头脑风暴法的实质是让有关的人员集中在一起,围绕一个问题,群策群力,互相启发,思想激荡。讨论时没有批评、没有反驳,意在引出更多的观点,拓出更广的思路。如企业在推出一个新产品或实施一种新的营销手段前,请有关的人士开会,讨论是否存在培训的必要,有哪些培训需求。会议的成果是大量的点子和意见。这些点子和意见也许互相矛盾,也许不具可行性,甚至是荒唐的,但会上不做任何结论。会议主要是为会后的分析提供大量的材料。大量的工作在会后,如对各种点子和意见进行论证、分析、比较,以发现真正的培训需求。

(8) 书面资料分析法。

这里的书面资料可以是组织各部门和人力资源管理部门现存的有关资料,也可以是组织外部的相关资料。前者如员工历年考核的记录、各种培训项目的总结报告、职位说明书等，后者如同行业或相关企业有关培训评估的资料等。由于书面资料是现有的，故收集成本大大低于直接的调查和访问等，因而经常被使用。但是，既有的资料很可能滞后，或不全面。因此，书面资料分析法应和其他方法结合起来使用。对现有书面资料需采用其他方法核实验证或补充完善后才能使用。仅仅依赖现存书面资料的培训需求分析往往是不够准确、全面的，也是不负责任的表现。

以上的调查方法每一种都有其特有的优点和缺点，调查者在进行需求分析时要根据调查对象、调查地点、调查时间的不同采取不同的方法，挑选两种或多种方法结合使用，提高信息的可靠性，这样才能达到培训需求调查分析的有效性。

（三）调查结果分析

通过多种渠道获得相关的需求信息后，调查者要整理、分析出调查结果中的有效信息，进而做出培训需求分析报告。

撰写员工培训需求分析报告的目的，在于对各部门申报、汇总上来的培训需求的结果做出解释并提供分析报告，以最终确定是否需要培训及培训什么。需求分析的结果是确定培训目标、设计培训项目的依据和前提。需求分析报告可为培训部门提供关于培训的有关情况、评估结论及其建议。

三、培训需求分析的技术方法

（一）缺口分析法

缺口分析是培训需求分析中较简单的一种思路，是将胜任工作所要求的某一知识或技能等水平标准与员工的实际状况进行比较，发现差距，然后进一步确认培训是否有助于缩小差距。这里的目标标准有三种：

1. 最低标准

最低标准是指保证工作进行的最低要求，一般由素质分析具体确定。

2. 期望标准

期望标准是指高于最低标准和在当前条件下经过努力能够达到的标准。期望标准并非最高标准，而是当事人认为最好的标准。其确定方法有以下四种：

（1）把其他优秀或类似组织已经达到的标准作为制定的依据。

（2）把公认的代表某一行业或一类组织的中等标准或中上标准作为期望标准，例如行业协会推荐的标准等。

（3）根据当前组织发展与经营目标确定有关的期望标准。

（4）根据本组织过去采用或已经达到的标准，作为制定期望标准的依据。

3. 未来标准

未来标准是指根据发展规划预测将来可以达到或应该达到的标准。这种标准建立在预测的基础之上,是面向未来的。当然也可以把目前国内外一流组织所达到的标准或国内优良水平的行业标准,作为组织的未来标准。

现实水平确定的内容与维度,一般根据目标水平的要求而定。确定的方法一般是职业资格考评技术或人员素质测评技术,包括考试、心理测验、面试、评价中心技术、履历分析、日常观察、现场观察、答辩法、试用、比赛、情景模拟等。现实水平与目标标准的缺口可谓多种多样,小到文员电脑输入的速度缓慢和正确率低下,大到公司老总对本行业国际贸易惯例的无知。有些缺口比较容易发现和衡量,如计算机水平的高低;有些则较难发现和衡量,如思维习惯、传统观念等方面的问题。

下面是一个比较简单明了的缺口分析的例子:

根据工作说明书等资料,已知某职位所需的计算机技能应该达到以下程度:

- 在清楚的指令和程序下运用计算机(如收发电子邮件、基本数据输入、列示数据信息等)。
- 能进行基本和标准的输出(如文字、图形、电子数据表、基本的或递归的 DSS 报告等)。
- 能制作复杂的输出(如高阶宏、数据库报告、HTML 编码、唯一的非递归的 DSS 报告等),在工作经验和已有知识的基础上定义输入分析程序的功能及使用手册。
- 能用 COBOL、Assembler、JAVA、UNIX 或其他语言编程;有软件、硬件的知识和实际工作经验,能为 PC/台式电脑/微电脑系统提供软件、硬件支持。

根据问卷调查法、访谈法、观察法等,发现在职员工只具有前两项技能,而缺乏后两项技能,即后两项技能就是员工技能的缺口所在。如果没有更合适的人员从事这项工作,那么就要对现有在职员工进行后两项技能的培训。

(二)任务技能分析法

如果说缺口分析法主要用于衡量员工某一方面知识、技能的不足,任务技能分析法就涉及对员工多项知识、技能的缺口的衡量,任务技能分析样例具体见表 4-8。任务技能分析法的基本程序是:

(1)确认待分析的职位或工艺。

表 4-8 任务技能分析样例

岗位(职位)	任　务	设备(资源)	技　能
文员	编辑文案 转接电话 保管文具 接待来访人员 收发传真 复印文件 订餐	个人电脑 文字处理应用软件 电话 传真机 复印机 餐厅、饭店名册	打字速度 电脑系统操作 了解商业信函写作 电话接听技巧 传真机使用 复印机使用

(2) 把该职位承担的职责或该项工艺分解成若干主要任务。
(3) 把每一任务再细分为一系列子任务。
(4) 确定所有的任务和子任务,在工作表上用正确的术语将其列出。
(5) 明确完成每项任务和子任务所需要的技能。

(三) 胜任力模型分析法

胜任力指员工胜任某一工作或任务所需要具备的能够区分绩效优秀者和绩效平平者的个体特征,包括态度、动机、特质、能力、知识和技能等。胜任力是个体潜在的深层次特征,因而能保持相当长的时间,具有稳定性。胜任力状况在相当程度上决定了个体在不同环境和条件下的思考方式和行为特征。胜任力能够帮助我们预测个体的行为和绩效状况,区分优秀的员工与平庸的员工。胜任力模型是指能够保证员工在组织特定的岗位上实现高绩效的一系列素质或素质组合。这些素质是可分级的、可测定的,有些是可以通过培训形成或者改善的。

其实,以上三种关于培训需求分析技术方法的基本思路本质上没有太大的区别,它们的不同仅仅在于程度和难度上。缺口分析法比较简单,通常用于衡量员工某一方面知识和技能的欠缺程度。任务技能分析法较复杂,由于一个职位的工作通常包括多项任务,故其衡量的是员工多方面的知识和技能的欠缺程度。基于胜任力模型的培训需求分析法最复杂、最困难,但较规范、科学、全面、有深度。

四、培训需求分析中的常见误区

有些培训需求具有共性,无须分析就可以把握,从而节约分析资源。有些需求分析貌似规范,实则存在误区,需要警惕。卡夫曼(R. Kaufman)总结了培训需求分析中的常见误区:

(1) 注意力全部集中在个人的绩效差距上。这样的培训需求分析会使组织将培训决策用于解决个别员工的绩效问题,但可能不涉及群体和组织的绩效问题。除了关键人物的核心技能以外,一般而言,群体和组织的绩效对于组织的发展来说更为重要。另外,对于个别员工的绩效问题也许更换人员是一个更好的解决办法,而群体和组织的绩效问题一般更依赖培训。

(2) 一定要从培训需求分析开始做起。从理论上说,为了保证培训的针对性,培训需求分析阶段是重要而不可逾越的。但在实际工作中,某一工作是否必要,除了取决于其本身的重要性外,也看其在实际上已得到满足的程度。当一项重要的条件在实际上已经具备时,创造这个条件就不再是工作的重点了。在培训工作中,当培训需求不明确时,培训需求分析是培训工作的首要步骤,但如果培训需求已十分明确,那就没有必要在这个环节上浪费资源了。

(3) 进行问卷调查,看看大家需要什么。这个方法让较多的员工参与培训的决策,因而具有更多的沟通、倾诉和激励的作用。但对于搜寻培训需求来说,实践证明其效果并不明显。因为问卷中往往有大量的开放式问题,这使得反馈的意见相当分散,而且与组织运作没有太大的关系。另外,广泛的问卷调查,在调查内容和对象上缺少事先的精心设计,在调查的过程中缺乏必要的引导,往往导致"走过场",不能解决问题。

(4)只采集软信息或只采集硬信息。这里的软信息是指多少带有主观随意性的意见和想法;硬信息是指那些可以量化和衡量的,从而较易把握的信息。如果将调查和分析的对象停留在软信息上,忽视绩效、标准、结果等硬指标,会使分析的结果缺乏可行性和可操作性。在实践中还有另外一种倾向,即调查分析的注意力总是不自觉地集中在那些容易测量的或容易得到的数据、标准等硬信息方面,而忽略了那些难以量化、把握的但对于提高群体和组织绩效却很关键的信息。这种情况的出现,在一定程度上体现了工作中的畏难心理或者说是工作简单化的一个表现。

第三节 培训需求分析结果

在通过多种渠道和方式获得相关的培训需求信息后,调查者要整理、分析出调查结果中的有效信息,以确定培训需求,并最终做出培训需求分析报告。

一、分析与输出培训需求分析结果

分析与输出培训需求分析结果的主要步骤如下:

(1)对培训需求调查信息进行归类、整理。对从不同的渠道获得的不同形式的信息,要运用科学的工具进行分类,并根据不同的培训调查内容的需要进行信息的归档,同时要制作一套表格对信息进行统计,并利用直方图、分布曲线图等工具对信息所表现的趋势和分布状况形象地表达出来。

(2)对培训需求进行分析、总结。分析、研究收集上来的调查资料,从中找出符合组织需要和个人发展的培训需求。要结合业务发展的需要,根据培训任务的重要程度和紧迫程度对各类需求进行排序。

(3)对初步形成的培训需求进行确认。一是针对员工的绩效评估结果和培训需求,与培训对象进行面谈沟通,了解培训对象的意见和要求,确定差距,并在此基础上进行员工个人培训需求确认。二是针对普遍性培训需求,通过对某一具体培训需求主题进行会议讨论,了解参会人员的意见或建议,进而完善培训需求,确保培训需求的普遍性和真实性。

(4)撰写培训需求分析报告。对所有的信息进行分类处理、分析总结、达成共识并经培训主管确认后,就要根据处理结果撰写培训需求分析报告,其结论要以分析的信息为依据,而不能凭借个人的主观看法得出结论。

二、培训需求分析报告的主要内容

撰写员工培训需求分析报告的目的,在于最终确定是否需要培训及培训什么。培训需求分析的结果是确定培训目标、设计培训课程的依据和前提,可以为培训部门提供关于培训的有关情况、评估结论及其建议。

一般来说,培训需求分析报告包括以下主要内容:

(1) 需求分析实施的背景,即产生培训需求的原因。

(2) 开展需求分析的目的和性质。撰写者需要说明以前是否有过类似的分析工作。如果有的话,评估者能从以前的分析中发现哪些不足与失误。

(3) 需求分析实施的方法和过程。说明分析方法和实施过程可使培训管理者对整个分析活动有一个大概的了解,从而为培训管理者对分析结论的判断提供依据。

(4) 培训需求分析信息的陈述或表示,并阐明分析结果。根据获得的信息以及采用的方法,得出科学的结论。结果部分与方法论部分是密切相关的,撰写者必须保证两者之间的因果关系,不能出现牵强附会的现象。分析结果应包括培训开发项目、对象、时间、地点以及培训开发方式等内容。

(5) 解释、评论分析结果并提供参考意见。这部分涉及的范围较宽泛,例如,在需求分析中,进行培训的理由有多充分;赞成或反对继续培训的理由是什么;应该采取哪些措施改善培训;能否用其他培训方案更经济地达到同样的结果。撰写者还可以讨论培训的充分性,如培训是否充分地满足了培训对象的多方面需求,满足到什么程度。表4-9是培训需求分析结果的汇总表。

表4-9 培训需求分析结果汇总表

区间	员工特点			培训重点或人力资源管理对策
	态度	技能差距	学习能力	
A	差	小	强	了解员工的真实想法,加强其敬业精神的培训,增强其对组织的认同感
B	好	小	强	应进行进一步的能力开发培训,作为组织重要的后备力量培养
C	差	大	强	视情况而定,是新员工应对其进行培训,是老员工应对其放弃
D	好	大	强	主要对其进行技能方面的培训
E	好	大	弱	可以采用师徒方式对员工进行最简单的培训

(6) 附录。包括收集和分析资料用的图表、问卷、部分原始资料等。加附录的目的是让培训管理者可以鉴定研究者收集和分析资料的方法是否科学、结论是否合理。

(7) 报告提要。提要是对报告要点的概括,是为了帮助读者迅速掌握报告要点而写的,要求简明扼要。有的分析报告根据需要也可以把提要置于分析报告的开头。

撰写分析报告时,在内容上要注意主次有别、详略得当,构成有机联系的整体。为此,在撰写前应当认真拟定写作提纲,按照一定的主题及顺序安排内容。

三、培训需求分析报告的撰写要求

培训需求分析报告撰写应满足以下六项要求:
(1) 报告中各项分析说明要有明确的信息来源,不能靠编者主观臆造。
(2) 内容全面系统,涵盖报告要包括的所有内容。
(3) 层次清楚,逻辑合理,从前至后系统、连贯。
(4) 分析透彻,切合实际,满足实际工作需要。
(5) 内容客观,用词准确,表述应简明扼要,具有说服力。
(6) 少用文字,多用图形、表格。

资料链接

中层管理人员技能培训需求分析报告

一、培训需求分析实施背景

××××年×月,企业对中层管理人员进行年度培训需求调查,了解到企业现任的中层管理人员大部分在现任的管理岗位上任职时间较短,并大多是从基层管理职位或各部门的业务骨干中提拔上来的。

企业通过需求调查分析,把管理技能的提升列为中层管理人员需要培训的重点内容之一。

二、调查对象

企业各职能部门主要负责人(共计40人)。

三、调查方式及主要内容

1. 调查方式:访谈、问卷调查

(1) 访谈:由人力资源部经理作为培训需求分析的主要负责人,同企业各职能部门负责人分别进行面谈,并与企业部分高层分别就这40人的工作表现进行沟通。

(2) 问卷调查:问卷调查共发出40份,回收有效问卷35份。

2. 调查的主要内容及其分析

(1) 岗位任职时间。

岗位任职时间调查如表4-10所示。

表 4-10　岗位任职时间调查

任职时间	1~6个月	6个月~1年	1~2年	2年及以上
中层管理者人数	4	16	8	12
所占比例(总人数10人)	10%	40%	20%	30%

(2) 管理幅度。

从表 4-11 中可以看出,20%的中层管理者的直接管理人员在 10 人及以上,40%的中层管理者的直接管理人员在 4~6 人。目前有 8 个管理者没有直接管理下属,但只是暂时的,因为企业对这部分业务正在进行调整或重组,所以管理者角色认知是其必备的管理知识之一。

表 4-11　管理幅度调查

管理幅度	无	1~3人	4~6人	7~9人	10人及以上
中层管理者人数	8	0	16	8	8
所占比例(总人数10人)	20%	0	40%	20%	20%

(3) 如何制订工作计划。

从访谈及回收问卷中获得的信息来看,大多数中层管理者是以月或者季度作为制定计划的时间单位,很少有制订长期规划的。从与他们访谈的信息中得知,在制定计划的具体过程中,在如何围绕总目标制订具体的可行性计划、如何确保计划的实现等问题上,他们存在着诸多不足之处,因而如何制订工作计划是其所需的重要培训内容。

(4) 有效授权与激励。

授权和激励是管理者的重要管理技能之一,根据培训需求调查的结果来看,35 人都表示自己会授予下属一定的权限并激励员工,但在工作中具体如何操作,40%的人员表示希望得到此方面的培训。

(5) 高效团队的建设。

团队作用发挥得好,就能产生 1+1>2 的效果,至于如何组建及带领一支高效的团队,60%的人员表明自己缺乏这方面的技巧。

(6) 员工培训。

所有此次培训对象的管理者都会对员工进行培训,但只有 10%的人员制订了员工培训计划且认真执行,10%的人员制订了员工培训计划但没有落到实处,70%的人员对员工培训随意性较大,10%的人员认为没有时间对下属进行培训。由此可以看出,他们都意识到对下属进行培训的重要性,但真正能落实的人比较少,且他们对于培训技巧还需要学习。

四、培训计划建议

(1) 时间安排。培训时间：×月×日～×月×日，共计3天。

(2) 课程设置安排(如表4-12所示)

表4-12 中层管理人员培训课程安排

培训课程	培训课时
管理者的角色定位与主要工作职责	2
部门工作计划的制订与执行	4
有效授权	4
员工激励	4
高效团队的建设	4
培训技巧	3
如何与上级领导进行有效沟通	2
如何与下属员工进行有效沟通	2

案例分析

精准的培训需求分析来自扎实的分析和调研

2018年11月，春节消费旺季即将来临，华为领导层在内部会议中提出要对一线零售人员进行销售和服务技能的训战，提升有温度的服务。"当前培训重点为接触消费者的最末端群体，要通过培训提升体验店店长助理、体验店片区经理、导购员和督导的战斗力，提升消费者的感知，提升华为品牌温度，需尽快建立能力培训体系"。培训需求分析是保证整个培训流程顺利有效进行的首要环节，精准摸排组织培训需求对华为这样的大企业尤显重要。然而这样的指示虽然有大方向，却缺乏明晰的聚焦点。

领导为何提出这样的培训需求？是不是最近有什么事情触发了该想法？为此，咨询专家首先联系了领导层，以期从源头确认。然而不巧的是由于工作繁忙，公司的高层领导当时直接将该项目授权委托给了内部客户负责人马总(化名)。经过一番沟通后得知，原来并没有什么特别的事情，这是华为领导一直在强调的方向，而2019年的业务策略与消费者感知是重要着眼点。源头信息有限，按照训战项目的惯常思路，那就只能去盘点业务背景和诉求。

2019年华为销售终端的策略方向是"高""深""全"，意味着发力高端、下沉乡县、拓展品类,下沉乡县意味着要做好渠道建设,但目前了解到的培训重点是接触消费者的末端群体,而下沉乡县的重点是渠道建设,两者似乎相距甚远。但仔细分析,实际上发力高端和拓展品类两个点是有关联的,因为卖好高端机和拓展好新的智能产品的第一道阵地就是门店,尤其是空间宽敞、产品齐全、形象良好的体验店。因此训战赋能人群的第一优先选择,应该为体验店店长助理和体验店片区经理。到底选前者还是后者呢?专家们又对华为近两年的业务发展态势进行了分析,由此发现:一个趋势是近两年华为公司总的趋势是店越开越多,也越开越大,从最早的柜台店到综合店,再到现在的体验店甚至是智能生活馆;另一个趋势是从委托渠道经营到逐步转变为自己运营,体验店店长助理这个岗位就是这种尝试的一个集中体现。体验店店长助理是2017年才设立的新岗位,每个体验店配置1~2人,代表华为协助合作伙伴店长对门店进行管理,工作重心在于打造华为品牌和提升消费者服务满意度。如果开店和自营两大趋势不变,就意味着公司会需要越来越多的懂大零售门店店面经营管理的人才,体验店店长助理很可能成为公司零售阵地建设的人才种子库。经过缜密的思考和分析,最终专家认为应将第一优先人群定为体验店店长助理,针对该人群,既要考虑当下的培训需求,也要结合长远的人才培养规划建立一个阶段性的培养体系。

接下来,专家们便开始聚焦近在眼前的这次赋能涵盖的要点。首先,专家带领项目组对店长助理的岗位职责进行了分解,梳理出了店长助理面向的四大关键打交道对象(消费者、合作伙伴、店员、公司内部)和13个重点工作任务。另一方面,专家们花了一周时间在南昌、石家庄两地走访相关人员,在店面和办公室与目标学员、学员上级、客户都进行了深度访谈,实地观摩了店长助理给消费者提供的服务,如体验式销售的过程,以及门店消费者教育的实际情形。最终在此基础上整理出了一份完整和清晰的需求调研和高阶分析报告。

2018年11月底,培训专家和华为的有关领导专门召开了一次工作坊会议,20多位各层级各职能的业务专家参加了会议,会上分享了前期对于业务分析的思考和基于一线深度调研的情况分析,建议对体验店店长助理的赋能分当前和长远规划两个部分展开。会上唯一的分歧点在于,有的领导提出希望集训内容更加完整和全面,在有限的时间里包含更多内容。而专家的意见是希望此次培训能更加精简和聚焦,因为根据前期的分析和实地调研结果,专家们发现之前很多课题比如如何给店员赋能、如何开展消费者教育等,其根本瓶颈不在于技能而在于环境和机制。最后,通过团队共创、综合专家意见,决定把重点赋能课程确定为"全场景销售""提升服务体验""高效的华为店内消费者教育"等四门课,这就为后续更加精准的赋能和演练铺平了道路。专家们的分析与建议也得到了华为领导的高度认可。之后,训战就顺利进入了详细设计与开发的过程。

(资料来源,庞涛:《华为训战》,机械工业出版社2021年版,有改动)

案例思考题

1. 案例中专家们采用了哪些方法进行培训需求调查？
2. 请结合案例谈谈应如何做好培训需求分析？

思考与练习

一、单项选择题

1. 培训需求分析的结果是确定培训目标、制定培训计划的依据，这体现了培训需求分析的哪个特点？ （ ）
   A. 主体的多样性　　　　　　B. 内容的丰富性
   C. 客体的多层次性　　　　　D. 结果的指导性

2. 高于最低标准和在当前条件下经过努力能够达到的标准是 （ ）
   A. 期望标准　　B. 最高标准　　C. 未来标准　　D. 最低标准

3. 对于态度好、技能差距大、学习能力弱的员工，最适合采用的培训开发策略是 （ ）
   A. 应进行进一步的能力开发培训，作为组织重要的后备力量培养
   B. 可以采用师徒方式对员工进行最简单的培训
   C. 了解员工的真实想法，加强其敬业精神的培训，增强其对组织的认同感
   D. 视情况而定，是新员工应对其进行培训，是老员工应对其放弃

4. 培训者在培训对象中选出一批熟悉问题的员工作为代表参加面谈，以调查培训需求信息的方法是 （ ）
   A. 一般访谈法　　　　　　　B. 重点团队面谈法
   C. 工作任务分析法　　　　　D. 观察法

5. 下列哪项不属于培训需求分析报告的撰写要求 （ ）
   A. 要有明确的信息来源，不能靠编者主观臆造
   B. 层次清楚，逻辑合理
   C. 内容全面系统，切合实际
   D. 多用文字，少用图形、表格

二、多项选择题

1. 培训需求分析的三个层面包括 （ ）
   A. 环境分析　　B. 组织分析　　C. 任务分析　　D. 资源分析
   E. 人员分析

2. 以下关于培训需求的说法正确的是 （ ）
   A. 培训需求反应的是企业要求具备的理想状态和现实状态之间的差距
   B. 培训需求就是判断是否需要培训以及培训内容的一种活动或过程

C. 培训需求分析的基本目标就是确认差距

D. 培训需求分析主要从组织的角度出发

E. 培训需求分析是培训计划制定的必要环节

3. 培训需求分析中的组织分析内容包括　　　　　　　　　　　（　　）

A. 组织战略分析　　　　　　　B. 工作任务分析

C. 组织支持情况分析　　　　　D. 组织整体人力资源状况分析

E. 员工绩效分析

4. 下列影响培训需求分析的因素中，属于常规性因素的有　　　（　　）

A. 职位变动　　　　　　　　　B. 组织战略和使命

C. 生产设备更新　　　　　　　D. 员工个人职业生涯设计

E. 新员工加入

5. 属于员工普遍培训需求的内容有　　　　　　　　　　　　　（　　）

A. 职业素养　　　　　　　　　B. 通用管理技能

C. 专业知识　　　　　　　　　D. 专业技能

E. 工作态度

三、简答题

1. 什么是培训需求？培训需求产生的原因是什么？

2. 培训需求分析应从哪几个层面展开？

3. 培训需求分析的流程是怎样的？

4. 培训需求分析有哪些特点？

5. 重点团队面谈法有哪些优点和缺点？

四、论述题

1. 请阐述培训需求分析的作用。

2. 试述培训需求分析报告的内容。

第五章
培训计划制定

 知识导览

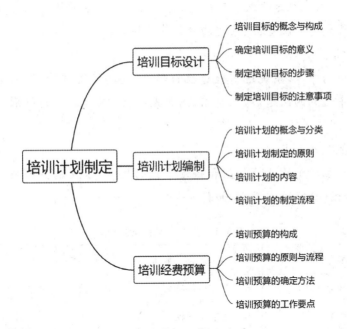

📚 学习目标

1. 掌握培训目标的概念、特点、构成要素
2. 理解培训目标的意义
3. 掌握制定培训目标的步骤,了解制定培训目标的注意事项
4. 掌握培训计划的概念、内容和制定流程
5. 了解培训计划的分类
6. 理解培训计划制定的原则
7. 了解培训预算的构成,理解培训预算的原则

8. 掌握培训预算的流程、培训预算的确定方法

9. 了解培训预算的工作要点

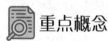
重点概念

培训目标　培训计划　培训预算　推算法　零基预算法　人均预算法　需求预算法

引导案例

某公司管理人员培训与开发方案的设计

针对本公司成立时间短、督导层人员年轻、新提拔人员较多、管理经验不足、管理能力较弱、大多数人未经过系统规范的培训等问题，公司决定今年管理培训的重点放在对公司的主管进行一次全面、系统的督导管理培训上。

1. 培训目标

通过培训班的学习，系统地掌握管理的职责，提高管理技能，运用全新的技能去解决日常工作中遇到的问题，增强自信，增加获得提升的机会，获得别人对自己的尊重，加深对本企业的了解。

2. 课程设置及培训师

根据主管岗位所需的共性知识和必须掌握的技能，以及本公司主管目前存在的主要问题，共开设10门培训课程，如表5-1所示。

表5-1　主管培训课程设置

序号	课　程	授课教员	课时	时　间
1	主管的职责及作用	南方咨询公司孙××	2小时	3月8日
2	领导的作用	北方大学吴教授	2小时	3月15日
3	时间管理	高尔企管顾问公司总经理刘××	2小时	3月20日
4	改善沟通	高尔企管顾问公司项目经理任××	4小时	4月1日、4月8日
5	处理问题和矛盾	南海培训公司周××	2小时	4月15日
6	培训方法与技巧	东方大学培训专家李××	4小时	4月22日、4月29日
7	调动积极性和培养集体观念	本企业总经理赵××	2小时	5月5日
8	人员配备和时间安排	本企业人力资源总监钱××	2小时	5月12日

(续表)

序号	课　程	授课教员	课时	时　间
9	改进员工作表现	世纪岭南管理学院黄博士	2小时	5月19日
10	服务质量控制	本企业质检部经理张××	6小时	5月26日、6月3日、6月10日

3. 培训对象

培训对象是本公司所有的主管人员。

4. 培训时间、考试时间

培训时间：3—6月（具体日期见上表），14:00—16:00。

考试时间：每门培训课程结束的第二天16:00—17:30。

5. 培训地点

培训地点是培训部第一教室。

6. 培训方式及方法

培训方式：集中学习与自学相结合。

培训方法：讲授、研讨、案例分析、问卷、游戏、看录像等。

7. 培训考核

培训考核由以下三种方式组成：

(1) 考试：每门培训课程完成之后，要对所学内容进行考试，考试时间90分钟，重点考查培训对象结合本单位本部门工作实际分析问题、解决问题的能力。

(2) 论文：每位培训对象写一篇不少于2 000字的论文。要求结合实际，有自己的观点，能提出问题，有解决问题的措施，于6月20日前交培训部。

(3) 考勤：凡请假两次以上者，考核不予通过。

8. 培训要求

(1) 各部门要从公司人才建设的战略高度重视这次培训活动，统筹安排，保证培训对象的参加时间。

(2) 无特殊、重大情况不允许请假。如需请假必须经本部门经理、培训经理、总经理批准。

(3) 不得迟到、早退。积极参加培训活动，尊重培训师。

(4) 培训时请关掉手机。

9. 培训经费

培训教员的课酬、交通、餐饮等费用共计××万元。

(资料来源，http://www.chinahrd.net)

第一节 培训目标设计

一、培训目标的概念与构成

(一) 培训目标的概念

培训目标是指培训活动的目的和预期效果,具体而言,是关于培训对象在完成培训后应该表现出的行为或行为改变、行为赖以发生的特定环境条件和组织可以接受的业绩标准。

对于培训者来说,培训目标影响和规定着其期望,是制定员工培训计划的直接依据,有了培训目标才能进一步确定员工培训的对象、内容、时间、教师、教学方式等具体事项,才能对整个员工培训活动提供方向性的指导。此外,培训目标也是员工培训评估的重要依据之一。对于受训者来说,培训目标影响和规定着其受训动机、对参加员工培训的规划,并成为其完成员工培训任务的重要动力。

培训目标除了要求具体化、数量化、指标化和标准化,还应具有以下三个特点:

(1) 符合组织发展战略。组织的工作活动都是以组织发展战略为依据确定的,培训目标和组织目标相统一,能够为组织培养出适合的人才。

(2) 明确性。组织培训的目标应该针对具体的工作任务,使受训者能够将培训任务与工作内容结合起来。

(3) 可操作性。组织培训目标必须使每项任务均有一个工作表现目标,让受训者了解受训后所须达到的要求。

(二) 培训目标的构成要素

一个完整的培训目标包括以下三个基本的构成要素。

1. 内容要素——行为(能力)表现

培训目标的内容要素就是组织希望员工做什么,即行为表现。培训目标的内容要素主要可以分为三大类:知识的传授,即通过培训使员工具备完成职位工作所必需的基本业务知识,了解组织的基本情况;技能的培养,即通过培训使员工掌握完成职位工作所必需的技术和能力,如谈判技术、操作技术、应变能力、沟通能力和分析能力等;态度的转变,即通过培训使员工具备完成职位工作所要求的工作态度,如合作性、积极性、自律性和服务意识等。

2. 标准要素——绩效标准

组织期望员工以什么样的标准来做这件事情,这种标准应该尽可能界定得具体、清楚、准确。

3. 条件要素——环境条件

即在什么条件下要达到规定的标准。

综合以上三个要素,可以为企业管理人员的谈判技术培训确定如下培训目标,即受训者通过培训能够独立地运用相关知识,合理地使用各种资料和信息,在企业规定和允许的时间内完成与合作方的沟通与谈判,并保证为企业带来15%~20%的利润。

培训目标可以分为若干层次,从某一培训活动的总体目标到每堂课的具体目标,越往下越具体。

二、确定培训目标的意义

1. 培训目标是确定培训内容与培训方法的基本依据

在组织培训活动中常犯的一个错误就是在既定的培训主题之下,把一些相关但价值不大甚至是毫无价值的东西罗列在一起,看似培训了不少内容,其实收效甚微。究其原因就是培训目标不明确,不能基于既定项目目标组织必要的培训素材、选择相应的培训方式。

2. 培训目标是培训活动效果评估的主要依据

不少组织在评估培训效果时流于形式,其主要原因就在于没有明确、客观的依据可遵循。没有制定明确的培训目标,也就不可能基于培训目标得出相应的评估指标。

3. 确定培训目标有利于引导受训者集中精力完成培训学习的任务

培训目标是组织培训活动的基本意图与期望,带着明确的目的去学习和盲目地学习在效果上存在明显差别。

三、制定培训目标的步骤

1. 提出目标

在进行培训设计之前,就应该明确地提出培训目标。但是,需要注意的是,这个培训目标是要在整个培训过程中,根据对受训人员的不断了解,从而不断调整和修改的。

2. 分清主次

培训需求调查中会了解到受训者的很多需求,但是由于培训资源等方面的限制,不可能全部包含于培训目标之中,因此我们必须分清主次,区别对待。只有完成了"必须掌握"的目标之后,才能考虑"最好掌握"的目标。

3. 检查可行性

根据受训者的基础条件、时间等情况,检查是否能够实现目标,并作出适当的调整。目标可以分为三种:知识目标、技能目标以及态度目标,培训者应该根据不同的目标,采取不同的设计方式。知识目标比较容易实现,只要传达给受训者就可以了,或者做一次测试；技能目标则比较费时，必须通过大量的实践才能使受训者掌握；态度目标则需要的时间最长，这关系到改变受训者的态度。

4. 设计目标层次

要设计目标的层次，首先要回答两个问题：一是这次培训需要哪些知识，二是哪些目标需要在其他目标之前完成。

通常人们会习惯于把知识目标放在第一位，可是这样势必导致在开始时花费大量的时间讲授，而用于实践的时间却很少，结果受训者仅仅是知道了怎么做，但却做不好。因此，可以考虑将某些目标相结合或穿插在一起，以取得更好的效果。

5. 编写培训目标

这一阶段的最终结果主要是简要地列出培训目标。培训目标是文字、符号、图画或图表的组合，它指出了受训者应该从培训中取得的成果，应包括以下三方面的内容：

一是培训对象在掌握需要学习的内容后应该表现出什么样的行为，如"为新产品撰写产品说明书"。

二是培训对象学会的行为应该在哪些情况下表现出来，如"在掌握了有关某个产品所有的工程信息的情况下，受训者能够撰写一份产品说明书"。

三是评价学习成果的标准是什么。如"受训者必须在产品说明中介绍该产品所有适应市场需要的产品特征，其中至少要说明它的三种用途"。

> **资料链接**
>
> ## 培训目标范例
>
> 以下是Provident公司"有效的电话技术"培训项目的目标描述，较好地体现了培训目标明确、具体的要求。
>
> 当你完成本课程回到工作岗位后你应该：
> (1) 快捷应答电话，如果可能，不迟于第二声铃声。
> (2) 保留一份经常拨打的电话号码名录。
> (3) 在开始谈话时先表明身份。
> (4) 随时将电话通讯录和笔放在电话机旁。
> (5) 接别人电话时要有问必答，热心助人，称呼来电者的姓名，使谈话有人情味。
> (6) 留下书面信息时，要写上日期、时间、来电者的正确姓名、来电者的电话号码、留言内容及你的姓名。
> (7) 在转电话之前，先向来电者说明你想做什么，对所有来电一视同仁。
> (8) 使用礼貌用语，如"你好""请""谢谢"等。

四、制定培训目标的注意事项

1. 设置培训目标必须和组织的长远目标相吻合，要与组织资源、培训条件相协调

培训目标的制定既要有足够的难度和挑战性，又要切合实际，不宜过多过高；要简明扼要、具体明确、便于操作；具有较完备的体系结构，即在完成员工培训的期望目标下，应有与之相配套的足够的子目标。

2. 培训目标的正确制定应考虑员工对接受相应培训的准备情况

不仅要了解员工缺少什么（培训需要），而且要清楚员工具有什么（学习基础、适合接受什么性质和水平的培训），只有确保员工做好受训准备，培训目标才能有效实现。评价员工对培训的准备情况包括：看其所在工作环境是否有助于学习且不妨碍工作业绩；看其知识能力、态度、信念等个体特征是否具备了完成相应培训的学习基础，以及把培训内容运用到工作之中的技能和条件；看其学习培训内容的愿望或动机的强烈程度。

3. 准确描述培训目标

一是要注意设定培训目标的期限。设定了培训目标，但是如果不设定具体合理的期限，这些目标还是不会达到。一个没有期限的目标，效果是非常有限的。在确立目标之后，要考虑时间是否允许。如果有好几个目标，最好将它们分在不同的培训之中；如果目标很大，可以将其分解为几个小目标，然后在不同的培训课程中实现。

二是要准确使用动词。培训目标必须把员工的学习行为具体描述出来，因此管理者在订立培训目标时，应该使用一些清晰、明确的行为动词，避免使用含糊或者包含较多解释的词（见表5-2）。

表 5-2 动词比较表

包含较多解释的词	含义较明确的词	包含较多解释的词	含义较明确的词
懂得	写出	领略	列出
知道	背诵	掌握	比较
明白	证明	理解	对照
欣赏	区分	理会	示范

使用上表中左列的词，很难对学员的学习成效进行评估，而使用右列的词，就能很容易地从员工的有关行为中知道其是否掌握了所学内容。

第二节 培训计划编制

在进行完备和详尽的培训需求分析之后，要有效地实施培训，就要制定详细的培

训目标和培训计划。良好的计划是成功的一半，当培训计划能为组织经营和业务发展提供帮助，为管理者提高整体绩效时，培训将发挥最大的作用。

一、培训计划的概念与分类

（一）培训计划的概念

培训计划是按照一定的逻辑顺序排列的记录，是从组织战略出发，在全面、客观的培训需求分析基础上，根据组织各种培训资源的配置情况，做出的对培训时间、培训地点、培训者、培训对象、培训方式和培训内容等一系列工作的预先系统设定与安排。

培训计划必须满足组织及员工两方面的需求，兼顾组织资源条件及员工素质基础，并充分考虑人才培养的超前性及培训结果的不确定性。

（二）培训计划的类型

1. 按培训层级划分

按照培训计划的层级来划分，培训计划可分为组织级培训计划、部门级培训计划和个人培训计划。

（1）组织级培训计划。组织级培训计划是组织的整体培训管理计划，其制定目的是保障组织内部的整体培训目标和培训战略的贯彻。主要包括岗前管理培训、岗前技术培训、质量管理培训、组织管理培训等培训计划。

培训管理者在制定组织级培训计划时需注意以下三点要求：
- 组织级培训计划要有具体、多样的培训主题。
- 组织级培训计划的内容要涵盖各个部门、各个层级的员工。
- 组织的短期利益和长期利益相结合。

（2）部门级培训计划。部门级培训计划是根据部门的实际培训需求制定的。部门级培训计划主要包括各个部门可进行的技术管理培训、应用技术培训、产品知识培训、工程管理培训、营销策略培训和商务知识培训等。

部门级计划制定完成以后，计划制定人应与各部门主管进行讨论，并在讨论中根据各部门主管的意见和建议，适当增加或删减培训内容。需要明确的是，部门级的培训计划不能由培训部全权负责，而是需要部门主管协助进行，否则在培训的实施过程中容易出现管理混乱或纠纷。

（3）个人培训计划。个人培训计划是将整体培训目标进行分解并结合员工个人需求制定的培训计划。制定个人培训计划应该将宏观的培训计划或培训目标分解和细化，具体地落实到员工个人身上。个人培训计划的制定，既有利于个人的发展和提高，也是顺利实现组织级培训计划和部门级培训计划的必备手段。

2. 按培训计划的时间跨度划分

（1）长期培训计划。长期培训计划一般是指时间跨度为3～5年的培训计划。时间过长则对有些变数无法做出预测,时间过短就失去了长期培训计划的意义。长期培训计划的重要性在于明确培训的方向目标与现实之间的差距和资源的配置,此三项是影响培训最终结果的关键性因素,应引起特别关注。

长期培训计划需要明确以下事项:组织的长远目标分析;个人的长远目标分析;外部环境的发展趋势分析;目标与现实的差距;人力资源开发策略;培训策略;培训资源配置;培训支援的需求;培训内容整合;培训行动步骤;培训效益预测;培训效果预测。

(2) 中期培训计划。中期培训计划是指时间跨度为1~3年的培训计划。中期培训计划起到了承上启下的作用,是长期培训计划的进一步细化,同时又为短期培训计划提供了参照物,因此并不是可有可无的。

中期培训计划需要明确以下事项:培训中期需求;培训中期目标;培训策略;培训资源分配;培训支援的需求;培训内容整合;培训行动步骤;培训效益预测;培训效果预测。

(3) 短期培训计划。短期培训计划是指时间跨度在1年以内的培训计划。在制定短期培训计划时,需要着重考虑的两个要素是可操作性和效果,因为没有短期培训计划的点滴落实,组织的中、长期培训计划就会成为空中楼阁。

短期培训计划需要明确以下事项:培训的目的与目标、培训时间、培训地点、培训者、培训对象、培训方式、培训内容、培训组织工作的分工和标准、培训资源的具体使用、培训资源的落实、培训效果的评价。

二、培训计划制定的原则

培训计划的制定,是组织开展和实施员工培训的基本前提。组织在制定培训计划时,应遵循以下原则:

(1) 战略性原则。培训计划的制定须从组织发展战略出发,满足组织发展的需要。
(2) 现实性原则。培训计划的制定必须建立在培训需求分析的基础上。
(3) 业务性原则。培训计划的制定以各部门的工作计划为依据。
(4) 个性化原则。培训计划的制定应考虑采用不同的学习方式来适应员工的个体差异。
(5) 广泛支持参与原则。要尽可能多地得到最高管理层和各部门主管的承诺以及资源支持;使多人多方面参与培训计划制定,以获得较多的支持。
(6) 注重实效原则。培训计划的制定要采取一些积极性的措施来提高培训效率,应着重注意培训细节,关注培训内容,注重培训的实效性。

三、培训计划的内容

有人将培训计划的内容概括为"5W1H",用来规划组织培训计划的架构及内容。

所谓"5W1H"即 Why(为什么)、Who(谁)、What(内容)、When(时间)、Where(在哪里)、How(如何进行),如果将其所包含的内涵对应到制定的培训计划中来,即要求在培训计划中明确下列内容。

1. 培训的意义

培训者在进行培训前,一定要明确培训的真正意义,并将培训意义与组织的发展、员工的职业生涯紧密地结合起来。这样,培训才更有效,针对性也更强。因此,在组织一个培训项目时,要将培训的意义用简洁明了的语言描述出来,作为培训的纲领。

2. 培训的目标

培训的目标是指培训活动所要达到的目的,从受训者角度进行理解就是指在培训活动结束后应该习得什么、掌握什么、改变什么。

3. 培训负责人

明确培训的负责人和组织者有利于培训工作的顺利开展,能够促使问题得到及时解决,保证培训工作的优质、高效。负责培训的管理者,虽然因组织规模、行业、经营方针、策略的不同而归属于不同的部门,但大体上,规模较大的组织一般都设有负责培训的专职部门,如训练中心等,来对全体员工进行有组织的、系统的持续性训练。

4. 培训对象

培训对象指的是培训针对的员工,通过对培训对象的界定,避免对不适宜的对象进行不适宜的培训。

确定培训对象一般应当依据三个原则:一是急需原则,即组织迫切要求一部分员工改进目前的工作或掌握新的知识和技能,这部分员工的培训应优先考虑。二是关键性原则,即组织的关键技术人员和管理人员、关键性项目的参加人员,应首先予以培训。三是长远性原则,即基于组织长远利益的考虑和开发员工潜力的考虑,要求一部分员工先期掌握某些新技能新知识,以使组织在将来的发展中拥有合适的人才。根据以上原则,结合组织内长、中、短期各类人力资源的需求分析,就可以确定培训对象了。

5. 培训内容

在明确了培训的目标和期望达到的学习效果后,接下来就需要确定培训中所应包括的培训内容。培训内容千差万别,一般包括开发员工的专门技术、技能和知识,改变工作态度的组织文化教育,改善工作意愿等,究竟该选择哪个层次的培训内容,应根据各个层次培训内容的特点、培训需求分析和受训人员来选择。

6. 培训形式与培训方法

培训形式主要有内训和外训、离职培训和在职培训。其中内训又包括集中培训、在职辅导、交流讨论、个人学习等;外训包括外部短训、专业会议交流等。

离职培训的具体形式有离职攻读学位、出国培训、外单位培训和本单位离职培训等。本单位离职培训是为了某种需要,将一些员工在组织内部集中一段时间进行的专门培训。其时间长短不等，一般从几个月到几年。内容也很多，有技术培训、管理知识培训、人文知识培训、专门技能培训和外语培训等。

在职培训指员工不脱离岗位，利用业余时间和部分工作时间参加的培训。最常见的有以下四种：

（1）技术短训班和管理知识技能短训班。这类短训班学习时间视需要而定，一般不超过一个月，可以在单位内部举办，也可到学校、培训中心去举办，其培训重点放在解决某一类问题上。优点是比较灵活，效果也较好。

（2）带职学习。指员工带职去大学学习某一类专业知识，包括攻读学位。通常利用晚上和周末的业余时间学习，时间也比较长。

（3）单位轮训。即通过岗位轮换，使员工了解组织的整体活动和各部门的关系，掌握相关的知识技能。单位轮训常与师徒帮带相结合，由老员工承担对新员工的培训任务。

（4）项目培训。即组织为了某些专门技术、开发或者管理某些项目而举行的专门培训。这种培训的目的特别明确，所培训的技能也比较专业，对提高员工的专门技能很有效。如果某项专门培训只适应本单位的需要，而不适应其他单位的需要，那么接受这种专门项目培训的员工就很难通过跳槽到其他单位中去获取培训带来的收益，这样项目培训的投资风险也就相对较低。

组织培训时，应根据培训的项目、内容、方式和培训对象的不同选择合适的培训方法。培训方法有多种，每一种都有其自身的优点和缺点，为了提高培训质量，达到培训目的，往往需要将多种方法结合起来，灵活使用。

7. 培训时间和地点

培训的时间安排受到培训范围、对象、内容、方式和费用等因素的影响。如较为复杂的培训内容，一般要集中培训，其时间根据培训的内容具体划定。培训管理者要巧妙地利用有限的培训时间。课后作业也是一种开发利用时间的方法。

培训地点是指受训者接受培训的所在地区和培训场所。除了常见的培训教室，图书馆、实验室、研讨室、工作现场、会议室、运动场等都可以作为培训地点，如岗位技能培训一般都安排在工作现场或车间。

8. 培训师

培训活动中，培训讲师是培训活动的主导者、培训过程的组织者、专业知识的传输者、专业技能的教导者。培训效果的好坏，与培训师的水平有很大的关系。事先确定培训师，有利于培训师提前准备培训内容，以保证培训效果。培训师有外部讲师和内部讲师，各有其优缺点。组织的领导、具备特殊知识和技能的员工都是重要的内部资源，利用这些内部资源，可使受训者和培训者得到多方面的提升。当组织业务繁忙、分不开人手时，或内部培训资源缺乏适当人选时，那么就要借助外部的培训资源。

9. 培训设备

培训设备主要有两大类：一是资料类，二是器材类。资料类主要包括教材、笔记本、评估表、培训说明等，其中以培训教材最为重要。器材类主要包括视听设备、录音录像设备及教室布置的器材。

10. 培训评估方式

为了验证培训效果、督促受训人员学习，每一次培训后必须进行评估，同时还要选择一个能较好地测试培训结果的方法进行评估。一般的评估方式有笔试、面试、操作三种。从评估时间上来看，评估又可分为即时评估和应用评估，即时评估就是培训后马上进行考核；应用评估是指在培训后对工作中应用情况的评估。

11. 培训预算

培训预算，即对培训成本的估算，是指培训部门在制定培训计划时，对培训实施费用和培训管理费用的预算。培训预算是培训的基本保障，也是领导审批培训计划的重要因素，预算的合理性在很大程度上影响着培训实施的效果。

四、培训计划的制定流程

培训计划制定的流程一般包括确认培训需求、确立培训目标、确定培训对象、设置培训内容及课程、选择培训负责人及培训讲师、确定培训方法、确定培训时间和地点、确定培训效果评估方法、编制培训费用预算以及编写培训计划书。

1. 确认培训需求

培训需求的确认可以通过自上而下法或自下而上法来完成。

（1）自上而下法。自上而下法，就是培训管理人员根据组织整体发展战略、组织年度工作计划对培训工作的要求，结合各部门绩效状况和要求确认培训需求的方法。具体包括以下步骤：

根据组织战略确认培训需求。组织整体战略和人力资源战略中都会涉及未来人才的需求内容，培训管理人员可以根据这些内容，结合组织目前的人力资源状况，有规划、有步骤地确认当前的培训需求。

根据组织年度工作计划确认培训需求。组织年度工作计划中，会明确提出工作的重点以及人才需求情况。培训管理人员可以根据工作计划提出的人才需求，结合目前人力资源状况，确认具体的培训需求。

与各部门负责人沟通确认培训需求。培训管理人员可以与各部门负责人就人力资源需求情况、员工绩效水平等问题进行深入沟通，确认哪些问题可以通过培训解决，进而确认培训需求。

与高层领导沟通确认培训需求。高层领导往往对整个组织的管理运行有全局性的看法，培训管理人员可以就已经确认的培训需求与高层领导沟通，征求高层领导的意见,并确定最终的培训需求。

(2) 自下而上法。自下而上法,是指培训管理人员通过对组织内管理人员、普通员工进行培训需求调查,确认培训需求并最终确定培训项目的方法。

2. 确立培训目标

确定培训目标的重要意义在于明确培训要达到的结果,以及为培训效果评估提供现实可行的标准。确立培训目标的依据主要包括以下两个方面:

(1) 组织的实际需要。培训管理者通过对各部门的工作进行分析,确定哪些环节需要通过培训来获得改进;或者通过分析工作中的关键事件以及员工应对关键事件的能力,确定最需要培训的地方;或者依据考核结果中出现的问题,确定培训目标。

(2) 员工的素质情况。培训管理者明确员工距离工作的需要存在哪些差距,在这些差距中,需要明确哪些是因为缺乏知识,哪些是因为缺乏技能,哪些是因为态度不端正,哪些是经过培训可以改善的,哪些是经过培训也不能解决而必须进行岗位调换的,哪些是本组织无法解决的等内容。

3. 确定培训对象及培训内容

培训计划要先确定对象,然后再确定培训内容、课程、师资和方法等。培训对象有纵向或横向的划分。纵向可以按级别分,如三级岗位、中级技工等;横向可以按岗位类别划分,如营销类岗位、财务类岗位等。

不同的培训对象在不同的阶段其培训内容是不一样的。比如,新员工入职培训与在岗培训的培训内容就需要分别设置,如表5-3所示。

表5-3 入职培训与在岗培训的培训内容设置

培训类别	培训对象	培训内容
岗前培训	新员工、新岗位任职人员	组织文化、组织发展状况、规章制度、职业素养、职业礼仪等
专业技能提升培训	在职人员	生产、营销、研发、人力等专业知识和技能
管理能力培训	基层、中层和高层管理人员	管理能力提升类内容,如沟通、授权、激励、执行力、领导力、时间管理、团队建设等

4. 选择培训组织和培训讲师

企业中负责培训工作的一般为培训部门,企业也可根据自身发展阶段和企业资金情况建立企业大学或选择培训外包机构。

企业在选择培训讲师时首先要根据企业的培训体系建设情况和实际培训需求制定合理的选择标准。培训师的来源一般来说有两个渠道:一是外部渠道;二是内部渠道。从这两个渠道选择培训师各有利弊,单独依靠这两个渠道的任何一种来选择培训师都存在着一定的问题，因此企业应当根据培训的内容、培训的对象等具体情况来选择恰当的培训师。一般来说，通用性的培训可以从外部选择培训师，而专业性的培训则要从内部来选择培训师。现在也有很多组织是将这两种方法结合起来使用，无论是选择内部还是外部的培训师，一般都应该具有丰富的实战经验、有独立的课程开发能力、熟悉培训领域、熟悉授课方式、有较强的授课能力等。

5. 确定培训形式和培训方法

（1）培训形式可以根据培训方法确定，也可以根据培训对象的特征及兴趣、动机等确定。培训形式一般包括在职培训、入职培训和离职培训等。

（2）单位在组织培训时，应根据培训内容、培训场所、培训形式和培训对象选择合适的培训方法。

6. 确定培训时间和培训地点

合理安排培训时间有助于培训师掌握培训进度，顺利完成培训任务。培训的时间可以根据培训的目的、场所、师资和培训对象的素质水平、上班时间等因素来确定。培训地点的选择要依据其采用的培训方式、培训经费和培训内容来确定。

7. 确定培训效果评估方法

组织应确定培训效果评估的方法，以便及时跟踪培训效果。培训效果评估的方法一般包括受训者考试、受训者的意见反馈、受训者的行为变化或绩效改变、培训工作的投入产出分析等。

8. 培训费用预算的编制

培训费用预算主要是由组织的人力资源发展战略、行业特点、企业盈利水平和员工整体水平等诸多因素决定的。在编制培训费用预算时可以按以下步骤进行：

（1）计算培训成本。培训费用预算编制人员应首先收集员工培训的相关资料，了解培训的成本使用信息，根据数据资料明确不同培训项目成本的总体差异，预计培训计划的各项费用，进行成本控制。培训预算具体应包括培训的不同阶段所需的设备、设施、人员和材料等的费用。

（2）确定培训收益。培训收益一般为潜在收益，如培训的实施可能降低生产成本，或增加额外的重复购买量。在组织大规模投入资源前，通过实验性的培训评价一小部分受训者所获得的收益，从而确定培训后工作绩效的差别。

（3）编制培训预算方案。培训费用预算编制人员应根据培训成本及收益分析编制培训预算方案，方案内容应明确、翔实，包含培训目标及财务分析报告，以获得管理者对预算的支持。

9. 编写与完善培训计划书

培训计划部门应根据上述内容，采用组织规定的培训计划书模板，编写培训计划书，并经相关领导审批后确定。

第三节　培训经费预算

培训经费是培训活动顺利实施的物质基础，是培训工作必须具备的场所、设施、培训师等费用的资金保证。能否确保培训经费的来源以及能否合理分配与使用培训经费，不仅关系到培训的规模、水平和程度，而且也关系到培训者与学员能否有良好的心态对待培训。

一、培训预算的构成

由于组织特性不同，培训经费预算分配于哪些项目及分配量如何，并没有统一的模式，应根据组织自身的需要和特点加以确定。一般来说，可将培训经费预算划分为以下五个基本方面。

1. 场地费

单位如果拥有自己的培训场所，那么分摊当年的折旧费即可。如果没有自己的培训场所，则需租借，这笔经费在培训预算框架中会占有一定的比重。特别是利用租来的会场时，培训器材及附带设备的租用费都会使总费用增加，这一点需引起注意。

2. 食宿费

在企业的经营机构和业务场所分散在全国各地的情况下，集中培训的食宿费是经费预算中的重要组成部分，在大型的集团性公司中，一般由各分公司或当地的业务机构分摊这部分经费。

3. 培训器材、教材费

随着培训手段和方法日益现代化，培训器材费用与视听教材费用呈不断增长趋势。在确定这部分预算时，必须优先考虑那些不可或缺的、且能预见到可以提高培训效果的手段与方法。

4. 培训相关人员工资以及外聘教师讲课费

随着社会经济环境的不断变化，培训实施的领域不断拓展，所涉及的培训科目走向多样化。企业不仅需要有自己的培训基地，更需要利用社会教育培训机构及外部师资力量，既要支付相关员工的工资报酬，又要支付外聘教师的费用。在确定经费预算时，外聘教师的费用常常是一个被企业培训部门忽略的问题，这部分费用有不断增长的趋势。

一般来说，课程费用的确定包含三个方面：准备费用、指导课程的费用和管理费用。

- 准备费用包括通信费、课程设计费和其他课前准备工作所花去的费用。
- 指导课程的费用是直接和培训项目相联系的费用。它一般包括培训师的薪水、学员的薪水、场地费、咨询费、伙食费、住宿费和其他费用。
- 管理费用包括对培训中薪水进行评估的费用、交通费用、雇用费用以及传单费用、手册、笔纸、文件夹和其他办公杂项费用。

5. 交通差旅费

从所属单位或业务场所到培训基地的交通差旅费是一个不可忽视的经费预算项目。

以上是教育培训的主要经费预算项目，单位应根据总预算额及项目的实际需要来确定预算内各项目的经费分配。

以上费用的加总只是培训成本中的直接成本，其实除了这些直接成本以外，单位培训的成本还包括学员们来参加培训而耽误工作所花费的机会成本。成本统计专家们指出，一个一线工人的工资是他创造的价值的1/3。因而，机会成本最保守的计算方法就是将学员培训时间的工资数翻一番。此外，如果采用在职培训的方法，则会出现生产力浪费的情况。当然，这个费用因岗位工作的水平、性质以及所需培训类型的不同而有很大的差异。专家们估计，在岗培训时所浪费的生产力是正常生产时的4倍。

二、培训预算的原则与流程

（一）培训预算原则

培训费用的花费必须从随机性逐步走向预算管理。从本单位的实际出发，规划合理的培训费用，这已经成为很多培训主管的重要课题。

合理制定培训预算应遵循以下原则：

(1) 速度原则。传统的培训预算依赖大量的报表进行，往往浪费太多的时间且无法适应现代培训决策的要求。现在培训预算可以用网络工具或一些培训管理系统来替代以前一直使用的报表。这样，既能帮助减少日常行政管理费用以及管理时间，又能提供比以往报表更丰富的信息，大大缩短培训预算的时间。

(2) 准确性原则。为了减少预算时间，传统的思维认为完成培训预算只是培训部门的任务。事实上，只有尽可能在预算程序中吸收更多的人，才能更有效把握组织业务规划以及真正的培训需求，从而保证培训预算切实支持组织战略业务发展和员工生涯发展。

(3) 合作原则。培训主管部门要争取和发动从领导到广大员工的参与和有效合作。为了实现这种合作，培训主管部门要完善培训管理体系，并且让培训真正发挥效用、产生效益，得到领导与员工的广泛认可。

（二）培训预算的流程

培训预算的一般操作流程如下：

(1) 当组织进行年末总结和制定下一年度计划时,应该由组织高层领导确定培训预算的投放原则和培训方针,以保证培训预算"名正言顺""钱出有因"。

(2) 由专业培训机构或培训人员对方针进行分解、分析,确定初步的年度培训计划。财务人员和培训项目负责人根据设定好的计划分解培训预算的项目。

(3) 培训受益部门则根据培训预算项目和年度培训项目拟定本部门下一年的培训费用总额。

(4) 培训管理部门收集培训预算审核方案,组织专业管理人员就培训预算的额度、效果、对象、范围等方面进行评估,确定、调整方向并让培训受益部门、培训实施部门进行充分沟通,设定合理费用额度。

(5) 培训费用预算方案审定完毕并修改后,报送培训受益部门存档,标志着培训预算已被审核批准。

(6) 培训受益部门、培训实施部门根据预算方案修改年度培训计划,重新设定培训项目。

(7) 培训实施部门制定培训项目实施方案,培训项目按照培训计划安排实施。

三、培训预算的确定方法

1. 推算法

推算法是指参考上年度的经费,再加上一定比例的变动以确定培训预算的方法。这种预算法核算较为简单,且核算成本低,所以很多企业都采用这一方法。按此方法预算的逻辑假设是,上年度的每个支出项目均为必要,而且必不可少,因而在下年度里都有延续的必要,只是需要在其中的人工和项目等成本方面有所调整。

这种预算方法为组织降低了预算工作本身的成本,但使用这种方法往往不需要做任何培训需求调查和员工能力诊断分析,导致培训并不能真正做到对症下药、有的放矢。

2. 比例确定法

比例确定法的关键是确定年度培训预算的核算基数和比例,这样也就实现了培训费用的总额控制。

企业可将过去一年的销售收入、利润额、工资总额作为基数,也可以考虑以今年适度增长后的数值作为基数。国际大公司的培训总额预算一般占上年总销售收入的1%～3%,最高的达到7%,平均1.5%。在市场竞争比较激烈的行业,如IT、家电行业,有些大企业培训费用能够占到销售额的2%左右。而一般规模在十几亿左右的民企,其培训费用大概就是0.2%～0.5%,甚至不少企业在0.1%以下。

如果按销售额、经营业绩、利润额来核算,比例确定法的优点是将培训直接与企业的经营业绩挂钩,在一定程度上可以对培训效果进行量化评估,按比例确定培训预算也意味着企业将培训制度化。但是弊端在于企业对培训的投入取决于企业的经营状况,而企业培训的效果往往是隐性的、长期的,如果效益不好,那么投入培训的费用也会不足,而培训不到位可能会导致员工知识技能更新跟不上组织需求进而影响企业的长期发展。

3. 零基预算法

所谓零基预算法就是在每个预算年度开始时,将所有还在进行的管理活动都看作重新开始,即以零为基础,根据组织目标重新审查每项活动对实现组织目标的意义和效果,并在成本收益分析基础上,重新排出各项管理活动的优先次序。资金和其他资源的分配是以重新排出的优先次序为基础的,而不是采取过去那种外推办法。

零基预算法的优点:有利于管理层对整个活动进行全面审核,避免内部各种随意性培训费用的支出;有利于提高主管人员计划、预算、控制与决策的水平;有利于将组织的长远目标和培训目标以及要实现的培训效益三者有机结合起来。

零基预算法的缺点:组织不但要花费大量的人力、物力和时间,而且在安排培训项目的优先次序上难免存在相当程度的主观性。

4. 比较预算法

最通常的做法是参考同行业关于培训预算的数据。首先是同行业组织培训预算的平均数据,人力资源经理可以与同行业中的同行就培训预算问题进行一次沟通,相互了解一下对方单位的情况,然后取平均值(由于各单位的规模不同,建议取人均培训预算)。另外,同行业优秀组织的培训预算数据也很重要,将平均培训预算与优秀组织培训预算相比较,就可以看出培训费用对组织发展的贡献。

5. 人均预算法

人均预算法是指预先确定组织内人均培训经费预算额,然后再乘以在职人员数量的培训预算决定方法。

6. 需求预算法

需求预算法是指根据组织培训需求确定一定时限内必须开展的培训活动,分项计算经费,然后加总求和的预算法。

7. 费用总额法

有些单位会划定人力资源部门全年的费用总额,费用总额包括招聘费用、培训费用、社会保障费用、体检费用等人力资源部门全年的所有费用。其中培训费用的额度可以由人力资源部门自行分配。事实上,费用总额法往往是建立在以上一种或几种方法基础上的,虽然方法有些死板,但对于中小型组织充分发挥培训效果还是有一定作用的,因为这样有利于用有限资源谋求最大的效益。

以上介绍了7种常见的处理培训预算的方法,每种方法各有优缺点,但无论采用何种培训预算方式,都应考虑培训的需求和提供经费的可能性。培训经费预算一经确定,便决定了经费使用的基本框架。

四、培训预算的工作要点

做好培训预算必须把握好以下三点。

1. 统计培训对象信息

培训对象不同,培训方式和方法就不同,会直接影响培训预算的费用大小。因此,统计培训对象信息成为培训预算工作的第一要点。

2. 预算的分配

培训对象信息收集完毕后,对培训对象进行区分,划分出中高层培训人员并整理出相关名单。培训预算投放比例则根据公司的发展方针和员工比例合理划分。

虽然在确定培训预算时,可能会采用人均培训预算的方式,但是在预算的分配时,往往不会人均平摊。有的企业会将70%的费用花在30%的员工身上,甚至会将80%的费用花在20%的人员培训上。

企业一般都会将培训预算向企业高级经理和骨干员工倾斜,这样做是合理的。因为很多企业中80%的效益是20%的员工创造的。另外,若高级经理及骨干员工提高了其管理及技术水平,可以更有效地带动普通员工提高工作能力。

但是这种培训预算的不平均性,可能会导致普通员工的不满。所以在公布预算分配方案时,最好以部门或培训项目来分配,人均分配数额仅作为培训预算的一种计算方法。

对于管理类培训,将培训预算重点集中于高层经理的做法主要和管理本身特性有关。因为企业的高层经理是企业管理理念的传播者和管理方法的创新者。对中层管理者和普通员工来说,他们更倾向于去适应自己上级的管理理念和方法,所以提高高层经理的管理水平对企业整体的管理水平具有决定性的影响。

对于技术类培训,培训预算应该集中在企业骨干技术人员身上。技术培训的投资会使技术骨干们获得个人能力的提高,这是对技术骨干最有效的激励。另外,当技术骨干将自己的所学向其他技术人员进行内部传播时,会带来巨大的效益。

3. 确定内外培训比例

确定投放比例后,预算进入关键阶段,必须对内外培训比例进行确定。国内企业现有培训体系不完善,大部分企业认同外部培训,却忽略自身培训体系的建设与发展,使培训成本增加。事实上,企业内部培训才是企业培训的发展方向。

在实践中,培训预算的具体分配可以按照如下比例:如果培训预算包括企业内部培训组织人员的费用在内,那么可以将30%作为内部有关培训组织人员的工资、福利及其他费用,30%作为企业内部培训费用,30%为员工参加外部培训的费用,10%作为机动费用。如果培训预算不包括企业内部人员的费用在内,企业的总预算可以这样安排：50％用于企业内部培训，40％用于员工参加外部培训，10％作为机动。

 案例分析

西门子公司独特的培训计划

西门子作为一个历史悠久、技术先进的老牌跨国公司，全球化对其人才提出了更高的要求，而人才培养也备受重视。

培训，是西门子人事政策中最有特色、最有成效的一部分。1995年西门子总公司对西门子(中国)有限公司及其合资企业进行了专项培训需求调查。调查显示，一个职位是否有吸引力，除了工资及社会福利外，培训的机会多少也是一个决定性因素。而在各种培训需求中，工作技能、销售、商务及对企业中高级管理层的培训又是重中之重。调查中就有800多名新员工和资深员工，以及200多名高级本地管理层人员提出培训要求。截至1998年10月，西门子在华员工已有近1 000人，其中具有大学以上学历的近4 000人，他们都在公司的重点培养对象之列。

为了体现公司对管理培训的重视，西门子决定将其在中国的培训机构命名为西门子管理学院。学院特点是学习环境宽敞、舒适，适合成人学习，并能实施小组讨论、网上学习等现代化的教学手段。任务包括对公司管理层的培训、员工培训，特别针对西门子合资企业的职业教育和商务培训以及与中国高校的合作培养后备力量。此外，学院还有与中国有关机构的联络及合作培训。

"管理学习教程"是西门子管理学院培训活动的主线，是一项建立于世界公认的教学原理基础上的公司培养教程。该教程由五个级别组成(S1~S5)，各级教程均以参加前一级所获得的技能为基础。内容是根据业务部门的实际需求制定的，业务部门也随业务的发展而参与教程的不断更新。

第五和第四级别(S5和S4)在中国进行，用中文教学，也包括英文的资料。S5面向具有潜在管理才能的员工。目的是提高被培训者的自我管理能力和团队建设能力。培训内容包括企业文化、职业计划、自我管理、客户服务与协调技能。S4面向高潜力的初级管理人员，培训目的是使被培训者具备初级管理的能力，内容包括质量与生产效率管理、金融管理、流程管理、组织建设及团队行为等。

第三级别(S3)在亚太地区进行。用英文教学，面向负责核心流程或多项职能任务的管理人员，目的在于开发他们的企业家职能。培训内容包括业务拓展与市场发展战略、技术革新管理、改革技能、企业家行为及责任感。

第二和第一级别(S2和S1)的教程等级最高，均由设在德国的西门子管理培训中心进行，用英文教学，面向担任重要职位的管理人员、负责全球性/地区性产品或服务的管理人员、负责两个以上职能部门的管理人员。培训目的在于提高他们的领导能

力,内容包括企业价值、远景预见、高级战略管理、识别全球趋势、全球合作等等。

西门子培训的原则是"全球出发,本地入手"。尽管培训教程是国际通用的,但在不同的国家都融入了地方色彩。变通的地方在于使用本地教员,针对当地的文化提供不同的交流沟通方法、特别设计的训练项目、研讨方式的多样化等等。

管理学习教程主要面向的是西门子业务管理人员,对于普通员工,则有业务培训计划,也叫作员工再培训计划,旨在帮助他们在日新月异的商业环境中不断提高日常工作的能力。再培训课程主要由两部分构成:一是与个人技能有关的课程,核心在于改进员工的个人竞争能力,例如演讲技巧、沟通技巧、解决问题能力、团队建设能力等。另一部分是与职业技能有关的课程,即特定工作岗位所要求的专业知识与技巧,例如市场营销部门包括谈判技巧、竞争销售技巧;商务部门有合同执行、经营过程与控制等课程;采购部门有策略采购管理、采购谈判、供应商的选择与合作等课程;质量部门包括质量内审等课程。再培训课程还可按照客户特殊的、更为详尽的要求,提供企业内部培训及定制的培训。为配合员工繁忙的工作,这些标准课程一般为2~3天,并用中文讲授,但部分课程的讲义为英文,这主要是为了让学员熟悉特定的经济业务专用词汇的英文表达,但讲述是用中文。学院每年发布年度课程简介,介绍这些课程的内容、培训时间与地点。员工根据自己的工作部门与个人特点选择参加课程的培训。但凡是参加的课程,员工都要认真对待,因为培训的结果将被作为工作考核的重要内容,且与个人的升迁密切相关,相应部门的经理也会关心员工培训的成绩与效果,保持与员工的沟通。

对技术工人的培训,西门子引进的是德国的双轨制模式,因为技术工人的工作既要符合德国商会及西门子公司的内部标准,又要适合中国的实际条件。技工培训为期3年,实践部分在西门子自己的合资工厂或西门子管理学院在北京和上海的西门子职业培训中心完成;理论部分在汉斯赛德尔基金会及德国技术合作公司创办的职业培训机构进行。职业培训结束后,学员将获得由德国商会和中国人力资源社会保障部认可的证书。

西门子公司不仅注重对在职员工的培训,也很注意对后备人才的选拔与培养。西门子在北京成立了高校联络处,隶属于西门子管理学院,已与20所中国名牌大学的教授、院系与学生建立了密切的联系。例如西门子对一些大学提供教学材料,派遣西门子的技术专家授课。西门子公司的自动化和驱动技术部在中国的大学里建立了六个培训中心。一方面对客户提供培训,另一方面也是为大学生提供自动化技术课程的教学。每年西门子公司为各所大学的优秀学生(约250名)颁发西门子杰出奖。每年还要甄选出50名杰出的大学生参加"西门子国际学生日"活动,他们有机会在特设的研讨班中接受工作技能的培训、与西门子的经理们进行研讨、了解新产品的信息等。

2000年2月,西门子公司与德国学术交流中心签订了"德国学术交流中心——西门子21世纪亚洲留学计划",资助80名中国及亚洲其他国家的工程技术专业的高校毕业生到德国大学留学。该计划的目的是在世界范围内寻找最优秀的自然科学人才,并培养他们超越各国文化界限合作工作的能力。西门子公司培养这些人才,当然希望他们能进入西门子德国公司或世界上其他的西门子公司工作,但对此并没有硬性规定。因为"就是那些以后不在西门子公司工作的人,也可能在其他地方成为客户单位中占有举足轻重地位的决策者"。

培训是人力资源管理的一个重要环节。作为世界500强公司之一,西门子的培训计划成为其人事政策中最有特色、最有成效的一部分。可见,如何开发适合本企业的独特、创新的培训计划,依然是企业需要深入思考的问题。

(资料来源:http://www.chinahrd.net)

案例思考题

1. 西门子公司的培训计划有何特色?
2. 根据案例,试分析在制定员工培训计划时应遵循哪些重要的原则?

思考与练习

一、单项选择题

1. 培训计划制定的出发点是 ( )
   A. 管理层的意志　　　　　　B. 组织战略
   C. 培训需求　　　　　　　　D. 受训者

2. 培训计划的内容不包括 ( )
   A. 培训内容的开发　　　　　B. 培训费用的预算
   C. 任务分析　　　　　　　　D. 培训目标的确定

3. 时间跨度为1~3年的培训计划属于 ( )
   A. 长期培训计划　　　　　　B. 中期培训计划
   C. 短期培训计划　　　　　　D. 跨年度培训计划

4. 培训计划的制定应以各部门的工作计划为依据,这是制定培训计划时应遵循的哪项原则? ( )
   A. 业务性原则　　　　　　　B. 个性化原则
   C. 注重实效原则　　　　　　D. 现实性原则

5. 在每个预算年度开始时,将所有还在进行的管理活动都看作重新开始,即以零为基础,根据组织目标重新审查每项活动对实现组织目标的意义和效果,并在成本收益分析基础上,重新排出各项管理活动的优先次序的预算方法是 ( )
   A. 比例确定法　　B. 费用总额法　　C. 需求预算法　　D. 零基预算法

二、多项选择题

1. 一个完整的培训目标包括的基本构成要素有　　　　　　　　　　（　　）
   A. 行为(能力)表现　　　　　　B. 环境条件
   C. 工作权限　　　　　　　　　D. 绩效标准
   E. 工作行为所需技能

2. 培训计划制定的原则有　　　　　　　　　　　　　　　　　　（　　）
   A. 战略性原则　　　　　　　　B. 业务性原则
   C. 速度原则　　　　　　　　　D. 个性化原则
   E. 广泛支持参与原则

3. 下列对零基预算法的描述，正确的有　　　　　　　　　　　　（　　）
   A. 有利于管理层对整个活动进行全面审核，避免内部各种随意性培训费用的支出
   B. 简单，核算成本低
   C. 在安排培训项目的优先次序上难免存在相当程度的主观性
   D. 有利于提高主管人员计划、预算、控制与决策的水平
   E. 有利于将组织的长远目标和培训目标以及要实现的培训效益三者有机结合

4. 下列计划中，属于组织级培训计划的有　　　　　　　　　　　（　　）
   A. 营销策略培训　　　　　　　B. 商务知识培训
   C. 组织管理培训　　　　　　　D. 产品知识培训
   E. 质量管理培训

5. 以下关于员工培训计划的说法正确的是　　　　　　　　　　　（　　）
   A. 建立在培训需求分析的基础上
   B. 需从组织总体发展战略出发
   C. 需考虑组织培训资源配置情况
   D. 对培训与技能开发起辅助作用
   E. 培训计划的制定只需要人力资源部参与即可

三、简答题

1. 什么是培训目标？它的特点是什么？
2. 制定培训目标的流程是怎样的？
3. 培训计划包含哪些内容？
4. 合理制定培训预算应遵循哪些原则？
5. 确定培训预算的主要方法有哪些？

四、论述题

1. 试述培训计划制定的流程。
2. 试述培训预算的操作流程。

第六章
培训的组织与实施

知识导览

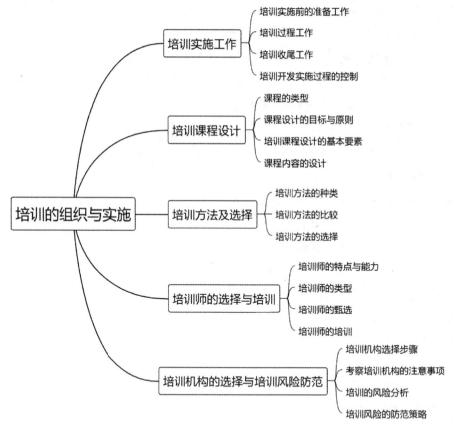

学习目标

1. 了解培训实施前、中、后的工作内容及实施过程的控制
2. 了解培训课程的类型
3. 掌握培训课程的设计目标和原则

4. 了解培训课程设计的基本要素,掌握课程内容的设计
5. 掌握各种培训方法及其特点
6. 掌握各种培训方法的比较及选择应用
7. 了解培训师的特点、能力及其培训方法
8. 掌握培训师的类型与甄选方法
9. 掌握培训机构的选择步骤,了解培训机构选择要考虑的因素
10. 了解培训风险种类与成因
11. 掌握培训风险的防范策略

重点概念

信息传递式培训方法　模拟式培训方法　在职培训方法　多媒体培训　角色扮演法　行动学习法　电子学习　培训风险　培训的内在风险　培训的外在风险　培训观念风险　培训技术风险

引导案例

华微软件"不可思议"的每日培训

每天下班前的最后一个小时,即从下午5:30—6:30这段时间都要用来对员工进行培训,这种做法乍听起来令人难以置信,然而,广州华微明天软件技术有限公司(以下简称"华微软件")却已经坚持了四年,从未间断。作为中国最先拥抱.NET技术的公司,每日培训给华微带来了不可估量的价值,塑造了很多技术高手、管理高手、金牌讲师,为其"质量第一,技术领先"的商业目标提供了强劲的后援。

一、丰富的课程来源

华微软件每日培训的课程种类非常丰富,有开发技术、项目管理、部门管理、商务、工具应用、团队建设、设计模式、分析模式、经验介绍、重用组件代码介绍等等。

华微软件根据不同时期的发展需要,制定当前的培训方向,安排培训课程。比如,如果华微软件正迈向CMMI5,培训方向就会向"过程改进"倾斜;如果近期发现员工对某项技术不够熟悉,影响了工作效率,就会安排该方面的技术培训。

按每月22个工作日计算,华微软件每月要进行22次培训。在华微软件,几乎所有的部门都承担着课程开发的任务。

- 研究部:主要提供新技术、重用组件、重用代码方面的课程。
- 质量保证部:根据当前事业部存在的质量问题,提供质量改进方面的课程。
- 电力行业部:提供电力方面的项目在管理和技术方面的课程。

- 交通行业部：提供交通方面的项目在管理和技术方面的课程。
- 政府采购部：提供政府采购项目在管理和技术方面的课程。
- IT基础架构部：提供IT基础架构方面的管理和技术课程。
- SEPG：提供过程改进相关的课程。

二、严谨的纪律和激励办法

为保证每个部门都能自觉地提供课程，员工们能自觉参加并积极配合，华微软件制定了一套行之有效的个人绩效考核办法、培训制度以及激励办法。

华微软件实行目标考核制度，每月考核一次，由上级考核下级，考核的依据就是当月设定的工作目标的完成情况。针对部门经理的其中一项考核就是：提供一定数量的培训课程。部门经理会把针对他的考核任务传递给部门员工，由员工提供培训课程，这样公司的培训目标就会逐层传递给每位员工。

华微有严谨的培训制度，详细规定了培训的各个方面，如课题收集、课程准备、讲课注意事项、课堂纪律、考试制度、讲课效果评估办法等。例如，培训迟到就有明确的定义：进入培训室门口的时间如果超过下午5:30，则视为迟到，迟到的学员就要捐款5元作为活动经费。

如果培训结束后忘记对课程进行打分的，要接受另外一种"惩罚"：忘记打分者的名字会在事业部主页上公示一天。

所有讲课的讲师都有奖励，每月根据各课程得分进行排名，根据不同的排名给予不同等级的奖金。同时，公布各部门课程的提供情况，提供课程数量最多、得分最高的部门也予以公布。

三、学习效果与讲师评估

华微不要求全部员工参加全部的课程，员工只需要参加对他的工作有用或者感兴趣的课程。每次课程都会明确规定目标听众，目标听众必须参加当次课程，并接受考试。考试是评估学生学习效果的重要方法。华微有严密的培训考试制度，考试的题目由讲师提供，考试办法有以下三类：

（1）系列课程的考试。系列课程是指需要多次课才能完成的课程，系列课程的考试一般会在最后一次课程结束后数天内安排进行。

（2）当次培训立刻进行的考试。有的课程只讲某个知识点，一次课程便可完成，这时可以安排当场考试。

（3）每月大考。每月最后一个工作日，会针对没有进行过考试的课程统一进行考试。

所有考试的成绩全部公布，通过考试可以督促员工认真听课并在课后认真复习，讲师可以根据考试分数情况，掌握学生的学习效果，为以后讲课提供依据。

讲师的授课水平直接影响学员的学习效果，华微软件通过对讲师讲课评分来评估讲课的水平，评分分为"群众评分"与"专家评分"，各占30%和70%的比例。"群众"为参加培训的学员,他们对"课程准备""讲课情况""内容与收获"三方面进行评分。"专家"是在公司中对某个领域比较熟悉,能客观评价课程效果的人员,专家从员工中挑选,资料通过专家库来管理。专家库记录了专家的名单,并且详细说明每位专家适合对哪类课程进行专家评分。每次从专家库中挑选至少三位专家对课程进行评分。专家评分的标准更为严密,评分的大致标准有:讲课目标的有用程度、讲课目标的实现程度、讲课节奏控制、学生积极性调动,专家还会根据讲师讲课存在的问题,提出改进的意见。

通过效果评估,每月得分最高的讲师就成为当月的"金牌讲师"。金牌讲师的名字以及相片,除了在培训网站公布以外,同时也在公司展示室的"金牌讲师牌匾"上展示出来。

四、强有力的培训管理平台

SharePoint 是华微重要的办公平台,华微软件通过 SharePoint 建立的"培训网站",则是培训的重要工作平台。

进入培训网站的首页,就会看到当天的培训课程,进入课程表可以看到以前的所有课程,以及即将进行的课程。培训网站是一个巨大的知识库,课程的讲义以及示范代码等培训资料可以在相应的课程中找到。培训网站还可查阅到全部课程的评分情况、考试成绩等,另外全部员工都可以在培训网站提交讲课申请,审批通过后的课程,会出现在课程表中。

公司没有独立的部门来专门负责培训,华微认为培训是全体员工的事情,每个人都是讲师,每个人都是学生,每个部门都需要提供课程,人人都是"培训部"的成员。华微专门设有一名总经理助理,总体协调培训的各个方面,保证培训体制的正常运作。"每日培训"得以顺利实施离不开以下三个方面的支持:

(1) 高层领导支持。开始实施每日培训的时候,高层带头承担了大部分的课程,带动公司的学习氛围。

(2) 由点到面的讲师发展策略。刚开始能胜任讲师工作的员工不多,挑选知识比较全面、表达能力比较好的员工担任讲师,加以指导与训练,将他们培养成首批成熟的讲师。然后,再通过他们以点带面,吸引更多的员工担任讲师,逐渐发展成"全员皆讲师"的局面。

(3) 讲课题材的选择。经历了"自下而上收集"到"商业目标驱动"的过程,华微最初的课程题材都是对员工进行调查收集的,都是大家感兴趣的。后来,公司意识到学习要能对工作有用,为公司带来商业价值,讲课题材慢慢转向商业目标驱动。华微每年都会规划本年度的发展方案,对培训提出要求,根据培训的要求再分解成一个个的课题,然后做出相应的讲课申请。

每日培训制度成了员工发展的加速器。员工通过不断的学习、做讲师,个人水平得到全面提高。每日培训同时也使华微的团队具备了很多特征：目标明确，沟通高效准确，知识共享，互相支持，共同进步。很多项目经理、部门经理的领导能力得到了锻炼，成为华微的中坚力量。

管理学大师彼得·杜拉克指出，教导别人能帮助我们快速学习。当你要开始教人时，你会思考、学习、担心、准备。在这个过程中，你知道你必须在别人面前表现所学，必须了解自己即将传授的东西，就必须更深入地学习。这种让企业内各个部门的员工给他人培训的方式，一方面可促进其在自己的工作领域中进行更深入的学习，为其他人提供知识补充，同时还提高了讲课者的能力素质，节约了培训的时间和成本，一举多得。

（资料来源，http://www.chinahrd.net/blog/298/721608/297925.html）

第一节 培训实施工作

培训开发的实施是在培训开发需求和培训开发计划的指引下进行的，培训开发实施是整个培训开发的中心环节。

一、培训实施前的准备工作

充分的培训准备工作将为培训后续工作的顺利进行打下基础。培训的准备工作琐碎而繁杂，具体包括以下内容。

1. 组建培训项目小组

在准备阶段成立项目小组，主要是协调培训中的各项工作安排，确保培训如期圆满地进行，其分工通常如表6-1所示。

表6-1 培训项目小组成员分工

人 员	具 体 分 工
人力资源部经理（组长）	整个培训的总体筹划、总体安排
培训主管（副组长）	培训工作的具体操作、执行
培训讲师/培训机构	培训讲义、培训要求的传达、培训反馈的整理
培训支持部门	培训器材、食宿、车辆等后勤供应工作
相关部门主管、受训者	提供培训建议和辅助性工作

2. 召开培训动员会议

成立项目小组后，就需要组织相关人员召开动员会，进行项目总动员。主要是强调培训的意义，总结培训计划阶段工作，同时对所有培训准备事项进行具体安排，并落实到每一个人的身上,这是培训前非常重要的一个步骤。

3. 进行培训各类事项的准备

(1) 确认和通知学员。在学员入学前,首先应该确认参加本次培训的学员类型、人数,以便安排合适的培训场地以及食宿等问题。其次,向培训学员发出通知,通知内容包括本次培训的目的、内容、时间安排、培训资料以及培训费用、其他需要准备的事项,以便学员做好准备。另外,还可以借此机会了解学员对培训课程安排的意见,以便及时调整和改进。

为了做好这项工作,培训组织者可采用发放入学通知书和回执单的形式完成。其好处是:一是使学员在报到之前就进入了培训的准备状态。二是了解学员的基本情况,以便安排食宿、分组和挑选骨干。三是了解学员对培训课程的需求程度和建议,以便调整改进。

(2) 培训设备检查。培训场所和设施准备情况如何,关系到培训能否顺利进行和培训效果的好坏。这是一项非常细致的工作,必须认真做好准备。为了防止遗漏,做到"责任到人",可以通过制作检查表等措施以保证各个环节不出问题。检查表用来记录培训需要的设施和设备清单、准备状况以及负责人,以便落实和检查。

(3) 培训场地的选择。培训者在选择培训场地时要注意以下几点:

第一,根据培训课程的特点、培训方法和需要选择教学场地。

第二,查看和预订培训地点或场所。对一些以前不熟悉的培训场所,应该预先调查是否适合培训要求;选择场地时要注意附近是否有方便的停车场地或公共交通;对于选中的场所应在培训前预先确定。

第三,在培训开始之前,应提前赶到培训地点,布置安排好培训场所,检查所有培训设备是否齐备完好,确保各项准备工作已做好,做到心中有数。

(4) 座位的布置。现代培训很注重与学员的互动。教室座位安排直接关系到讲师与学员、学员与学员之间是否能够很好地交流。因此,在培训实施时,培训者要根据学员的人数和授课的形式选择合适的座位。常见的座位布置形式有多种,比如以教师为中心时,适合布置座位成教室式、会堂式或V型;以学员为中心时,多采用中空方块式、点式;注重双向协调时,多采用U型、双U式的座位布置来平衡"教师中心"或"学员中心"。

(5) 培训前与讲师联系。培训前,培训机构应该经常与各类有关的专家学者保持联系;讲师选择后,应就培训课程内容、形式、时间等事项与讲师达成共识。

(6) 有关资料的编印。需要编印的资料包括四部分:

一是培训课程和日程安排。包括课程目标、培训时间、培训地点、培训日程表。

二是培训生活须知。内容包括上课及其他时间的注意事项;值日人员的任务;紧急出口位置的简图;钥匙的管理及进出门的时间;用餐的地方等。

三是分组讨论的编组名单。分组讨论要尽量将不同部门的人编在一起。

四是培训手册及其他的培训材料,这些也要在培训前制作好,及时发放到学员和有关人员手上。

在使用外聘培训师时,由于协调和沟通相对较难,往往是到了培训开始时,培训师才向培训部门提供有关资料或培训部门向培训师提供材料,这样,双方都来不及吸收和消化新的信息,学员和管理人员也不能及时得到有关资料,必然会影响培训工作的效率。因此,有关培训手册和材料的制作工作一定要尽早起步,争取在培训开始前2～3天制作完毕,使学员能在培训开始时或适当的时候及时拿到材料。

如有条件的话,可以建立培训信息管理系统。培训信息管理系统可以全面提升培训工作的质量和档次,并能大幅度降低员工和组织的培训成本。目前许多企业都建立了面向员工的培训信息管理系统。它建立在 Web 和 Internet 技术的基础之上,使用最先进的数据库管理系统,能够为使用者提供准确、快速、安全的信息服务,具备功能强大、管理方便和使用简便的优势。员工只需使用浏览器即可完成查询和注册等操作。该系统能够记录、管理并向全体员工发布培训课程信息,记录员工的培训信息,包括在外部机构接受培训的信息。利用该系统,员工可以查询培训机构的培训和课程信息,查询培训记录和培训计划;可以在线登记报名,员工主管在线给予批复;员工和主管可以参考系统提供的路径图和胜任力模型制定培训计划。有了培训信息管理系统,可以方便地获取有关培训的信息和数据,方便地筛选信息、分析信息和整理信息,使培训活动的决策和管理建立在全面、准确的资料基础之上,它是培训管理科学化的技术保证。

> **资料链接**
>
> **某公司内部培训准备清单**
>
> 课程名称:_____   日期:_____
> - 公司内部请示审批程序完成确认
> - 主题设计
> - 邀请演讲者
> - 学员人数确认
> - 租用培训场地/宿舍
> - 设备准备(计算机/投影仪/白板/水笔)
> - 教材准备
> - 学习用品准备(白纸、笔、其他用品)
> - 证书准备

- 培训日程表准备
- 车辆(接送培训师)
- 车辆(接送学员)
- 学员宿舍分配
- 下发培训通知
- 进一步了解学员培训需求
- 就餐准备
- 茶歇用品准备
- 姓名标签
- 培训评估问卷准备
- 布置场地
- 分组名单准备
- 晚间娱乐项目准备

二、培训过程工作

对培训实施过程中所有涉及的工作按照类别进行分工,并安排在有关方面具备专长的人员具体负责各类工作,可以保障各项工作的及时落实。

1. 学员报到

在培训场地的入口附近设置报到处。接待学员时,最好进行"一条龙"服务。比如,登记、领资料袋、收回预先给学员布置的作业等一次性完成。培训部门的员工提前到达会场,做最后一次检查。

2. 开训仪式

开训仪式是培训课程的起点,除了常规的主讲人介绍、培训内容介绍等,组织者还可以举行一些能够激励学员的活动。

3. 维持培训秩序

协助讲师维持培训教室的秩序,减少人为噪声。

4. 培训沟通协调

在培训过程中,组织者要及时与讲师、学员沟通交流,指出讲师培训的优缺点和学员反映的情况,并与讲师协调改进。这时,组织者要做的工作主要有四点:

(1) 加强学员兴奋点。如果讲师的讲课内容很受学员欢迎,培训组织者就要把学员兴奋点及时反馈给讲师,让其重对待。如果学员对现场培训意犹未尽,这时可以采取适当延长培训时间、安排课下座谈研讨等形式,让培训效果更佳。

(2) 把握主题方向。培训过程中,如果讲师讲课或者学员讨论出现跑题甚至是组织避讳的话题,或者讲师讲课层次混乱、内容含混不清时,培训组织者就要随时提醒讲师,调整讲课内容或层次安排,使培训按照事先的规划进行。

(3) 把握课程松紧度。培训过程中,学员如果反映课程节奏慢或者跟不上讲师的讲课速度时,就需要提醒讲师调整时间和节奏,按学员可以接受的速度进行。

(4) 协调培训形式。培训形式要与学员的具体情况相匹配,在培训中如果学员对培训形式(如游戏、讨论等)不认可,或者学员对培训形式所表现的主题不明白,接受起来有难度,这样就需要及时调整培训形式。

5. 培训后勤安排

在培训过程中,现场的各种后勤安排也必不可少,如培训教材的复印、发放,培训器材的调换准备,人员餐饮服务,培训纪律的强调,卫生打扫,现场紧急情况处理等,这些都需要安排具体人员来解决。

三、培训收尾工作

在培训的收尾阶段,还应做好以下两方面的工作。

1. 培训评估

为了更准确地评估培训效果,在结束培训后,可以让受训者评价培训计划或参加检验学习效果的测试,还可以进一步跟踪调查受训人员的工作绩效(关于培训评估的具体内容将在下一章详细介绍)。

2. 加强培训后的风险防范

培训开发是组织的一种投资行为,同其他投资一样存在投资风险。培训开发风险的存在很大程度上降低了培训开发收益。因此,组织需要规避培训开发中的种种风险,提高员工满意度,达到组织与员工共同发展的目的。

首先要考虑的风险就是培训开发后员工的流失。最基本或者说最直接的做法就是依法完善培训开发用工合同,确认组织与受训员工的权利与义务。在《中华人民共和国劳动法》和《中华人民共和国劳动合同法》的基础上,根据员工劳动合同时间的长短以及所在的工种、岗位的实际情况,制定相应的培训开发计划,同时以签订劳动合同的方式,明确服务期限与违约赔偿的有关事宜。随着知识经济时代的到来,员工培训开发已越来越被视为一种软性的企业福利,在企业获得培训开发效益的同时,员工也能使自身职业生涯得以发展。双方获益的前提是劳动关系继续存在,因此这种关系可通过法律的相关规定来进行约束,使人才流失与知识产权流失的风险降到最低限度。另一方面,要做好留人工作,如果一个员工通过培训开发,知识技能有了较大的提高,要考虑安排相应的岗位或职位,并且在待遇方面也应有所提高。

另一重要风险就是培训开发后技术流失的风险。对于企业的专利技术,法律可以予以保护,但对专有技术的运用方法与经验,企业只能依靠加强员工的保密意识教育来保护。企业应在培训开发员工技术的同时,培养员工的企业责任感与集体荣誉观念,通过文化约束来降低培训开发的技术流失风险。

需要注意的是,除了做好以上两方面的工作,还应注意听取培训人员和受训人员的改进意见,在受训者培训记录或人事档案中记录课程结果,酬谢培训人员;及时进行培训总结,以便进一步调整和完善培训系统。

四、培训开发实施过程的控制

培训开发实施过程的控制,是指采取一系列的措施,保证培训开发活动与培训开发方案的要求相一致,最终达到预期的要求和结果。过程控制主要包括培训开发制度的制定和实施监控,以及培训开发应急预案的制定和实施。

首先,培训开发部要制定规章制度与控制措施,以监督控制培训开发方案的贯彻落实。培训开发部主管人员可以通过旁听或参加有关培训活动、课程,监督检查培训开发活动是否正常进行。对培训开发过程的控制还包括将受训人员的参与态度和成绩同奖罚措施挂钩,以鼓励员工积极自觉地参加培训开发;培训开发部定期举行例会,与各级主管或培训人员讨论培训开发事宜,听取有关人员对培训开发工作的建议、设想等;做好培训开发评估也是对培训开发活动的一种控制方法。

其次,要制定培训开发的应急预案。培训开发过程中存在很多不确定性因素,例如:停电、教室变动、培训师变动、学员接送、交通问题、住宿问题、饮食问题、天气因素,以及培训开发的其他一些突发事件等,这些问题需要提前考虑好,制定好应急预案,这样一旦出现问题才能有条不紊地处理。

第二节 培训课程设计

培训课程设计是提供培训项目的基本信息,包括课程名称、目标学员的基本要求、培训的主要目的、课程的主要目标、培训时间、场地安排以及培训教师的姓名等。

一、课程的类型

1. 学科课程

学科课程是以学科为中心设计的课程,分别从各门学科中选择部分内容,确定一定的教学时间和学习期限。此类课程在选择和组织内容时,根据各门学科本身的内在联系,侧重于各学科领域所使用的基本概念和研究方法,并按学习心理和教学要求进行。注重学员思维能力的培养和知识的储备,具有很强的科学性、系统性和连贯性。

2. 合科课程

合科课程又叫广域课程，是学科课程的改进类型。其特点是将几门相邻学科合并，既保留学科课程分科教学的长处，又克服了学科课程过细的缺点，减少了教学科目。它适合以提升综合素质为目标的培训。

3. 活动课程

活动课程也称经验课程，是一种与学科课程相对的课程。其特点是以学员的兴趣和动机为基本出发点，以学员的自我发展为中心来组织教学科目。它不预先规定应该学习什么，学生基本知识和基本技能的学习主要是围绕各种活动进行，提倡从"干"中学。

4. 核心课程

核心课程也称轮形课程，是以人类的基本活动为核心而组织的课程。它以一个学术领域或主题为核心重新组织有关学科，从而形成学科之间的新联系，是一种介乎学科课程与活动课程之间的课程类型。核心课程以人的社会活动为中心来组织教学，注重教材内容，围绕核心由近及远、由简及繁，逐步深入并联系实际，适合以研究为目标的教育和培训。

5. 模块课程

模块课程是以提高培训者素质为目标，以岗位技能培训为重点，既强调相关职业通用知识与技能的传授，又强调特定职业、职位的特定知识与技能的培养。"宽基础、活模块"是模块课程的两大结构。"宽基础"部分的课程集合了相关职业所需要具备的知识和技能。"活模块"部分课程则专门针对某一特定职位或工种所必备的知识和技能。模块课程适用于职业教育和职业培训。

二、课程设计的目标与原则

（一）课程设计的目标

确定课程目标是一项具有创造性的工作，经过需求评估以后，如何把培训目标转化为课程目标，指导整个课程编制过程，是课程设计者的一项重要任务。培训课程目标包括三个要素：操作目标、条件和标准。

操作目标是课程目标最主要的要素，它描述了参训者在培训结束时要会做什么。如技能培训中，规定目标是"使用、制造、安装或装配某设备"等。

条件是指学员要达到目标规定要求，需要哪些条件。如员工完成工作任务所需的设备、材料、操作手册等。

规定一个标准是为了能够更有效地测量培训结果。如对操作速度、准确率等的测量。在对目标的陈述中，要明确列出这些标准。

(二) 课程设计的原则

1. 符合现代社会学习者的需求

这是培训课程设计的基本依据。培训课程设计不同于学校课程设计,要以学习者的需要、兴趣、能力及经验作为课程要素决策的基础。

2. 符合成人学习认知规律

这是培训课程设计的主要原则。成人学习目的性明确,参加培训的原因就是为了提高某一方面的技能或补充新知识,以满足工作的需要。而且成人也有一定的工作经验。因此课程内容、教学方法等应根据成人认知规律设计。

3. 用系统的方法设计培训课程

按照系统理论,一个系统由输入、输出、转换和反馈四个部分组成。培训课程是一个系统,设计培训课程要综合考虑各要素之间的相互关系、各要素与系统之间的关系、系统与环境的关系。

培训的输入部分主要是社会和学习者的需求分析,此外,一切可供选择的资源都可作为这个系统的输入条件;输出部分就是学习者的知识、能力或态度达到课程目标的设计要求;转换由教学内容、教学模式、教学策略及其组织等构成,这些要素的选择与合理配置,是使系统的运作达到输出指标的保证;反馈是对主要课程的评价,它反向联系了输入与输出的关系,从而联系了各要素与系统之间的关系,及时把系统运行的动向、信息送到系统的输入端,反馈调节的结果是使系统处于稳定状态。

4. 用最优化原则指导培训课程体系设计

这是培训课程设计的中心指导思想,是培训课程设计活动所要解决的核心问题。教学最优化问题是帮助教师寻求在复杂教学活动中如何花费最少的时间而获得最大的效果。要达到培训教学的最优化状态,必须在培训过程中抓住最主要、最本质的东西。要做到正确分析培训对象特点,科学设置培训课程,合理安排教学进度,有效选择教学方法与教学媒介等。

三、培训课程设计的基本要素

培训课程设计的基本要素有三个:教师、学习者、培训教材。

1. 教师

"能者为师"是一个基本原则。"能者"不一定是课程内容的专家学者,而专指有能力驾驭课程的人、能引导学习者达到课程目标的人。如果一位教师是课程内容的专家学者,又是课程内容驾驭的能者,那是最理想的。教师也可以由多人组成。如课程主持人组织、挑选在课程内容的各个方面有不同优势的人来组成课程组,履行"上课"的职能。

2. 学习者

学习者是培训课程的主体,也是培训课程的一个要素。学习者不但是课程的接受者，也是一种可以利用的学习资源。只有充分调动学习者积极参与的培训课程，才有可能是效果最佳、效益最优的课程。

3. 培训教材

培训课程教材必须是事先精心准备的材料，必须切合学习者的实际需要，要有该领域最新信息的资料。因此培训教材除用教学大纲说明课程意图外，还可以用报纸、杂志的论文与案例作为教材，并配有音像教材、参考读物，组成一个资料包。

设计培训课程其他要注意的要素有：课程目标、课程内容、教学模式、教学策略、课程评价、时间以及空间等。

四、课程内容的设计

课程内容的选择一直是课程设计的核心问题，也是一个很棘手的难题。课程设置要本着"缺什么培训什么，需要什么培训什么"的原则，使学员掌握生产技术和技能；要适应多样化的学员背景，选择不同难度的课程内容进行课程水平的多样组合；要满足学员在时间方面的要求，确定课程内容、难度、时间三要素的组合方式。

1. 选择课程内容的原则

在课程内容的选择过程中，要注意以下三个方面：

（1）相关性。课程内容的选择要与企业生产经营实践活动结合在一起，反映企业生产经营实践的要求，主动适应企业生产经营发展趋势。这既是课程内容存在的前提，也是培训课程开发的内在动力。

（2）有效性。课程内容本身的有效性是指课程本身能解决需要解决的问题，这是判断培训水平高低的一个重要标准。它检视了课程开发与企业生产经营是否保持有密切的联系，以及这种联系的程度。这是培训课程的关键所在。

（3）价值性。培训不能满足需求的一个重要原因就是没有处理好培训课程内容选择上的价值性问题。要认识到课程内容最终是面向学员的，课程内容的选择既要满足学员的兴趣，又要反映培训的需求，只有这样，课程内容才能为学员所认可和同化，成为其自身的一部分。

2. 课程内容的安排

课程内容的安排是指要区分哪些资料是实现培训目标所必需的，怎样对它进行安排。培训者不能为了让学员在短时间内学会尽可能多的内容，而提供超过学员吸收能力的内容。在内容安排上，要决定哪些内容先介绍，哪些是详细讲解，哪些是应用和实践活动，哪些是最后总结。一般安排的顺序是：由熟悉到不熟悉，由简单到复杂，由易到难。

3. 课程设计效果评价

培训者应根据自己的工作经验，吸收同事的意见，对课程做出评价。但不要根据没有被认同的意见对课程做出改变。

第三节 培训方法及选择

在人力资源管理实践中,有很多培训方法,培训方法的不同会产生不同的培训结果,因此,选择适宜的培训方法至关重要。一方面,不同的培训方法存在各自的优点和缺点;另一方面,不同的培训方法的适用范围不同,所培训的对象也不同,所以组织应综合考虑具体的培训需求、受训者的特点、培训内容等来选择最恰当的培训方法。

一、培训方法的种类

(一) 信息传递式培训方法

信息传递式培训方法是指培训者通过一定方式将培训信息(知识、技能和解决问题的方法等)传递给培训对象,使他们能够接收和吸收这些信息的培训方法。

1. 讲授法

讲授法是培训者运用语言文字将信息传递给受训者的方法。它是应用最为普遍,也是最传统的一种培训开发方法。它的最大优点是能够在短时间内将信息传递给一个大规模受训群体,无论何种类型的组织基本上都要或多或少采取这种培训方法。此外,在讲授过程中师生之间可以有感情交流、相互作用、相互强化;教师还可以根据听课对象、设备和教材对讲授内容灵活处理;可以脱离具体情境的限制,使教学突破个人生活的局限,能够简单有效地使学生获得知识。

在培训的各种方法中,讲授法是应用最广的培训方法,同时也是饱受批评的方法,其缺点主要表现在:(1)培训效果受培训师表达能力的影响较大。(2)单纯的讲授是单向的信息传递过程,缺少沟通和交流机制。(3)对受训者的差异不敏感,难以根据受训者的差异而采取恰当的方式。(4)不适合技能的培训,对受训者的态度和行为改变的效果不太明显。

不适宜使用讲授法的情形有:(1)教学的目标不在于习得信息而在于其他方面,如掌握技能。(2)强调长期保持。(3)学习材料复杂、精细或抽象。(4)必须有学习者的参与才能达到教学目标。

2. 研讨法

研讨法也叫会议法,是指培训者就工作中存在或遇到的问题有效组织受训人员进行讨论,由此让受训人员在讨论过程中互相交流和探讨,以提高受训人员知识和能力的一种培训方法。

它的主要优点是：（1）具有简单、及时、易操作的反馈机制。（2）是对讲授内容的必要补充，使讲授内容更加接近于工作实际。（3）平等、自由的研讨气氛有利于和谐关系的构建。

研讨法操作起来有一定的难度，主要表现在：（1）对讲授者的要求较高。讲授者不仅是讲授者，还是研讨过程的组织者和控制者，是反馈信息的收集者，是疑难问题的解答者，是讨论和谈话的引导者，也是研讨气氛的营造者。（2）对参与研讨的学员的要求也较高。学员们一般会存在懒惰和应付的心理，参与探讨的积极性不高，或者只愿意听别人的发言，自己不大愿意发言，或者对所学习的理论知识与实际工作的联系没有领会到位，出现无话可说的情况。（3）研讨法的成功实施需要有充分的时间、空间及师资力量等诸多方面的保障。

研讨法培训开发的主要目的是提高能力、培养意识、交流信息、产生新知。研讨法比较适宜于管理人员的培训开发或用于解决某些有一定难度的管理问题，如战略决策、领导艺术等内容的培训开发。

3. 视听法

视听法就是利用现代视听技术（如投影仪、录像、电视、电影、电脑等工具）传递信息对员工进行培训。这种方法通过视听刺激，使受训者留下深刻印象，录像是最常用的培训开发方法之一。该方法被广泛运用在提高员工沟通技能、面谈技能、客户服务技能等方面。但录像很少单独使用，与讲授法结合使用会达到很好的效果。

视听法的优点是：（1）直观鲜明，比讲授或讨论给人更深的印象。（2）教材生动形象且给学员以真实感，也比较容易引起受训人员的关心和兴趣。（3）视听使受训者受到前后一致的指导，使项目内容不会受到培训者兴趣和目标的影响。（4）视听教材可反复使用，从而能更好地适应受训人员的个别差异和不同水平的要求。

视听法的缺点是：（1）视听设备和教材的成本较高，内容易过时。（2）选择合适的视听教材不太容易。（3）学员处于被动的地位，反馈和实践较差，一般可作为培训的辅助手段。

（二）模拟式培训方法

模拟式培训方法是指将培训对象置于模拟的现实情景中，让他们依据模拟的现实工作环境做出及时的反应，分析在该环境中可能出现的各种问题，培养分析问题和解决问题的能力的一种培训方法。这种方法是希望通过各种方法和技术营造在环境上尽量接近实际的情景，在这样的环境中，培训对象能感觉到现在或以后要面临的问题和挑战，这样他们在探索知识、技能和能力时会全身心地投入进去，从而有利于开发特定的技能和将行为应用到工作中。这种培训方法越来越受到企业的重视。常用的模拟式培训方法主要有以下三种。

1. 案例研究法

案例研究法是指为参加培训的人员提供员工或组织如何处理棘手问题的书面描述，让培训对象分析和评价案例，提出解决问题的建议和方案的培训方法。

案例法的优点有：(1)给受训者真实的学习感受，使学习者对所学习的内容印象深刻。(2)给受训者独立解决问题的机会。(3)有利于学习者之间的沟通与协作。(4)案例可以用来考核和评估受训者的培训效果。

案例法也存在许多不足：(1)如案例中的情境是否具有代表性、与现实的组织状况是否接近；如果案例过于简单，就成了讲授法过程中的举例子，没有什么实质意义，更缺少代表性。(2)好案例的制作成本很高，不仅耗费大量时间和金钱，还需要与现实的组织有密切的联系，能够开展深入的调研。实施案例培训法需要较长的时间，其成本让许多组织无法承受。

案例法一般适用于新进员工、组织管理人员的培训，目的是训练他们具有良好的分析能力、解决问题能力和决策的能力，帮助他们学习如何在紧急状况下处理各类事件。在对战略决策、营销知识、财会知识等专业知识方面的培训中经常使用该方法。

2. 角色扮演法

角色扮演法指在一个模拟的工作环境中，指定参加者扮演某种角色，借助角色的演练来理解角色的内容，模拟性地处理工作事务，从而提高处理各种问题的能力的培训方法。它是在管理培训中使用最广的一种模拟式培训方法。角色扮演最常用的方法是让培训对象根据简单的背景资料或规定的情景扮演分配给他们的角色。

这种方法的适用范围比较宽泛，可应用于训练态度仪容和言谈举止等人际关系技能，如询问、电话应对、销售技术、业务会谈等基本技能的学习和提高。它不仅适用于培训生产和销售人员，更适用于管理人员的培训。除此之外，角色扮演特别适合矫正员工的工作行为，采用这种培训方法使培训对象能易地而处，真正体验到所扮演角色的感受及行为，能较深入思考、分析不同角色所担当的任务与困难，经过观察，改正自己原先的态度与行为。最常见的例子是生产部门与销售部门的经理常因业务性质不同，不能体会对方的处境及权责而发生冲突。如运用角色互换的方法，则能亲自体会对方的困境，有助于减少彼此间的误解。

角色扮演法的主要优点是能够通过体验深刻地领会知识的运用及组织的运作等，有利于通过扮演角色来改变自身的态度和行为，使受训者主动参与到组织内部劳动关系的重塑中，从而自发地推动和谐劳动关系的构建。角色扮演法的主要缺点是信息受限，如果一个人不能扮演很多角色，他所得到的信息就极为有限，所关注的问题局限在自己所扮演的角色所面临的问题，对其他角色很难同等程度地关注。

3. 游戏培训法

游戏培训法是一项具有合作及竞争特性的活动，它综合了案例研究与角色扮演的形式，要求参与者模仿一个真实的动态的情景，参与者必须遵守游戏规则，彼此互相合作或竞争，以达到某种目标的方法。游戏法的最大优点是其趣味性和竞争性特别吸引学员的参与兴趣，激发学习者的深入思考，提高对问题的敏感度，使员工在不知不觉中巩固所学的知识、技能，开拓思路，提高解决问题的能力。目前，已经有专门的培训公司开发各种游戏供企业使用，而且他们会根据培训的目的和对象的不同设定不同类别的游戏方法，如团队建设类、沟通技巧类和激励类等。

使用游戏法进行培训还需要注意以下问题：(1) 应具有创新性。可以购买有关培训游戏的书籍，不过书中提到的游戏可能趣味性太强，会妨碍组织成员的创造性发挥。还可以采用电视游戏秀或者桌面游戏等形式。(2) 将游戏同培训目标结合起来。(3) 将游戏放在每天的课程结束时间。(4) 适度使用游戏这种方式。如果过多地使用游戏方式，游戏的教学功能就会减弱。(5) 在游戏结束时简单介绍一下游戏参与者，并总结观点。游戏可以带给学员乐趣，但是还需对游戏中的原则进行总结，这样可以加深学员的印象。

（三）在职培训方法

在职培训是为了避免所学知识和实际工作相脱节的问题，不脱离工作岗位进行培训的方法。这类方法与信息传递式培训和模拟式方法有所不同，它将工作与学习融为一体，是在工作中学习的一种方法。虽然模拟法强调对实际工作情景的真实模拟，但这是一种虚拟感觉，和现实工作有一定的距离。而在职培训可以使得培训对象真正将学习与工作融为一体，容易解决培训中的许多根本性的问题。下面介绍常见的四种。

1. 工作轮换

所谓工作轮换，就是将员工轮换到另一个同等水平、技术要求接近的工作职位上去工作。员工长期从事同一职位的工作，特别是那些从事常规性工作的员工，时间长了会觉得工作很枯燥，缺乏变化和挑战。员工也不希望自己只掌握一种工作技能，而是希望能够掌握更多不同的工作技能以提高对环境的适应能力。因此，工作轮换也常常与培养员工多样化的工作技能结合在一起，也被称为交叉培训法。

工作轮换有利于促进员工对组织不同部门的了解，从而对整个组织的运作形成一个完整的概念；有利于改进员工的工作技能，提高员工的解决问题能力和决策能力，帮助他们选择更合适的工作；有利于部门之间的了解和合作，也有利于增加员工的工作满意度。因此，工作轮换法一般用于高级职员或高级管理者的培训，也可以用于帮助新员工理解他们工作领域内的各种工作。它既是一种新兴的管理制度，也是一种行之有效的培训方法。就缺点而言，由于不断地进行工作轮换，给被培训者增加了工作负担,而且,从员工的角度来看,参加工作轮换法培训的员工比未参加这种培训的员工能得到更快的晋升和较高的薪水,因此容易引起未参加此种培训的员工的不满。

2. 师徒制

"师徒制"即所谓的学徒式培训,有些企业称之为"导师制""指导人制度"等,它是一种既有在职培训又有课堂学习的培训方法。这一方法的适用范围主要是在技能行业,如木工、车工、电工、管道工等,主要用于新员工的培训。传统的师徒制没有固定的模式,师傅凭借自己的知识和技能指导徒弟,先给徒弟讲解一些基本要点,然后自己示范,徒弟通过观察和模仿获得经验,因而这种培训方法比较迟缓,适合于生产规模小、技术独特的场合,如技术复杂、要求操作方法应变性强的工作、科学研究的某些阶段等。在我国,师徒制由来已久,曾一度成为青年掌握技能的重要途径。过去新工人进厂,均由企业指定技能高超的师傅进行传帮带,两三年学徒期满后,则由企业对其进行技能考核,确定徒弟的技能等级,达不到要求者还要延期出徒。

新式的师徒制要求根据学习的技术程度,制定学习计划,并指定专人负责,采用在职培训和课堂培训相结合的方式分几段进行,因而效率大大提高。新式的师徒制不仅适用于技能行业,也适用于工作结构性差的工作,如经理的管理工作就可以使用这种培训方法,做一个阶段的经理助理,可以在很大程度上提高其管理能力。在实际的培训过程中,该方法可以与讲座、录像、图形演示、计算机等方法结合使用。在有的国家,新的师徒制是需要国家或地方政府机构进行认证的。如在美国,通过认证的项目至少应该包括144小时的课堂学习时间和2 000小时或者1年的在职工作体验。

3. 教练法

教练是陈述和分析人们如何使用一项具体技能和帮助人们提高或改善其工作绩效的过程。教练法是由一位有经验的技术能手或直接主管人员对培训对象进行指导,教其如何做,提出如何做好的建议,并对其进行激励的培训方法,其目的就是将掌握了该领域知识和人际基本技能的员工训练成高水平、有很强胜任力的员工。

教练法培训的关键点是要首先了解受训者所掌握的知识和技能的熟练程度,这不仅要求管理者和职业培训人员掌握员工的情况,教练能够准确地判断和分析受训者的状况,同时也要求受训者对于培训和开发有着很强的自我判断和自我管理能力,能够承担培训和开发的责任。教练法培训的缺点是教练的短缺,因为具备教练资格的人要在该领域有纯熟的技能,有些经验是只能意会、不可言传的,只能通过隐性的方式,通过教练和受训者之间的磨合和互动才能传递和提高。

4. 行动学习法

行动学习法即给团队或工作群体一个实际工作中所面临的问题,让团队成员合作解决并制定出行动计划,再由他们负责实施该计划的培训方式。行动学习通常是一个完整培训项目的有机组成部分,是以工作能力的实际提升为导向的。研究表明,通过讲授、演示等方式只能让学员知晓、了解有关的知识、技能和价值观,而无法将这些知识、技能等有效转化为工作行为和工作技能。行动学习的方法给予学员一个在工作中运用新方法和新技能解决实际问题的机会,这不仅可以极大地激发学员的学习热情,而且可以有效地实现培训内容向实际工作技能的转化,有利于发现阻碍团队有效解决问题的一些非正常因素。例如惠而浦公司(Whirpool)利用行动学习来处理公司多支付了从巴西进口的压缩机关税的问题。

行动学习也可以是一种独立的培训方式,让学员和学员团队通过解决工作中的实际问题,自己观察、体悟和总结,以积累工作经验,掌握相应的知识技能。行动学习作为一种培训方式与纯粹的工作经历是有所区别的。首先,提供给学员解决的实际问题应该是经过精心选择的,要与培训目标紧密联系。其次是行动学习应得到适当的指导,无论是解决问题方案的制定还是方案的执行。总之,行动学习不是员工或员工团体自然的成长过程。

行动学习在实践中具有一定的困难。首先,它应当以公司中一定时期确实存在与培训内容相关的希望解决的问题为前提,否则就缺乏实战的场景。其次,行动学习不仅涉及制定解决问题的方案,还涉及方案的执行。方案的执行是实战,不是纸上谈兵,需要耗费人力、物力、资金、时间等公司的宝贵资源,还要承担可能失败的风险。因此,行动学习需要公司领导和各个职能部门的理解和支持,如何得到这些理解和支持本身也是具有挑战性的。当然,行动学习如果应用得当、组织良好的话,确实是益处多多。它不仅在实践中加深了学员对培训内容的理解,还将培训效果延续到日常工作中,转化为员工实际的工作技能,同时也加强了各部门协同工作的意识和能力,不失为一种投资回报率较高的培训方式。

(四)基于新技术的培训方法

随着计算机、多媒体和网络等新技术的发展和普及,人们发现利用这些新技术进行培训,可使得培训工作发生巨大的变化。虽然这些新的培训方法并不能完全取代传统的培训方法,但在与传统方法的配合使用中能够对培训工作产生深刻的影响,它不仅改变了培训观念与方式,还在很多时候对学习理念产生革命性的影响。基于新技术的培训方法主要有以下六种。

1. 以计算机为基础的培训

以计算机为基础的培训(computer based training,CBT)是指计算机给出培训的要求,培训对象作出回答,然后由计算机分析这些答案,并将分析结果反馈给培训对象的一种互动式培训方式。它包括一系列的互动性录像、计算机硬件和计算机应用程序等,主要通过设计一些课程程序和软件来帮助培训对象进行自主学习,因此,CBT多数为自适应培训,尤其适合于对一些基本知识和概念掌握的培训。以计算机为基础的培训最大的优势在于其互动性,但这种互动主要是培训对象与计算机之间的互动,除此之外,CBT 也存在其他的优缺点,如表 6-2 所示。

表 6-2　CBT 的优缺点

优　　点	缺　　点
很好的互动性 自我控制学习过程 几乎适用于所有的培训工作 常以个人方式进行 提高了培训时间和培训资源的利用率	培训内容在一定程度上受到限制 培训成本较高 开发难度大 难以保证培训对象切实有效地完成培训内容

2. 多媒体培训

多媒体培训是将各种视听辅助设备(或视听媒介,包括文本、图表、动画、录像等)与计算机结合起来进行培训的一种现代技术。多媒体技术是以计算机为中心,综合处理和控制多媒体信息,并按人的要求以多种媒体形式表现出来,同时作用于人的多种感官。因此多媒体培训技术使得原来抽象、枯燥的知识变得生动、形象,能够更加直观地把内容传递给培训对象,激发其学习兴趣和求知欲望。由于多媒体培训以计算机为基础,培训对象可以用互动的方式来学习内容,让他们通过亲自参与来发现问题,系统可以进行及时引导,提供帮助,这就大大加深了培训对象对尚未掌握知识的理解,提高了培训对象处理实际问题的能力。在培训中可采用交互式录像和利用网络等方式进行培训。

虽然目前多媒体培训的使用频率较高,在进行管理技能和技术技能培训时也有一定的应用,但它仍存在一些缺点,如培训费用较高、不适合人际交往技能培训等。制约多媒体培训的最大问题是开发费用,多媒体培训教材开发的费用大致在 2.5 万～25 万美元之间,而且培训内容需要不断更新,这使得开发费用大大增加。因此,培训者应该正视其优缺点(见表 6-3),合理利用多媒体培训技术。

表 6-3　多媒体培训的优缺点

优　　点	缺　　点
自我控制进度 互动性 内容具有连续性 不受地理位置限制 反馈及时 内置式指导系统 可利用多种知觉 可检测和证实掌握程度 可以不向外公开	开发费用较高 对某些内容并不适用 培训对象对运用新技术有所顾虑 不能快速更新 对其效用缺乏统一认识

3. 虚拟现实

虚拟现实是为培训对象提供三维学习方式的计算机技术，即通过使用专业设备（佩戴特殊的眼镜和头套）和观看计算机屏幕上的虚拟模型，让培训对象感受模拟环境并同虚拟的要素进行沟通，且利用技术来刺激培训对象的多重知觉。在虚拟现实中，培训对象获得的知觉信息的数量、对环境传感器的控制力以及培训对象对环境的调试能力都会达到身临其境的感觉。虚拟现实适用于工作任务较为复杂或需要广泛运用视觉提示的员工培训，这种方式可以将受训者转移到现实生活中难以重现的环境中，给予培训对象在受控环境中检验各种假设的机会，这样在操作中既不承担现实世界的后果，又不浪费资源。摩托罗拉在高级生产课程上对员工进行寻呼机自动装配设备操作培训时，就采用了虚拟现实的技术，在显示屏上，学习者可以看到实际的工作场所、机器人和装配操作的虚拟世界，他们能听到真实的声音，且机器设备还能对员工的行动（如打开开关或者拨号等）有所反应。

沃尔玛公司也热衷于将虚拟现实（VR）应用于他们的培训中，目前，31个沃尔玛学院已经配备了VR培训计划。例如，VR实践中的最具挑战性的场景之一是黑色星期五。黑色星期五虽然是一个很好的销售工具，但对于一线员工来说却是一场噩梦。数以百计的购物者，各种索赔和投诉等，这对经验丰富的员工来说已经足够糟糕，并且没有足够的时间来培训新人。通过在VR中设置黑色星期五场景，沃尔玛可以无限制地培训员工处理此类事件。在虚拟现实中，任何场景都可以根据需要重新运行多次，以帮助受训者更好地处理"危机"。

它的优点和一般的非计算机的虚拟现实一样，在于能使员工在没有危险的情况下进行危险性操作；虚拟现实的环境与真实的工作环境无太大差异，而且虚拟现实可以让培训对象进行连续学习，还可以增强记忆。

虚拟现实也存在着一定的缺点：设备和设计方面的问题都可能使培训对象所获得的感觉是错误的，如空间感是失真的、触觉的反馈不佳，或者感觉和行为反应的时间间隔不真实等，而一旦培训对象的感觉被歪曲，他们就有可能出现被称为模拟病的症状，如恶心、晕眩等，也可能使培训对象回到现实工作场景时把握不住真实世界的空间和时间。

4. 远程培训

远程培训（distance training）是利用现代信息传输技术手段为分散在不同地域的公司或学员提供信息和技术的远距离培训。远程培训方式可以包括网络培训等多媒体培训方式。传统的远程培训通过公司的内部网、录像、教学软件，可以分发课程材料和布置作业。而培训者和培训对象之间则可以通过电子邮箱、公告栏和电子会议系统进行沟通。远程培训的最大优点在于能为公司节约交通费用。通过这种方式可以使处于不同地区的员工获得专家的培训。其缺点在于缺乏培训者和培训对象之间的沟通。要使培训能产生良好的效果,必须在培训者和培训对象之间形成良好的互动。目前,随着多媒体、互联网等技术的发展,很多企业把这些新技术运用到远程培训当中,我们把这种改进过的培训方式称为现代远程培训。现代远程培训方式是指借助卫星电视网络、电信网络和计算机网络及(数字)多媒体实现人员异地交互的一种培训方式。目前,这种方式不论在大学教育还是在企业培训中都被广泛应用。尤其是受到新冠疫情影响,大量线下课程转为线上,极大地促进了远程教学与培训的发展。

5. 电子学习(E-Learning)

E-Learning(Electronic Learning)这个概念来自国外,指电子学习。电子学习就是在线学习或网络化学习,即通过建立互联网平台,培训对象通过PC上网,通过网络进行学习的一种学习方式。当然,这种学习方式离不开由多媒体网络学习资源、网上学习社区及网络技术平台构成的网络学习环境。在网络学习环境中,汇集了大量数据、档案资料、程序、教学软件、兴趣讨论组、新闻组等学习资源,形成了一个高度综合集成的资源库。E-Learning优于传统的培训在于它不仅仅局限于多媒体课程教学,还包括传送有助于提升绩效的信息和工具,重点在于它给培训对象提供了一种学习的解决方案。在企业中,电子学习一般指企业开展的借助网络的电子培训或远程培训。

E-Learning的优点主要有:(1) 大众化与个性化兼容。电子学习使每个员工都不受时间和地点的限制,从而实现了真正意义上的全员培训;同时它又能实现个性化的学习,使员工按照所学专业、所在职务和从事业务的不同来选择自己所需的课程。(2) 高效率和低成本。从效率上看,电子学习能促进知识不断更新,同时员工能更好、更快地吸收新知识,进而适应企业发展、技术更新和市场不断变化的情况,提高知识的更新频率,大大提高了培训效率。从成本上看,电子学习节省了差旅、住宿、培训师、租赁教室和培训设备等费用,同时还可在职学习,不影响工作,节省了大量的机会成本。(3) 可跟踪,易管理。电子学习可对员工的学习时间、内容、进度和成绩等信息进行记录和追踪,并能自动生成所需的各种报表,这为人力资源管理考核提供了重要的依据。

尽管当前电子学习在全球范围内都得到了广泛的认可,但它也存在着一定的缺点:(1) 对硬件要求较高,需要有高配置的电脑、稳定的网络。(2) 缺少情感沟通。情感沟通是网络培训所遇到的最大难题,培训者和培训对象之间不能够进行充分的情感和情绪上的沟通,使得培训效果大打折扣。因此,我们要考虑电子学习这种方式是否适合培训内容,如人际交流技能就很难通过网络学会。(3) 培训内容需不断更新,与时俱进。但电子学习体系所采用的课程大部分都是标准化的,不易修改,在解决问题的针对性和学习的互动性方面还存在很多缺陷,使得电子学习体系在课程选择和应用方面受到一定的限制。

6. 移动学习

智能手机、平板电脑以及高速带宽的普及速度已然超过我们的预想,一个移动互联时代已经提前到来。移动设备正在改变我们与他人沟通的方式，以及我们访问和管理信息的方式，基于移动终端的学习正在成为一种趋势。

理想的移动学习应该可以将学习主体需求进一步细分，将知识点进一步分解凝练具化成一个个短而精的视频、图画等，通过 E-Learning 课件、短信、彩信甚至微信等多媒体技术发送给用户。用学科、时间、地域等特定主线整合知识点，使知识成型并内化，帮用户系统学习，同非专业性自媒体等进行区别。但是目前，大多数企业类培训机构开发的移动端产品还是照搬 PC 端内容，且内容多是通用型知识，时间长达 30 分钟，形式则是相对单纯的 App 软件。针对企业的定制化还较少，更难针对企业不同岗位员工开发个性化有趣的内容。

移动学习使得学习者可在工作之余或工作间歇时进行自学，自己控制学习节奏，在需要时进行即时学习，并不断提升自己的能力。在影响着人们现实生活方式的同时，也提供了大量干货知识和信息，这也势必弱化了员工对专业性培训和系统性学习的渴望，挤占专业学习培训工具在移动端的生存空间。

由于移动互联网接入方式、访问时间地点和访问内容的碎片化的特征，移动学习往往和碎片化学习交织在一起。从学习效果来看，不能说碎片化就比系统化学习强，但从成年人的角度来说，离开校园之后，在忙碌的工作中，抽出时间和精力进行系统化的学习往往有心无力。

而利用碎片时间，比如地铁上、机场里、开无聊会议时学点东西，还是比较有可能的。从知识供给的角度来说，碎片化的学习内容需要建立在系统化的思维框架下，这往往比系统的知识输出还需要技巧。

因此，无论是移动学习还是碎片化学习，虽然是培训的一个必然趋势，但移动学习不是一种独立的学习技术，在大多数情况下，它是混合式学习的组成部分，即总体学习体验的其中一部分，而碎片化学习也不能完全替代系统化学习。

二、培训方法的比较

培训开发的方法有很多，那么企业该如何选择呢？这就需要企业对这些培训开发方法进行分析和比较，找到适合自己的最佳方法。

一般情况下可以从学习成果、学习环境、培训成果转化、成本等几个方面对培训开发方法进行比较和选择。首先要确定希望培训开发能够达到什么样的学习成果，这些成果包括语言信息、智力技能、认知策略、态度和动作技能。培训开发方法可能会影响一种或几种学习成果。接下来还要考虑对培训开发环境的要求、培训成果的转化、培训成本预算和评价培训的效果等因素。

现将传统的培训开发方法和应用新技术的培训方法分别进行比较，如表 6-4 和表 6-5 所示。

表 6-4 传统培训方法的比较和选择

比较要素		培训方法								
		信息传递式			模拟式			在岗培训式		
		讲授	研讨	录像	角色扮演	案例分析	游戏	工作轮换	师徒制	行动学习
学习成果	语言信息	是	是	是	否	是	是	是	是	否
	智力技能	是	是	否	是	是	是	是	是	是
	认知策略	是	是	否	是	是	是	是	否	是
	态度	是	是	是	是	否	是	是	是	是
	动作技能	否	否	是	否	否	是	是	是	否
学习环境	明确的目标	中	高	低	中	中	高	高	高	高
	实践机会	低	低	低	中	中	中	高	高	中
	有意义的内容	中	中	中	中	中	中	高	高	高
	反馈	低	中	低	中	中	高	高	高	高
	观察并与他人交流	低	中	中	高	高	高	高	高	高
	培训转化	低	低	低	中	中	中	高	高	高
成本	开发成本	中	中	中	中	中	高	高	高	低
	管理成本	低	低	低	低	低	低	中	高	中
	效果	对言语信息来讲效果好	对言语信息来讲效果好	一般	一般	一般	一般	好	好	好

表 6-5 新技术培训方法的比较

比较要素		培训方法					
		计算机培训	国际互联网	内部网	远程培训	E-Learning	虚拟现实
学习成果	语言信息	是	是	是	是	是	是
	智力技能	是	是	是	是	是	否
	认知策略	是	是	是	是	是	否
	态度	否	否	否	否	否	否
	动作技能	否	否	否	否	是	是
学习环境	明确的目标	中	高	高	中	高	高
	实践机会	中	中	中	低	高	高
	有意义的内容	中	高	高	中	高	高
	反馈	中	中	中	低	高	高
	观察并与他人交流	低	中	中	低	低	低
	培训转化	中	中	中	低	高	高

(续表)

比较要素		培训方法					
		计算机培训	国际互联网	内部网	远程培训	E-Learning	虚拟现实
成本	开发成本	高	高	高	中	高	高
	管理成本	低	低	低	低	低	低
效　果		中	不确定	不确定	中	不确定	高

表6-4主要是针对一些传统培训开发方法进行的比较,在人力资源管理实践中,有一些新的方法逐渐流行起来,应用新技术方法的特点是开发费用高,需要资金来购买硬件和软件、开发项目或使用新的媒体等对原有项目进行改进。尽管开发费用十分高昂,但大大节省了管理费用。应用新技术的培训开发方法,其优势在于:员工可在家或办公室里随时接受培训开发,可以节省培训开发费用。而且,随着远程教育培训的日益盛行,这些方法将融入更多的学习所需要具备的特征(如实践、反馈等)。与传统方法比较,新技术培训方法适用于如下情况:有充裕的资金;培训对象在不同的地域,培训的交通费用较高;新技术的日益推广是公司的一项经营战略,新技术可以运用于产品制造或服务过程中;员工的时间与培训项目日程安排发生冲突;等等。

三、培训方法的选择

培训方法的选择在培训过程中至关重要,它直接关系到培训工作的成败。因为培训方法的多样性,再加上不同的培训方法具有各不相同的优缺点,所以其应用范围也各不相同。这就使选择培训方法变得比较困难。大量的培训实践表明,选择科学的培训方法必须考虑以下五个因素。

1. 培训方法和目标的匹配性

在选择培训方法时,要把培训目标的考量放在第一位。培训组织者要首先确定培训所要产生的学习成果,选择一种或几种最有利于实现培训目标的培训方法,再结合开发和使用已选择的培训方法的成本,做出最佳选择,以最大限度地保证培训成果的转化。

2. 受训者的特点

培训的最终目的是达到一定的培训效果,而培训对象往往由于年龄、工龄、资历、国籍、身份(如公司员工与经销商或代理商)等的不同,对于培训内容的接受程度不同,应根据各自的特点采用适当的培训方法。

对于新员工,需要对组织有全面的感性认识和理性认识,应更多采用实习的方法;对于基层员工,由于文化基础的限制,培训应选择容易理解的、参与性强的,如角色扮演、游戏活动、实践练习等方法;对于跨国公司的员工,因文化背景、国家发展程度的不同,存在一定观念和习惯的差别,应充分考虑以上差异,选择合适的培训方法;

对于客户,应选择讨论式、活动式的培训方法,让客户在相对轻松的气氛和环境中得到启发,或对企业和产品产生更加全面的认识和信心。

对于"80后""90后""00"后员工,他们是伴随着互联网发展成长的一代,思想活跃,接受新事物快,对于他们应采取更为灵活的培训方式。可利用计算机辅助培训、网络培训、多媒体远程培训等新兴培训方式,并通过建立QQ群、微信群等形式,使受训者自主安排参与培训的时间,积极参与讨论,促进培训成果的转化。

除了考虑受训者的个体差异,还需要区分受训者所在职位的差别,对不同的职位运用不同的培训方法。比如,对组织来说,一线员工和管理层次的员工,培训方法应该有很大差异。即使是管理层的培训,也应该分出层次,对高层管理者、中层管理者和初级管理者进行培训应选择不同的方法。如果在培训方法上分不出层次,针对不同员工进行的培训效果也不好。

3. 培训方法对内容的适应性

培训方法有很多种,但没有一成不变的方法,应结合培训内容,选择适当的培训方法。例如,对于知识性课程,采用课堂培训法比较合适,因为知识性课程涵盖的内容较多,且理论性较强,课堂培训法更能够体现其逻辑相关性;对于技能性课程,采用角色扮演法更合适,因为其目的是要求学员掌握实际操作能力,通过角色扮演的反复练习使本来不会做的事应用自如并能够创造性地发挥;对于态度转化课程,采用活动游戏式的方法较为合适;管理人员宜用案例分析法;通才训练宜用工作轮换法。

4. 培训预算成本的可行性

培训方法的选择依赖于培训经费的支持,预算经费紧张时培训组织者应该选择讲座法,这样既可以节省资源,又可以使培训在比较大的范围内进行。当资金条件比较好时,则可以考虑使用角色扮演、情景模拟等方法。

5. 培训方法自身的特点

不同的培训方法在获得知识、改变态度、解决难题、人际沟通、参与许可、知识保持等方面的效果存在差异,选择培训方法时必须权衡利弊。实际上,没有一种培训方法是万能的,也没有一种方法是最佳的。对培训组织者来说,重要的是根据培训目的和内容、培训对象、时间地点的不同,选择不同的方法或者一组最佳的方法组合。在培训方法选择的过程中,培训组织者重点是需要了解不同方法的优缺点及适用情况,了解不同方法在应用中应注意的问题以及培训效果等。

第四节 培训师的选择与培训

培训师的选择是培训工作取得成功的关键,也是培训准备工作的重中之重。

一、培训师的特点与能力

1. 培训师的特点

培训师一般具有如下特点：

（1）有教学愿望。一个不喜欢帮助他人学习的人肯定不是好的培训老师。

（2）知识丰富。培训师必须具有渊博的知识，尤其是对于培训内容方面。

（3）表达能力强。表达能力的强弱直接影响着培训开发双方的交流和沟通，从而直接影响到培训效果的好坏。

（4）耐心。一个好的培训师必须是有耐心的，具有包容的性格。

（5）有幽默感。幽默感能够保持受训者的活跃和注意力。

（6）来自受训者的尊敬。这点非常重要，它直接影响到培训的最终效果。

（7）培训的热情。如果培训师在承担培训活动时是热情的，这种热情会传递给受训者；相反，培训师缺乏热情也会影响受训者，使其学习情绪不高。

2. 培训师的能力

除了上述特点外，培训师还应该具有以下能力：

（1）观察与捕捉的能力。培训师应该能够及时发现组织经营与管理中可能被掩盖的重大问题，帮助组织的管理者与员工解决实际问题，而不仅仅是将过去发生的问题作为案例来讲解。

（2）分析与总结能力。培训师应善于通过观察来捕捉大量的组织信息与课堂信息。就某一事件或现象而言，其表面现象的背后均掩盖着实质性的问题，培训师必须能够对事件或现象进行透彻的分析，找出事件背后的规律性，给学员提出具有指导意义的建议。

（3）策划与组织能力。培训师必须掌握科学的教育规律：第一，要根据培训需求确立具体的教学目标，必须能够帮助学员解决实际工作中遇到的具体问题，以提高学员实际工作技能；第二，科学设计课程内容，使课程内容与学员的实际工作相联系；第三，策划灵活、多样的授课方式，受训学员一般具有丰富的个性化经验，培训授课应采取能够充分利用学员经验的课堂讨论、案例分析、模拟游戏或角色扮演等方式；第四，创造出一种学员感到自己被接受、被尊重、畅所欲言，并得到支持的学习氛围；第五，培训教师要有强有力的课堂控制能力，使课堂气氛活而不散，并具有感染力。

（4）引导与应变能力。培训是一个帮助人学习的过程。在教学过程中，培训师只是学员学习的催化剂或向导，培训师要善于联系生活和工作实际来引导学员学习新的理论知识，提升学员的理论水平。为此，培训师要具备良好的引导能力和高度的应变能力，使自己在教学中始终处于引导地位。

（5）表达与沟通能力。口头和书面表达能力是衡量教师能力高低的重要尺度，培训师必须能够用准确、简练的语言表达其所要传授的课程内容。同时,培训师还要有良好的沟通能力。当今培训强调学员的积极参与,培训师与学员要形成互动,只有具备良好沟通能力的培训教师才能调动学员的积极性与主动性,才能达到寓教于乐的效果。

(6) 学习与创新能力。未来社会需要富有创新精神的开拓型人才,要造就创新型人才,培训师首先就应当具备创新意识和创新能力。一是理论知识的创新,形成自己的理论观点;二是理论应用的创新,把原有的理论应用到新的领域解决新的问题;三是能够对组织实践进行理论分析、总结,使单个实践案例具有一定的指导意义。

二、培训师的类型

根据培训师的知识和经验、培训技能、个人魅力三个维度,及其两种表现(一般或者好),可以将培训师从高到低分为八种类型,各种类型在三个维度方面的优劣如表6-6所示。

表6-6 培训师的类型

优劣维度	类型							
	卓越型	专业型	技巧型	演讲型	肤浅型	讲师型	敏感型	弱型
知识和经验	好	好	一般	好	一般	好	一般	一般
培训技能	好	好	好	一般	好	一般	一般	一般
个人魅力	好	一般	好	好	一般	一般	好	一般

(1) 卓越型培训师。这类培训师既有丰富的理论知识,又有丰富的实践经验。他们熟练掌握各种培训技能,又富有个人魅力,因此培训效果极佳。

(2) 专业型培训师。这类培训师也拥有扎实的理论功底和丰富的实践经验,他们熟练掌握各种培训技能,但是缺乏个人魅力,因此培训效果较佳。

(3) 技巧型培训师。这类培训师富有个人魅力,也掌握各种培训技能,但缺乏相关知识和经验,因此在培训过程中受训者感觉不错,但实际效果不一定最佳。

(4) 演讲型培训师。这类培训师极富个人魅力,又有相当丰富的知识和经验,但是缺乏培训技能。他们往往口若悬河、妙趣横生,但只会运用授课技能,结果是掌声雷动,而培训效果欠佳。

(5) 肤浅型培训师。也叫形式型培训师,这类培训师熟练掌握培训技能,但既缺乏个人魅力,又缺乏必要的知识和经验,因此在培训中可能故事不断,笑话连连;也可能不断引导,多讨论而无结果,最终使培训走过场,无法获得应有的效果。

(6) 讲师型培训师。这类培训师以大学教师为多,他们有丰富的知识和经验,但没有受过培训方面的训练,又缺乏个人魅力,结果使受训者状态不佳,前听后忘,培训效果不佳。

（7）敏感型培训师。这类培训师富有个人魅力，但是既缺乏培训技能，又缺乏相关知识和经验。他们的特点是培训过程中不断提问，请受训者回答，但又不做指导，结果使受训者不知所云，培训效果也不理想。

（8）弱型培训师。这类培训师是最差的一类培训师，他们在知识和经验、培训技能、个人魅力三个维度都处于低水平，他们不是对着黑板读讲稿，就是叫受训者轮流读教材，结果使受训者浪费时间、浪费精力，培训效果极差。

组织在培训时，最好聘请卓越型培训师，如果请不到也可以聘请专业型培训师、技巧型培训师和演讲型培训师。要防止聘请肤浅型培训师、讲师型培训师和敏感型培训师。一定不能聘请弱型培训师。

三、培训师的甄选

培训师的来源主要有两个，一是来自组织内部，二是来自组织外部。内部培训师和外部培训师有不同的特点，所以在甄选时要注意不同的问题。

（一）内部培训师的甄选

内部培训师的来源一般为各级管理人员和各职类职种的业务骨干。来自组织内部的培训师有其特殊的优势。他们能用组织熟悉的语言和事例来解释培训的内容，便于学员接受和理解；内部培训师了解组织的文化和战略，深知培训的具体目标，因此提供的培训更具有针对性。

从组织的角度来讲，内部培训师制度是对那些有个人成就需求的员工的有效激励手段，是其职业发展的一个重要途径。因此，建立内部培训师制度，尽可能地发现、培养和使用内部优秀员工，对于组织的发展、培训项目的实施以及员工的成长均有重大的意义。内部培训师制度的内容应包括内部培训师的选拔对象、选拔流程、选拔标准、上岗认证、任职资格管理、培训与开发以及激励和约束机制等。

企业在使用内部培训师的过程中要协调好兼职培训师与其日常工作之间的关系。这些内部培训师同时也是管理人员或业务骨干，培训工作与其日常工作的冲突是客观存在的。人力资源部门要争取高层领导的支持，与内部培训师所在部门的主管加强沟通与协调，通过制度建设，提高内部培训师的荣誉感，确保内部培训师能够准时到位开展培训工作，避免因内部培训师的时间问题导致培训计划的延期、调整甚至取消。

（二）外部培训师的甄选

聘用外部培训师的优势在于：选择余地大，可根据需要选择不同档次的培训师；可带来全新的视角、理念、信息和风格；可提高培训学员的兴趣和培训的效果。

聘用外部培训师的一个最大问题是组织对其不了解，或者了解的时间和精力成本太高。特别是第一次聘用的培训师,风险较大。为此,人力资源部门对于外聘培训师的管理应该有一套规范的制度,从应聘条件到选拔程序,从接受申请、试讲、资格评价、签订合同等都要有章可循。聘用外部培训师的第二个问题是培训师对组织不熟悉,所传授的内容可能不实用,或无法解决组织的实际问题。第三个问题是培训工作中的沟通和协调相对比较困难。当然,还有培训费用高的问题。

1. 寻找卓越型培训师的途径

优秀人才一定是紧缺人才,同样卓越型培训师在市场上也不多见。寻找卓越型培训师主要可以通过以下途径:

(1) 参加各种培训班。通过培训班,可以直接与各种培训师接触,可以观察到不同培训师的风格,从而可以寻找到组织需要的卓越型培训师。

(2) 去高校旁听。可以去高校旁听各门相关课程,从中发掘出一些卓越型培训师。

(3) 熟人介绍。通过亲朋好友,或者通过同事,相互介绍后可以知道各位培训师的水平,从而选择到适合本组织的培训师。

(4) 专业协会介绍。可以多参加专业协会的活动,尤其是专业协会组织的培训或演讲会,从中也可以寻找到一些优秀的培训师。

(5) 与培训公司保持接触。应该说,培训公司是卓越型培训师最集中的地方,而许多培训公司为了拓展市场,经常会主动与企业接触,因此,企业也应该与多个培训公司保持接触,为我所用,寻找卓越型培训师,达到良好的培训效果。

2. 甄选外部培训师的方法

(1) 让培训师做一次试讲,以全面了解其知识、经验、培训技能和个人魅力等情况。

(2) 索要一份培训师的简历。简历可以提供培训师受过什么教育、有什么经历、从事过什么工作、主持过哪些培训等信息。

(3) 通过面谈了解培训师实际水平。如了解其对培训方法和组织运作机制的熟悉程度,了解其是否知道组织内训与一般教育的区别,怎样达到本次培训的目的以及对本次培训活动的态度和看法等。

(4) 要求培训师提供一份培训大纲。从大纲中,可以看出培训师对培训内容的熟悉程度,对培训技巧的运用能力以及培训的计划能力等。

四、培训师的培训

(一) 内部培训师的培训

企业内经常要进行的一些培训项目,如追求卓越心态、领导技能、推销技能、新进员工定向培训等,可以通过培养自己单位的培训师来达到组织目标。

要培养内部培训师,首先要寻找合适的培训师候选人。培训师候选人应该具备以下一些基本条件:

(1) 喜欢培训工作。
(2) 有一定的相关知识。
(3) 有一定的实践经验。
(4) 善于进行信息沟通。
(5) 心态较积极。
(6) 善于学习。
(7) 善于语言表达。

组织内部的培训师常常缺乏课程设计、授课方式、组织教学等技能，因此，对其培训应集中在教学素质和技能方面。人力资源部门也可以安排有经验的培训师对内部培训师进行培训，或组织他们参加一些经过精心选择的授课技巧较好的培训师开设的公开课。

为了提高内部培训师的授课能力，人力资源部门可以组织内部培训师定期或不定期地进行教学教研活动，如模拟授课或交流教学体会等。比较有效而方便的一种方法是让组织重点培养的内部培训师担任外聘的资深培训师的助手，在助手为外聘培训师准备组织内部的案例、素材的同时，可以认真学习外聘培训师的授课技能，以期在短期内较明显地提高自己的授课水平。

（二）外部培训师的培训

对外部培训师的培训主要是为了弥补外部培训师对组织的情况不了解导致的培训针对性差的问题。对外部培训师的培训应集中在介绍组织状况方面，包括组织战略、组织文化、核心价值观、组织的产品和服务、面临的主要问题和挑战等。尤其是本培训项目推出的目的和目标，一定要通过反复的沟通使培训师有一个全面、准确、深刻的理解。

为外部培训师配备助手也是一个较好的解决问题的方法。通过助手向外部培训师提供组织的背景资料或主动收集学员的意见并反馈给外部培训师；助手还可以就外部培训师的授课内容和方式提出自己的建议。

第五节　培训机构的选择与培训风险防范

一、培训机构选择步骤

企业每年会有大量不同内容的培训，有的培训可以由企业内部的讲师或员工完成，有的培训则是借助于外部培训机构完成。组织是自行开发培训还是另选培训机构，使部分培训职能外包，取决于一些因素。这些因素包括组织自身拥有的人员和专业水平，财务预算的约束和有关的价值观。如果自己缺乏高质量的培训师资或外包培训成本更低、效益更好，组织就倾向于向外购买培训服务。

培训的供应商相当广泛，可以是咨询人员、咨询公司、研究所、培训公司和高校，每家培训机构都有自己的优势，但是并不一定适合自己的单位。因而在挑选培训机构的时候，一定要针对自己单位的实际情况进行挑选。

一般与培训机构联系的步骤如下。

1. 确定目标

确定培训目标，收集相关培训机构信息。其收集渠道主要包括专业报纸、杂志、网络和他人推荐。挑选对象主要包括管理咨询公司、大学、培训公司和管理顾问。

2. 建立联系

与培训机构初步联系，发出征询建议书，并要求提供相关培训课程的方案。

征询建议书的内容通常包括：

(1) 概括说明组织所寻求的服务种类。

(2) 所需参考资料的类型和数量。

(3) 接受培训的人员数量。

(4) 项目资金。

(5) 评价满意度。

(6) 服务水平的标准和流程。

(7) 预期完成项目的时间。

(8) 组织接受建议的截止日期。

组织可以通过邮寄的方式将征询建议书送到潜在的供应商手中，也可以在网上公布。征询建议书实际上提供了评价供应商的一整套规范标准。同时，也帮助组织筛选掉了一部分供应商。

3. 挑选机构

对于接受征询建议书的可能的培训供应商，通过挑选确定两到三家候选机构，分别进行联系、比较。

4. 落地执行

最终落实培训机构，进一步交流沟通，明确实施方案并执行方案。

二、考察培训机构的注意事项

一般来说，考察遴选培训机构时应注意考虑以下因素：

(1) 该公司在设计和传递培训方面的经验如何。

(2) 该公司的人员构成及对员工的任职资格要求。

(3) 曾经开发过的培训项目或拥有的客户。

（4）为所提供服务的客户提供的参考资料、授课资料等。

（5）可说明所提供的培训项目是卓有成效的证据。

（6）该公司对本行业、本单位发展状况的了解程度。

（7）培训项目的开发时间。

（8）培训机构在曾经服务过的企业中的口碑如何。该供应商以前的客户或专业组织对其声誉、服务和经验的评价如何。

（9）培训机构的名气与实际情况是否相符。

（10）提供的培训项目是针对本单位的特殊情况还是根据以往给其他组织的培训基本框架来提供服务。

（11）是否了解本单位的实际需要。

（12）外包培训成本与其所提供的服务价值是否对等。

三、培训的风险分析

培训对组织而言是一种重要的人力资本投资，同其他的资本投资一样，既有收益，也会有风险，因为风险和收益是共存的、不可分割的。培训风险是指组织培训过程及其结果，由于观念、组织、技术、环境等诸多负面影响而对组织造成直接或潜在损失的可能性。从其成因来看，培训风险可以分为培训的内在风险和外在风险。

（一）培训的内在风险

所谓培训的内在风险，是指由于组织没有对培训进行合理规划和有效的管理而导致培训的质量不高，使得培训目的难以达成，培训投资效益低下。培训的内在风险源于培训本身，它主要包括以下两种。

1. 培训观念风险

观念风险指的是由于高层领导或者受训员工对培训没有一个正确的认识和定位而可能对组织造成不良影响和损失的风险。目前，一些企业高层领导存在着对培训的认识误区，如认为"培训会增加企业的运营成本""培训会使更多的员工跳槽，造成大量人才流失""企业效益好无需培训"等等，这些无疑会影响培训的效果。作为直接参与人的受训员工，他们对培训的认知及参与态度也直接影响着培训的成败。例如，受训员工认为培训是摆花架子、搞形式主义，因而不能正确对待培训，导致培训流于形式。

2. 培训技术风险

培训技术风险是指在培训需求分析、制定培训计划、风险评价及培训实施过程中，因不能及时正确地作出判断和结论，可能对组织造成损失的风险。有些企业由于培训需求不明确，培训需求调查不深入，没有与企业远期、近期目标结合起来，企业没有明确的素质模型或岗位需求，培训没有与员工的"短板"相结合，选择的培训内容、培训形式、培训师偏离真正需要，使培训缺乏针对性，达不到预期目的，因而也就不可能有效。

(二) 培训的外在风险

培训的外在风险是指虽然培训项目达成了预定目标,但由于各种外在因素导致组织遭受各种直接或间接损失的风险。常见的培训外在风险主要包括如下四种。

1. 人才流失的风险

经过培训后,员工的能力和素质得到提高,受训员工对知识和自我实现的追求更高,产生了更换工作环境的需求。据哈佛企业管理顾问公司的离职原因调查显示,"想尝试新工作以培养其他方面的特长"被列于众多原因之首。企业投资培训是为了增加企业人力资本存量,为本企业创造经济收益,而培训后的人员流失,必然使得本企业的这部分培训投资无法收回成本,造成人力物力的巨大损失。

2. 培养竞争对手的风险

企业员工培训的目的就是为企业所用。如果人才流失,他所流向的企业大多数都是原企业的竞争对手,由于掌握原企业的情报和新知识技能的应用,这对原企业来说无疑是一种潜在的威胁。

3. 专业技术保密难度增大的风险

任何一个组织在生产经营过程中,总有自己的管理经验和专有技术。专有技术要通过具体的人员应用才能使之转化成生产力和具体的产品,这就需要通过培训使参与这一工作的人员掌握,显然,掌握的人越多保密难度越大。

4. 培训收益风险

组织投资培训就是为了获得收益,但培训所带来的效益增长并不一定能弥补培训投入,可能出现培训收益回报率低,甚至完全没有回报的风险。这种风险主要表现在以下三方面:

(1) 培训效益的体现总是具有一定的滞后性。如组织因为在短期内看不到培训所产生的直接效益,就对培训活动产生怀疑,改变组织的经营战略,如技术改造、转产、职能调整或者人事变动等,就会使前期培训工作的效果丧失,导致培训对员工素质的提高而带来的收益低于培训成本。

(2) 当今社会,科技日新月异、知识更新换代、市场变化莫测等不确定的外部环境因素都会带来企业培训贬值的风险。例如,为某项工艺投资开发的人力资本,如遇到外界科技创新而使这项工艺变得落后陈旧,为此投资的人力资本会贬值甚至毫无价值。

(3) 人力资本的利用率低,即使组织培训投资较高,也会因为利用率低而造成事实上的人力资本贬值。如果此时组织进行战略调整,如转产、工艺改造等就会使培训完全没有回报。如果是组织进行技术更新,工艺调整或新产品的开发,就可能使正在培训或刚培训完的知识和技术过时,回报期缩短。

四、培训风险的防范策略

从单位角度而言,虽然培训存在上述诸多风险,但培训仍然是必要的。由于新兴产业结构处于活跃、升级的关键期,新兴的高科技产业需要大量高素质、高技能的人才,人才供给不足,而传统行业中的低技能劳动者过剩。因而,一方面,仅靠从外部来寻找再生产所需的高层次人才,可能满足不了需要,且成本昂贵;另一方面,知识的更新日益加快,任何人若不对自己的知识及时更新,就赶不上时代步伐,最终会丧失竞争力。因此,我们绝不能因噎废食,而是应该在做好培训的同时,尽力降低其风险。

1. 加强培训管理,提高培训质量,是防范培训风险的关键

企业培训员工,是希望提高员工的知识技能,从而提高企业的整体效益。这就要求企业搞好培训管理,从培训前的计划到培训后的考核,都要合理规划并加强管理。

(1) 做好培训需求分析。在国内企业中不难发现,企业的培训往往是跟着潮流走的:现在 ERP 很热,就办一个 ERP 培训班;媒体都在讲人力资源管理,就开人力资源高级经理研修班;等等。结果是钱花了不少,但有没有效果就不得而知了。要使一个企业的培训有效,就必须使培训符合企业发展战略,这就需要我们进行培训需求分析。

要搞好培训需求分析,首先得全面客观地收集培训需求信息。培训需求信息包括两个方面,即企业的发展战略和员工的个人信息。企业的培训必须是为企业的发展战略服务的,但是也要充分考虑员工的个人情况,如员工的知识技能现状、兴趣爱好、职业生涯发展规划等,只有同时兼顾企业的发展战略和员工的实际情况,才能使培训成功。

(2) 制定与实施培训计划。制定周密的培训计划有助于企业有条不紊地开展培训,提高培训效益。但是有调查结果表明,目前国内真正有系统培训计划的企业还不足 50%,也就是说有一半以上的企业对培训缺乏计划概念,这对培训来说是非常不利的。为此,企业要根据自身发展战略和人力资源的总体计划,考虑企业的培训需求与可能,确定企业培训的总体目标,并将其分解成若干分目标,再根据分目标的要求,制定培训项目计划,分清轻重缓急,配以相应的人力、物力和财力,并确保计划的贯彻与落实。

(3) 做好培训的转化工作。企业实施培训,当然是希望受训员工能将所学运用到工作中去。但有研究表明通常只有 10% 的所学被转移到工作中。可见,做好培训转化工作对于增强培训效果有非常重要的作用。培训转化是指受训者有效且持续将所学到的知识和技能运用到工作中的过程。影响培训转化的因素很多,大致可以概括为转化氛围、上司支持、同事支持、应用所学的机会、自然遗忘、旧行为及旧模式的惯性等。在培训后,组织应尽量创造一个良好的环境使受训者尽快尽多地将所学运用到工作中。

（4）做好培训评估工作。在培训管理中，评估起着一种特殊的信息反馈作用，它主要是调查收集受训者和有关人员对培训项目的看法，受训者学习后态度行为的变化是否达到了培训的预期目标，以及培训对组织的整体绩效的提高和培训需求的满足，它通过对现状与目标之间距离的比较，有效地促使被评估对象不断逼近预定目标，不断提高培训质量，并为下一阶段培训计划的制定提供依据。

2. 健全的规章制度能更有效地防止培训的风险

只有制定并严格执行规章制度，企业的生产和运作才能步入良性循环。对待培训亦是如此，健全的规章制度能更有效地防止培训的风险。

（1）完善人才档案制度。人才档案制度的内容设计要具有动态性，如月工作汇报、季度工作小结、半年工作总结、年度考核和民主评议等项目，还有培养目标、培养方法、进展情况等，使人才档案真正为选拔与使用人才提供全面可靠的依据。

（2）建立严格的人才选拔、聘用和考核制度。这样，可以使企业在选拔与使用人才时有较系统和较客观的依据。

（3）建立科学的员工绩效评估机制。把员工对企业的贡献与待遇公平合理地联系起来，让员工既能看到自己的待遇，又能看到自己对企业的贡献，从而可以有效地减少员工因为横向比较感到待遇不公的现象发生。

（4）要建立完善的企业培训制度，改变培训不规范的现象，建立起一套完备的培训制度。培训制度一旦确立，企业每个人都必须严格遵守。

（5）要建立培训服务期的相应管理制度和管理办法。在制度、办法和与员工签署的培训服务协议中明确规定有关原则、标准和奖罚办法，并作为员工劳动合同的有效附件。培训服务期管理制度的内容主要包括八个方面：

① 对于企业出资外派员工参加培训，员工因个人原因中途退学的，企业要制定明确的处罚标准。

② 要明确培训费的范围，如教材费、场地费、餐饮费、培训期间的住宿标准、交通费等是否都计算在培训费范畴，要在协议中明确，以免在员工培训中引起不必要的争议。

③ 要明确较长时间的培训是否有探亲假，具体应如何休假。

④ 要明确员工在培训期间的待遇，包括出国期间的补贴、工资福利、保险等。

⑤ 对于培训时间周期比较长、培训费用比较高的员工，企业有权在培训期或培训结束后根据工作需要调整其工作岗位和薪酬。

⑥ 要明确培训服务期限的计算方式是单次还是累计计算，如用数学公式明确标明将更清晰。

⑦ 对于高额培训或者出国参加培训，企业应采取培训担保人制度，由担保人对员工进行培训担保，担保人可以是本企业员工，也可以是其家人或朋友。

⑧明确违约责任。如员工因个人原因提前解除或终止劳动合同,要明确赔偿方法和额度。原则上培训服务期最多不超过五年,并平均分摊在相应年度内;员工的最高赔偿标准不超过培训费之和。

3. 培训风险的防范还要有良好的企业文化作支撑

优秀的组织文化是一种强大的凝聚力和向心力,能调动全体员工的生产积极性和创造性,使组织得以长足发展。就培训来说,优秀组织文化的价值观和经营哲学作为组织的灵魂,不仅决定着整个组织的发展走向,而且也指引着组织培训的方向。

优秀的组织文化对培训予以高度重视,如太平洋保险公司提出了一条鲜明的口号:"培训是我们最大的财富",将培训的理念深深根植于组织文化中,使公司每一名成员都意识到培训的重要性,并积极参加单位组织的各项培训。

优秀组织文化指导下的培训把员工的利益与组织的长远利益更加紧密地联系起来,培训得到领导和员工的普遍重视,员工有参加培训的欲望和动力,也能享受培训带来的成功和喜悦。培训不再是可有可无的附属品。

在优秀的组织文化引导下,员工通过接受培训,不仅丰富了知识,提高了技能,还实现了人生价值,这能够极大地激发员工的工作热情,增强员工的凝聚力、忠诚感和归属感。通过培训,员工的工作技能、精神面貌、服务意识等都能得到提高,成为知识型工作者,能够让顾客感到满意和放心,使客户愿意与组织建立长期的业务往来和合作关系,从而使组织的产品得到大众信任,企业品牌成为大众心目中的名牌。更重要的是,在培训中,员工不断了解组织的价值观和使命,明确组织的经营理念和规章制度,在工作中自觉地以组织经营理念为指导,模范地遵守组织的各项制度,加强了责任感和使命感,使组织的规章制度内化为员工的自觉行为,大大提高了组织的管理水平和工作效率。

4. 必要时还需要使用法律手段限制不合理的人才流动

人才流动是建立社会主义市场经济体制的客观要求,但是,人才流动不可避免地会产生种种不利于企业的结果。由于人才外流而使一些国有企业陷入困境的情况已不罕见。有合理的人才流动,也有不合理的人才流动,二者的区别在于是否遵守劳动纪律,执行劳动合同,保守商业秘密。此外,企业在加强职业道德教育、重视各类人才、增强内在凝聚力的同时,应着手采取各种合理防范措施,运用现有法律和制度,限制不合理的人才流动,降低企业培训的投资风险。

(1)企业要选择好培训时机。劳动者在试用期内,可以随时通知用人单位解除劳动合同。也就是说,只要是在试用期内,劳动者无论什么原因、什么情况向用人单位提出解除劳动合同的要求,用人单位不能以任何理由进行阻止。这就提醒企业,不要在试用期内出资对员工进行培训,如果确实需要在试用期内对员工进行培训,最好缩短试用期或与之签订一项短期的劳务合同。

（2）在激烈的市场竞争和从业者职业意识普遍不强的情况下，在对单位的核心层、骨干层进行培训前，一定要充分考虑他们流失的可能性及由此带来的后果。为了避免劳动者泄露用人单位的商业秘密，在有关法律规定中，允许用人单位和劳动者在劳动合同中约定保守商业秘密的条款，即竞业避止条款。用人单位可以和掌握商业秘密的员工在劳动合同中约定员工在终止或解除劳动合同后的一定期限内（不超过三年），不得到生产同类产品或经营相同业务且有竞争关系的其他单位就职，但用人单位应当给予员工一定数额的经济补偿。企业要注意的是，拟订相应条款，一定要慎之又慎，并且要不折不扣地执行，否则将使自己处于劣势地位。

（3）企业应当依法维护自己的正当培训权益。对于违反培训协议的员工，可上诉至劳动争议仲裁委员会，若员工不履行劳动争议仲裁委员会的裁决，可向有管辖权的人民法院申请执行。

案例分析

培训管理该如何做？

H 市 A 企业是一家非常有实力的企业，在大约两个月前，他们找到一家培训机构，希望做法律方面的培训。培训机构李先生很快就为他们找到了一位知名律师 R 律师，这位律师各方面的背景都得到了企业的认同，于是这次培训工作就开始了。

一、培训前期准备

为了让这次培训做得更好，李先生专门做了员工需求调查，并且把调查结果向专家做了反馈。离培训还有 1 周左右，该企业负责培训的 Y 经理打来电话，询问为什么到现在还没有培训的讲义资料。于是，李先生赶紧询问讲义事宜，R 律师解释，由于这次培训实战性很强，主要是针对人员具体性的问题进行现场的解答与处理。在李先生的一再坚持下，R 律师说，这段时间非常忙，讲义可能准备不足，现在市场上正好有这方面的书籍出版，可以给培训学员人手一册用以补救。李先生把这些情况向 Y 经理反馈，他自然是非常不乐意，凭着多年的培训经验，他感觉这样很不保险，没有讲义将不能保证培训效果。他希望能重新换个专家，但由于临近培训，很难找到合适的专家。

二、培训开始前的检查

培训开始前一天，李先生到了 H 市，针对企业的情况进行了再次确认，同时，针对培训现场进行了现场考察，了解了讲师对培训场地的要求，检查了各类培训器材的运行状况。总体来说，A 企业这方面准备还是比较充分的。由于培训时间为期两天，需提前预订返程车票，但因为临近国庆，车票早在几天前预订一空。幸好天无绝人之路，售票处还有仅存的几张到邻近城市的机票，于是他赶紧买下了机票。

在与 R 律师的交流中，李先生得知，由于 R 律师近期忙于业务工作，课程还是没有来得及准备,R律师解释说,这些课程都是他熟悉的,现场发挥绝对没有问题。听到这些,李先生很是担心,暗地里后悔自己没跟R律师及时联络,他认为这样对客户是极不负责任的。因此,李先生便要求R律师把讲课提纲连夜拿出来,免得到时词不达意。在培训机构的坚决要求下,R律师终于把一个粗略的提纲给拿了出来,这时已经是深夜了。

三、培训实施

培训一开始R律师讲得还可以,他能把人员普遍反映的问题进行提纲挈领式的讲解,学员们开始时听得比较认真,但随着培训的进行,学员们开始有些骚动不安,有些人开始窃窃私语,也有些人开始进进出出。

在培训中场休息时,通过与学员交流沟通,李先生发现原来A企业经常做培训,学员们对互动式、游戏式培训比较感兴趣。老师虽讲得比较专业,但培训缺乏互动性,讲课语调又比较平淡,学员们听着听着就开始走神。于是李先生赶紧把学员的意见反馈给R律师,要求他变换一下讲课的风格,包括改变语音语调、增加案例,让培训活泼生动。R律师接受了意见,但他临时调整风格明显准备不足,学员经过短时间的兴奋之后,又陷入了懒洋洋的状态,培训负责人Y经理露出了不悦的神情。

上午培训一结束,李先生与Y经理经过紧急磋商,认为讲师再临时改变风格也没有作用,经请示领导,Y经理决定压缩培训时间,由原来的两天压缩到一天半,又与讲师协调,希望他再改变一下讲课风格。同时,再次向学员强调了培训纪律,不允许培训时间进进出出、喧哗吵闹等。

四、培训继续

对培训的调整及对讲师的劝告起了作用,等到下午培训的时候,R律师开始大幅调整培训方式,有意识地让学员来提问,他做解答;同时,他也要求学员们把自己身边的故事、困惑的事情讲出来,他做现场解答。大家你一言我一语,纷纷讨论起来,讲师也时不时地进行点评,培训气氛达到了一个高潮,这时Y经理脸上也露出了难得的笑容。

大概是讲师感觉到这种讨论互动的形式挺好,因此就一直采用这种形式,学员们越讨论越热烈,慢慢地培训讨论开始偏离主题。这种情况引起了Y经理的警觉。

培训中场休息,Y经理赶紧与讲师沟通,让其把握培训的主题,讨论要始终围绕着企业关注的重点进行。同时,培训的形式可以再多一些,游戏、讲解等都可以穿插进行。

于是,R律师又开始了讲解,偶尔再穿插一些讨论等。这时,随着太阳慢慢地挪到了西边,阳光照射到学员们的脸上,让人昏昏欲睡(窗户没装窗帘),不少学员开始打哈欠。培训慢慢地又陷入了沉寂状态,直到培训结束。

最后半天的培训鉴于讲师的培训风格一时难以改变,我们建议讲师集中精力讲重点,要把学员工作中遇到的重点问题、学员所关注的问题、常犯的错误进行集中解答,最后在即将结束的时候,让其把这一天半的培训进行集中总结,这样培训总算勉强结束了。

（资料来源：http://ft.newdu.com/Management/HR/Train/200910/2010.htmlg，略有改动）

案例思考题

1. 案例中 A 公司的培训管理存在哪些问题？
2. 案例给我们什么启示？应如何做好培训前的组织与管理工作？

思考与练习

一、单项选择题

1. 在选择培训方法时，放在第一位考虑的是　　　　　　　　　　　　　（　　）
   A. 预算成本的可行性　　　　　　B. 培训方法与内容的适应性
   C. 受训者的特点　　　　　　　　D. 培训方法与目标的匹配性

2. 以提高培训者素质为目标，以岗位技能培训为重点，既强调相关职业通用知识与技能的传授，又强调特定职业、职位的特定知识与技能的培养，这种培训课程的类型是　　　　　　　　　　　　　　　　　　　　　　　　　　　　　　　（　　）
   A. 合科课程　　B. 模块课程　　C. 核心课程　　D. 活动课程

3. 下列哪种方法不属于模拟式培训方法　　　　　　　　　　　　　　　（　　）
   A. 角色扮演法　　B. 案例研究法　　C. 教练法　　D. 游戏培训法

4. 应用最为普遍，也是最传统的一种培训开发方法是　　　　　　　　　（　　）
   A. 讲授法　　B. 角色扮演法　　C. 工作轮换　　D. 案例研究法

5. 拥有扎实的理论功底和丰富的实践经验，熟练掌握各种培训技能，但是缺乏个人魅力，这类培训师属于哪种类型　　　　　　　　　　　　　　　　　　（　　）
   A. 卓越型　　B. 专业型　　C. 技巧型　　D. 演讲型

二、多项选择题

1. 培训课程设计的基本要素有　　　　　　　　　　　　　　　　　　　（　　）
   A. 学习者　　B. 课程目标　　C. 培训教材　　D. 教学模式
   E. 教师

2. 选择培训课程内容须遵循的原则有　　　　　　　　　　　　　　　　（　　）
   A. 通用性　　B. 相关性　　C. 有效性　　D. 创新性
   E. 价值性

3. 下列属于在职培训方法的有　　　　　　　　　　　　　　　　　　　（　　）
   A. 角色扮演法　　B. 行动学习　　C. 师徒制　　D. 工作轮换
   E. 教练法

4. 具有丰富的知识和经验的培训师类型有 （　　）
A. 卓越型　　　B. 专业型　　　C. 讲师型　　　D. 演讲型
E. 敏感型

5. 下列关于培训师的表述，正确的有 （　　）
A. 外部培训师沟通交流比较顺畅
B. 内部培训师提供的培训更有针对性
C. 使用内部培训师可能会加大培训风险
D. 聘用外部培训师所传授的内容可能不实用，或无法解决组织的实际问题
E. 能用组织熟悉的语言和事例来解释培训的内容，便于学员接受和理解

三、简答题

1. 培训过程中应做好哪些工作？
2. 课程设计应遵循哪些原则？
3. 培训师一般应具有哪些能力？
4. 模拟式培训开发方法有哪些？其各自的特点和优点是什么？
5. 应如何选择培训机构？

四、论述题

1. 试述如何选择科学的培训方法。
2. 试述培训风险的防范策略。

第七章
培训开发效果评估与转化

 知识导览

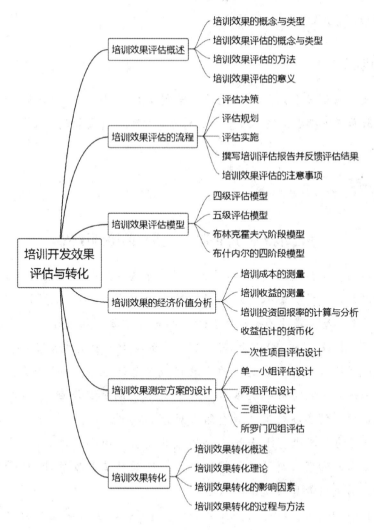

学习目标

1. 了解培训效果的概念、类型
2. 掌握培训效果评估的概念、类型、常用方法
3. 理解培训效果评估的意义、注意事项
4. 掌握培训效果评估的流程、几种常见的培训效果评估模型
5. 了解培训成本的测量方法、培训收益的测量方法、收益估计货币化的步骤方法
6. 掌握培训投资回报率的计算与分析方法、培训效果测定方案的设计方法
7. 理解培训效果转化的概念、层面、意义
8. 掌握培训效果转化的影响因素
9. 了解培训效果转化的相关理论和过程
10. 掌握培训效果转化的方法

重点概念

培训效果　培训效果评估　柯克帕特里克模型　CIRO 评估模型　CIPP 评估模型　菲利普斯的五级投资回报率模型　汉姆布林模型　考夫曼的五级评估模型　培训效果转化　转化氛围

引导案例

"告诉戴尔"矫正器——戴尔的培训评估

任何领域的供应链能持续运转,保持高效,并达到最高级别的目标,都离不开过程中的反复修订与调整。戴尔在人才供应链上的突出表现亦源于此。"我们希望发出这样一个信号:结果是重要的,但是过程也同样重要。"原戴尔人力资源副总裁保罗·麦金农(Paul McKinnon)认为,强调过程中的检讨与反思尤为重要。

"告诉戴尔"项目正是基于这样的目的在戴尔落地生根。在"告诉戴尔"项目中,戴尔公司内部每半年将举办一次参与率达 90% 以上的员工调查,目的就是用以衡量戴尔所有培训项目的实施效果。调查结束后,戴尔会根据每一级员工的反馈制定出标准,衡量经理的管理优劣水平和领导的领导能力。简而言之,戴尔希望由员工的投票来评判戴尔的管理人员是否取得了进步。这是员工就发展能力、管理效率等各方面问题向公司提供最真实反馈的好办法。

据翰威特咨询公司针对美国企业的一项调查显示,在培养领导力方面表现最为杰出的前 20 家企业中,戴尔位居第四。值得关注的是,调查结果显示,这 20 家企业

的相同之处是高度关注领导层的培养,由CEO亲自挂帅推进项目的进程。

同样,"告诉戴尔"项目能得到有力执行也少不了戴尔高层管理者的支持。每年,该项目都从迈克·戴尔及其他几位高层领导开始,他们会用一天时间教授戴尔的决策层,如何做一个好领导。然后,决策层领导再以报告的形式重复培训内容,并逐层地传递下去。"在我的记忆中,没有哪个场合像我在这些对话中这样暴露自己,"Paul McKinnon说,"这些调查让我们都能关注戴尔领导能力的不同侧面,每年,我们都推进一点,这代表着戴尔有效的领导力。"

"戴尔的人力资源管理体系就像我们的电脑一样,为客户量身定做。而调查项目反馈回来的信息,也是我们量身定做时需要重点考虑的因素之一。"戴尔中国的学习发展总监萧泓认为,戴尔人力资源管理的最大特点就在于其与公司整体战略有着非常密合的贴近度,而这是使一系列人才计划得以执行的重要因素。

"戴尔中国正在拥有坚定的、长期目标的领导风格。要实现戴尔中国学习与发展部门所担负的4个目标,绝不是一个短期行为。目前看来,该平台已经基本建成了,基本达成了4个初始目标。"萧泓表示,正是因为戴尔在人才供应链管理流程上的不断标准化,戴尔才能在任何突发变化前应付自如。

(资料来源,http://www.chinahrd.net)

培训开发效果评估是人力资源培训与开发管理流程中的最后一个环节,这项管理职能是对培训与开发项目在多大程度上实现了它最初的目标进行评价。组织如果没有实施培训的评估与跟踪,就很难实现培训的改进与结果转化。合适的培训评估方法能够帮助培训管理者及时了解培训管理体系中存在的问题。

第一节 培训效果评估概述

没有评估的培训不能算是完整的员工培训,因为培训者和培训管理人员无从知道培训效果,更不知道培训是否达到预定的培训目标。培训评估不仅仅在培训结束时进行,更应该伴随培训全过程进行,甚至延伸到培训结束后的若干时间内进行。只有这样,培训者才能根据培训评估结果适时做出适合学员的调整,减少劳而无功现象的发生。科学的培训评估对于了解培训的效果、界定培训贡献非常重要。

一、培训效果的概念与类型

培训效果是指培训开发以后所达到的状态,以及组织或受训者从中获得的收益。

对受训者来说，他们可以学习各种新的技能和行为方式，而组织则可以获得销售额的上升及顾客满意人数的增加。

培训效果可分为培训开发有效性和培训开发效益性两方面。有效性是指培训开发工作对目标的实现程度。效益性则是判断培训开发工作给组织带来的经济效益和社会效益，而不仅仅是判断培训开发目标的实现程度。这两方面可以细分为五种类型的培训效果。

1. 认知效果

可用来衡量受训者对培训开发项目中强调的原理、事实、技术、程序或过程的熟悉程度。认知效果用来衡量受训者从培训开发中学到了什么，如安全规则、电子学原理、评估面谈的步骤等。一般采用笔试来测评认知效果。

2. 技能效果

用来评价技术或运动技能以及行为方式的水平，包括技能学习和技能转换两个方面。如使用拼图、倾听技能、指导技能、飞机着陆技能等，技能成果通常是用观察法来判断的。

3. 情感效果

情感效果包括态度和动机在内的效果。情感效果的一种类型是有关受训者对培训开发项目的反应。反应是受训者对培训开发项目的感性认识，包括对设施、培训师和培训内容的感觉。反应有助于明确受训者的哪些想法是有助于或阻碍学习的。评估也应包括对多样化的忍耐力、学习动机、安全态度和顾客服务定位等情感因素。情感效果要通过调查或访谈来进行衡量，如培训的满意度等。

4. 绩效效果

用来决策组织为培训开发计划所支出的费用。绩效效果包括由于员工流动率或事故发生率的下降而导致的产量的提高及产品质量或顾客服务水平的改善。可以通过观察，或在信息系统或绩效记录中收集的数据中得到。

5. 投资回报率

指培训开发的货币收益和培训成本的比较，用于衡量培训的经济价值。培训成本包括直接成本和间接成本；收益是指公司从培训计划中获得的价值。

二、培训效果评估的概念与类型

1. 培训效果评估的概念

培训效果评估是指组织运用科学的流程和方法，系统地收集有关人力资源培训与开发的描述性与评判性信息，并将其与组织的预期目标相联系，以确定培训与开发项目的有效性和价值性的过程。培训评估是一个完整的培训流程的最后环节，它是对整个培训开发活动实施成效的评价和总结，同时，评估结果又是以后培训活动的重新输入,为下一个培训需求活动的确定和培训项目的调整提供重要的依据。

2. 培训效果评估的类型

(1) 按照培训效果评估切入的时间分类,可以分为培训前评估、培训中评估和培训后评估。培训前评估,也叫诊断性评估,是指在实施培训前开展的预测性、测定性评估,或者对受训者的基础、条件做出鉴定。培训中评估,是指按照培训计划和目标,用科学的方法和程序,在培训实施过程中,对受训者的参与状况、培训内容、培训进度和中间效果、培训环境、培训机构、培训师授课情况等进行监测,从而有效控制、调节培训实施过程,保证培训既定目标的实现。培训后评估,又称总结性评估,是指在培训结束后,以预先设定的目标为基准,对培训活动的最终成果及其各个方面达到目标的程度,进行系统化的检查和评价。培训后评估是培训效果评估中最重要的内容。

(2) 按照培训评估的方法分类,可分为定性评估和定量评估两大类。定性评估是指对不便量化的评价对象,采用定性的方法做出价值判断,目前是培训效果评估中运用较为广泛的方法。如对学员态度的转变等采用观察法做出判断,进行定性描述。定量评估是指采用定量计算的方法,即通过收集培训相关数据资料,用一定的数学模型或者数学公式,对培训效果做出定量分析得出结论的方法。定性评估法有其局限性,如果辅以定量评估法,效果将更加显著。定量评估的方法很多,如成本-收益分析法、假设检验法、机会成本法、边际分析法、加权分析法等。

(3) 按培训评估的目的分类,可以分为建设性评估和总结性评估。建设性评估指以改进培训项目为目的,而不是以是否保留培训项目为目的的评估。通常是一种非正式的主观性的评估,可以帮助受训者明白自己的进步,从而使其产生某种满足感和成就感。在进行建设性评估时,需要保证评估不能过分频繁,也不能让受训者有一种他们一直在进行重复学习的感觉;否则,建设性评估就无法发挥其激励的作用,其他优势也会随之而丧失殆尽。关于"两次连续评估之间究竟间隔多长时间才是适当的"这一问题并无一个统一的标准,只能根据每个培训项目的具体情况而定。总结性评估是指在培训结束时,对受训者的学习效果和培训项目本身的有效性作出评价而进行的评估。它经常是正式的、客观的、终局性的。这类评估只能用于决定培训项目的存亡,而不能作为项目改进的依据;只能用来决定是否给受训者某种资格,而无法评价受训者学习中的进步。

三、培训效果评估的方法

培训效果评估的方法主要有观察评估法、笔试法、问卷调查法、访谈法、工作绩效考核法、集体讨论法等。

1. 观察评估法

观察评估法是指评估者在培训进行中和培训结束后,观察受训人员在培训过程中的反应情况和在培训结束后的工作表现、行为和技能变化。运用此法进行培训效果评估时,要注意与学员随时沟通,根据学员的反应与行为变化适时调整教学方法,以收到良好的培训效果。

2. 笔试法

笔试法是培训组织者通过笔试的方法,对培训对象在参加培训前和培训结束时的知识进行测验,了解其在知识掌握方面有多大程度的提高,以考查培训阶段的学习成果。笔试法容易实施,可进行大样本的评估,但可能会给测试者带来威胁感,且测验的分数可能与工作绩效不相关。

3. 问卷调查法

问卷调查法是指通过问卷的形式,搜集受训者对于培训项目的效果和有用性的反应,或是评价受训者在工作中对培训内容的领会和应用情况。这种方法的关键是根据调查对象和调查目的的不同设计一份有效的问卷。当对受训者进行调查时,主要需要围绕培训课程设计问卷,内容往往包括培训内容的针对性、培训师水平、培训设施、培训管理、自己从培训中获得的收益等,如表 7-1 所示。

表 7-1 培训效果调查表示例 1

为及时准确地评价本次培训效果,请各位学员对此次所受培训课程做出评估,并将您的建议和意见如实填入,以帮助我们改进和完善今后的培训工作。谢谢!

姓名		性别		岗位		学历	
所受培训课程							

测评项目	测评内容	学员评价		
培训目标	课程是否达到了目标	□达到	□部分达到	□未达到
培训教材	教材是否适用	□非常适用	□一般	□不适用
培训内容	对改进工作是否有利	□非常有利	□一般	□否
教学方式	对教学方法是否满意	□满意	□一般	□不满意
培训环境	对教室设施的评价	□好	□一般	□差

对培训课程的改进意见

如果是对受训者主管进行调查,则主要考察培训后学员工作行为的变化;这种变化的性质(积极的、消极的、中性的);在以后的培训中,应在哪些方面做出改进。如表 7-2 所示。问卷调查法容易实施,也容易分析和总结。其缺点是其数据是主观的。

表 7-2　培训效果调查表示例 2

一、本年度组织举办的培训活动

二、请各主管将参加培训的学员在培训前后能够注意到的行为变化在调查表的适当位置打"√"，并于×月×日前交到人力资源部

三、培训效果评估

项　目		工作数量	工作质量	工作技能	环境维护	士　气	出　勤
培训前	很好						
	较好						
	一般						
	较差						
	不清楚						
培训后	很好						
	较好						
	一般						
	较差						
	不清楚						
变化大小							
评估者			评估日期				

4. 访谈法

访谈法是由评估者和被培训者、培训者或被培训者的上级详细面谈，调查收集培训效果有关信息的方法。访谈前评估者对访谈内容应有相当的了解和把握，注意引导话题的方向。最好事先对访谈者进行一定的培训动员，由评估者设计好访谈提纲和访谈模式，访谈时依此模式进行，从而保证访谈的有效性。

访谈法的最大优势是，评估者可以设计各种与培训相关的问题激起被培训者、培训者或被培训者上级的反馈，从被访者对大量开放式或封闭式问题的回答中获得可用于评估培训的信息。但这种评估方法所得评估结果受评估者的洞察力以及对话题的把握程度的影响较大。

5. 工作绩效考核法

工作绩效考核法是在培训项目结束后，每隔一段时间（如 3～6 个月）对员工的工作绩效进行评估以了解培训效果。如工作量有无增加，工作能力、工作业绩有无提高，人际能力有无增强等方面。对一些技术工人，则可以通过绩效考核来掌握他们技术的提高情况。

6. 集体讨论法

集体讨论法是将所有受训者集中到一起召开讨论会，每一个受训者在会议上都要陈述通过培训学会了什么，以及如何把这些知识运用到工作中。这种方法一般在培训结束后采用，有的时候会以写培训总结或培训感想的形式来代替。

四、培训效果评估的意义

要真正提高对培训效果评估的重视，就要了解培训效果评估的重要意义。

（1）效果评估能够反映培训对组织的贡献，并以此体现人力资源部门或培训部门在组织中的重要作用。

（2）效果评估可以为决策者提供有关培训项目的反馈信息，从而作出正确的判断，在不同的培训项目之中选择最为科学的培训方案，或对时间跨度较长、投入资本较多的培训项目作出继续或终止的决定提供较有价值的参考意见。

（3）效果评估可以帮助培训管理者对培训需求确定、培训计划调整、培训资源分配、培训实施操作等影响培训效果的工作及时提供信息，获得反馈及有价值的经验教训，以便更好地开展下一步的培训。

（4）效果评估中的心得交流环节，能够帮助受训者在工作中运用培训所学，取得工作的进步，使得培训资源得到更广泛的推广和共享。同时，会使培训对象更加清楚自己的培训需求与目前水平的差距，从而产生参与下一阶段培训的愿望。

（5）全程培训效果评估可以实现对整个培训过程的全面质量控制，从而使培训需求更加有针对性，培训动员更有效，培训计划更加符合实际需要，培训资源分配更加有效。

第二节 培训效果评估的流程

培训效果评估的整个流程包括：评估决策、评估规划、评估实施、撰写评估报告并反馈评估结果。

一、评估决策

在进行评估之前，培训项目的组织者或者实施者要对评估的可行性、评估目的以及评估的参与者进行调查或确定。

（一）评估的可行性分析

评估的可行性分析也就是评估开始之前，确定评估是否有价值、评估是否有必要而进行的研究过程，这一过程可以有效地防止浪费。可行性分析主要包括两个方面：

一是决定该项目是否交由评估者评估;二是了解项目实施的基本情况,为以后的评估设计奠定基础。

1. 必须评估的情况

(1) 培训项目经费超过一定的警戒线时。

(2) 培训项目需三个月或更长时间时。

(3) 培训项目确定的受训者范围广,为数众多。

(4) 培训项目的效果对组织很关键时,如顾客满意度、产品质量。

(5) 单个单元的培训会对组织其他业务单元产生很大影响时,应被评估。

(6) 当组织面临一系列重大改革举措,需要评估结论作为依据时,应进行评估。

2. 不宜评估的情况

(1) 培训项目目标不明确或目标上缺乏共识时,不应评估。目标不明确或目标上缺乏共识时,项目效果的评估缺乏客观标准。这里所讲的不明确并不一定是没有目标,而是目标过于笼统空洞,缺乏可操作性,不能从中具体得出一些指标作为评价的标准。

(2) 培训项目评估结果不能得到利用时不应进行评估。培训项目评估,尤其是建设性评估的最终目的是改进培训项目以使其对组织绩效的改进作出更大的贡献。如果评估活动偏离了这一目标或评估结论达不到这一效果,评估本身就是一种浪费。具体来说,在下述两种情况下不应该进行评估:

① 评估决策者动机不纯。即评估不是为项目决策提供科学依据,而是出于公关考虑,或者是装饰门面,使既定决策合法化。

② 决策者虽有利用评估结果改进培训项目的愿望,但缺乏把评估结论或建议付诸实施的权威和能力,致使评与不评一个样,甚至适得其反。

(3) 时间有限,不能保证质量的评估不应进行。时间有限主要包括两种情况:

① 评估决策者给的评估时间太紧,致使信息数据收集不全,可能影响到评估质量。

② 培训项目的效果还未充分展示出来,进行评估难以得出科学结论。

(4) 评估资源不足,不能保证质量的评估不应进行。这里的资源主要是资金。因此,评估开始之前,评估者要对需要的资源、可利用的资源进行对比分析,缺口过大就不应承接评估任务。

(5) 培训项目本身缺乏外在价值时,不应进行评估。一个培训项目如果的确能有助于目标群体知识和经验的累积,那么它具有内在价值;如果它能够增进组织的绩效,则其具有外在价值。值得注意的是,具有内在价值的培训项目不一定同时具有外在价值。例如,对一群研发人员实施插花艺术的培训项目,项目结束之后,每一个参与者可能都精通了插花的技巧。但这却是一个典型的只有内在价值,而无外在价值的培训项目。因为一群精通插花的研发人员对组织业务并不能产生任何有益的影响。对组织而言，当然是希望项目具有外在价值。对没有外在价值的项目进行评估，是没有任何意义的，因而也是完全不必要的。

（二）明确评估的目的

一个良好的培训评估对组织成功培训会产生很大的作用。我们进行培训评估之前一定要搞清楚评估的目的。评估的基本目的是满足管理者的需要，而管理者可能会基于下列三个目的中的一个而需要有关的信息和评价：了解有关方案的情况，包括培训项目是否有利于增进组织员工的绩效、培训项目是否能进一步改进；知道方案是否已确实提供，如果没有提供，则要让他们明白已经用什么来代替了这个方案；就继续还是中止，推广还是限制该方案一事做出决策。要结合管理者的意图，明确相关的培训目的，这样才能使评估报告有意义。

二、评估规划

1. 选定评估者

评估者主要分为内部评估者与外部评估者。内部评估者来自组织内部，可属于组织专门从事评估的部门，也可能临时从其他部门抽调出来从事该项目的评估工作。外部评估者是来自组织之外的评估工作者，如来自大学、研究机构或专门的评估咨询公司。

选择评估者要从被评估项目的特点、内容、目的和评估者本身所具有的优势和弱点等几方面来考虑。内部评估者的优势在于对培训项目的具体内容、运作过程、注意事项、有关项目执行者的情况及项目提出的原因和意义等方面比较了解。另外，内部评估者可借助内部关系，容易取得培训项目有关人员的信任、合作与支持，这都有利于评估者获得全面信息以及敏感信息，把握问题的关键。外部评估者多来自研究机构或专门的评估咨询公司，对评估过程中遇到的技术难题有较强的处理能力，而且外部评估者比较熟悉各种评估技术与方法，评估操作比较熟练。此外，外部评估者对培训中存在的问题反映比较客观，不受内部关系影响。

2. 选定评估对象

培训的最终目的就是为组织创造价值。由于培训的需求呈增长的趋势，因而实施培训的直接费用和间接费用也在持续攀升，因此不一定在所有的培训结束后都要进行评估。主要应针对下列情况进行评估：

（1）新开发的课程评估应着重于培训需求、课程设计、应用效果等方面。

（2）新教员的课程应着重于教学方法、质量等综合能力方面。

（3）新的培训方式应着重于课程组织、教材、课程设计、应用效果等方面。

外请培训企业进行的培训应着重于课程设计、成本核算、应用效果等方面。选定评估对象，才可以有效地针对这些具体的评估对象开发问卷、试题、访谈提纲等。

3. 完善评估数据库

进行培训评估之前，培训主管必须将培训前后发生的数据收集齐备，因为培训数据是培训评估的对象，尤其是在三级、四级的评估过程中必须要参考这些数据。培训的数据按照能否用数字衡量的标准可分为两类：硬数据和软数据。硬数据是对改进情况的主要衡量标准以比例的形式表示，是一些易于收集的无可争辩的事实。这是最需要收集的理想数据。硬数据可以分为四大类：产出、质量、成本和时间，几乎在所有组织机构中这四类都是具有代表性的业绩衡量标准。在难以找到硬数据时，软数据就很有意义。常用的软数据可以分为六类：工作习惯、氛围、新技能、发展、满意度和主动性。

4. 选择评估形式

评估规划阶段实际上是评估者利用自己的知识和经验，并结合实际的评估情景进行选择的过程。在选定评估对象和完善数据库之后，评估者需选择恰当的评估形式，只有在确定评估形式的基础上，才能设计出合理的评估方案并选择正确的测度工具，同时对评估的时机和进度做出准确的判断。评估形式的选择以评估的实际需要以及这种形式的评估所具有的特点为依据。评估的形式主要有非正式评估和正式评估、建设性评估和总结性评估等。

5. 确定培训评估层次

从评估的深度和难度看，柯克帕特里克模型包括反应层、学习层、行为层和结果层四个层次。培训主管要确定最终的培训评估层次，因为这将决定培训评估开展的有益性和有效性。一般来讲，所有课程都可以进行一级评估。要使学员掌握一些课程中所讲的某些特殊知识或运用某一具体技能，可以进行二级评估。三级评估适用于那些意在改变工作表现，而且客户对实际效果期望很高的课程。

6. 选择评估方案及测试工具

对于评估的实际操作人员而言，最重要的就是选择一套合适的评估方案和测试工具。评估方案主要回答在哪儿收集数据、获得信息的问题，它构成了整个评估过程的骨架。测试工具则主要回答怎样收集数据、如何获取信息的问题，它是评估过程的血肉。评估方案选择的恰当与否，决定了数据反映培训效果的程度。评估方案和测试工具与培训项目、培训对象的匹配程度则直接决定了评估能否取得成功。

建设性评估和总结性评估由于各自的作用和特点不同，评估时间和评估地点也不同。建设性评估可以在培训的各个阶段中进行，这类评估的信息反馈到培训部门之后，就可以为培训部门调整课程的难度和内容提供必要的依据。

实施了建设性评估，并不意味着总结性评估不再重要。恰恰相反，因为每一个培训项目的参与者都希望知晓培训的成效,所以,几乎在每一项培训计划结束之后,都要进行总结性评估。

三、评估实施

培训效果评估实施的过程实际上是相关数据收集、整理和分析的过程。在评估规划完成后,开始着手培训实施阶段的相关工作。为了收集到关于受训者的数据和资料,首先要确定相关的评估变量,然后,通过这些变量对培训对象做出准确的测度。

收集数据可以采用很多方法,一般依据先前培训规划阶段确定的测试工具进行。较为常见的做法有向受训者发放咨询表或问卷、与受训者进行座谈以及评估者亲自观察等方法。

收集到数据以后,就要开始对数据进行整理和分析,形成评估数据库。数据整理过程主要是依据类别,将同一类的数据放在一起,为以后的统计、分析做准备。数据分析方法的选择取决于数据本身的特性。数据分析的方法很多,如直方图法、圆饼图法、统计检验法等,主要分为定性方法和定量方法两大类。

四、撰写培训评估报告并反馈评估结果

(一)撰写培训评估报告

培训主管在分析以上调查和数据之后,再结合学员的结业考核成绩,对此次培训项目给出公正合理的评估报告。撰写培训评估报告是整个培训工作的尾声,同时也是影响培训评估结果的重要环节。因此,在撰写评估报告时不可凭一两个人的观点,那样会大大影响评估结果的价值,也失去了培训评估的重要意义。

撰写培训评估报告时要注意以下几点:要用辩证的眼光来分析问题;要在下结论之前确定真凭实据;要考虑评估者本人存在的偏见;要考虑到培训评估的短期效果和长期影响。

培训评估报告主要由以下几部分构成:培训背景说明;培训概况说明;培训评估的实施说明;培训评估信息的陈述和表示;培训评估信息的分析;培训评估结果与培训目标的比较;培训项目计划调整或是否实施的建议提出。

(二)培训评估结果的沟通和反馈

培训评估结果一般需要反馈给以下四类相关人员。

1. 人力资源培训与开发人员

他们只有在得到这些反馈信息的基础上才能有针对性地改进培训开发项目,精益求精,提高培训开发质量与水平。如果是外训项目,培训主管可以要求此次培训的培训机构基于本培训项目的评估提交报告书,对培训项目做出有针对性的调整。在

认真地对评估数据、评估问卷进行考查之后,培训项目得到了学员的认可,收效很好,则这一项目继续进行;如果培训项目没有什么效果或是存在问题,培训机构就要对该项目进行调整或考虑取消该项目;如果评估表明培训项目的某些部分不够有效,培训机构就可以有针对性地考虑对这些部分进行重新设计或调整。

2. 管理层

培训评估的基本目的之一就是为科学决策提供基础和依据。管理层决定着培训项目的方向。这个培训项目是否有价值?是否应该支持?应投入多少资金?这些都是应该与管理层沟通的问题。

3. 受训者

受训者明确地知道培训的效果如何,并且将自己的业绩表现与其他人的业绩表现进行比较,这种意见反馈有助于他们取长补短,继续努力,不断提高自己的工作绩效。

4. 受训人员的直接领导

他们了解培训评估结果,可以掌握下属培训的情况,以便于指导下属工作。同时,受训人员的直接领导可将培训评估结果作为对受训人员考核的参考依据。

五、培训效果评估的注意事项

(1) 培训效果评估的起点应是培训和组织战略目标之间的联系。换句话说,培训不仅应与战略目标相一致,而且还应是战略目标的组成部分。

(2) 及时反馈。评估并不只是向主管人员递交一份报告,最重要的是要将评估获取的信息用于改善目前的培训设计和效果,因此,必须建立一个良好的反馈沟通渠道,以使信息在有关各方之间的交流畅通无阻。

(3) 应尽可能多地把评估放到培训过程中去进行,这样可适当降低事后评估的重复性。

(4) 应按照培训内容对实现学习目标的重要程度来确定评估的优先次序。

(5) 评估应是长期的和连续的。这样才能给管理者、受训者、培训者以持续的动力和压力,从而发挥更大的作用。否则,则易使人认为培训受重视不够或仅在搞形式主义,极易诱发消极行为。

第三节 培训效果评估模型

对培训开发效果的评估,可以从多个角度展开。迄今为止,研究者已经提出了多种评估模型。组织必须从自身的实际出发,量体裁衣,选择适合自己组织的评估模型，切忌生搬硬套。

一、四级评估模型

（一）柯克帕特里克模型

目前，国内外运用得最为广泛的培训评估方法，是由唐纳德·L. 柯克帕特里克（Donald L. Kirkpatrick）在1959年提出的培训效果评估模型。至今，它仍是培训经理人经常使用的经典培训评估模型。柯克帕特里克从评估的深度和难度将培训效果分为四个递进的层次——反应、知识、行为、效果，如表7-3所示。

表7-3 柯克帕特里克四级评估方法

层 次	可以问的问题	衡 量 方 法
反应层	受训人员喜欢该项目吗？对培训人员和设施有什么意见？课程有用吗？他们有些什么建议？	问卷、访谈
知识层	受训人员在培训前后，知识以及技能的掌握方面有多大程度的提高？	笔试、技能操练和工作模拟
行为层	培训后，受训人员的行为有无不同？他们在工作中是否使用了在培训中所学到的知识？	由上级主管、同事、客户和下属进行绩效评估
效果层	组织是否因为培训经营得更好了？	事故率、生产率、流动率、质量、士气

（1）反应层评估。反应层面的评估是对培训表面效果的测评，主要是征询受训者关于培训的印象、培训的实用性等主观感受。有时候，学员的反应对于决定培训项目是否需要重新设计或继续进行至关重要。

反应层面评估的内容主要包括：培训内容、培训师、方法、材料、设施、场地、报名程序等。

（2）知识层评估。知识层评估通常是通过各种试卷或技能操作等考试方式，直接测量受训者对原理、事实、技术或技能的掌握程度。

（3）行为层评估。行为层面的评估是为了确定从培训项目中所学到的技能和知识在多大程度上转化为实际工作行为。它往往发生在培训结束后的一段时间。通常包括学员的主观感觉，上级、同事或客户对其培训前后行为变化的比较以及学员本人的自评。

行为层面评估的主要内容包括：受训者现在能否做以前做不到的事情；他们能否在工作中表现出新的行为；他们的表现是不是更好了。

（4）效果层评估。效果层面的评估是从组织层面进行的，即组织是否因为培训而经营得更好了。

效果层面评估的主要内容包括：产值、事故率、生产率、员工流动率、质量、员工士气、组织对客户的服务等。

通过对这样一些指标的分析,组织能够了解培训带来的收益,从而确定培训对组织整体的贡献。

(二) CIRO 评估模型

CIRO 评估方法是一个由沃尔(Warr P)、伯德(Bird M)和雷克汉姆(Rackham)发明的四级评估方法,是一个划分评估程序的独特方法。CIRO 评估方法涵盖四种基本的评估级别,由四个单词的首字母 C、I、R、O 组成。

(1) 情景评估(context evaluation)。即收集和使用关于目前操作环境的信息,以便确定培训需求和培训目标。这种评估将确定培训是否必要。

在这个过程中,可对三个层次的目标进行评估:

① 最终目标。培训项目将消除或克服组织内部的特殊缺陷。例如,组织的产值、成本、废品率和事故率方面有所改进,而这是评估中最难的领域。

② 中间目标。为达到最终目标而必不可少的员工行为的改变。人力资源开发培训项目的实施主要是为了使学员在工作中的行为发生正面的变化,这种中间目标的结果往往被称为工作业绩的变化。

③ 直接目标。员工必须具备的新知识、新技能和观念,以便达到行为的变化和中间目标的实现。一个成功的人力资源开发培训项目能对学员产生一些最初的变化或一种直接的结果,而这些结果可以通过知识、技能和观念的变化反映出来,这些变化可以在培训之中或之后得到衡量。

(2) 输入评估(input evaluation),即收集可能使用的培训资源方面的信息,以便为人力资源开发作出合适的选择。这种评估涉及分析可用的资源(包括内部和外部资源),确定如何开发这些资源,以便有最大的可能性来达到预定目标。预算和管理层的要求可能会限制选择的范围。因此,输入评估实际上是收集佐证并利用这些佐证来确定人力资源开发的实施方法。

(3) 反应评估(reaction evaluation)。即收集和利用学员的反馈信息,改进人力资源开发的运作程序。这类评估的最大特点是依赖于学员的主观信息。如果用系统的和客观的方法对这样的信息进行收集和利用,他们的观点将会非常有用。

(4) 输出评估(output evaluation)。即收集和使用人力资源开发培训项目的结果或成果方面的信息,它往往被认为是评估中最重要的一部分。要想使输出评估获得成功,必须在培训项目开始之前做好充分的准备:

① 定义倾向性目标。

② 选择或构建对这些目标进行评估的标准。

③ 在合适的时候实施这些评估。

④ 分析结果并用它们来改进以后的培训项目。

(三) CIPP 评估模型

这是一种与 CIRO 相类似的评估方法，CIPP 是由情景（context）、输入（input）、过程（process）和成果（product）的首字母组成的，代表该模型中最基本的四种评估。发明者称该模型具有实用、有效、全面与平衡的特点。

（1）情景评估。旨在确定相关的环境、鉴别需求和机会，并且对特殊的问题进行诊断。它有助于确定培训的目标。而需求分析是情景评估中最常见的例子。

（2）输入评估。输入评估所提供的信息资料，可被用于确定如何最有效地使用现有的资源才能达到培训项目的目标。输入评估所提供的信息有助于确定项目规划和设计的总体策略是否需要外部的协助。

（3）过程评估。过程评估为那些负责实施培训项目的人们提供信息反馈，从而指导实施过程。它是通过以下方式来实现的：

① 监控失败的潜在原因。

② 在实施过程中提供有关既定决策的信息和说明实际所发生的事情。

③ 在数据收集过程中可以使用意见反馈表、等级打分表以及对现存记录的分析等正规和非正规的方法。

（4）成果评估。成果评估是对目标结果进行衡量和解释，包括对预定目标和非预定目标进行衡量和解释，它有助于审查决策。这个级别的评估既可以发生在培训之中，也可以发生在培训之后，只要适合，这个级别的评估可以使用任何传统的评估手段。

二、五级评估模型

(一) 汉姆布林模型

该模型由汉姆布林（Hamblin）于 1974 年提出。他认为，培训效果评估应增加两个方面：一是对行为产生的结果进行成本效益分析，二是要评估培训对组织战略目标的影响。汉姆布林模型与柯克帕特里克模型基本相似，他将培训评为五个等级。

（1）反应评估：主要了解学员对培训相关要素的看法，包括培训内容、培训师的教学水平等，通常在培训过程中以及培训结束后进行。

（2）学习效果评估：主要了解培训对于学员的影响，在培训项目之前和之后进行测评，评价学员的知识、技能和态度的进步。

（3）工作行为评估：确认由培训项目导致的学员在工作中行为表现的变化，在培训项目之前和之后进行。

（4）执行评估：量化培训项目给学员所在的部门、组织带来的影响，多数情况下，采用成本-收益分析法评估。

(5) 组织目标评估：评估培训项目对组织赢利能力和对抗危机能力的影响，对培训结果和组织战略目标一致性进行检验，以评价组织培训是否达到预定的效果。

汉姆布林模型的重要贡献在于提出评估培训对组织战略目标的影响，建立了组织培训评估与组织战略发展之间的关系，提高了培训设计的针对性和战略一致性。

（二）考夫曼的五级评估模型

罗恩·考夫曼（Ron Kaufman）对柯克帕特里克四级评估模型进行了修正和增补，如表 7-4 所示。

表 7-4　考夫曼的五级评估

级　别	评　估　内　容
1a. 可能性	人力、财力和物力的有效性、可用性和质量
1b. 反应	方法、手段和程序的接受情况和效用情况
2. 掌握	个人和小组的掌握能力情况
3. 应用	在组织中个人和小组（产品）的应用情况
4. 组织效益	对组织的贡献和报偿情况
5. 社会效益	社会和客户的反应、结果和报偿情况

在考夫曼的评估模型中，他将一级评估的定义给予扩展，并增加了第五级评估来讨论社会问题。

在一级评估中，可能性因素说明的是针对培训成功所必需的各种资源的可靠性、可用性问题。第五级评估的是社会和客户的反应以及利润的结果。这使得评估超越了本组织的范围，它检查的目的是改进业绩的培训项目给社会带来的价值以及给组织周边带来的影响。

（三）菲利普斯的五级投资回报率模型

五级投资回报率模型是由杰克·菲利普斯（Jack Phillips）提出的。该模型是在柯克帕特里克的四级评估模型基础上增加了一个第五级评估——投资回报率，并强调只有当第五级评估结束之后，整个评估过程才算完成。第五级评估是对培训效果的一种量化测定，通过财务数据来说明培训对组织经济利润的影响。模型具体内容见表 7-5。

表 7-5　五级投资回报率模型

级　别	评　估
1. 反应和既定的活动	评估的是学员对培训项目的满意程度，以及一个关于学员计划如何应用所学知识的清单。这个级别的评估虽然重要，但是良好的意见反馈并不能确保学员学到了新的技能和知识

(续表)

级别	评估
2. 学习	利用测验(测试)、技能实践、角色扮演、情景模拟、小组评估和其他评估工具，对学员在培训中所学到的知识、技能或观念进行评估。但这个级别的评估同样不能保证学员学到的东西一定能在工作中应用
3. 在工作中的应用	通过使用各种后续跟踪手段来评估学员在工作中的行为变化以及对培训资料的确切应用。这一层次的评估无法保证的是培训是否会对组织产生积极的影响
4. 业务结果	评估的重点是学员应用培训所得后产生的实际效果。此级别的典型评估标准包括产量、质量、成本、时间和客户满意程度
5. 投资回报率	评估的是培训结果的货币价值以及培训项目的成本，往往用百分比的形式表示。重点是将培训项目利润与其成本进行比较

三、布林克霍夫六阶段模型

布林克霍夫(R. O. Brinkerhoff)将培训评估模型拓展成了六个阶段。

(1) 目标设定：培训需求是什么？

(2) 项目策划：怎样做才能满足培训需求？

(3) 项目实施：项目运作得好吗？

(4) 即时的结果：受训者学到东西了吗？

(5) 中间产出或使用结果：受训者是否在工作中运用了他们所学的东西？

(6) 影响和价值：培训是否为组织的运作贡献了价值？

在布林克霍夫的模型里，评估是由相互连接的几个步骤构成的一个圆环，前一个步骤的工作为下一个步骤的工作提出了需要解决的问题。

四、布什内尔的四阶段模型

布什内尔(D. S. Bushnell)的模型也以系统的观点来看待人力资源开发的职能，即把人力资源开发看成是一种投入—过程—产出—结果的过程。它包括四个阶段：

(1) 投入：对培训有哪些投入。这里的投入包括绩效指标，比如受训者的资质和培训者的能力。

(2) 过程：指人力资源开发项目的策划、设计、开发和实施。

(3) 产出：指受训者的反应、获得的知识或技能，以及工作能力的提高。

(4) 结果：指培训对组织的影响，包括培训对利润、生产率和消费者满意度的影响。

布什内尔认为，在这四个阶段之间以及在过程阶段的四项工作之间，可以而且应该进行评估，这样可确保项目是精心设计的，是能够实现培训目标的。

第四节　培训效果的经济价值分析

一、培训成本的测量

培训成本可以采用由奎因（Quinn）等人在 1996 年提出的资源需要模型（resource requirement model）来衡量。该模型也可以被认为是培训成本矩阵。它从培训在不同阶段所要求的资源入手，分析整个培训过程所花费的成本，如表 7-6 所示。

表 7-6　培训成本矩阵

	人员费用	场地设施费用	设备材料费用
培训前（设计）	1(a)	1(b)	1(c)
培训中（实施）	2(a)	2(b)	2(c)
培训后（评估反馈）	3(a)	3(b)	3(c)

应用该模型还可以对不同培训的成本进行比较，从而为后面进行成本有效性分析或成本收益分析提供基础。

培训成本可根据组织员工的培训系统模型，对培训的不同阶段（需求分析、培训项目设计、实施、开发和评价）所需的设备、设施、人员和材料的成本加以确认。这种方法有助于比较不同培训项目成本的总体差异，还可以将培训的不同阶段所发生的成本用于项目间的比较。另外也可以用会计方法计算成本。

培训成本包括直接成本与间接成本。直接成本是指组织为员工培训直接付出的各项费用，间接培训成本是指在培训组织实施过程之外单位所支付的与培训有关的一切费用的总和。通常，员工培训共有以下费用需要计算，如表 7-7 所示。

表 7-7　员工培训成本构成要素表

成本分类	内部培训成本	外包培训成本
直接成本	① 培训讲师费（内请或外聘） ② 场地租赁费（如果培训地点在企业内部，此项费用可免） ③ 培训设备、相关培训辅助材料费用 ④ 培训课程制作费用、培训教材费、资料费 ⑤ 为参加培训所支出的交通费、餐费、住宿费及其他等	① 外包项目合同约定费用 ② 培训设备、相关培训辅助材料费用 ③ 为参加培训所支出的交通费、餐费、住宿费及其他费用等 ④ 选择培训机构时所发生的费用，包括估价、询价、比价、议价费用、通信联络费用、事务用品费用等

(续表)

成本分类	内部培训成本	外包培训成本
间接成本	① 课程设计所花费的所有费用,包括工资支出、资料费支出及其他费用 ② 培训学员工资福利等 ③ 因参加培训而减少的所在岗位日常工作造成的机会成本 ④ 培训管理人员及办事人员工资、交通费、通信费等 ⑤ 一般培训设备的折旧和保养费用	① 培训学员、辅助培训人员工资等 ② 培训管理、监督费用 ③ 其他相关费用

二、培训收益的测量

培训收益是指组织从培训项目中所获得的价值,具体的衡量指标包括劳动生产率的提高、产品质量的改进、产品销售量的增加、成本的降低、事故的减少、利润的增长、服务质量的提高等。通过分析培训对经营业绩的整体影响,可以进行培训的投入产出分析。通常对收益进行分析的做法主要有以下几种。

(1) 通过以往研究和培训记录,确定培训的收益。

(2) 在公司范围内进行小样本试验,由此来确定某一培训可能带来的收益,这在公司推行一些大的培训项目之前尤为重要。

(3) 通过观察培训后绩效特别突出的员工来分析培训的收益,其结果往往和生产力的提高、事故的减少、离职率的降低等联系在一起。

三、培训投资回报率的计算与分析

在分析了培训开发的成本与收益之后,就可以计算投资回报率了。投资回报率(return on investment;ROI)这个概念最初来自财务和会计领域,被用于表明资本投资回报的价值。在这里,我们进行培训投入产出分析,是为了评估培训资金投入的利用效率,以此来判断某个培训是否合算、为股东创造了多少价值。评估组织的培训投入产出主要有以下几种方法。

1. 培训成本收益率(benefit cost ratios;BCR)

计算公式为:培训成本收益率＝培训收益/培训成本

如果培训成本收益率大于1,假设为4.5,则表明向员工培训每投入1元,将获得4.5元的培训收益。因此,培训成本收益率越高,其收益相对于成本而言也就越高;反之,培训成本收益率越低,则收益相对于成本也就越低。

2. 投资回报率(return on investment;ROI)

计算公式为:培训投资回报率＝(培训收益－培训成本)/培训成本

虽然前两个公式都可以用来评估培训的投入产出，但是在培训成本效益分析和投资回报率之间存在理念上的差异。利用成本收益进行分析时，更多的是从财务的角度，将培训看作是一项成本和费用支出；而在计算投资回报率时，将培训的支出理解为一种投资行为。因此，两者所蕴含的意义是有区别的。

3. 效用分析

计算公式为：效用＝单位产出的绩效×产出的数量－成本

效用分析是指对各种方案的损益进行分析，效用分析的主要意义在于为管理层决策提供依据。

4. 培训贡献率

计算公式为：培训价值贡献率＝培训总收益/组织价值新增

培训贡献是指培训活动对组织价值增长的贡献。说明培训为组织创造了多少价值、为股东创造了多少财富。评估培训贡献的指标是培训价值贡献率。

5. 培训投资回收期（payback period）

计算公式为：培训投资回收期＝成本/月收益

培训投资回收期是计算在多少个月内，培训的收益与培训支出持平。如果投资回收期的数字相对较小，只有几个月的话，则管理者将被鼓励进行培训投资。优点在于计算简便；缺点在于没有体现时间对现金流入价值的影响，也不能体现不同项目所承担风险大小的不同。对于较为复杂，不断有资金流入和流出的项目来说，可能有多个回收期，或者在回收后出现新的资金流出，计算易出错。

6. 舍贝克和科恩效用公式

1985 年，舍贝克（Sheppeck）和科恩（Cohen）提出了一个效用公式，用以评价培训项目的收益。

计算公式为：Utility＝YD×NT×PD×V－NT×C

其中：

YD——培训对工作产生影响的年数；

NT——接受培训的人数；

PD——接受培训者和未接受培训者在工作上的差异；

V——价值，对工作成绩的货币计算；

C——为每一位成员提供培训所支出的费用。

7. Brogden-Cronbach-Gleser 模型在培训评估中的应用

计算公式为：$\triangle = T \times K \times S_{dy} \times r_{xy} \times K - C$

其中：

T——培训项目发生作用的时间长度；

K——参加培训的员工数；

S_{dy}——用货币单位表示的以前曾经培训过的员工的绩效的标准差,此时设$S_{dy}=1$,或根据"40%规则",将平均工资的40%作为S_{dy}的估计值;

r_{xy}——代表的是经过培训之后评估学习者的得分和培训者今后在工作岗位上获得绩效之间的相关关系,或者说代表培训项目的准则关联效度;

C——培训成本。

实际上有很多工作的指标无法量化,限制了这类定量评估方法的运用。通过对培训与开发效果的具体测定与量化,可以了解员工培训所产生的收益,把握组织的投资回报率;也可以对组织的培训开发决策及其工作的改善提供依据,更好地进行员工的培训与开发。但是,不能简单地把成本和收益进行比较,认为只要培训成本小于培训后所获收益,即认为该培训计划可行。在现实生活中,往往必须考查其有效性程度,即有效性是否显著,显著性如何。严格地讲,一项显著性很小的培训计划实际上无异于一项失败的培训计划。所以,我们也经常采用假设检验法来评价培训的效果。假设检验实际上是要求我们通过定量分析来确定培训效果是否显著,从而做出接受或拒绝的判断。

四、收益估计的货币化

对培训进行投资回报率分析的关键是将评估数据转化为现金。杰克·菲利普斯(Jack Phillips)是这一领域的主要贡献者,他提出了很详细的分析模型和分析步骤,具体见图7-1。

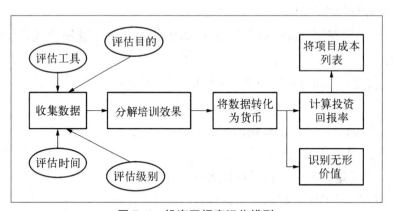

图7-1 投资回报率运作模型

菲利普斯确定了将数据转化为货币的基本步骤:
(1) 确定每个单位的价值
(2) 计算业绩数据的变化
(3) 确定该变化的年度数量
(4) 计算改进的总价值

表7-8给出了一个将评估数据转化为货币的具体实例。

表7-8 将数据转化为货币的步骤实例

背景：一家制造厂的团队建设培训项目
第一步：重视衡量单位 投诉解决的次数
第二步：确定每个单位的价值 利用内部专家，在考虑了时间和直接成本的情况下，确定一次平均投诉的成本估计约为6 500元
第三步：计算业绩数据的变化 在完成培训项目后的6个月内，每个月投诉总次数减少了10次。根据主管人员的判断，所减少的10次投诉中有7次与培训项目有关（分解培训效果）
第四步：确定该变化的年度数量 利用6个月的数值（每月7次），可以计算出年度改进量为84
第五步：计算改进的年度价值 年度价值＝84×6 500＝546 000元

资料来源：[美]杰克·J.菲力普斯.寻找隐性收益：培训投资回报评估方法[M].蒋龙琴，江涛，译.人民邮电出版社，2004.

第五节 培训效果测定方案的设计

由于培训的基本目的是使受训者实现系统的行为变化，包括知识、技能和态度等各方面。因此，只是在培训后进行成绩测定，不能全面地评价培训的真正作用，需要注重评估设计以克服这一缺点。

一、一次性项目评估设计

这是最常用的评估设计，如图7-2所示。这种方法只涉及一个小组，在培训之前没有收集任何数据，在培训之后对该小组只进行一次评估。由于评估的结果会受到诸多难以控制的因素的影响，因此，这种设计所取得的结果常常失之偏颇。

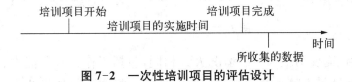

图7-2 一次性培训项目的评估设计

一次性项目评估设计在以下两种条件下可以考虑选用：

（1）当事前没有用任何方法来评估业绩表现或当培训项目实施之前没有足够的知识、技能或能力时。

(2) 当受到财务、组织或时间方面的限制,而无法收集培训前的数据时。

二、单一小组评估设计

单一小组、事前测试和事后测试的设计如图 7-3 所示,该设计可以解决没有数据进行对比的问题。在培训项目实施之前和实施之后各收集一次数据,两者的差距即培训的效果。

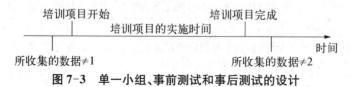

图 7-3　单一小组、事前测试和事后测试的设计

这种设计存在如下两大缺点:

(1) 事前测试的问题。事前测试有可能促使学员去研究所介绍的主题或所提出的问题,其结果是,事后测试的结果变化也许不是由于培训项目所产生的,而是由于学员参加的事前测试所导致的。

(2) 外部因素的问题。组织、环境、工作条件或其他因素会导致业绩表现的变化,要想消除这些影响十分困难。

三、两组评估设计

(一) 事前、事后测评的对照设计

这种设计将涉及两个组的比较,即实验组和对照组的比较。实验组参加培训项目,而对照组(亦称控制组)不参加培训。有关两个组的数据是在培训前和培训后收集到的。与对照组相比较,实验组的结果表明了培训项目的效果。如图 7-4 所示,该评估设计展示了一种更加理想化的状况。

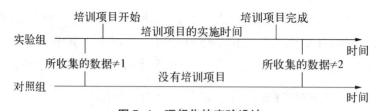

图 7-4　理想化的实验设计

对照组设计需要两组人员的情况大致相同,包括工作、经历、能力、性别比例、工作条件、所在地域等。随机抽样是对照组的理想选择方法。如果两个组中的学员来自相同的群体,并且可以随机抽样,那么这样的评估设计就成为真正的对照组设计。随机选择不仅能在培训开始之前就使两个小组得到平衡,而且也使得评估的结果对其他小组具有普遍性。然而,从实践的角度看,对学员的选择是很难做到随机抽样的。

从科学的角度而言，真正的对照组设计是目前可用的最有效的评估设计之一。除测试的影响外，这种设计可以避免其他不利因素对有效性的影响。由于两个小组都要参加事前测试，因此对业绩表现的影响不大。必要时，还可通过统计手段来确定其效力。

（二）只有事后测评的对照设计

图 7-5 展示的是一个成本低、实用性强的实验设计。对随机抽样选择的实验组和对照组，只进行事后测评，这就减少了事前测评对学员所产生的影响。排除了事前测试，就可以减少评估所花费的时间和成本。

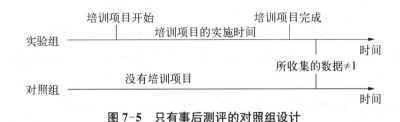

图 7-5　只有事后测评的对照组设计

四、三组评估设计

这个综合性的设计涉及三个部分：对学员的随机抽样、对所选择的小组进行事前和事后测评。小组 A 参加某个培训，接受事前测评和事后测评；对照组不参加该培训，但接受事前测评和事后测评；小组 B 参加该培训，不接受事前测评，但接受事后测评。

对照组消除了时间和流失率对有效性的影响。对对照组来说，若事前测评和事后测评的结果相同，就可以得出结论，这两个因素对结果没有产生影响。而随机抽样所组成的小组又消除了选择给有效性所带来的影响。而小组 B 的使用则消除了事前测评对培训结果的影响。小组 A 和 B 的事后测评结果相同，那么就说明事前测评对业绩表现没有产生影响。

在实际中，要得到三个随机选择的抽样小组很困难，这种操作所用的时间、费用、不便之处和管理程序等将使之难以实施。

五、所罗门四组评估

两组事前、事后测量比较的评价设计，并不能确定培训的真实效果。不少研究发现，受训者可能仅仅由于有机会参加培训而提高了积极性，明显地改进了工作业绩，而这与培训本身的关系并不大，这种现象称为"霍桑效应"。为了克服这一问题，学者所罗门（Solomon）设计了所罗门四小组方法（见表 7-9），通过增加对照组的数量，尽量减少测试误差。

表 7-9 所罗门四小组评估方法

小　　组	培训前	培　训	培训后
培训组	测量	是	测量
对照组 1	测量	否	测量
对照组 2	不测量	是	测量
对照组 3	不测量	否	测量

所罗门设计面临的最大问题是可行性。在更多时候，它仅只是一种理论上的设计而已。

尽管存在上述诸多设计模型，而且它们也可以组合使用，形成新的设计。但在大多数情况下，决定恰当设计的因素之一是能不能得到评估培训结果的合适的数据。因素之二是对工作环境的现实考虑。评估设计越复杂，其有效性就越大，但实施评估的成本也越高。另外，还要考虑对照组的获得、随机抽样的难易程度、消除学习之外其他因素的影响等。从实际来讲，有的设计在某些组织环境下是不现实的。因此，有时我们不得不在理论与现实间寻求某种平衡。

第六节　培训效果转化

一、培训效果转化概述

（一）培训效果转化的概念

培训效果转化，也称为培训开发迁移，指的是受训者持续而有效地将培训中所获得的知识、技能、行为和态度运用于工作当中，从而使培训开发发挥出最大价值的过程。

培训效果转化就要将培训所学内容保存、推广到工作当中并能维持所学内容。推广能力指受训者在遇到与学习环境类似情形时，将所学技能应用于工作上的能力。维持则指的是长时间持续应用新获得的能力的过程。

培训开发其实就是学习的过程，有学习体验的人都知道，学习新知识从刚接触到掌握、运用需要不断地复习、不断地重复，直到运用新知识成为自己行为的习惯。培训开发效果的转化理论上属于学习的迁移范畴。

（二）培训效果转化的四个层面

培训效果的转化包括四个层面，如图 7-6 所示。培训转化的第一个层面是依样画瓢式的运

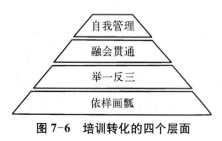

图 7-6　培训转化的四个层面

用,即受训者的工作内容和环境条件与培训时的情况都完全相同才能将培训学习成果迁移。培训转化的效果取决于实际工作环境与培训时环境特点的相似性大小,比如情景模拟培训在这个层面的转移程度就很高。

培训转化的第二个层面是举一反三,即受训者理解培训转化的基本方法,掌握培训目标中要求的最重要的一些特征和一般原则,同时也明确这些原则的适用范围。这个层面的转移效果可通过培训师在培训时示范关键行为,强调基本原则的多种适用场合来提高。

培训转化的第三个层面是融会贯通,即受训者在实际工作中遇到的问题或状况完全不同于培训过程的特征时,也能回忆起培训中的学习成果,建立起所学知识能力与现实应用之间的联系,并恰当地加以应用。

培训转化的第四个层面是自我管理,即受训者能积极主动地应用所学知识技能解决实际工作中的问题,而且能自我激励去思考培训内容在实际工作中可能的应用。比如,能较为恰当地判断在工作中应用新掌握的技能可能会产生的正面或负面作用;为自己设置应用所学技能的目标;对所学内容的运用实行自我提醒、自我监督,对培训内容的应用进行自我强化,以实现扬长避短、熟能生巧,继而进入创新应用成果的良性循环。

(三) 培训效果转化的意义

培训效果转化作为培训开发工作的一个重要环节,已受到越来越多的学者和管理者的重视,其对于组织和员工都有着重要的意义。

1. 体现培训开发工作价值

培训的目的是通过员工技能和知识素质的提高来提升组织竞争力,从而为组织带来价值的提升。而培训开发目的的实现与否在于培训开发的内容是否能够真正转化为员工自身的技能,即员工是否真正将所学的东西运用到实际工作中并保持下去,也就是培训开发效果是否真正转化。只有培训开发效果转化的工作真正落实到位,培训开发的目标才能实现,培训开发的价值才能够真正体现出来。

2. 是组织竞争力提升的关键环节

人力资本是组织竞争力的源泉,而要提升组织的竞争力,就要不断地提升组织内部人员的工作能力和素质。培训开发若要有效果,最终必须要落实到培训开发效果的转化方面,培训开发的实施不应仅服务于当下、局限于当前,更应该将培训开发的效果放大到提高培训开发后的收益和组织未来的发展上。

二、培训效果转化理论

培训效果转化理论是以学习迁移理论为基础的。学习的迁移理论更像是培训开发转化的纲领。因此,要了解培训开发效果是如何转化的,需要先了解学习迁移理论。

1. 传统迁移理论

早在 18 世纪,心理学家就开始研究学习迁移理论了,传统的迁移理论包括以下四种。

(1) 形式训练说。形式训练说源于德国心理学家沃尔夫(Wolff)所提出的官能心理学。官能心理学的主要观点是:

① 人的心理由五大官能组成:注意、记忆、思维、推理和意志。

② 这五大官能是被分割开来的心理实体,分别掌管人类不同的活动机能。

③ 利用记忆官能进行回忆活动,利用思维官能从事思维活动。官能即注意、知觉、记忆、思维、想象等一般的心理能力。

④ 通过训练,各种官能可以增强能力。

⑤ 某一种或几种官能的增强或改进必然对其他官能产生影响。

由于认为某一种或某几种官能的增强能够影响其他官能,所以,形式训练说的最初想法就是通过训练各种官能,以期将各种官能的能力提高,并自动迁移到其他一切活动中。形式训练说认为,要发展和提高各种官能,除了"训练"之外,没有别的办法,如感觉是越用越敏锐,记忆力由记忆而增强,推理能力、想象能力则由推理和想象而长进,这些能力如果不用、不训练,便会变弱。

官能训练注重训练的形式而不注重内容,因为内容是会忘掉的,其作用是暂时的,只有通过这种形式的训练而达到的官能的发展才是永久的,才能迁移到其他的知识学习,使人终生受用。

(2) 相同要素说。相同要素说认为,一种学习之所以有助于另一种学习是因为两种学习具有相同因素。若两种情境含有共同因素,不管学习者是否觉察到这种因素的共同性,总有迁移现象发生。

相同要素学说在培训开发领域的运用十分广泛,因为人们往往发现培训开发和实际工作越相似,成果转化的效果越好。因此,相同要素学说被用于许多培训开发课程的开发,尤其是一些技能方面,效果会更好。比如飞行员的模拟驾驶培训仪,飞行员在学习驾驶飞机时,刚开始都是在模拟的机器上进行,模拟机器为飞行学员还原了一个类似真实机舱的环境,通过这种方式的训练,飞行学员在驾驶真正的飞机时并没有陌生感,在模拟机器上学习到的操作技能可以完全、准确地运用到真实的飞机上。

但是,相同要素学说的运用也具有一定的局限性。首先,在培训开发时打造完全相同的工作环境是很困难的,成本也会相当高,比如飞行模拟机器本身就造价不菲。另外,部分非实际操作为主的能力,如领导力、人际沟通等技能,其培训开发就不太适用相同要素学说,培训开发环境与工作环境不可能完全相同,而且相同要素学说也没有告诉我们如何在学习环境与工作环境之间进行转换。

(3) 概括化理论。概括化理论,也称为经验类化理论或激励推广理论。该理论是贾德(C. H. Judd)提出的,他认为两个学习活动之间存在的共同成分是产生迁移的必要前提,而产生迁移的关键是学习者在两种活动中概括出它们之间的共同原理。贾德的概括化说是相同要素说的发展,而概括化理论与相同要素学说的区别在于学习从两种活动中概括出共同原理是否是迁移的前提条件。

(4) 关系转换说。关系转换学说的主要观点是迁移是学习者发现两个学习之间存在的关系的结果,而不是两个学习情境具有某种共同成分、原理而自动产生。因此,关系转换学说更强调个体自身的作用。

2. 现代迁移理论

现代迁移理论主要包括认知转化理论和自我管理理论。

(1) 认知转化理论。认知转化理论是以信息加工模型为理论基础,信息的存储和恢复是该模型的关键因素。

该理论的核心在于一切新的有意义的学习都是在原有的学习基础上产生的,不受学习者原有的认知结构影响的学习是不存在的。一切有意义的学习必然包括转化,而转化能否实现,则在于认知结构的三个因素,即可利用性、可辨别性和稳定性。

可利用性是指认知结构中可利用来起固定作用的适当观念。具有较高抽象概括水平的观念对于新知识能提供最佳的固定点。因此,在培训时,可事先设计一些引导性材料,作为新知识的固定点,来促进培训转化。这种引导性材料也可称为"先行组织者"。

可辨别性是指新知识与同化它的原有观念系统的可分辨程度。可分辨程度越高则越有利于新知识的学习。

稳定性是指原有的起固定作用的观念的稳定性和清晰性。

总之,受训人员的认知结构中概括水平较高的观念越多、越清晰、越稳定,培训开发转化的效果就越好。该理论强调了在培训开发设计中,要注意培训开发知识与受训人员原有知识和经验的衔接,鼓励受训人员对培训开发内容在实际工作中的应用进行思考,并且进行应用练习。

(2) 自我管理理论。该理论认为,在培训开发项目中应让受训者自行控制新技能及特定行为方式在工作中的运用。受训员工具有自我管理意识和技能十分重要,因为培训开发转化过程中总会遇到各种各样的障碍,如缺乏管理者和同事的支持,缺乏时间、设备和资金等,如果员工自身懂得如何争取相关的支持和资源,就能克服培训转化中的许多障碍。

因此,该理论提出,在培训开发项目结束时,应向受训者传授自我管理技术。一般可通过如下步骤来进行:

① 要求受训员工充分认识培训开发转化的重要性,树立自我管理培训转化的意识。

② 要求受训者学习自我管理的基本技能:

- 要求受训者能通过自察明确现实与理想的差距，包括工作绩效、知识水平、技能水平和行为方式等方面的差距。理想的工作绩效、知识技能水平和行为方式指通过培训应该能够达到的状态，它就是迁移的目标。
- 依照迁移目标制定迁移方案，明确实现目标所需的特定行为方式、技能和策略。
- 找出方案实施过程中可能面临的具体障碍因素。包括个人因素（个人动机、能力等）和环境因素（管理者和同事的支持度，时间、资金、设备的充足度，等）。
- 向受训者传授防止和应对培训转化障碍发生的技能和策略，如建立个人支持网络等。在此基础上，按照设定的目标进行自我监督，并不断自我激励，促进培训开发转化效果达到最大化。

三、培训效果转化的影响因素

培训作为组织行为，目的在于改变员工的思维方式和行为习惯，提高组织绩效，获取组织竞争优势。影响培训和开发效果的因素是多方面的，只有了解清楚影响培训效果转化的具体原因，才能采取有效措施提升培训效果转化的效率。

根据学者们的大量研究，影响培训开发效果转化的因素主要有三个方面：员工个人特征、转化氛围和组织特征。

（一）员工个人特征

坎贝尔（J. P. Campbell）指出，受训者并不是从天而降的，他们都有各自的经验和经历，不同的经历导致对培训不同的态度和行为。员工的自我效能、认知能力、动机、学习方式、已有的经验、智力水平等都会对培训效果造成影响。

1. 自我效能

自我效能是指员工相信自己能够成功地学会培训项目中的内容。研究表明，高自我效能的受训人员比低自我效能的受训人员有更好的培训转化效果。

2. 认知能力

认知能力包括三个方面：语言理解能力、定量分析能力和推理能力。语言理解能力指一个人理解并使用书面和口头语言的能力。定量分析能力指一个人解决数学问题的速度和准确率。推理能力指一个人发现解决问题途径的能力。研究表明，一个人认知能力的高低直接影响学习效果和工作绩效，而认知能力的高低又与一个人受教育的程度有关。所以应该有差别、有意识地引导认知能力低的员工提高自身的能力。

能力会对培训转化的效果产生影响。个人在培训开发中的学习水平经常与个人的能力相联系，能力较强的个人能够较好地完成应用培训开发所学的准备，特别是那些复杂的、艰巨的任务，他们也更有可能主动积极地去寻找或获得运用培训所学的机会，以便更好地保持和提高工作绩效水平。

3. 动机

动机是直接推动学员去学习、接受培训开发的内部动因。个体是否最终产生动机和行为不仅仅由内驱力决定，一般情况下，还需要一定的外部条件即诱因的存在。在培训实践中可以看到，内容枯燥无味的教学既不能激起内驱力不强的学员听课欲望，也不能激发求知内驱力强的学员的听课动机。因此动机对培训开发转化也有着重要影响。

4. 学习方式

学习方式对培训效果的转化同样有影响。人的学习方式大致分为四种：反思型、理论型、活动型和应用型。反思型学习者喜欢通过仔细公正的调查来学习，他们学习的关键在于"观察"。理论型学习者愿意通过对理论知识的逻辑思考和理性判断学习，他们学习的关键在于"思考"。活动型学习者是通过实验和试错学习的人，他们注重知识在实践中的运用，以实践来检验知识的正确与否和掌握程度。应用型学习者通过具体的例子、参与或讨论学习，他们不喜欢归纳和抽象，而是通过"感觉"来学习。由于学习方式不同，每个学员对培训师采用的教学方法都会有不同的反应，学习的效果也各不相同。因此，培训师在培训过程中应尽量采用多种不同的教学方法，使每个学员都能从自己喜欢的角度去学有所得。

5. 已有的经验、背景及智力水平

各种知识之间总是或多或少包含一些共同要素或一般原理，而转化也总是以先前掌握的知识为前提。因此，受训员工已有的知识经验和背景也会对培训转化产生影响。

学员原有的知识结构体系和丰富的经验背景完全可以成为新培训开发的学习资源；较多的经验和实践能够使员工看到问题表象背后最本质的内容，顺利地学习新知识和新技能，继而更加科学、合理地运用新知识和新技能于工作任务情境中的问题解决。换言之，相关经验的匮乏也是培训转化难以实现的原因之一。

（二）转化氛围

培训开发的转化氛围指的是阻碍或促进组织成员将在培训开发中所学运用到实际工作中去的组织环境。

研究发现，具有积极迁移气氛的环境将影响受训者使用他们在培训中的所学；如果受训者使用所学受到奖励，则会表现出更好的转化行为。并且，研究还发现，培训转化氛围包含两个主要因素：情境线索和结果线索，如图7-7所示。

情境线索指用于提醒受训者并为其提供机会，在工作中应用培训开发所学的线索，包括目标线索（组织设置目标要求受训者应用培训所学）、社会线索（上级或同事对受训者应用所学的态度）、任务线索（组织对受训者应用所学给予设备、资金和时间的支持）和自我控制线索（受训者在工作中的自主权）。

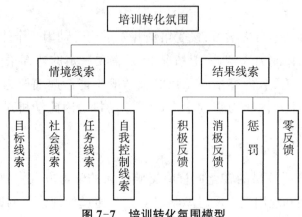

图 7-7　培训转化氛围模型

结果线索指能影响受训者将来应用培训所学的行为或措施,即受训者在实际工作中应用所学后得到的各种反馈,包括积极反馈(应用培训所学的受训者会得到表扬和奖励)、消极反馈(上级、同事拒绝接受受训者应用培训所学)、惩罚(上级公开反对受训者在工作中应用所学)和零反馈(上级既不支持也不反对在工作中应用所学),一个具体的例子如表 7-10 所示。

表 7-10　转化氛围示例

情 境 线 索	结 果 线 索
● 管理者确定新员工有机会立即使用他们在培训中掌握的知识 ● 管理者让新员工分享他们的培训经历,在工作中共同合作 ● 培训中的装备与工作中的相似 ● 管理者会安排一个有经验的员工帮助新员工 ● 管理者把工作压力暂时降低,以使新员工有机会练习新的技能 ● 在工作中可以得到培训的辅助,这样能支持受训者使用在培训中所学习到的东西	● 管理者会让受训者在使用他们的培训所学时知道他们工作得很好 ● 管理者拒绝接受受训者做出的与在培训中所学习的不一致的行为 ● 有经验的工人嘲笑受训者使用培训中的所学 ● 管理者没有注意到使用培训所学的新员工 ● 成功使用他们在培训中所学的新员工更可能增加工资 ● 使用培训所学的新员工在面临新的任命时会处于优先地位

也有研究表明,领导的支持与赞同对受训者的培训迁移行为会产生显著的影响,甚至比迁移气氛中其他因素的作用更突出。培训开发转化气氛对培训迁移效果的作用除了直接的影响以外,还可以通过影响个体变量,如受训者的自我效能感、培训动机等产生间接作用。

员工培训开发成果转化的效果不仅取决于培训开发本身的成败,更取决于员工对培训和自身利益的关系的基本判断。影响这种判断的一个重要因素就是企业关于培训及员工知识、技能提高、创新、工作绩效改善的相关政策和规定,尤其是管理者对培训的态度和支持程度以及为培训转化提供的条件和帮助。管理者是否旗帜鲜明地支持和鼓励员工学习新知识、新技能,并鼓励他们将新知识、新技能运用到工作中,在员工运用所学出现偏差时是否会予以严厉惩罚,都会对员工的培训效果转化产生重大影响。

(三) 组织特征

组织特征,如高绩效团队、风险任务、革新文化、质量文化等对培训转化都有显著的预测作用。自从彼得·圣吉提出学习型组织概念后,它也作为一种组织文化,进入了研究者的视线范围。学习型组织文化对培训效果的转化有较大影响,其最重要的特点就是创造并保持了一个持续学习的环境,这个环境有利于受训者在工作中转化培训所学。

组织特征还通过组织的工作节奏影响培训效果的转化。工作节奏是指在一段具体的时间内员工完成工作任务的数量和质量。在快节奏的组织中,有经验的成员可能很少有时间帮助新员工完成更多、更复杂且有一定难度的工作,于是,新员工就只能被安排去完成那些简单的任务,长此以往,他们就会很少获得在实践中运用培训所得的机会。当然,也有相反的情况,组织工作节奏快,新员工很可能被要求尽快地适应工作环境,从而获得更多的机会来运用培训所学,以完成复杂、困难、有挑战的任务。

最后,组织特征对受训者学习动机、转化动机有显著的影响,越是绩效好的组织,受训者越是相信自己的学习努力能够带来预期的回报,进而越有可能将培训所学应用到工作中,实现培训效果的有效转化。

四、培训效果转化的过程与方法

(一) 培训效果转化的过程

培训效果的转化一般包括以下六个步骤。

1. 将课程内容转化成学员的理解与心得

要求学员必须在学完每一堂课后三天之内写好培训心得总结,要从老师所讲的课程中提炼出关键词、关键句、关键理念、关键课程内容、关键重点。

2. 将学员的理解与心得结合工作现状转化成工作改进计划

要求学员思考如何将提炼出的关键词、关键句、关键理念、关键课程内容、关键重点应用在今后的工作中,并检查现阶段学员所存在的不足有哪些,用书面方式一一列明,找出工作症结和问题所在。然后结合日常工作,形成书面改进计划,一式三份,一份交给上司,一份交给人力资源部,一份留给自己在今后工作中对照检查。书面改进计划表如表 7-11 所示。

表 7-11 行动改进计划表

姓 名	培训收获	当前问题	设立目标	行动计划	截止日期	检查情况	检查人

3. 将工作改进计划转化成可持续的工作行动

要求学员将书面的工作改进计划逐步落实,迅速采取行动。同时,要求改进计划实施所涉及的部门和相关人员进行督导,看培训能力是否达标,同时要检查学员平常在工作中的改进效果。上司和人力资源部要派专人督促和检查并予以过程辅导,使学员形成和保持持续改进的工作局面,具体见表7-12。

表7-12 培训跟踪与辅导表

姓名	培训前			培训后			评估人	评估时间	检查人	检查时间
	工作态度	工作行为	工作绩效	工作态度	工作行为	工作绩效				

4. 将工作改进行动转化成工作绩效

要求学员在工作改进行动过程中,将学到的知识、理念、技能进行消化和实施执行。要从工作数量、质量、成本、时间、速度等维度进行提炼,以确认工作绩效,做好绩效评估和绩效面谈反思。

5. 将工作绩效进一步评价和深化,产生再学习

要求学员和他的上司坐在一起,分阶段对学员的工作绩效进行评价、绩效面谈和反馈,共同找出工作中的一些不足和存在的主要问题,上司要帮助学员进行总结和提炼,提出还需要哪些方面的再培训和再改进,以产生进一步的培训主题和新的课程内容,然后形成新的培训计划,再进行有效的培训学习。

6. 培训效果认定和表彰

要求定期组织内部培训效果总结表彰大会。对取得重大培训效果的学员,要以晋升、加薪、榜样示范等方式予以鼓励。

同时,也需要培训组织者设计出更好的培训管理制度,实施有效果的培训,组建良好的内部培训师队伍,群策群力,集思广益,不断深入和持续实施,才能够取得良好的培训效果,提升组织核心竞争力,打造真正的学习型组织。

(二)培训效果转化的具体方法

为了巩固培训效果,培训人员可建议管理者采取以下五种方法。

1. 建立学习小组

无论是从学习的规律出发还是从转移的过程来看,重复学习都有助于受训者掌握培训中所学的知识和技能,对一些岗位要求的基本技能和关键技能则要进行反复学习,如紧急处理危险事件程序等。此外,建立学习小组也有助于学员之间的相互帮助、相互激励、相互监督。理想的状态是同一部门的同一工作组的人员参加同一培训

后成立小组,并和培训师保持联系,定期复习,这样就能改变整个部门或小组的行为模式。

2. 行动计划

在培训课程结束时可要求受训者制定行动计划,明确行动目标,确保回到工作岗位上能够不断地应用新学到的知识或技能。为了确保行动计划的有效执行,参加者的上级应给予支持和监督,一种有效的方法是将行动计划写成合同,双方定期回顾计划的执行情况,培训人员也可参与行动计划的执行,给予一定的辅导。

3. 多阶段培训方案

多阶段的培训方案是经过系统设计分段实施的方案。每个阶段结束后,给受训者布置作业,要求他们应用课程中所学技能,并在下一阶段将运用中的成功经验和其他参训者分享,在完全掌握此阶段的内容后,进入下一阶段的学习。此种培训方法较适合管理培训。由于此种方法历时较长,易受干扰,故需和受训者的上级共同设计,获得上级支持。

4. 应用表单

应用表单是将培训中的程序、步骤和方法等内容用表单的形式提炼出来,便于受训人员在工作中应用,如核查单、程序单。受训者可以利用它们进行自我指导,养成利用表单的习惯后,就能正确地应用所学的内容。为防止受训者懈怠,可由其上级或培训人员定期检查或抽查。此类方法较适合技能类的培训项目。

5. 营造支持性的工作环境

许多组织的培训没有产生效果,往往是缺乏可应用的工作环境,学习的内容无法进行实践。缺乏上级和同事的支持,受训者改变工作行为的意图是不会成功的。有效的途径是由高层管理者在组织内长期倡导学习,将培训的责任归于一线的管理者,而不仅仅是培训部门。短期内可建立制度,将培训纳入考核中,使所有的管理者承担起培训下属的责任,并在自己部门中建立一对一的辅导关系,保证受训者将所学的知识应用到工作中。

案例分析

是什么让精心组织的培训失效

李平是 R 公司的人力资源部经理。年初在非常重视人力资源发展的总经理支持下,李平制定了一系列的员工培训计划,尤其是品控与设计这两个对公司的业绩影响非常大的部门,公司制定了针对性的岗位技能培训计划。

从培训的实施过程来看,李平认为自己的方案是不存在问题的。对培训需求进行了调查、反馈,对技能培训师进行了较严格的筛选,培训课程的实施和培训效果转化也有跟进，从整体上来说，培训计划是相当完善的。而且在培训实施之前，还由李平亲自主讲，对这两个部门的员工做了非常详尽的培训介绍，解释岗位技能培训对他们的意义，甚至请来总经理做了一个培训动员会。

第一轮培训结束后，李平即着手做了一个培训效果转化的跟进。但结果却让人非常失望，这些在课堂上看似非常认真的一线员工，技能改善非常不明显，他们甚至忘了培训的内容都有哪些，对培训显得满不在乎，不当回事。李平对此感到非常困惑，李平随即与部门经理做了沟通，他们虽然对培训也非常感兴趣和重视，但当李平详细地指出他们的员工哪些地方存在不足时，他们一概予以否认，并不承认他们的下属在培训的转化方面存在问题。

李平经过分析发现，虽然在培训之前设定了严格的培训目标，尽管人力资源部在做持续的跟进，要求员工在培训后一段时间内必须达成，但这些目标在培训结束后，部门经理却好像漠不关心。李平向两位部门经理提出了强烈建议，要求部门经理严格执行培训目标的跟进，对不愿意或勉强改变工作技能的员工予以一定的惩戒。

四个月后，针对品控与设计两部门的第二轮培训结束了，这一次，李平亲自监督两个部门经理，要求他们严格执行培训效果转化计划，并帮助他们对培训目标做了详细的分解及跟进计划。但李平很快又失望了。她发现部门经理对培训目标的落实并不关心，他们更希望与自己的下属员工发展良好的个人关系，也就是说，他们只想通过良好的私人关系推动员工努力工作做出绩效，并不希望因为这些"无谓"的目标而严格管控员工，从而影响他们自己与员工的良好的私人关系。

李平举例说，品控部经理在指出一个员工没有按照最新一次的培训课程上所指导的操作流程完成工作时，这位下属员工嬉皮笑脸地说："呵，老大，我下回记住就是了。"品控部经理笑着拍拍他的肩膀，转身走了。"当时，我在旁边看着觉得很别扭，感觉这更像是私人场合，一点都不正式，"李平回忆说，"这种情况下，培训目标能够实现的可能性完全可以想象得到了。在绩效考核中，也没有将培训目标列入考核内容。"

李平收集到这些信息后，与这两位经理进行了一对一的面谈。在面谈过程中，李平根据这些例子与他们进行了激烈争论，他们并不否认自己与下属员工之间存在相当友好的关系，认为这是他们部门的特殊性质所决定的，良好的上下级关系是部门高效运作的重要前提，特别是品控与设计这样的部门，经常要突然性加班，缺乏良好的私人关系，很多事情都会摆不平。他们认为，员工的培训效果转化需要一个过程，人力资源部显然有些操之过急了。

李平不能接受这一观点，她认为，工作岗位技能培训与理念培训不同，带有即时性质，短期内没有转化，效果只会更加糟糕。尽管李平非常努力地做了很多工作，"第三轮的岗位技能培训效果仍然非常不理想,总经理对此非常不满,认为 HR 负有不可推卸的责任。"李平对此感到非常委屈。

如何才能改变,做好培训效果的转化工作呢,李平对此一筹莫展。

(资料来源:http://finance.sina.com.cn/leadership/mrlzy/20070327/22293445815.shtml)

案例思考题

1. 你认为 R 公司的培训效果转化情况是什么原因造成的?
2. 请你针对案例中的情况,为李平提出破解困境的建议。

思考与练习

一、单项选择题

1.（　　）就是依据培训目标,运用科学的评估方法,检测培训效果。
   A. 培训评估　　　B. 培训计划　　　C. 培训分析　　　D. 培训收益
2. 征询受训者关于培训的印象、培训的实用性等主观感受,这是柯克帕特里克培训评估模型中的（　　）
   A. 反应层评估　　B. 学习层评估　　C. 行为层评估　　D. 效果层评估
3. 通常采用观察法来判断的培训效果类型是（　　）
   A. 认知效果　　　B. 技能效果　　　C. 情感效果　　　D. 投资回报率
4. "(培训收益-培训成本)/培训成本"得到的是（　　）
   A. 培训贡献率　　　　　　　　　　B. 培训成本收益率
   C. 培训投资回收期　　　　　　　　D. 培训投资回报率
5. 培训效果转化的第三个层面是（　　）
   A. 依样画瓢　　　B. 举一反三　　　C. 融会贯通　　　D. 自我管理

二、多项选择题

1. 培训评估的时机有（　　）
   A. 培训项目经费超过一定的警戒线时
   B. 单个单元的培训会对组织其他业务单元产生很大影响时
   C. 培训项目目标不明确或目标上缺乏共识时
   D. 培训项目评估结果不能得到利用时
   E. 培训项目的效果对组织很关键时
2. CIRO 评估模型包括（　　）
   A. 情景评估　　　B. 过程评估　　　C. 输出评估　　　D. 反应评估
   E. 输入评估

3. 员工培训的直接成本有 (　　)
A. 受训者的工资和奖金
B. 培训者的工资和奖金
C. 培训过程中所使用的教室和设备的租赁费或购置费
D. 课程设计的费用
E. 学员参加培训而损失的生产利润

4. 下列选项中,属于培训效果中的情感效果的有 (　　)
A. 员工流动率　　B. 学习动机　　C. 安全态度　　D. 顾客服务定位
E. 受训者对培训内容的感觉

5. 以下属于现代迁移理论的有 (　　)
A. 形式训练说　　　　　　　　B. 相同要素说
C. 认知转化理论　　　　　　　D. 自我管理理论
E. 关系转换说

三、简答题

1. 请简要说明 CIPP 评估模型的各层次。
2. 培训效果评估报告主要包括哪些内容?
3. 评估组织培训投入产出的主要方法有哪些?
4. 培训效果转化的影响因素有哪些?
5. 培训效果转化的方法与措施有哪些?

四、论述题

1. 试述培训效果评估的流程。
2. 简述柯克帕特里克评估模型。

第八章
人员培训与能力开发

 知识导览

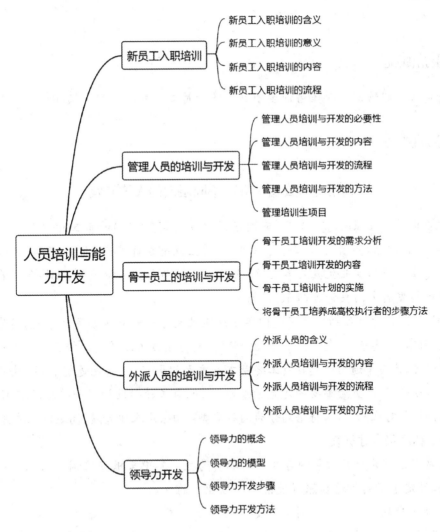

学习目标

1. 了解新员工入职培训的含义、意义、内容
2. 掌握新员工入职培训的流程
3. 了解管理人员培训与开发的必要性和管理培训生项目
4. 掌握管理人员培训与开发的内容、流程与方法
5. 了解骨干员工的培训与开发需求分析、内容和计划实施
6. 掌握将骨干员工培养成高效执行者的步骤方法
7. 了解外派人员培训与开发的含义与内容
8. 掌握外派人员培训与开发的流程与方法
9. 了解领导力的概念与模型
10. 掌握领导力开发的步骤与方法

重点概念

新员工入职培训　管理培训生项目　骨干员工　外派人员　领导力

引导案例

通用电气公司（GE）不同层次的人才开发

作为世界500强的跨国企业，美国通用电气公司（GE）的员工培训在世界上享有盛誉。GE相信，不断对员工进行培训，实质上就是在员工身上进行投资，不仅可以为员工建立良好的职业生涯发展之路，而且也能推动企业不断进步。GE每年在全球员工培训与发展方面投资远超10亿美元。

GE于1956年在纽约建立了美国第一所企业大学——克劳顿管理学院，这家企业大学被《财富》杂志誉为"美国企业界的哈佛"。克劳顿致力于为员工提供全面及个性化的学习机会，体现了通用电气在员工终身学习方面的承诺，可以说是整个GE企业文化的中心。除此以外，更为重要的是克劳顿为GE的员工精心设计了一整套的培训体系，他们根据培养对象的不同，将培训分为两种类型：初级班人才开发、高级班人才开发。

一、初级班人才开发

主要以已作为培养对象的普通公司职员为主。其中又根据培训对象的不同分两个等级，设定了不同的培训课程进行未来经理人的培训。

1. 领导者基本素质的培训与开发

这是初级班培训中的第一级，也是最基本的培训。它的培训对象通常是在GE

工作6个月以上3年以下、经过考察被认为具有潜在领导素质的20岁左右的年轻公司职员。这一级的培训每年举行16次,参加者达800余人,培训时间一般为一周,教授的内容一般都是作为领导者所应具备的最基本的知识:比如怎样与来自不同国家的同事配合工作;与人沟通的技巧以及财务分析方法等。通过培训让受训人员理解掌握这些知识,并能在以后的工作中熟练地运用。

2. 未来经理培训与开发

这是初级班培训的第二级,一般是确定未来经理的人选。培训对象是具有发展潜力,在GE内得到过A级评价的25~30岁的公司职员(一般在公司内能获得A级评价的员工占评比范围人数的10%~15%)。这级培训的主要内容有:计划方案的决定方法、成功经营案例的学习、如何评价部下、财务知识等。通过这级的培训所确定下来的人员,就成为公司未来经理人的主要组成部分。

二、高级班人才开发

是以包括董事在内的、担任经理以上职务的管理人员为培养对象的。同样根据职位及培训内容的不同,可以分为三个等级。

1. 经理人员培训与开发

总体的第三级培训,它主要针对现有的经理人员。它的培训对象一般是平均在GE工作8~10年、具备持有本公司股票资格的经理人。本级培训班一年举办7次、每次60~70人,历时三个星期。培训的主要内容是经营战略制定方法;如何管理跨国公司;对当前公司面临的问题如何拿出解决方案等。通过这种培训为公司将来的高层管理者提供后备人选。

2. 全球经营者的培训与开发

这一级培训是整个培训的第四级,主要是为了培训全球经营者。主要培训对象是通用电气公司的现任,一般要求至少有8年工作经验,是制造、销售、日常运营、人事等部门的管理者。本级培训每年举办3次,每班40人,培训期为3周。培训的主要内容是领导者行为、GE所面临的竞争环境、机构的变更、企业家所应具备的伦理道德、财务分析、战略合作的推进方法等。

此外,GE在人才教育培养中,特别是高级管理人才培养方面最重视强调的是在实践中边干边学,因此本级培训者除理论学习外还有实践课。学员分赴GE的海外分公司,与分公司经理探讨公司的运营情况,并提供参考意见和改进方法。最后,每一位学员都要在GE最高决策层30位领导者面前报告学习和实践的情况。这样通过深入的学习与实践,就为公司培养出了高素质的全球经营者队伍。

3. 高级董事培训和开发

最高一级的培训对象是在GE公司内至少有10年工作经历的高级董事。每年举办一次,每次40人,时间为3周。学习内容有跨国经营领导者所应具备的政治、经济、社会知识及最新形势动态、有关公司的经营发展前景等。

最高级培训班学员还有一项独特的实践课，即由GE各个事业部的负责人作为赞助者拿出资金，委托学员将本部门提出的课题制作成具体的解决方案或计划。这样学员独立承担起一个项目，就能将所培训内容通过实际运用而深入掌握，从而达到良好的培训效果。

这样，初级班与高级班就根据培养对象及教学内容的不同细分为初级2类、高级3类共5种不同层次的班级，也就形成了阶梯式自上而下的长期培训规划和目标。

（资料来源，http://www.hrsee.com/?id=692）

组织在进行人才培养时，应充分考虑员工所在部门职能的差异、岗位职级的差别、工作经验的差别等因素，有针对性地设计各类人员的培训与开发体系。

第一节　新员工入职培训

新员工入职培训对新员工来说是一个从局外人转变为组织人的过程，对组织来说是一个吸收新鲜血液、提升组织活力、开发新人力资源的过程。新员工培训开发可以提高员工知识技能，传递组织的价值观和核心理念并塑造员工行为，为新员工迅速适应组织环境并与其他团队成员展开良性互动打下坚实的基础。

一、新员工入职培训的含义

新员工入职培训，是指针对新进人员开展的培训，又称职前培训、入职教育或上岗引导培训。

新员工的来源有两类：一类是首次参加工作的应届毕业生；另一类是有工作经验的人，即在其他企业或组织工作过的员工。

新员工来到一个陌生的工作环境，虽然对组织只是停留在感性认识阶段，但往往雄心勃勃，积极热情，对公司、工作和个人的前途充满了憧憬。他们希望自己能尽快熟悉、适应新的工作环境，尽快融入新的团队中，正确定位自己的角色，进而开始发挥自己的才能。但是，他们在工作中也容易出现急躁冒进情绪，工作中容易出错。与此同时，新员工初入职场还抱有试探的心态，会依据自己对组织的观察来检验自己的选择并决定是否长期为组织工作。他们急切关注着自己能否被新的群体接纳，组织能否兑现当初的承诺，组织的真实情况究竟如何，自己具体的工作环境、职责如何，自己是否能得到重视，是否有晋升或加薪的机会等问题。

因此,新员工来到单位后,需要进行入职培训,国外将这种培训称为"员工引导"(employee orientation)。新员工引导要给新员工提供有关组织的基本背景情况,使之对于新的工作环境、条件、人员关系、工作内容、规章制度、组织期望等有所了解,尽快安下心开始工作。新员工导向是一种组织社会化过程,通过向新员工输入组织及其团队所期望的主要态度、规范、价值观和行为模式等,培养其组织归属感,即对自己组织认同、忠诚、承诺和责任感,成为组织的"自己人"。

二、新员工入职培训的意义

1. 减少新员工的压力以及焦虑感

刚刚步入一个组织的新员工,面临新的环境,思想上会出现一种不确定感,行动上不知所措,从而会产生心理上的紧张和不安;或者由于原来对工作有过高的期望,而进入企业后发现事实并非像个人预想或者组织介绍的那样好,心中会感到震惊和焦虑,学者称之为"现实震动"(reality shock)。因此,进行新员工引导,有助于稳定员工的情绪。

2. 帮助新员工尽快实现"组织社会化"

组织社会化是指将新员工转变为精干的组织成员的过程,包括为胜任本职工作做好准备、对组织有充分的了解以及建立良好的工作关系等内容。社会化是一个不断给员工灌输组织所期望的主流态度、标准、价值观以及行为模式的持续过程。只有当新员工完成"组织社会化"的全过程,他们才能全力以赴为组织做出贡献。

3. 有助于增进新员工的认同感

组织通过与新员工进行沟通,或者开办团队协作课程等方式,使新员工树立团队意识,也使得老员工与新员工充分接触、相互交流,形成良好的人际关系,有助于新员工融入组织的文化氛围。如果缺乏上岗引导或者上岗引导做得不好,将会导致新员工无法有效地融入新的组织环境,使他们产生距离感,变成组织内部的"外人"。

总之,有效的岗前引导培训开发应当完成以下几个主要任务:新员工应当感到受欢迎和自在;应当对组织有宏观上的认识(组织的过去、现在、文化以及未来的愿景),并且了解组织政策和程序等关键事项;应当清楚组织在工作和行为方面对他们的期望;应当开始进入组织期望的表现方式和做事方式行事的社会化过程。

三、新员工入职培训的内容

新员工培训开发的具体内容很广泛,主要可以归纳为组织文化、公司制度和政策、基本礼仪与工作基础知识、部门职能与岗位职责及知识技能几大方面,下面分别加以介绍。

(一) 组织文化培训

组织文化是组织的灵魂,是推动组织发展的不竭动力。其核心是组织的精神和价值观。这里的价值观不是泛指组织管理中的各种文化现象,而是组织或员工从事生产与经营中所持有的价值观念。

新员工尤其是刚出校门的新员工,脑子中没有条条框框,是进行组织文化培训的最好时机。通过组织文化培训,从组织的使命、愿景、宗旨、精神、价值观和经营理念全面对新员工进行塑造,新员工感触到了组织的灵魂,认同了组织文化,才能在工作中秉持组织的使命和宗旨,追求组织的愿景和价值观。

因此,成功的组织并不一定拥有最先进的文化,但一定有比较成功的组织文化培训,培训使组织文化在新员工心中生根。

(二) 组织基本情况及相关制度和政策

1. 组织基本情况

(1) 组织的创业、成长、发展过程,组织经营战略和目标、经营范围,组织的性质、优势和面临的挑战。

(2) 组织结构与部门职责。主要包括单位的部门设置情况、纵横关系以及各部门的职责与权利,主要经理人员等。

(3) 产品及市场。主要包括单位主要产品或服务的种类及性能,产品包装及价格,市场销售情况,市场同类产品及厂家,主要客户情况等。

(4) 经营理念、组织文化和价值观、行为规范和标准,也包括组织的优秀传统、创始人的故事、组织标识的意义等。

(5) 单位的主要设施。包括规定的用餐地点、急救站、员工出入口、停车场、禁区,部门工作休息室、个人物品储藏柜、火灾报警箱、主管办公室等。

2. 单位相关制度和政策

主要指单位的人事制度与政策。这些与员工的利益密切相关,应详细介绍并确认新员工已全部理解。主要内容有:工资构成与计算方法、奖金与津贴、福利、绩效考核办法与系统、晋升制度、员工培训和职业发展的政策,也包括更详细的劳动纪律、上下班时间、请假规定、报销制度、安全制度、保密制度等。

单位规章制度的培训可以采取课堂学习或培训者讲解的方式进行。培训部门首先要将单位的规章制度印制成内部刊物、员工手册或规章制度手册等形式,然后发放给每一个员工,同时安排时间进行讲解。

(三) 基本礼仪与工作基础知识

这部分内容对组织特有氛围的养成与维护有着特别的意义。新员工了解并运用以后,也能够较快地融入组织的氛围。主要包括:

(1) 问候与措辞。早上同事之间的问候不仅能促进员工之间的和谐关系,亦能体现出组织精神,措辞应要求以文明、礼貌为基础,摒弃不文明用语。

(2) 着装与化妆。单位可对员工着装、化妆方面提出要求,以体现企业风貌。

(3) 电话礼仪。包括接听电话的应答方式、电话交谈的基本礼仪等。

（4）指示、命令的接受方式。在接受指示时，有时要记录备忘；若有不明白之处，要确认明白为止；接受命令之后，要重述以确认。

（5）报告、联络与协商。包括如何向上级汇报，通过何种方式与其他部门联络，如何与同事协商工作等。

（6）与上级或同事的交往方式。让员工知道与领导、下属及同级同事保持关系的重要性，以及团队精神的重要性。

（7）个人与组织的关系。让新员工认识到组织的成长与个人的成长是联系在一起的，每个人要在不断提升个人素质的同时为组织创造价值。

对于其他工作基本常识（包括入职流程、日常工作服务、信息平台管理、办公环境维护等），由于其内容的琐碎性和实效性，一般穿插在日常工作的过程中实施，例如入职流程须知和日常工作服务手册的内容由人事专员在入职过程中进行培训；信息平台的管理和办公环境的维护可以采用宣导、自学和即时指导相结合的方式进行。

（四）部门职能与岗位职责及知识技能

1. 部门职能

主要包括部门目标及最新优先事项或项目、与其他职能部门的关系、部门结构、部门职责及部门内各项工作之间的关系等。

2. 岗位职责及知识技能

主要包括工作说明书、工作绩效考核的具体标准和方法、常见的问题及解决办法、工作时间和合作伙伴或服务对象、请求援助的条件和方法、加班要求、规定的记录和报告、设备的领取与维护等。具体包括：

（1）新员工的岗位在整个组织及部门中的位置，工作岗位的职责与权利，工作地点、安全要求等。

（2）岗位基本工作的工作流程。

（3）岗位日常工作需要联络的部门，联络的途径、工具及形式等。

（4）机器设备、工具的使用方法与保养办法及相关制度。

（5）与岗位、工艺相关的指标及控制方法。

这部分培训可以由新员工所在部门实施，必要时部分内容可以外包培训。主要目的是通过对岗位知识及技能的培训，使其达到上岗的基本要求。

针对岗位职责、工作流程、工作技能的培训，在入职的基础培训过程中可以采用讲解、教材自学和即时训练相结合的方式实施。另外，有些工作需要动手实践，这种情况下传统的"传帮带"方法效果较好。

四、新员工入职培训的流程

新员工入职培训流程通常与一般的员工培训流程相似，经历计划、组织实施和跟踪评估等阶段,但新员工入职培训的每个阶段都有其特定的内容。

1. 新员工入职培训的计划阶段

确定新员工入职培训的目的是新员工入职培训计划的第一步。一般而言,新员工入职培训是单位的一个固定培训项目。单位根据组织经营目标、组织文化和人力资源战略确定新员工入职培训的目的。依据入职培训的目的,制定入职培训的具体计划,并报请单位领导层审查,经批准后方可实施。在制定入职培训的具体计划时,一般要考虑以下几个问题:

(1) 入职培训活动的目的。

(2) 入职培训内容与形式需要考虑的问题及范围。

(3) 入职培训的时间跨度及课目安排的具体时间。

(4) 单位入职培训的主题、部门与工作的目标。

(5) 人力资源管理部门和用人主管部门在入职培训中的分工与合作。

(6) 有关组织胜任力特征或模型的资料(如果有的话),或者组织对员工的基本要求。

(7) 人力资源管理部门跟踪工作所用的审查清单。

(8) 员工手册的内容制作与更新,新员工文件袋的制作与设计。

需要特别说明的是,新员工文件袋内容较丰富,通常包括组织最新组织结构图,未来组织结构图;单位区域图,有关本行业、本单位或本工作的重要概念和术语;胜任力特征;政策手册副本;工作目标及工作说明的副本;工作绩效评价的表格、日期及程序副本;其他表格副本,如费用报销等;在职培训机会表;重要的内部刊物样本;重要人物及部门的电话、地址等。

2. 入职培训的组织实施阶段

新员工入职培训一般由人力资源管理部门和新员工用人部门合作进行。人力资源管理部门总体负责员工入职培训的组织、策划活动、协调和跟踪评估以及公司层面的入职培训活动。组织层面的入职培训活动主要包括组织概况、单位政策和规章制度、组织文化和员工行为规范等。新员工用人部门主要负责新员工有关本部门和岗位导向培训。新员工所在的部门经理或主管应该向新员工介绍本部门的情况,参观本部门的工作设施和环境,向新员工介绍其所从事的工作内容、职责要求、注意事项以及工作绩效考核标准和方法等,并将新员工介绍给本部门的老员工。具体操作步骤如下:

(1) 做好资料准备及会务准备。开展新员工入职教育所需资料一般包括员工上岗培训计划、员工上岗培训通知、受训员工基本情况表、受训员工上岗培训安排表、受训员工上岗培训提纲、培训资料、员工手册等。在新进员工为数众多的情况下,入职培训一般采取新员工集中会议的形式,其会务准备包括确定培训时间、地点与培训教师、确定会议议程、确定入职培训内容、布置入职培训的会场等。布置会场的具体事项包括座位的排定、温度的调节、设备的检查与测试、资料和学习用品的准备、后勤服务与保障等。

（2）入职培训开始前，人力资源部门应向新员工发放相关入职培训表格及员工手册等材料。员工手册是新员工入职培训中的一个重要材料，是专门为员工定制的。新员工可借助它获得大量有关组织及工作岗位方面的有用信息。员工手册的具体内容与编排格式并无固定模式，人力资源部门一般按照员工新进时最需要了解的信息以及经常遇到的作业流程的顺序来编撰员工手册。例如，首先列出欢迎词，并介绍组织概况，如组织的性质、经营范畴、主导产品、组织理念、组织文化、组织结构、组织战略、组织发展历史、部门职责等，然后告诉新员工报到流程、日常考勤制度、薪资福利、绩效评估、晋升条件、个人发展等相关内容的政策以及行为规范要求。

（3）入职培训开始时，由组织的高层管理人员对全体新进员工致欢迎辞，介绍组织的基本概况，如组织的历史与传统、经营理念、同业竞争状况、本单位的竞争优势与存在的问题等。这一过程一般采用全体新员工集中会议的培训形式。

（4）由人力资源部门进行一般性的指导，结合员工手册中的内容，介绍单位的相关管理政策、制度与规定，其中包括对员工行为规范的要求。这一过程除了采用全体新员工集中授课的培训形式外，还可采用员工自习、小型座谈会等培训形式。

（5）由新进员工的直属上司执行特定性的指导，包括单位的产品知识、岗位工作流程与控制标准、同事职责与上下级关系、岗位必需的业务知识与技能。这一过程采用现场参观、现场示范、导师辅导与岗位实习等培训形式。

3. 新员工入职培训的跟踪评估阶段

新员工入职培训是单位员工培训中一个较为固定的项目，因此在实际操作中容易流于形式，或者形式与内容缺乏创新。这往往与入职培训缺乏跟踪评估有很大关系。

公司入职培训可能犯的最大错误是培训后的放任自流。有些公司在组织新员工入职培训后，只是让新员工在培训清单上签字，将培训清单存入员工档案后便束之高阁了。

其实，公司在每次新员工入职培训后都必须对入职培训做系统的评估，从入职培训的反应层次、学习层次、行为层次及绩效层次进行系统的跟踪评估。

在入职培训的反应层次应侧重于评估入职培训的内容是否必要和全面，是否容易理解，是否激发新员工的兴趣或热情，入职培训活动安排是否高效和经济等问题。

在入职培训的学习层次应侧重于评估入职培训主要内容的理解和掌握情况，如公司纪律、岗位行为规范、工作安全知识、组织文化的核心价值观等。

在入职培训的行为和绩效层次应侧重于评估入职培训后员工的工作行为及其工作表现。如在试用期内，员工能否较好地适应新的工作环境和工作要求；试用期后的第一年里，员工入职培训的主要成果在工作中的体现情况；入职培训是否达到预期的目标等。

在新员工试用期结束前,针对试用期的培训内容,运用表 8-1 调查新员工的相关感受和意见,有利于未来改进和完善新员工入职培训工作。

表 8-1 新员工试用期届满前意见调查表

调查项目	调查内容	否(0)	一般(2)	是(4)
对工作生活的满意程度	1. 在没有压力感之下,是否能将工作做得令人满意			
	2. 对自己的将来是否充满希望			
	3. 与公司同事相处是否和睦			
	4. 是否满意自己的待遇(包括薪水在内)			
	5. 你感到自己在成长吗			
人际关系	6. 你感到有施展个人才华的氛围吗			
	7. 你信赖上司吗			
	8. 你信赖前辈和同事吗			
	9. 你感到公司全体人员齐心协力工作的氛围吗			
	10. 有问题时,上级会帮助你吗			
	11. 有问题时,前辈和同事会帮助你吗			
公司运作的包容性	12. 你是否清楚自己所担负的职责			
	13. 上司是否如期传达工作上有必要知道的信息			
	14. 你会将工作上的必要情况报告上司吗			
	15. 工作上的必要情况你会转告前辈与同事吗			
	16. 你能接受公司决策的方式吗			
	17. 你认为公司整体管理有条不紊吗			
	18. 你能接受公司所设的规则与惯例吗			
工作进行的容易度	19. 你对工作上的指示及命令是在理解及领会之后才接受的吗			
	20. 你认为上级给你的工作内容及数量符合自己的能力吗			
	21. 当你需要与前辈及同事之间做工作上的调整时,你是否很清楚应该如何处理			
	22. 你很清楚自己的工作计划及目标吗			
	23. 你认为对工作上需要的信息,部门是否有完善的整理及管理措施			
	24. 你能判断你正在经办的工作是按计划进行的吗			
	25. 你完成的工作是否完善			

(续表)

调查项目	调查内容	否(0)	一般(2)	是(4)
对公司组织的适应力	26. 公司整体的方针或者目标很准确地传达给你了吗			
	27. 你是否知道你的部门正参与的项目或者计划			
	28. 你是否知道如何处理与其他部门的纠纷			
	29. 部门整体工作是否顺利进行,你能得到这些信息吗			
	30. 你知道你所在的部门在公司处于什么角色,对公司贡献如何			
对公司组织的归属意识	31. 你认为公司达成目标等于自己达成目标吗			
	32. 你认为自己的工作可以为公司整体做贡献吗			
	33. 你知道你的工作与公司整体目标如何联系起来吗			
	34. 你有没有留意想要进一步改善日常工作			
	35. 你对其他工作单位及部门传达的意见或者抱怨是否认真对待			

资料链接

某企业新员工培养体系

一、实施背景

××公司为高科技企业,随着业务的快速发展,人员的需求也不断增长。近两年来,公司加大了人才引进和培养的力度。公司面向海外的离岸外包业务又迎来了新一轮的发展高潮,这也使得公司的人员规模在近几年出现了规模化扩张的高潮。

面对公司业务的扩张和人才的不断引进,公司人员结构发生了很大变化。新引进和胜任岗位的人员,有50%是来自社会招聘,还有50%是来自应届毕业生。而刚从学校出来的大学生至少要经过半年的培训才能进入工作状态,经过一年的实践才能对公司做出贡献。

按照成本进行计算,从筛选简历到招聘结束,公司每人每年付出至少10万元的成本支出,这对企业来说无疑是一个很大的成本。如何缩短新员工的岗位成熟期就成为节约成本的必然要求。

二、实施方案

为了解决这个问题,公司采取了一套名为"定制培养体系"的新型人才培养模式,主要是公司通过与全国各地的知名高校合作,开设"公司定制班",这样每个员工进入该公司之前,就会与公司签订就业意向书。

定制班人数一般为每班20～30人，按照"学校培训年限＋公司培训年限"来设置课程，在学校培训期间合格的学生可以到公司的各个业务部门去实习和进行毕业设计。这样相当于公司把培训工作提前到在校园里进行。

三、实施成效

这种人才培养模式，为公司节约了大量成本，也为公司输送了适用的人才。

第二节　管理人员的培训与开发

组织的未来掌握在管理者手中，管理者素质的高低直接关系到组织的生存和发展。因此，大多数组织都很重视针对管理人员的培训与开发。

一、管理人员培训与开发的必要性

目前，管理人员参加培训计划的积极作用已经得到了广泛承认。管理人员的工作效率取决于管理各种专业人员的有效程度，而不是单纯取决于个人在技术方面的经验与能力。在企业中，管理人员需要不断调整和提高自己的实际工作能力，以适应公司规模的扩大和生产经营变化的需要。要真正做到这一点，参加培训和开发是完全必要的。其原因主要有以下四方面。

（1）管理人员在组织中的地位决定了对其培训开发的必要性。管理人员是组织活动的主导力量，管理人员管理水平的高低，直接决定着组织活动的成败。因而每一组织都应将对管理人员的培训工作看作是一项关系组织命运、前途的战略性工作。应切实地把培训工作作为组织的一项长期活动内容，建立起有效的培训机构和制度，针对各级各类管理人员的不同要求，采用各种方法进行培训，做好培训工作。

（2）角色的转变需要培训支持。在实践中，很多企业习惯于把那些已经十分精通技术工作的人选拔到管理岗位上来，虽然他们有实干经验，却并不一定有组织和管理能力。那些提升到管理岗位的人和将要提升到管理岗位的人，要获得其新任岗位所需要的技能、知识、能力，就必须对其进行培训与开发。

（3）经营环境变化对管理和管理者提出了新的要求。现代科学技术的迅猛发展，使得竞争越来越激烈，而组织结构日趋扁平化也对组织提出了挑战。组织要想在竞争中获得一席之地，就必须保证自己不断地发展以适应新形势的发展需要，为了在竞争中始终保持技术、文化、人力资源等方面的优势，组织也需要管理者与时俱进。

（4）管理开发是组织竞争优势的重要来源。一个组织若要在当今激烈的竞争中获胜，就要培育自己的核心竞争力，拥有竞争对手无法超越的竞争优势。人力资源优势已成为企业在竞争中获胜的优势之一。管理人员是企业的重要资源,它关系到未来组织的核心竞争力的提升与工作的最终绩效,所以进行管理开发可以使未来的管理人员具备必要的知识、技能,满足组织持续发展的管理要求,以推动组织战略的顺利实施和组织目标的实现。

二、管理人员培训与开发的内容

虽然管理人员都需要学习和训练诸如计划、组织、领导、控制、沟通、协调、激励等能力与手段,但因为工作层面的不同,所需学习和训练的内容也应有所侧重。美国著名管理学家罗伯特·卡茨(Robert L. Katz)提出,不同层次的管理者所应具有的技能要求是不同的,他研究出各级管理人员技能的最优化组合,如表 8-2 所示。

表 8-2　不同管理层在管理技能上的不同侧重要求

	专业技能	人际技能	理念技能
高层管理者	17.9%	39.4%	42.7%
中层管理者	22.8%	42.4%	34.8%
基层管理者	50.3%	37.7%	12.0%

其中,专业技能(technical skill)是指对生产产品或提供服务的特定知识、程序和工具的理解和掌握。人际技能(human skill)是指在组织中建立融洽人际关系并作为群体的一员有效工作的能力。理念技能(conception skill)是指从整体把握组织的目标、洞察组织与其环境的相互关系的能力。对于高层管理者来说,理念技能是最重要的,占到了 42.7%;中层管理者最重要的是人际技能;基层管理者最重要的是专业技能,占到了其能力构成的 50.3%。要提高企业各层管理人员的能力必须注意这种层次性特点,根据不同层次有所侧重地安排培训。

高层、中层、基层管理者所要处理的决策问题的类型是不同的(见表 8-3)。

表 8-3　不同管理层的不同决策类型

	程序性决策	非程序性决策
高层管理者	规范性的、确定的	广泛的、非结构化的
中层管理者	结构化的	非结构化的
基层管理者	例行的、重复的、确定的	突发性的

管理人员培训内容很多,除一些职能部门特定的业务培训项目之外,还有以下特定的培训项目:追求卓越心态、领导技能、人际关系技能、聆听技能、团队建设技能、时间管理技能、解决问题技能、决策技能、开会技能、沟通技能、员工指导技能、员工激励技能、公共演讲技能、谈判技巧、阅读技巧、目标管理、多元化管理、计划、战略管理、

授权、管理变化、员工道德、组织发展、组织再造等项目的培训。上述培训项目可以分为品性、能力、知识三大块,不同层次管理者的培训重点不同。必须针对特定受训管理人员的工作和自身特点,有选择地整合以上内容进行培训。各层管理者的培训与开发具体内容如表 8-4 所示。

表 8-4 各层管理者的培训与开发内容

内容	品性(包括态度、价值观等)	能力(包括经验、技能等)	知识(包括信息等)
高层	• 经营思想与观念更新 • 国家政策 • 能力与修养的提升 • 社会责任探讨	• 企业发展战略研究 • 对策研究 • 社会责任探讨 • 现代管理技术	• 国家政策 • 行业形势 • 对手信息
中层	• 对待领导、下属、改革以及组织的态度 • 树立乐于为组织服务的正确价值观与态度	• 理解把握创新能力 • 组织实施能力	• 组织内外的政策、法规与现代化管理知识
基层	• 对待领导、下属、改革以及组织的态度 • 培养充分体现组织与领导的先进思想与能力的服务意识与态度	• 操作实施能力 • 理解把握能力 • 解决实际矛盾与问题的技能技巧	• 组织内外的新知识、新政策、新法规

1. 对高层管理者培训开发的内容

高层管理者是企业战略的制定者和企业发展方向的把握者。高层管理者的决策关系到企业的兴衰,对企业的意义重大,因此高层管理者在具备必要的行业技能和基本沟通技能的基础上,必须具备较强的概念技能。具体表现为:思维决策能力、规划能力、判断能力、洞察能力、说服能力、对人的理解能力、培养下级的能力、调动积极性的能力、鼓动才能、批判能力、创造性思考问题的能力、严密推理的能力、解决问题的能力、综合能力、表达能力和谈判能力、团队精神、企业家精神等。除此之外,高层管理者的知识结构也会存在老化衰退的问题,因此对高层管理者进行知识更新也是企业培训与开发要解决的问题。

2. 对中层管理者培训开发的内容

中层管理者介于高层与基层之间,起着上传下达的作用,因此必须具有一定的本行业的专业技术和对整个企业整体运作的概念,更需要沟通技能。中层管理者往往是未来的高层管理者,因此培训与开发的重点不仅仅是对现有技能的培养,更要开发其潜在能力。

中层管理者的工作是组织目标的落实和整体管理水平的提高,因此更要注重管理科学性的培训。主要培养他们的主动性、执行力、关注细节、影响力、判断能力、培养他人的能力、带领团队的能力、协调能力、沟通能力以及专业知识与技能。

3. 对基层管理者培训开发的内容

基层管理者是企业战略的最终执行者。企业战略通过决策层、中层再到基层。没有基层的传达实施，企业战略就成为一纸空文，所以必须重视对基层管理者的培训。由于基层管理者最接近公司基层员工，其应具备很强的自我约束力、亲和力，了解公司的目标和原则，具有责任感、勇气、诚实可信赖等基本素质，也要具备专业能力、计划能力、指导能力、沟通能力以及理解能力。

> **资料链接**
>
> **日立的经营管理人才培训**
>
> 日立公司的决策层认为，经营管理人才培训的目的是增强经营管理人员的组织和经营管理能力，扩展他们的视野，促使年轻一代迅速进入经营管理第一线，培养他们开拓事业的精神。
>
> 日立的经营管理人才培训通常采用脱产的方式，在日立的综合研修所进行。该所有四个培训中心。日立的经营管理人才培训根据不同层次管理人员的不同需要，提供不同形式、不同内容的培训。具体安排如表8-5所示。
>
> **表8-5 日立公司经营管理人才的培训安排**
>
> | 受训人员 | 培训时间 | 培训内容 | 培训方式 |
> |---|---|---|---|
> | 事业部总负责人、厂长的培训 | 每年2次，每次16人，时间为3天 | 国内外形势，组织的经营思想 | 以讨论为主 |
> | 事业部副部长、副厂长的培训 | 每年2次，每次20人，时间为10天 | 各种管理技术 | 白天上课，晚上讨论 |
> | 所长的培训 | 每年9次，每次16人，时间为11天 | 经济动向，文化素养，部分特训以专业业务为主 | 白天一半时间上课，一半时间讨论；晚上个人研习和小组讨论 |
> | 副总工程师、主管研究员的培训 | 每年1次，每次16人，时间为12天 | 经济和技术动向，管理技术，文化素养 | 上课加讨论 |
> | 科长、主任工程师的培训 | 每年44次，每次20人，时间为5天 | 管理技术，文化素养，专业技能 | 上课加讨论 |

三、管理人员培训与开发的流程

管理人员开发的最终目的在于提高未来组织的核心竞争力与最终的工作绩效，直接的目的是让现在与未来的管理人员具备必要的知识技能，满足组织持续发展的管理要求，让管理人员树立愿意为本组织发展服务的正确价值观与态度，具备相应能力、经验与知识,使其能顺利完成组织内的社会化与角色化的任务与过程。

管理培训项目的开发流程与普通培训项目的流程相似,主要分为需求分析、计划制定、组织实施与效果评估几个阶段。在需求分析阶段,主要抓住组织发展需求、个人发展需求与整个人员现状三个关键点;在计划制订阶段,主要抓住发展规划、晋升替补、轮换与培训计划等几个方面;在组织实施阶段,主要抓住制度管理、激励机制与问题应对措施等几个方面;在效果评估阶段,主要抓住组织领导评价、员工评价、客户评价与主管人员自我评价等几个方面,如图8-1所示。

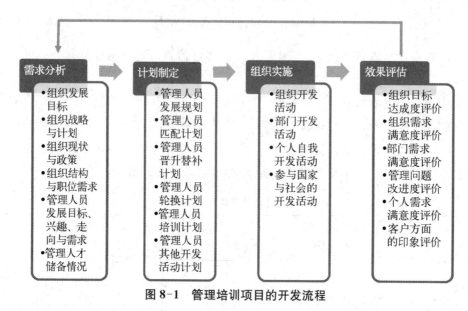

图8-1 管理培训项目的开发流程

由于培训目的和培训对象的差异,管理培训项目的流程在某些细节上需要调整,管理培训项目要基于组织经营战略、人力资源战略,重视以组织经营哲学为核心,包括使命、愿景、核心价值观等,重视以实现组织经营战略和目标为最终目的来开发管理人员培训项目。

四、管理人员培训与开发的方法

管理人员的培训开发,一种是针对企业经营管理和发展整体需要的一般性培训,例如基层实习,在职人员的案例研究和管理竞赛等;另一种是为具体职务(如CEO)配置人员的个别化培训,例如角色扮演和匹配训练等。

常见的管理人员培训开发方法有以下六种。

1. 实地训练

管理技能和能力并不是仅仅通过倾听、观察和阅读相关材料就能习得的,必须通过一定的实际操作和经历,使受训者有机会在压力下工作并从错误中总结经验。

(1) 工作轮换。工作轮换就是让受训者到各部门去实践、学习、锻炼和丰富工作经验，确定其长处和弱点。如新毕业的大学生，在每个部门工作学习几个月，这不仅有助于丰富他们的工作经验，也有助于他们发现自己的长处和弱点，有助于他们进行职业生涯规划。工作轮换比较适合于开发一般管理人员，不适合对高级专业人才的培养。随着经济的一体化发展，跨国公司的工作轮换不仅仅局限于本国，而是面向世界。

(2) 辅导与实习。该方法类似师傅带徒弟，受训者直接与师傅一起工作，师傅负责对徒弟进行辅导。一般说来，受训者不具有经营管理的责任和权力，组织只是为受训者提供学习工作的机会。这种方法是为了保证因管理人员退休、提升、调动、辞职等原因而出现职位空缺时，组织能有适合的人选接任；也有助于对核心管理人员的培养。

(3) 初级董事会。这种方法是让受训的中级管理人员组成一个初级董事会，要求他们对整个公司的发展和政策进行分析并提出建议，目的是为有发展前途的中层管理人员提供分析整个公司问题的机会，培养他们分析和解决高层次问题的能力以及决策的经验。初级董事会可由 5～11 位受训者组成，成员来自各个部门，他们就高层次管理问题，如企业发展战略、组织结构、经营管理人员的报酬，以及部门之间的冲突协调等提出建议，并将这些建议提交给正式的董事会。

2. 案例研究

案例研究法是对参加培训开发的学员提供一个有关企业问题（案例）的书面描述，让他们各自去分析这个案例，诊断问题所在，提出解决方案，然后在导师的指导下，集体讨论各自的研究结果，形成一定的共识。这种方法的主要意义在于通过分析研究和讨论，可以让受训者学习掌握分析和解决复杂问题的方法与过程。其要点为：

(1) 运用企业自身的实际问题作为研究案例。
(2) 尽量让受训者陈述他们的看法，正视不同看法并做出决策。
(3) 将受训者对导师的依赖程度降到最低。
(4) 导师尽量少说"对"或"不对"，那些不完善的研究才是真实的。
(5) 尽量创造适当的戏剧场面来推进案例研究。导师应充当催化剂和教练的角色。

3. 管理竞赛

管理竞赛是几组管理人员在用计算机模拟真实的公司经营状况的情境中，做出决策并互相竞争的一种培训开发方法。在管理竞赛中，受训者被分为若干个不同的"公司"，每个公司都在模拟的市场中与其他公司竞争，每个公司设立一个目标（如最大限度地增加销售），并授予相应的决策权，如广告宣传方面花多少钱；生产方面投资多少；保持多少库存；哪种产品生产多少等。管理竞赛通常是将两三年间发生的事压缩为几天、几周或几个月。与真实社会一样，每个公司一般都看不到其他公司做出了什么决策，尽管这些决策确实会影响他们的销售状况。

管理竞赛是一种良好的培训开发手段。在实际经营活动中，人们的学习效果往往是最好的,而管理竞赛正可以使人得到这种实践的机会。对于受训者来说,这种游戏几乎永远都是有趣的、令人兴奋的,因为它们很真实,又富于竞争性。它可以帮助受训者开发其解决问题的技能,引导他们将注意力集中在规划的制定上,而不是临时的应付。管理竞赛主要用于开发受训者的领导能力、培养合作及团队精神。

4. 行为模仿

行为模仿也是一种常用的管理人员开发技术,有时也叫行为塑造,主要是通过对某一行为或管理技术的强化,来改进管理人员的管理绩效。这种方法已被用于多种对象。

(1) 培训基层主管人员。这种方法使他们更好地处理常见的主管与员工之间的相互关系问题,包括给予赏识、训导、引进变革及改进不良工作绩效。

(2) 培训中层管理人员。这种方法使他们更好地处理所在环境中的人际关系,并给予指导,讨论工作绩效问题,讨论不理想的工作习惯等。

行为模仿的基本程序可归纳如下:

(1) 建立模型。让受训者观看展示典范人物有效处理问题的行为的电影或录像,即向受训者展示某一情景中的正确行为方式。

(2) 进入角色。给受训者分配角色,让他们在一种模拟的情景中扮演该角色,实践和演习那些演示过的有效行为。

(3) 行为强化。培训教师根据受训者在角色扮演活动中的表现给予反馈,用表扬和建设性意见的方式给受训者以行为强化。

(4) 培训转化。鼓励并要求受训者在回到本职工作后应用新的技能和方法。

5. 内部开发中心

有些企业自己建有培训开发中心,让有发展前途的管理人员去做实际训练以进一步开发其管理技能。开发中心通常将课堂教学(如讲座和研修)与评价中心、文件筐练习、角色扮演等其他技术结合来帮助开发管理人员。

为实现这个目的,其综合管理计划(面向高层人员)和专业管理计划(面向初级人员)都强调通过与人们共同工作来解决具体的业务问题。这些计划运用各种教学方法,但都重视计算机化的案例练习。

如通用电气公司的管理开发学院列出了数量众多、范围广泛的管理开发课程,从生产、销售方面的初级教学计划、财务知识,到高级管理培训计划一应俱全。学员要到企业去与关键人物面谈,设计实际的解决办法,将这些办法提交给公司管理人员并得到他们真诚的反馈。

6. 领导者匹配培训

领导者匹配培训是教育受训者如何确定自己的领导风格并适应特定环境的一种计划。这项培训假设领导者能够控制局面的程度决定了到底是采取"以人为中心"的风格,还是"以任务为中心"的风格合适。

该技术的开发者美国管理学家弗雷德·菲德勒（Fred E. Fiedler）认为，"以任务为中心"的领导者，在他们能够高度控制或者是无法控制的环境中能有效地工作；"以人为中心"的领导者只在他们能够以中等程度控制的中间环境才能有效工作（见表 8-6）。

表 8-6　领导者风格与环境的匹配效果

领导者类型	对环境控制程度		
	环境高控制程度	环境中等控制程度	环境低控制程度
以人为中心	工作绩效不好	工作绩效好	工作绩效不好
以任务为中心	工作绩效好	工作绩效不好	工作绩效比较好

菲德勒认为，在高度控制的环境中，领导者的话就是"法"，工作非常程序化，下属人员期望上级告诉他们去做什么。而在控制程度较低的环境中，领导者没有人事权和财权，要做的工作主要是规划，此时如果没有更高一层领导者的主动干预和控制，工作团队就会瓦解。因此，无论在高控制还是低控制的环境中，都要求采取严肃的、"以任务为中心"的领导风格。在中等控制的环境中，最大的问题通常是可能发生争执，影响工作绩效，在这种情况下，领导者必须起到主心骨作用并"以人为中心"，因为这时耐心地引导其下属人员一起工作并围绕在领导者的周围是很重要的。

五、管理培训生项目

目前管理培训生项目已成为企业获取竞争优势的人力资源管理利器，得到了很多企业的高度关注和大力推行。注重实际操作的各大公司都会给应届毕业生安排时间不等的实习和培训，从中挑选优秀者进入公司初级管理层。

对中国企业而言，管理培训生制度对于将应届毕业生造就成优秀管理人员有十分重要的意义。

（一）管理培训生项目的概念与特点

管理培训生项目（management trainee program）是指企业对经过筛选的、富有管理潜能的一批新员工（通常是应届本科毕业生或研究生）采取系统的培训、锻炼等培养措施，快速地提升其管理技能和相应的职业素养，然后逐渐安排其进入企业管理类岗位承担管理责任的人才培养模式。由于管理培训生计划适合企业大批地培养新人，因此它是许多著名企业新员工培养的常用方式。

管理培训生项目是为企业培养未来的管理者，所以在设计项目的初始就大多安排了内部的跨部门轮岗、领导力培训、企业文化培训等内容，以期让管理培训生得到足够的锻炼，使得他们在 10~15 年后能够成为公司的高层管理者。

管理培训生项目培养模式的特点如下：

- 主要对象为高等院校应届毕业生，包括应届本科生和应届研究生。
- 适合企业批量培养人才，满足企业经营的整体需求。
- 培养开发的主要方式包括培训、轮岗、内部导师的辅导等，同时强调以企业文化全面地熏陶和塑造。
- 有较长周期的培养计划来培养培训生的业务能力和综合管理能力，并通过职业生涯管理，让员工实现职业发展，企业实现"人尽其才"。

（二）管理培训生项目的意义

管理培训生项目一般是指企业集中各种资源对具备高层管理潜能的年轻人进行一定时期的、较为系统、全面培训的长期项目，是为企业发展和员工管理生涯打下良好基础的一种制度。做好管理培训生的培训与开发工作具有非常重大的意义。

（1）为公司储备人才。管理培训生项目具有储备人才的作用，可以缓解企业的用人需求，不仅满足了企业现行战略执行的需要，同时也为企业长期的发展奠定了人力资源基础。而且这种战略性人才储备手段正好起到了填补人才流动和企业需求之间的缺口的作用，不仅使组织在紧急关头有人可用，而且使公司保持了人员政策的稳定性。

（2）吸引优秀的毕业生。参与管理培训生竞争这个具有挑战性的过程对于那些渴望接受挑战的毕业生极具吸引力。各公司对管理培训生的选拔条件十分苛刻，GE和西门子在招募培训生时，除了在专业技能和工作经验上要求有所降低外，对学生的专业背景、个人素质等方面的考察基本与正式员工招聘相同，并且在对管理培训生培训时采取轮岗制度，MTP项目无形中给管理培训生提供了多于普通员工的学习机会。

（3）为公司人力资源战略开发节约成本。在传统的管理人才培养体系下，培养一名中层管理人员至少需要5~6年时间，而管理培训生在经过1~3年的培训后就可以独当一面。作为未来中高层领导者候选人的管理培训生们，在经过密集而高强度的管理培训后，至少能够承担主管级别的工作。虽然在短时期看来投入的时间和成本都比较高，但从公司的整个人力资源战略来看，管理培训生不仅可以防止人才断代，还节约了开发成本。

（4）提高忠诚度，降低流失率。企业人力资源的最大危机就是人员流失，花钱为竞争对手培养人才。根据对流失员工的调查显示，在员工流失的主要原因中，晋升机会居第一位，占21.2%；领导重视为第二位，占20.5%；居第三位的是人际关系和谐，占18.6%；物质待遇占14.4%，仅为第四位。从这组数据中我们可以看出，员工对于工作各方面都很重视，做好培训与开发，真正地让员工有发展通道才能留住员工。可预见的职业发展通道正是管理培训生项目吸引众多企业和员工的地方。

（5）提高企业文化认同感。好的企业文化不仅有利于树立良好的企业形象，而且有利于建立和提高企业核心竞争力，而培训是塑造、传播企业文化的重要方式。管理培训生项目从一开始的宣讲会到之后各方面培训都是围绕培养适合自己企业需要的人才展开的,因此有利于真正形成员工对企业文化的认同。

(三) 管理培训生的素质要求

由于管理培训生的特点,公司能够对他们进行较为系统的培训,因此,对于管理培训生的专业知识要求并不是很严格,而是更看重他们的综合素质。虽然各个公司对管理培训生的素质要求会根据企业的实际情况而不同,但是归纳起来,主要有以下五种素质:

1. 事业心

公司一般希望管理培训生能够通过锻炼而成为公司的高层管理人员,但是这个过程注定是艰苦并且充满挑战的。如果没有事业心、一股不服输的精神,很容易在这个艰苦的过程中放弃,因此,远大的目标、不懈的追求,对于管理培训生来说尤为重要。

2. 领导力

对领导力的理解有很多,但大体上都要求能够带领团队完成预定的目标。而这样的能力,很大程度上是在过去的管理实践中锻炼出来的。因此,在招聘管理培训生的时候一般都会倾向于有过社团领导经验或其他类型领导经验的毕业生。

3. 分析能力

领导者必然会面临许多复杂的情况,如何在复杂的情况中迅速找出线索,理出头绪,是一个领导者必须解决的问题。因此在培训生的招聘中,解难类的问题会经常出现。一般来说,敏捷的思路,熟悉商业环境、具有商业经验,很大程度上有助于培训生解决这类问题。此外,适当掌握一些商业分析框架对于解决这类问题也有很好的效果。

4. 快速学习能力

在分析事物的基础上能够快速地学习使用知识,对于管理培训生快速进入行业和接手工作尤为重要。

5. 表达能力与说服能力

具体说来就是阐述自己观点,并达到交流效果的能力。比如如何针对不同的谈话对象使用不同的语言,如何正确使用身体语言,如何设定谈话场景,等等。

(四) 典型管理培训生模式的操作流程

1. 制定方案

企业根据自身的发展需要,制定出管理培训生的实施方案,包括培训生招聘的数量、要求、选拔方式和期望达到的目标,针对培训生的培训体系和考核指标以及培训过程中的调整机制和培训期结束后的录用机制。

2. 招聘

在最初的招聘阶段,企业采用比招聘普通员工更加严格的方式对报名者进行选拔,通常要经过网申、笔试和多轮面试,最终从数以千计的报名者中挑选出几名至几十名不等的优胜者加入真正的培训生队伍当中,在招聘时,企业更注重应聘者的领导能力、适应能力、沟通能力和决策能力等。

3. 培训

在接下来的培训过程中,培训生会根据企业相应的计划接受培训,大部分企业主要采用轮岗的形式,在培训的1~3年间,让培训生在2~3个不相关联的部门任职,如生产部、销售部、财务部,这样做的目的是让培训生尽可能多而全面地了解企业的运营机制、价值链以及不同的生产及管理职能,以使培训生对企业的经营管理有更好的把握和审视。除了轮岗,企业还会为培训生提供专题培训、导师辅导和专案管理等其他形式的培训,更好地满足培训生的发展要求。在整个培训过程中,企业不仅将培训生看作一般的员工,让他们完成各部门的基础性工作,还会着重培养他们的领导才能,让他们处理很多重要事务,如开发和管理生产线、完成大宗客户的销售任务等。企业要提供给培训生一种高压的环境,从而更多地激发他们的潜能。

管理培训生制度的一个重要而有效的培养方式是实施导师辅导计划,这是一种系统化的高层管理人扶植方式,目的是让培训生获取更广阔的视野。除业务上的"教练"——第一线经理外,企业还会指派一位资深高层经理(导师)协助每个培训生。导师教授的不仅仅是业务技能,还包括如何在企业成长、如何培养领导能力、如何坚持不懈、如何良好沟通等许多职业经理人的处事规则。通过分享知识、传授工作经验及提供意见的机制,减少培训生自己摸索求解的过程,引领培训生发展自己的领导能力和思考自己的职业发展方向,使其在个人和事业上得以成长。

培训过程中,企业会根据不同培训生的能力特点安排他们的培训计划,同时也会分阶段对培训生的表现进行考核,培训期结束后,企业会根据培训生在各部门的考核结果,进行不同的安排,包括将培训生派往国外继续深造、将培训生升职至部门的管理层职位等;对于那些考核结果并不理想的培训生,企业一般也不会辞退,而是为他们安排其他适合的职位,并保持持续的关注。

第三节 骨干员工的培训与开发

一、骨干员工培训开发的需求分析

组织的骨干员工,是指在组织发展过程中提供其高超的专业素养和优秀的职业操守,已经或者正在为组织做出卓越贡献的员工,以及由于他们的存在而弥补了组织发展过程中的某些空缺或者不足的员工。骨干员工培训开发需求分析主要包含以下内容。

1. 了解组织目前的骨干人员开发运行状况

通过对组织目前培训与开发工作状况的分析,可以了解组织骨干员工对组织开发工作的满意度，还可以了解现有的培训开发体系对于组织骨干员工职业生涯发展以及绩效提高有多大的帮助，从而为进一步发掘骨干员工的开发需求奠定基础。

2. 明确骨干员工对各项培训要素的具体要求

在现有培训与开发的基础上，进一步了解骨干员工对于培训与开发工作的具体要求，为培训与开发体系的设计提供依据。

3. 评价骨干员工的胜任素质

在骨干员工培训与开发需求调查中，对员工胜任素质特征的需求评价是非常重要的。胜任素质特征是指将某一工作中有卓越成就者与表现一般者区分开来的个人特征。组织通过对不同岗位的骨干员工胜任素质的分析与评价，进一步确定各种胜任素质的需求程度排序，从而为开发课程的设计提供支持。

二、骨干员工培训开发的内容

一般来说，骨干员工培训开发的内容主要包括工作技能培训、创新能力培训、团队精神培训、时间与个人效率培训、形象与心理培训等。

1. 工作技能培训

工作技能培训是为了使骨干员工更好地完成本岗位工作，提高骨干员工的业务工作能力的培训。

2. 创新能力培训

创新能力培训旨在提高骨干员工开拓思想、打破成规、勇于创新的能力，是为了使员工能够创造性地开展本职工作，从而促进整个组织核心能力的提高。

3. 团队精神培训

团队精神培训是通过集体活动，使骨干员工在共同学习、共同生活、协同解决问题的过程中提高员工对集体的认知程度，从而达到提高团队凝聚力的目的。

4. 时间与个人效率培训

有效使用时间和提高个人工作效率，对组织或个人来说都是要极力追求的目标。时间与个人效率培训是旨在提高个人的时间观念和工作效率，以改善个人行为为目的的培训。

5. 形象与心理培训

形象与心理培训是为了保证组织和员工外在及内在的健康而进行的培训活动。

三、骨干员工培训计划的实施

1. 骨干员工培训课程设置

（1）骨干员工培训课程的安排。课程的安排须注意相关课程间的先后顺序，根据循序渐进、由浅入深的原则，让受训人员了解培训的内容。

(2) 骨干员工培训课程的特性：
- 完整性。课程的内容、进度和程序要配合培训目标，使其完整和统一。
- 动态性。课程是动态的生活经验和活动。
- 联系性。课程的联系性包括纵向的联系性和横向的联系性，前者指相同学科的衔接，后者指不同学科的配合。

(3) 骨干员工培训课程开发的步骤。骨干员工培训课程开发的步骤主要包括课程决策、课程设计、课程改进和课程评鉴。

2. 培训方式的选择

骨干员工是在组织各部门的工作开展中所必需的人才，其培训内容及方法上应与其他类别的员工有所区别。组织对骨干员工的培养，可采用"在线学习＋工作历练＋导师辅导＋拓展训练＋参观学习"的多元化培养模式，围绕组织高潜力人才应具备的知识和能力，设置一系列知识优化、能力提高和素养修炼的课程，借助 E-Learning 平台进行理论知识的学习，并在导师的指导下进行实战工作转化，以达到完成培训目标的目的。

(1) 在线学习。按培训计划设置相关课程，通过 E-learning 在线学习平台进行受训人员管理（按照部门、培养对象的岗位进行划分）、课程管理（设置必修课、选修课）、课程进度管理（可以细化到每个培养对象的课程进度、学习时间）、课程评估（每门课程设计 A、B 两套试卷，可对试卷的内容进行编辑，系统自动判卷）等。

(2) 工作历练。工作历练主要是指让受训人员主导相关工作项目，通过实际工作历练，促进理论与实践相互结合。项目结束后进行工作案例分析，检验其学习成果。

(3) 导师辅导。导师在每次课程后与受训人员沟通学习、掌握的情况，并制订改进和实践计划，针对课程所获知识点及欠缺知识点安排相关工作进行改进，强化受训人员掌握所学内容。

(4) 拓展训练。为受训人员适当安排拓展训练机会，加强受训人员之间、受训人员与导师之间的沟通和融洽，提高团队的凝聚力与合作能力。

(5) 参观学习。组织培养对象进行一次对优秀组织的参观学习，使其感受不同的管理氛围，扩大受训人员的工作视野。

四、将骨干员工培养成高效执行者的步骤方法

在组织人员素质测评中，常会发现许多高效执行者的特点刚好与一些高效领导者的特点极为相似。当然这不是巧合，该现象给我们提出了一个重要的观点，即执行者不是一个人而是一个角色，他们之间的区别不在于才智或具有某种特征，而是他们所充当的角色不同。在许多组织中，走领导者的职业生涯发展之路似乎是人的事业成功的唯一标志，教育和鼓励人去做的是如何当领导，而不是当执行者。

然而，现代社会人力资源管理的实践又充分表明，高效执行者是组织成功与否的

先决条件。一个组织只有拥有一大批各岗位的高效执行者,这个组织才有活力和市场竞争力,才能顺利实现组织的目标。因此,必须造就和培养一批高效执行者。对高效执行者的培养可采取以下四个步骤。

1. 重新定义执行者和领导者

我们先不去考虑领导者角色与执行者角色的级别高低,他们对组织而言都是不可或缺的。只是其主动性有所不同,如从工作角度来解释,担任领导职务的人应该着眼于组织的目标和战略,掌握与同事取得共同语言的技巧;具有联络那些由每个人组成的、不同性质的小组的语言表达能力;拥有协调各方面工作的组织才干;具有促使组织和团体中的每一个人做好本职工作的权威性和影响力。

通过培训将优秀执行者应具备的素质及组织赋予高效执行者的价值联系在一起,让每一位接受培训的骨干员工明白这样一个道理:由于我们每一个人至少是在做着执行者的工作,因此我们把执行者的工作做好是最基本的,并且为本单位的目标贡献我们的力量是我们的职责和使命,坦诚地并能自我控制地支持单位领导者的工作,愉快地参与并默默地为共同的大目标作贡献,我们同样会产生一种事业的成就感。

2. 培训执行者的技能

人们往往认为做领导需要教,而当执行者每个人都会。这个观点主要基于以下三方面的错误认识:领导比执行者重要;当执行者容易,你让他做什么他就做什么;他们的力量和动机,甚至他们的才干,都是从领导者那里获得的。事实并非如此。培养高效执行者需要打造卓越的执行力,可以从以下几方面着力培养:

(1) 增强独立思考能力。

(2) 有效地管理好自己。

(3) 提出可以使对方接受的不同意见。

(4) 树立个人信誉和威望。

(5) 将个人的目标、义务和组织的目标、义务保持一致。

(6) 个人行为应对组织、领导、同事及自己负责。

(7) 明确领导者与执行者的相同点与不同点。

(8) 保持执行者与领导者之间融洽的工作关系。

3. 工作评价及反馈

先不去评价骨干员工们是否具有领导者的特点,如自我管理、独立思考、独创性、勇气能力和信誉等,只评价一下领导者与执行者之间的共同点,然后再去评价每一个人在工作变动时对各种工作的适应能力。

可采用同级、下级、直接领导的评价或自我评价来获取相关信息。还可采用填写简表的方式来考查执行者的素质。如在评价中发现问题,可及时总结和反馈,这对骨干员工的培养大有益处。

4. 创设对骨干员工有鼓舞力的组织结构

在没有领导的小组里，所有人为达到共同目标有着同样的责任。这些能够在一起共同工作的人们在他们的自我约束、自我监督下工作。如果这个小组的人都是属于高效型的，那么这个组就会有很高的工作效率。但在有些有领导的小组里，由于某些领导者比小组其他人能力差些，那么这个小组的成员是否要忍受这种低能领导的管理呢？按一般人的思路，应该调整这位领导者的工作，否则能力强的员工就难以接受这种低能的管理。但是对一个好的执行者来说，应该首先学会以一个好的执行者的工作技能来弥补能力较差的领导的工作，他们有义务以正确的态度正视在他们工作中可能遇到的能力较弱的领导者。

因此，创设一种对骨干员工有鼓舞力的组织结构，把权力下放到最基层，找到一种让骨干员工有机会参与组织各项工作的途径，这才是培养一个好的执行者的最有效方法。它可以充分发挥小组高效型人才的主观能动性，使他们有充分的空间自主决定和独立思考并解决他们在工作中遇到的问题。

第四节 外派人员的培训与开发

一、外派人员的含义

跨国公司人力资源管理的一项重要职能就是人员配置，而外派是跨国公司人力资源管理在国外经营人员配备政策上的一个重要选择。外派人员既是跨国公司人员配备中的主要人员类型，也是跨国公司人力资源管理涉及的主要对象。

一般来说，外派人员是指由母公司任命的在东道国工作的母国公民或第三国公民，也包括在母公司工作的外国公民。

跨国公司的外派人员中母国员工是主体，他们通常受母公司指派，经营和管理公司的国外子公司，母国外派人员一般是管理者和技术专家，他们有丰富的工作经验，能将母公司的战略意图、先进技术、管理方式与经营方法或理念带到国外子公司。同时，母国外派人员在跨国公司全球经营中具有重要的战略地位，他们常常被派遣到与母公司具有不同文化背景和价值标准的经营体系中，以减少风险、确保公司整体经营的平稳运行。

此外，目前跨国公司内部人员流动越来越国际化，不再仅仅是母国向国外子公司输送外派人员的单向流动，还有将其子公司所在国的优秀的东道国员工派往其他国家的子公司甚至母国的总公司，这类员工数量的扩大也增加了跨国公司人员配备中其他国家员工的数量及公司人员的多样性。

跨国企业派遣外派人员的动因很多，其中艾兹特洛姆（Edstrom）和加尔布雷斯

(Galbraith)(1977)将跨国公司派遣其母公司员工到海外任职的目的归纳为三种：

一是外派人员仅仅是去填补空位的，因为缺乏技术和管理技能，本地没有这样的员工可以雇佣。

二是外派人员能够支持管理发展，使具有高潜力的管理者积累国际经验，为其将来担当重要岗位的工作奠定基础。

三是外派人员有利于组织的发展。不同国籍的管理人员在国外子公司之间和母公司与其子公司之间的大规模调动有助于管理人员的社会化，并建立起一种国际沟通与人际网络。

对外派人员进行培训开发，可以避免外派失败，促进全球领导力、全球学习型组织的形成，实现个人与组织的自我更新。

二、外派人员培训与开发的内容

很多学者都对外派人员培训开发的内容有所研究，结合不同学者的观点，外派人员培训开发的内容可以用三层次模型来概括，如图8-2所示。

1. 文化敏感性和适应性培训

文化敏感性和适应性培训的目的是使母公司的管理人员了解他们将赴任国家的文化氛围，充分理解东道国国民的价值观与行为观，迅速增强对东道国工作和生活环境的适应能力。文化敏感性和适应性培训的内容应包括：对民族文化及原组织文化的认识和了解、适应性的培训、跨文化沟通及冲突处理能力的培训、对先进的管理方法及经营理念的培训等等。具体做法包括把

图 8-2　外派人员培训开发内容的三层次模型

具有不同文化背景的员工集中在一起进行专门的文化培训、实地考察、情景对话、角色扮演，以便打破每个人心中的文化障碍和角色束缚。

2. 语言及跨文化交流培训

跨文化交流是指不同文化背景的人们之间的交际。跨文化交流能力在文化适应的过程中起着非常重要的作用。一般来讲，跨文化交流分为三个方面：一是观察事物的过程，包括信念、价值观、态度、世界观及社会组织；二是语言过程，包括语言及思维模式；三是非语言过程，包括非语言行为、时间观念和空间的使用。

首先，要达到有效的沟通，海外人员需要尊重当地的文化和社会习俗。为了改善跨文化交际效果，减少交际失误，一些研究者提出了文化共情理论，建议跨文化交际者在交际过程中发展共情能力，即设身处地、将心比心、推己及人，以别人的文化准则为标准来解释和评价别人的行为，这样可以增强相互间的理解，建立和谐的工作氛

围,在当地有效地开展工作。

其次,语言是人们表达思想、传递信息和进行情感交流的重要工具和手段。由于不同的国家和不同的地区使用的语言存在着很大的差异,因此,语言沟通对跨国公司全球化经营的成败关系重大。为了与东道国的人进行良好的沟通,发现经营中存在的问题,开发和利用当地的人力资源,开拓公司在东道国的业务活动,占领当地市场,母公司的外派管理人员必须学习并掌握东道国当地的语言。

最后,除了要求学会理解和讲东道国语言外,外派管理人员也需要明确非语言交流上的重大差异。例如对私人空间的需要、眼神接触、身体仪表与姿态、沉默的含义以及接触的合法性等方面的差异。这些因素成为在东道国环境中与他人有效交流的巨大挑战,跨国公司对外派人员进行这方面的培训是十分重要的。

3. 知识技能培训

外派人员到海外任职需要对产品和技术有全面了解,对国际市场机会有较强的敏感性,并具备国际管理和协调的能力,因而跨国公司通常会在业务、技术及管理能力方面,对外派管理人员进行有针对性的培训,使之能够胜任外派的岗位和工作要求。

4. 培训开发内容与外派人员类型的匹配

上述的三个层次中,文化敏感性和适应性是最先应当培训的内容,因为要适应另外一个国家的文化生活、价值观等是很困难的,花费的时间也是最长的;其次是东道国语言的学习;最易于理解和掌握的则是岗位要求的具体知识和技能。因此,三层次模型自下而上是由难到易、由里及表、从内而外的培训与学习。

同时,由于外派人员职责和外派目的的不同,外派人员的培训开发内容也相应有所不同。例如,公司外派的技术工人在文化敏感性和适应性方面的学习肯定不如公司外派的高管人员重要。不同类型的外派人员各自适用的培训内容见表8-7所示。

表8-7 不同类型外派人员对不同培训内容的使用频率

培训内容	技工	问题解决者	功能性领导	首席执行官
敏感性培训	0%	1%	1%	3%
实地经验	1%	4%	6%	6%
语言培训	24%	36%	59%	60%
文化导向	24%	31%	41%	42%
文化吸收	9%	7%	10%	10%
东道国环境	31%	44%	54%	52%

资料来源：Rosalie L. Tung, Selection and Training of Personnel for Overseas Assignments.

三、外派人员培训与开发的流程

要使外派人员的培训与开发获得成功,进而对外派产生好的影响,就必须重视外派培训开发计划的制定,将培训放到系统的培训管理流程的角度来分析,实现外派培训的流程化管理。

(一) 外派的阶段与全面培训开发

仅在外派人员赴任前开展短时间的培训活动很难根本性地改善外派人员胜任外派职位所需要的态度、能力和个人特质,所以应当采取阶段性、积累性的培训方式。外派的整个过程可以划分为四个阶段,即计划外派阶段、外派前阶段、外派阶段和回归阶段,如图 8-3 所示。为了"派得出、用得好、回得来",对外派人员的培训开发应该延伸覆盖至整个阶段。

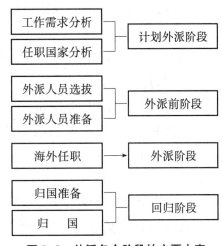

图 8-3　外派各个阶段的主要内容

1. 计划外派阶段

在这一阶段,外派并未真正开始,此时跨国公司往往只是招聘一些公司需要的职位人员。在跨国公司内部有很多的职位,有些职位根本不可能有外派的潜在机会,比如一般的行政人员,而有些职位的任职者则很有可能被外派,如公司主要产品的市场营销人员。所以,对这些有潜在机会的任职者在他们进入公司之日起就必须开始对他们进行外派培训开发。这个阶段的培训开发主要在于通过确认工作需求和潜在任职国家的分析,增强员工跨国任职所需要的能力,特别是增强他们到国外任职的潜在愿望,激励他们为外派做好准备。为了达到这些目标,最有效的培训和开发方式就是为他们树立典范和安排导师。第一阶段的培训属于启蒙阶段培训,重点是塑造潜在外派人员的外派愿望。

2. 外派前阶段

在这一阶段,需要开始确认外派的职位,培训开发在员工被告知将被外派时开始。这时,对外派员工的培训开发更多地针对有关外派的具体知识和技能等,培训开发活动也将完全按照系统化的流程进行。同时,培训内容还包括任职岗位要求的东道国语言、公司业务情况、管理体系等的全面培训开发,目的在于使外派人员在赴任前完全掌握将来任职岗位所需要的知识和技能。

3. 外派阶段

外派阶段的培训发生在外派员工任职期间。虽然跨国公司往往比较重视第二阶段的培训开发,但对外派人员在东道国的任职期间持续进行培训开发也非常重要。外派培训的最终目的是确保外派人员能够胜任外派岗位,在外派期间做出好成绩,为公司在东道国的发展做出贡献。从这个角度来看,真正考验外派人员和能为外派人员提供的最有效培训应该就是在任职期间的培训。因为只有在任职期间,外派人员才能切身体会到自身知识和技能的缺陷,才能清晰地了解自己的培训开发需求,对培训的要求是最迫切的也是最有针对性的。这一阶段的培训开发内容往往和东道国的文化、环境等相关,同时也可能包括对外派人员随行家属的培训和帮助。

4. 回归阶段

回归阶段也称归国阶段,就是外派人员在外派任职期满后回到原国家的过程。跨国公司为了规避风险,留住人才,往往在恰当的时间回遣其外派的员工。然而,由于外派人员在东道国任职期间适应了文化差异和生活习惯,导致他们回到母国后对母国文化的适应性下降,生活条件的变化也带来了很多困扰。这些都对回归人员的生活适应产生了负面影响。考虑到外派人员的高流失率,公司应当为回归人员提供归国培训。培训内容可能包括敏感性培训、组织变革以及归国适应的方式等,以帮助外派回归人员及家属克服相应困难。

(二)外派人员培训开发的管理流程

从培训管理的角度看,对外派人员的培训与一般的培训管理活动一样也需要严格按照特定的步骤来开展,如图8-4所示。

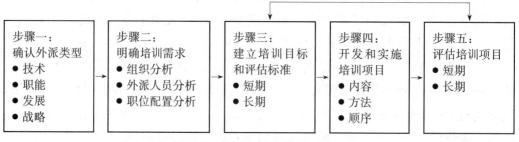

图8-4　外派人员培训管理流程

(1)培训部门应根据外派的工作要求确认外派类型,根据技术型、职能型、发展型和战略型等的不同特点为外派人员的培训内容决策确定大致的方向。

(2)培训部门应对外派人员的培训需求进行分析,这种分析活动需要建立在组织、个人和职位三个层次上。培训的方向包括跨国公司的经营战略、组织结构和企业文化,外派人员的个人背景、技能状况,职位所需要的知识和技能,等等。

(3)针对确定的培训需求,为外派人员就培训需要实现的认知、情感和行为变化制定基础性的目标,以及相应适用的评估标准,特别是要设立短期和长期的目标。

(4)关注具体的培训活动。在明确需求的基础上采用有针对性的培训内容,运用多样的培训方法,对培训活动进行详尽的规划。

(5)对培训效果的评估是外派培训的最后环节。通过运用预先设定的评价标准对外派人员的培训效果进行总结,可以通过对比评估方法等方式进行。对评估效果不理想的指标要返回第三步重新制定目标和标准,以达到评估目的。

四、外派人员培训与开发的方法

随着跨国公司培训需求的不断增长,外派人员培训的方法也是多种多样的。目前新兴的外派员工培训开发的方法有东道国现实个体培训、网络培训、全球心智模式培训等。

1. 传统的培训开发方法

传统的培训开发方法包括授课、录影、情景模拟等传统手段,培训方法可以根据培训目的分为三个层次。

低层次培训的目的是向受训者提供有关东道国商务和国家文化的背景信息以及公司运营的基本信息,主要采用授课、录像、电影、阅读背景材料等方法。中层次培训的目的是向受训者传授东道国文化的具体知识,常采用跨文化经验学习、角色扮演模拟、案例研究、语言培训等方法。高层次培训的目的是使受训者能够与东道国的国家文化、商业文化和社会制度和睦共处,常用的方法有到东道国实地旅行、与具有东道国经验的经理座谈、与东道国公民座谈等。

2. 东道国现实个体培训

东道国的现实个体培训是指当外派员工到达东道国后进行的跨文化培训,或者是针对外派人员所遇到的突发事件而进行的针对性培训。

现实个体培训主要通过下列方式实现对外派人员的辅导。第一,确认外派人员的动机驱使以及发展需要,帮助他们树立明确的发展目标;第二,确认问题标准解决过程的有效性;第三,鼓励外派人员检验他们在工作方面获得的新技术,帮助他们评估这些结果;第四,倾听并评价外派人员对工作和生活所作的假设是否合理;第五,提高他们对潜在冲突的意识,如工作与家庭不平衡等,并尝试解决这些冲突;第六,把外派人员的自我形象和现实生活情况以及他们在将来所取得的成就意识联系起来。

和传统集体培训相比较,现实的个人辅导具有高度个性化、任务导向性和保密性的特点。

3. 网络培训

(1) 多媒体软件。针对外派人员培训的市场需求,已经出现专门针对外派人员的培训软件。

由派克李(PackLi)公司出品的《衔接文化》(bridging cultures)软件,主要是为旅行或居住在海外的人而设计的自我培训项目,未来要被外派的人员也可以用来自我培训,或者和传统的启程前培训一起使用。其优点在于外派人员的配偶和孩子能通过学习为他们设计的活动而得到培训,而此类家庭培训通常在公司外派培训中被忽视。虽然它还不能代替传统的培训课,但在外派人员及其家人的跨文化培训上是一个很好的工具。

另一种由特姆彭纳斯·汉普登-特纳（Trompenars Hampden-Turner）出品的《文化指南》(culture compass)软件，是根据各国风俗习惯而设计的互动式学习工具，对经常处于不同文化环境的商业旅行者、外派人员的互动培训具有引导作用。因此，在外派培训中，该软件可以用来解释独特的跨文化问题。

(2) 基于互联网的培训。互联网培训有内部网和外部网之分。

内部局域网方面，许多跨国公司都设有技能开发系统，如国际商用机器公司（IBM）、LG集团、索尼和尼康等，外派人员在工作中发现自己的技能需要提升时，可以申请学习。此外，一些跨国公司设有内部网络学校（如 IBM 和英特尔），全球范围内的外派人员都可以利用这所网络学校来进行有计划的学习。

同时，随着外部互联网兴起，各种新兴网络手段被应用到外派人员培训中。互联网的好处在于能让外派人员获得各种免费信息。目前比较有价值的自我培训的互联网领域是富有经验的外派经理们自己建立的博客。这些博客通过记载外派经理的外派经历和体验，为即将外派的员工搭建了一个沟通平台，成为外派人员培训与学习的重要渠道。

4. 全球心智模式培训

全球心智模式培训的根本目的是拓宽个体的思路，以便超越过去那种本地区的狭隘眼界，从而形成一个可以包容全世界的心理图式。尽管这种培训常集中在管理者身上，事实上对普通员工也同样具有适用性。全球心智模式的培训有下列三种主要方式。

(1) 利用公司回归人员的作用。回归人员是指在外派到期后，从东道国返回公司总部的管理者或员工。由于这些人员一般具有较好的全球性视野、丰富的海外市场经验和良好的外语能力，对公司形成全球心智模式具有重要的指导作用。

在运用回归人员经验时，公司人力资源部门可以定期组织研讨会。在研讨会中，这些回归人员可以给公司那些即将外派的管理者和他们的家庭传授海外生活的经验和实践。通过回归人员有组织地给母公司同事和下属传授他们的跨文化技能、经验和洞察力，公司就会形成"全球性思考，本地行动"的企业文化。

(2) 海外实地实习。由于国际派遣费用通常太高，以至于在一些公司中这种方式仅限于一部分执行官和有潜力的员工，对那些一般的员工，如果想要培训他们的全球心智模式，短期实地实习是一种良好的途径，既能保证员工学到当地人们的行为方式，又不至于让宝贵的时间从工作中损失。一般来说可设计为期一周的跨文化实地实习。

(3) 评价中心技术的运用。评价中心能够给管理者提供海外派遣的态度信息、确立企业全球导向的企业文化、形成企业员工的全球性心智模式。近年来，人们设计了特殊的评价中心技术应用在国际商业派遣中，国际人才评估中心（Intercultural

Assessment Center；IAC)就是其一,其方法是运用许多跨文化角色扮演、案例研究、小组讨论和国际谈判模拟来测量候选人对不确定的容忍度、目标导向、交际能力和沟通技能等,以此来评估外派候选人的多文化胜任能力。

目前,一些欧洲跨国公司已经开始采用此类评价中心方法作为公司跨国管理项目的一部分,如戴姆勒·克莱斯勒宇航公司(Daimler Chrysler Aerospace)采用国家评价中心技术来选拔和培训海外派遣的候选人。在国内有良好业绩且具有潜力的年轻管理者会被他们的上级提名参加这个项目。参加评价中心评估后,候选人收到关于他们自身国际派遣上的优势和劣势的详细反馈,根据反馈,人力资源部门开发具体培训项目以符合这些管理者的具体需要。候选人会被要求参加为期 18 个月的管理培训项目,包括跨文化沟通、自我意识培训和国外项目分配等。培训项目后,候选人参加第二轮活动来评估他们的学习过程,那些在该过程中胜出的管理者将被指派为公司海外公司主要位置的候选人。这种两年一次的国际评价中心技术能给参加评价中心的人员提供全球化的视角。当公司越来越多的管理者参加这样的评价中心技术时,一个真正的国际导向的企业文化也就形成了。

以上几种培训开发方法的比较如表 8-8 所示。

表 8-8 培训开发方法比较

培训方式		培训内容	培训方法	时间	强度	目的	实现途径
传统培训方法	知识提供	东道国的文化和相关知识、跨文化理论课程等	授课、电影、录像、阅读背景资料等	不超过一周	较低	提供有关东道国商业和国家文化的背景信息,以及有关公司经营情况等	自我训练、顾问帮助等
	情感训练	文化模拟培训、压力管理培训、文化间的学习训练和强化外语训练等	案例分析、角色扮演、跨文化情景模拟等	1~4周	中等	培养有关东道国文化的具体知识	
新兴培训方法	东道国个体现实培训	跨文化能力评估分析、文化敏感能力等	实地练习、与东道国有经验的经理会谈等	1~2月	较高	能与东道国国家文化、商业文化和社会制度和睦相处	
	全球心智模式	跨文化技能、经验和洞察力等	管理者向同事和下属传授	1~2年	较高	形成"全球性思考,本地化行动"的企业文化	回派人员、海外实习基地、评价中心等
	网络模式	跨文化、敏感性、外派信息资源等	多媒体软件和互联网技术	长期	中等	提高个人及家属的海外适应能力	软件、网络

第五节 领导力开发

领导能力是一种复杂且不易鉴别的能力,包括领导过程中领导者与追随者的共同行动所产生的一系列可能的结果,如目标的完成、个体对目标承诺的实现、团队凝聚力的增强等。

一、领导力的概念

关注的角度不同,对于领导力的理解也不尽相同。领导力也可以说是影响力,是一个人对其他人施加影响,使他人追随、服从自己领导,按照自己想法或者指导而行动的能力。尽管不同的学者对领导力的看法各异,但是各观点之间也有一些共同点,即领导力是一种个人能力,领导力的存在目的是激励人们更好地完成组织使命,领导力不是权力,而是一种非命令式的影响力。

领导力作为社会交互作用的一种要素,它能使人们超出常规标准,高质量地完成任务。领导力主要包括洞察力、决断力、亲和力、激发力、凝聚力、学习力、影响力、应变力、创新力和执行力。

领导力一般具有以下五个特点。

(1) 柔性。重视应用软权力来发挥作用。

(2) 双向性。特别注意领导者与追随者之间的相互影响和及时回应。

(3) 人性化。在关注工作、关注利益的同时,更突出以人为本的思想,更关注人的情感、人的快乐、人的价值和人的发展。

(4) 叠加性。在应用权力的同时,更注重领导者自身的品德、个性、专长、能力业绩等软权力方面的叠加作用和放大作用。

(5) 艺术性。即讲究科学,讲究遵循规律,更强调创新,强调权变融合,强调领导艺术的巧妙运用。

二、领导力的模型

领导力模型来源于胜任力理论,它是指组织针对特定管理岗位或群体开发的能够驱动优异绩效的素质指标组合,也是组织特定管理岗位或群体中的绩效优异者所具备的一系列素质指标。领导力模型针对的对象既可以是一个具体的岗位,如市场总监、人力资源总监等,也可以是某个特定人群,如企业的高层管理团队、中层管理团队、基层管理团队等。

如果人们对以上的特质不是停留在感觉、印象的层面,而是把它们抽象出来,就会构成一个领导力模型。这个领导力模型具体包括以下六种能力。

（1）学习力，是领导人超速成长能力的构成。

（2）决策力，是领导人高瞻远瞩能力的表现。

（3）组织力，即领导人选贤任能能力的表现。

（4）教导力，是领导人带队育人的能力。

（5）执行力，是领导人超常绩效能力的表现。

（6）感召力，更多地表现为领导人的人心所向能力。

三、领导力开发步骤

领导力的开发包括以下六个步骤，即经营诊断、领导评测、计划设计、计划实施、后续支持、效果评价。

1. 经营诊断

经营诊断是领导力开发的第一步，主要是为了明确实施领导力开发的原因。这一步骤的关键是对实施领导力开发达成共识并形成紧迫感，同时树立一个为管理者所支持的愿景目标。所有的领导力开发计划都把建立模型作为核心任务，最好的模型代表了组织及其领导者的形象和抱负。在这一步骤中，会运用到多种分析方法，比如 SWOT 分析法、现场调研法、焦点小组访谈法、内容分析法等。

2. 领导测评

领导测评主要是帮助领导者个人了解自己的内心世界，了解自己真正缺少的是什么，要怎么样来开发和学习领导素质，同时，这也能帮助领导者制定个人发展计划和具体的行动方案。

3. 计划设计

计划设计是非常重要的一步，其主要内容包括参与领导力开发计划的人员选择、开发时间和周期的确定、领导力特征模型的建立，以及围绕领导力特征所展开的一系列开发方式设计，如培训设计、行动学习设计、与高层员工的互动设计、学习效果反馈等。计划设计为计划实施和后续支持奠定了基础。

4. 计划实施

计划实施就是调动组织内外资源，按计划进行有序操作与实施，为领导力开发创造良好的条件，保证领导力开发项目的顺利完成。这一步最关键的是组建行动学习团队，并用行动学习团队解决组织存在的重大问题。目前，行动学习在领导力开发中广为流行，已经成为继测评和辅导之后的第二大趋势。

5. 后续支持

好的领导力开发计划不只局限在教室里，它还要为参与者提供一系列的后续强化和支持，以保证参与者能够将学到的知识有效地运用到具体的工作岗位上。所以，后续支持也是领导力开发计划的一个重要部分。

6. 效果评价

效果评价虽然是领导力开发的最后阶段,但是在这一阶段,组织还要弄清楚以下问题:如何进一步改进和强化领导力开发计划;如何消除实施领导力开发计划的障碍;如何把领导力开发所采用的方法、措施与开发的最初目标联系起来,以评价领导力开发是否成功。在回答了这些问题之后,我们必须进行领导力开发计划的改进和完善,以保证下次开发的效果会更好,改进是一个永无止境的过程。

领导力开发的这些步骤已被证明是行之有效的,许多优秀企业的领导力开发都是这样操作的。

四、领导力开发方法

1. 教练制

单位指定资深人士与高层主管作为被培训人的教练或伙伴,一对一进行结对,由比较有经验的人为员工提供管理咨询,达到培训员工、提高员工综合领导力的目的。

2. 工作轮换

许多公司往往通过岗位的调动、职位的轮换来发展员工的领导力。我们以英特尔公司为例,作为一家高度国际化的跨国巨头,英特尔非常重视通过跨国工作轮换来提高员工的国际化工作技能与领导能力,派遣有潜力的管理者到其他国家工作一段时间,锻炼他们的跨文化管理能力。英特尔还在公司中施行一种"二位一体"的任命计划,即同一个职务同时任命两名经理人,其中一名主要是给他实习、锻炼的机会,培养其快速成长为合格的英特尔经理人。

3. 领导力评估

组织应根据领导才能的模型和定义,评估领导者的实际能力、工作作风等,以帮助其提升领导能力。作为公司持续性计划的一部分,每年要依据这些能力特征对潜在领导者和所有的管理人员进行评估,方式包括员工自评和360度评价。这就为进一步进行领导力的培养和开发打下了良好的基础。

4. 领导力发展中心

领导力发展中心包括评估考察受训学员的价值观和动机、设定可观测的目标、制定行为提高计划,以及用有效的手段和技术帮助受训者发展领导技能等环节。从流程角度来看,就是对领导胜任力的各种因素进行发展和提升,使领导者的工作绩效得以提高和改善,如图8-5所示。

发展中心的活动时间一般历时一至两天,甚至更长。内容主要包括心理测量、个体感言、群体管理任务、结构化面试、案例研究(团体报告)。从对象上来说,虽然理论上可以包括各层次的管理人员,但出于成本方面的考虑,参与者一般都是组织的高层管理人

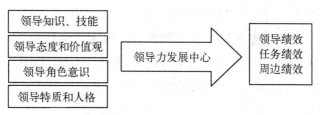

图 8-5 领导力发展的绩效模型

员;在培训开始前都会给每个人讲解操作指引,并告知学员将按某种方式进行胜任特征评估。培训发展讲师一般是公司接受过专门培训的高级经理或专业咨询顾问。给参与者的反馈文件是书面报告,学员将和评估者、专业心理学家等一起进行反馈讨论。讨论一般在评价结束后的两三周进行,但收到书面报告的时间可能较早;发展计划由直线经理、参与者或其他相关人员共同制定。某些发展后的活动计划也会提供给参与人。

从结果角度看,领导力发展中心通常提供以下反馈:向学员详细反馈他们的行为表现;与学员共同回顾组织的有关胜任特征模型,确定发展方向;鼓励学员思考如何开发目前缺乏的能力;鼓励学员之间以及学员和他们的上级共同讨论未来的发展计划;根据发展中心得出的结论,使高级人力资源管理人员或直线经理人员考虑未来可以安排给参与者的任务和训练;识别可能符合未来发展计划的合格人员。

领导力发展中心不仅从个性特质角度训练个体的领导行为,也注重对个体的价值观、个人心理动力进行综合考虑。这种方法既重视综合的能力培训,也强调在培训过程中各个不同阶段的技巧,强调学员和培训师的互动,使学员通过自我认知、实践演练、效果迁移等步骤获得真正的改变和提升。

案例分析

汇丰管理培训生项目

汇丰实行管理培训生项目的目的,就是要招募到最有天分的年轻人,进行严格的训练,然后将他们培养成训练有素的职业经理人。只有依靠这种制度的保障,汇丰的"人力资源"才能得到足够的供应,才不会在激烈的竞争中败下阵来。

与其他公司管理培训生不同的是,汇丰的整个管理培训生项目周期有 3 年之久。其中包括 12~18 个月的短期课堂学习、近两个月的国外培训,其余大部分时间为岗位实战。能够顺利入选的管理培训生们,可以选择将个人金融业务作为自己的发展方向,也可选择企业银行业务,最近,为了应对电子银行业务的发展,管理培训生又多了一项选择——信息科技方向。

第一阶段:为期 9 个月的培训生活。管理培训生在每年 12 月份通过了所有的考试,开始了他们长达 9 个月的第一阶段培训生活。每个管理培训生有 3 位导师可以请教：第一线的经理、一位资深高层经理、一位人力资源部的导师。

公司的企业文化在这里得到了很好的体现。因为汇丰银行鼓励合作，所以当员工遇到问题的时候，可以拿起电话直接向其他人请教。

当然，作为未来的经理人，除了必需的业务能力以外，管理培训生还需要展现他们的管理、规划和解决问题的能力。一个走出校园没有多久的新人，要想一开始就领导五十多人的工作团队，仍然需要展现自己的过人之处。

第二阶段：7周英国之旅。9月份，管理培训生完成第一阶段的培训，开始其7周的英国之旅。

据汇丰人力资源部的统计，平均每位培训生的英国之行要花费20万港币。加上他们按照经理级别领薪水，从16 500港币到最高35 000港币，39个月的"边干边学"过程中，汇丰在每位培训生身上至少花费100万港币。而平均每年光香港地区的管理培训生就有二三十位。因为项目中有资深经理要投入时间指导培训生，所以这部分的费用更无法计算。

此外，汇丰培训生制度比较完善的地方是有富有经验的资深经理可以引领培训生们发展自己的领导能力。当培训生在工作中遇到管理方面的问题，或经验不足、不知如何处理时，可以向他们求教，减少培训生自己摸索求解的过程。这些资深经理还可以引领他们思考自己未来的职业发展方向。

每一位资深经理会负责两至三名培训生，他们在一起可以很好地交流一些心得体会，这样无疑加快了培训生们成长的速度。

第三阶段：为期两年的实习阶段。从第二年年初起，管理培训生开始进行第三阶段的实习。次年他将会是一个负责30~50名客户的客户经理，权限是每位客户500万港币左右的信用额度，而到第三年，培训计划正式结束。

（资料来源，陈胜军：《培训与开发——提高·融合·绩效·发展》，中国市场出版社2010年版）

案例思考题

1. 根据以上案例，你认为汇丰进行管理培训生项目时注重的素质能力有哪些？
2. 汇丰实行管理培训生项目有何意义？

思考与练习

一、单项选择题

1. 下列哪项不属于新员工入职培训的内容 （　　）
   A. 企业文化培训　　　　　　　　B. 基本礼仪培训
   C. 岗位职责及能力培训　　　　　D. 心理调适培训

2. "以人为中心"的领导者只在下列哪种环境中才能有效工作? （ ）
A. 他们能够高度控制的环境　　　　B. 他们能够中等控制的环境
C. 他们能够低度控制的环境　　　　D. 他们完全能够控制的环境

3. 对于基层管理者而言,最重要的技能是 （ ）
A. 人际技能　　B. 管理技能　　C. 理念技能　　D. 专业技能

4. 下列能力中,不属于领导力模型的能力是 （ ）
A. 学习力　　　B. 决策力　　　C. 沟通力　　　D. 执行力

5. 对参加培训开发的学员,提供一个有关企业问题的书面描述材料,让他们各自去分析材料,诊断问题所在,提出解决方案,然后,在导师的指导下,集体讨论各自的研究结果,形成一定的共识。这种培训开发方法是 （ ）
A. 案例研究　　B. 行为模仿　　C. 管理竞赛　　D. 辅导与实习

二、多项选择题

1. 下列关于新员工入职培训的表述,正确的有 （ ）
A. 帮助新员工尽快实现"组织社会化"
B. 能减少新员工的压力以及焦虑感
C. 新员工培训应因人而异,对于首次参加工作的应届毕业生应进行新员工入职培训,对于有工作经验的新员工没必要进行入职培训
D. 有助于增进新员工的认同感
E. 新员工培训的内容包括企业文化、基本礼仪与工作基础知识、部门职能与岗位职责及知识技能

2. 下列选项中,属于基层管理者培训与开发内容的有 （ ）
A. 洞察能力　　　　　　　　　B. 决策能力
C. 理解能力　　　　　　　　　D. 专业能力
E. 指导能力

3. 下列选项中,属于中层管理者培训与开发内容的有 （ ）
A. 带领团队的能力　　　　　　B. 批判能力
C. 统筹能力　　　　　　　　　D. 协调能力
E. 沟通能力

4. 骨干员工培训课程有以下特性 （ ）
A. 完整性　　B. 动态性　　C. 联系性　　D. 实践性
E. 丰富性

5. 领导力一般具有以下哪些特点 （ ）
A. 刚性　　　B. 艺术性　　C. 双向性　　D. 人性化
E. 叠加性

三、简答题

1. 新员工入职培训的内容主要有哪些？
2. 管理培训生的主要素质要求有哪些？
3. 骨干员工培训开发的内容主要有哪些？
4. 外派人员培训开发内容的三层次模型包含哪些内容？
5. 领导力开发的步骤是怎样的？

四、论述题

1. 试述如何将骨干员工培养成高效执行者。
2. 试述不同层次管理人员培训与开发的主要内容。

第九章
职 业 开 发

知识导览

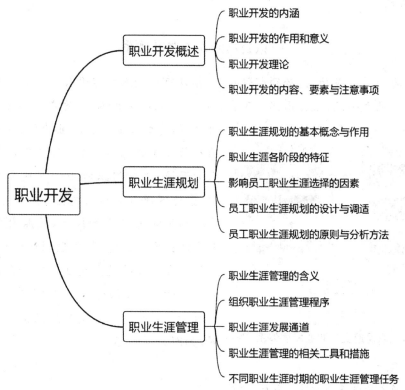

📚 学习目标

1. 掌握职业开发的内涵和相关理论
2. 了解职业开发的作用、意义、内容、要素与注意事项
3. 掌握职业生涯规划的概念、作用
4. 了解影响员工职业生涯选择的因素、员工职业生涯规划的原则与分析方法
5. 掌握员工职业生涯规划的设计流程、调适

6. 掌握职业生涯管理的概念、特征
7. 理解职业生涯规划与员工培训、职业生涯管理的关系
8. 掌握组织职业生涯管理程序
9. 了解职业生涯发展通道、职业生涯管理的相关工具和措施
10. 了解不同职业生涯时期的职业生涯管理任务

重点概念

职业　职业开发　职业规划　职业锚　职业生涯　职业生涯规划　职业生涯管理　职业咨询

引导案例

腾讯公司的人才晋升体系

企业要想获得成功，就必须留住人才，搭建有效的人才晋升体系。作为中国互联网的标杆企业之一，腾讯公司建立了自己的员工职业发展体系，旨在帮助员工根据自身特点，有效规划管理职业生涯、提高专业能力和长期工作绩效，以及帮助公司有效规划人力资源、提升组织能力和满足公司发展需要，最终实现员工职业发展与公司发展双赢。

腾讯的员工晋升体系，按照大类分成了两个职业发展通道，即管理通道和专业通道。这样划分的目的就是企业希望将合适的人放到合适的岗位，做到真正的"人岗匹配"。腾讯对于这两个发展通道分别做出了不同的设置，如图9-1所示。

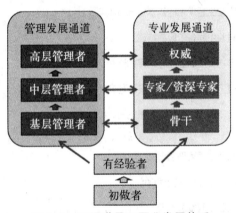

图9-1　双通道员工职业发展体系

1. 管理通道

管理通道分成三个梯队：基层、中层、高层。

在腾讯，基层管理者包括团队管理者和总监。总监一般负责多个团队，中层管理者特指GM（各部门总经理）或同级别待遇者，高层管理者则是VP（高层副级人员）及以上级别者。

对于基层管理者，在正式任命前，员工都会经历一个"独立负责业务→负责重要业务→带团队负责重要业务"的过程。也就是说，在实际操作上，当一名员工在被任命为基层管理者之前，就已经开始承担管理工作了。

这些即将被任命的员工,他们不仅要接受较为严格的管理培训,还要接受来自未来的合作团队管理者、上级、下属的全面考评。通过合作团队的考评和人力资源部门的考评后,通常会有一个正式的 GM 答辩,完成后才能被正式任命。

被任命为基层管理者之后的晋升职级有副管理者、正管理者、副总监、总监、高级总监等几个等级,这期间的晋升主要依赖于团队的整体考评、个人的考评和组织架构的需要,总监一般都会同时负责多个团队的管理。

中层管理者的职级也会有分级,包括助理总经理、副总经理、总经理、业务线负责人,再往上还有很多等级。腾讯的管理职级看起来比较长,其实依然保持着扁平化的结构:从高层管理者到一个普通员工的决策执行往往只有3~4层的传递,即 VP—GM—总监/管理者—员工。

企业的管理岗位毕竟数量有限,既不能毫无原则地增加管理岗位,也不能坐视技术专家黯然离开,只有通过与管理晋升通道相得益彰的技术晋升通道,为技术专家提供企业内部的各级技术职称,并配合设置相应的薪资制度和福利待遇,让无意于管理岗位的技术人才也可以通过提升专业技能获得地位和薪酬的上升,增强员工的满意度和忠诚度。

2. 专业通道

腾讯在专业通道上设置了四个子类,分别是技术(T)、产品/项目(P)、市场(M)及专业(S)。每个子类都针对不同的专业通道进行了细分,如表9-1所示。

表 9-1 专业通道及分类

类　　别	内　　　　　容
T通道(技术通道)	包括研发、视觉设计、交互、运维等子通道
P通道(产品/项目通道)	包括策划、运营、项目管理等子通道
M通道(市场通道)	包括市场、战略、网站编辑、商务拓展等子通道
S通道(专业/职能)通道	这是最复杂的一个通道,包括公司的行政、秘书、采购、法务、财务、会计、人力资源、公关等各个子通道

而这每个专业通道都分成了六个级别:初做者(entry)、有经验者(intermediate)、骨干(specialist)、专家(expert)、资深专家(master)、权威(fellow)。这六个级别再做进一步的细分,每个级别分成了三个等级,分别是基础、普通、职业。

整个腾讯的专业通道从低到高一共是 18 个级别。员工的职级表述是由两部分构成的:通道名称+职级。不过,能做到资深专家和权威的员工少之又少。

内部通道的晋升一年有两次评估机会,如果评估合格就会晋升一个子等级,子级别到3以后再升就是一个大级。每次晋升至少间隔一年,员工有充分的时间提升技能水平,任务虽有挑战性但又变得可完成;每一个等级都能获得及时的反馈和认可,然后准备晋升下一等级,个人可以自主选择何时晋升与是否晋升,具有主控感;能自主投入工作,在工作中获得良好的体验。

3. 通道互换

在一些公司内,专业通道和管理通道是可以互换的,这就为一些专业能力很强但不愿意走管理路线的员工提供了更好的发展空间。同样,在腾讯也有两个通道,而且两个通道不是非此即彼的关系。基层管理者,本身都保留着高级专业通道,要不断提升专业度,积累项目经验,提升自己的专业等级;中层管理者,一般会保持自己4级专家职级,只不过到了中层管理者之后,专业通道的作用会逐步淡化。

4. TTCP

TTCP是腾讯内部成立的技术职业发展通道委员会(简称TTCP委员会)。这个组织负责腾讯全公司技术人员的职业发展通道管理,而且各个部门都成立了TTCP组织的分会,负责该部门技术人员的职业发展通道的管理。各技术发展通道成立通道分会,共同负责腾讯公司技术人员通道管理相关体系的维护和建设。

人力资源部负责建设和维护腾讯公司的技术职业发展通道体系,并作为TTCP委员会的秘书机构负责体系的运作和管理。

TTCP为了培育技术人才,专门为T1~T6职级的员工制定了详细而有效的提升培训计划,并严格坚持执行。

(资料来源,http://www.hrsee.com/?id=1116)

第一节　职业开发概述

一、职业开发的内涵

不少西方学者经常将"职业开发"与"职业生涯规划"这两个概念放在一起讨论,其实无论从字面构成上还是具体操作上来讲,这两个概念都存在着明显差别。职业开发涉及职业与开发两个更为基本的概念,所以有必要先来了解什么是职业与职业开发。

(一) 职业

"职业"的英文为"career",不同学科的研究人员对"职业"有不同的解释。一种观点是职业描述的是工作本身的性质,比如销售或财会工作,或者是说明员工在组织中的工作期限。另一种观点则将职业解释为个人职务晋升与发展的过程,即个人在组织中通过"职业"这个介质所获取的不断进步和成功。

但仅就职业开发来讲,本书将职业界定为工作本身的性质。只有依托于工作本身,职业开发才会有意义,因此,这里的职业更强调员工在组织中的岗位和任务。

(二) 职业开发

明确了职业的概念后,我们可以将职业开发定义为通过职业活动或者工作本身来提高与培养员工素质的相关形式,包括广义的职业开发与狭义的职业开发。广义的职业开发,包括基于岗位的开发与基于职业的生涯规划或者职业规划。狭义的职业开发,更多地表现为组织为了达到员工素质开发的目标,通过对员工所在的工作岗位任务或其工作内容所进行的一种改变与扩展的活动。

(三) 职业规划

相对职业开发的针对性与特定目标性来讲,职业规划是一个与职业开发概念相近又有区别的概念。

1. 职业规划的概念

职业规划是指规划者对每个员工职业选择的可能性、制约因素、发展方向、发展内容与发展结果进行认真分析与计划的过程,包括组织规划与个人规划两种形式。组织规划是指组织作为主体对其所有的人力资源,在充分征询个人意见的基础上,对每个员工的职业发展方向、内容形式与发展结果做出全面的计划与安排。个人规划是指由个体采取的了解和试图控制其工作发展方向与内容的活动。个人规划不一定由个人单独完成,它可以得到顾问、主管和组织内外其他人的帮助。一般来说,职业规划以个人设计与组织指导相结合的方式为佳。因此,职业规划是指规划者为了在组织中积极地运用每个员工的人力资源,长期持续地确保每个岗位所需要的人员与能力,谋求个人发展与组织发展双赢的一种人力资源开发活动。

2. 职业规划的内容

职业规划主要包括以下四方面的工作:

(1) 被规划者的情况分析。包括了解任职者的需求与特点,如个人兴趣、爱好与特长;个人的性格与价值观;个人所选定的目标与方向;个人的生活经历与前景;个人的工作经验;个人的学历与能力;个人的生理与身体状况;个人的优缺点。

(2) 被规划者外界条件与制约因素分析。包括组织的发展战略;人力资源规划与需求;晋升发展机会与途径;政治环境与导向;社会环境与需求;经济环境与兴衰;法律与政策影响;科技发展与影响;家庭的期望。

(3) 职业发展目标的分析与评价。包括各职业目标设定的原因;达到目标的途径;达到目标的条件;达到目标所需要的帮助;达到目标可能遇到的风险与阻力;达到目标后可能得到的结果与发展前景。

(4) 规划的策略与措施选择。包括权衡得失与风险,选取最佳目标与路线;获得实力与各种任职条件的活动安排;排除各种阻力的计划与措施;争取各种支持与帮助的计划与措施;化解各种风险的对策与措施。

(四) 职业开发与职业规划的区别

通过上面对职业开发和职业规划的介绍,我们需要明确二者的区别,其区别主要可以从时间上和内容上进行区分。

1. 时间上的区别

从时间上来讲,职业规划有明显的时间划分,分为短期、中期与长期规划三种。短期规划一般在1年以内,中期规划一般在3~10年,长期规划则通常在10年以上。职业开发则不一定有严格的时间跨度划分,因为职业开发本身主要是针对员工在其工作岗位上或所在的组织内,以具体工作为依托的形式多样的开发手段,主要是为了提高员工对其岗位或整个组织中的不同岗位的了解与实践,获得能力上的提升。时间跨度并不一定需要明确界定,是一种以适应工作岗位要求为目的的具体开发方法。

2. 内容上的区别

就开发内容来看,职业规划的内容明显具有更广的范围。不但需要分析员工自己的条件与环境,还需要结合组织内外的不同环境进行综合的规划考虑。从某种意义上来讲,职业规划更强调员工能够适应不同条件下的职业发展环境,达到组织进步与自我提升的双赢目的,具有更强的个人属性。职业开发则目标相对单一,旨在让员工通过不同的组织内工作经历获得工作能力的提升,以配合组织与组织人力资源配置目标的实现。从这个层面上讲,职业开发具有更强的组织属性。

二、职业开发的作用和意义

(一) 职业开发的作用

职业开发的作用具有多面性,但是主要体现为以下两个方面。

1. 引导性和功利性

职业开发是组织内相关部门为员工提供的一种能力层面的"援助计划"。职业开发本身具有一定的引导性和功利性。不同于个人的职业规划,职业开发主要从组织发展需要的角度来开发员工的潜在能力,在帮助员工开发其工作能力的同时实现组织所期望达成的组织目标。从这个角度来讲,无论组织采取何种职业开发形式,都具有一定的引导性和功利性。

2. 为组织的发展提供动力

职业开发的目的是将员工的个人目标与组织发展目标统一起来。职业开发作为一种对员工的能力促进活动,需要组织结合自身发展目标了解员工在工作中所存在的问题和困难,并从组织角度给予帮助与解决。在帮助员工解决困难的过程中,由于其目标导向性的存在,组织可以发现和塑造一批与组织目标一致的人才,在提升其个人能力的同时提高组织的人力资源水平。从这个层面上讲,职业开发可以为组织的发展提供动力。

（二）职业开发的意义

职业开发是一种组织行为，其出发点在于满足组织的自身需要，同时职业开发对于员工个人也有重大意义。

1. 对员工的意义

对员工个体来讲，个人的职业规划总是在一定的组织中才能实现，组织的职业开发活动为个人职业规划提供了实现的环境。员工可以把自己的职业规划与组织所提供的条件结合起来，使双方的目标都转化为可以实现的目标。同时，组织的职业开发活动有利于个人更好地分析工作环境和其对自身职业发展的影响，从而做出一定的职业生涯选择。如果感到某岗位不适合自己，员工可以及早地离开某岗位或组织；如果基本适合，则需要对与自己不一致的部分计划做出一定的调整，这样会使员工减少职业发展中的挫败感。

2. 对组织的意义

职业开发对组织的意义则在于它可以帮助组织了解组织内员工的能力素质和职业要求，使其人力资源得到最大化的开发和利用，这对于组织的可持续发展是相当重要的。职业开发对于调动组织内员工的工作积极性也有很大的作用。个体的职业发展涉及职业选择和实现人生价值等深层次的激励因素。利用好职业开发这一手段，不仅可以帮组织内员工获得更大激励，也可以帮组织留住所需要的人才，吸引更多优秀人力资源到该组织来工作；同时，各种人力资源通过职业开发方式得到的能力提升蕴含着无穷的价值，这是组织竞争力持续增强的源泉。

三、职业开发理论

职业开发理论主要有职业选择理论、职业生涯发展阶段理论和职业生涯主动建构理论。

（一）职业选择理论

职业生涯选择理论主要研究的是一个人如何确认自己适合做什么工作，人们在选择和发展职业生涯时，到底应该围绕什么样的中心。

1. 职业锚理论

职业锚理论（career anchor theory）是由美国著名的职业指导专家埃德加·施恩（Edgar H. Schein）教授提出的。他认为，职业生涯规划实际上是一个持续不断的探索过程，在这一过程中，每个人都在根据自己的天资、能力、动机、需要、态度和价值观等慢慢地形成较为明晰的与职业相关的自我概念。随着一个人对自己越来越了解，这个人就会越来越明显地形成一个占主要地位的职业锚。职业锚是指当一个人不得不做出选择的时候，他无论如何都不会放弃的职业中的那种至关重要的东西或价值观。正如其中"锚"的含义一样,职业锚实际上就是人们选择和发展自己的职业时所围绕的中心。一个人对自己的天资和能力、动机和需要以及态度和价值观有了清楚的了解之后,就会意识到自己的职业锚到底是什么。一个人过去的所有工作经历、兴趣、资质、性向等会集合成一个富有意义的职业锚。职业锚是自省的才干、动机和价值观的模式,是自我意向的一个习得部分。施恩教授提出了八种职业锚:技术/职能型职业锚、管理型职业锚、创造型职业锚、自主/独立型职业锚、安全/稳定型职业锚、服务型职业锚、挑战型职业锚、生活型职业锚。

职业锚已成为许多个人职业生涯规划的必选工具和组织人力资源管理的重要工具。国外许多大公司均将职业锚作为员工职业发展、职业生涯规划的主要参考点。

因为个人职业锚的确立是个人对丰富的工作经验、价值观、动机等的整合,这一过程周期长、稳定性高。但是大学生没有任何全职工作经验,可塑性强,职业价值观、职业兴趣等都不稳定,职业锚的确定存在困难,所以该理论不太适合在大学生生涯规划中运用。

2. 约翰·霍兰德的个性与职业匹配理论

美国著名职业指导专家、心理学教授约翰·霍兰德(John Holland)提出了具有广泛社会影响的个性与职业匹配理论,他认为人格(包括价值观、动机和需要等)是决定一个人选择何种职业的一个重要因素。他提出了决定个人选择何种职业的六种基本的人格性向:实际型、研究型、艺术型、社会型、企业型、传统型。与此同时,霍兰德还设置了个性与职业类型的匹配表(见表 9-2)。

表 9-2　约翰·霍兰德的个性与职业匹配理论

个性类型	个 性 特 征	兴 趣 所 在	适 合 的 职 业
实际型	真诚坦率,重视现实,讲求实际,有坚持性、稳定性、操作性	需要技术力量和协调的活动	体力劳动者、农民、机械操作者、飞行员、司机、木工等
研究型	好奇,理智,内向,专注,创新,有分析、批判、推理能力	喜欢需要思考的、抽象的活动	生物学家、数学家、化学家、海洋地理学家等
艺术型	自我表现欲强,感情丰富,富有想象力,理想主义,爱走极端,易冲动,善表达	艺术的、自我表现强的、个性强的活动	诗人、画家、小说家、音乐家、剧作家、导演、演员等
社会型	爱好人际交往,富有合作精神,和善、友好、热情,乐于助人	与人有关的、与感情有关的活动	咨询者、传道士、培训师、社会活动家、外交家等
企业型	有雄心壮志,喜欢冒险,乐观、自信、健谈,预测性强,好对别人指手画脚	与权力和地位的获得有关的活动,与说服领导有关的活动	经理、律师、公共部门的任职者、政府官员等
传统型	谨慎、守秩序,服从,能自我控制,注意细节,关心小事	细节和有计划的活动	出纳员、会计、统计员、图书管理员、秘书、邮局职员等

霍兰德指出,当人的个性与工作环境相匹配时,就能取得工作成就和工作满足感。有些员工可能适合六种职业类型中的多种职业,但必定有一类是其最合适和偏爱的。他强调职业决策中对自我的了解和必要的职业信息的重要性,并认为个人与工作匹配得越紧密,工作满足感就越大。

(二) 职业生涯发展阶段理论

职业生涯发展阶段理论主要是根据人的生命周期将人的职业生涯划分为几个阶段。该理论也是职业生涯管理理论中的重点理论。

萨伯(Donald E. Super)以年龄为依据,将职业生涯划分为成长阶段、探索阶段、建立阶段、维持阶段和衰退阶段。

1. 成长阶段

成长阶段为0～14岁。经历对职业从好奇、幻想到兴趣,再到有意识培养职业能力的逐步成长过程。萨伯将这一阶段具体分为三个成长期。

(1) 幻想期(10岁之前):儿童从外界感知到许多职业,对于自己觉得好玩和喜爱的职业充满幻想并进行模仿。

(2) 兴趣期(11～12岁):以兴趣为中心,理解、评价职业,开始做职业选择。

(3) 能力期(13～14岁):开始考虑自身条件与喜爱的职业是否相符,有意识地进行能力培养。

2. 探索阶段

探索阶段为15～24岁。这一阶段主要为择业、初就业阶段,也可分为三个时期。

(1) 试验期(15～17岁):综合认识和考虑自己的兴趣、能力与职业社会价值、就业机会,开始进行择业尝试。

(2) 过渡期(18～21岁):进入劳动力市场,或者参加专门的职业培训。

(3) 尝试期(22～24岁):选定工作领域,开始从事某种职业。

3. 建立阶段

建立阶段为25～44岁,这一阶段为建立稳定职业阶段,可分为两个时期。

(1) 尝试期(25～30岁):对最初就业选定的职业不满意,再选择、变换职业工作,变换次数各人不等。也可能满意初选职业而无变换。

(2) 稳定期(31～44岁):最终职业确定,开始致力于稳定工作。

4. 维持阶段

维持阶段在45～64岁。这段时间内,劳动者一般都取得了一定成就,已不再考虑变换职业工作,只力求维持已取得的成就和社会地位。

5. 衰退阶段

人达到65岁以上,其健康状况和工作能力逐步衰退,即将退出工作,结束职业生涯,即为衰退阶段。

一个人的职业生涯贯穿一生，是一个漫长的过程。科学地将其划分为不同的阶段，明确每个阶段的特征和任务，做好规划，对更好地从事自己的职业，实现确立的人生目标非常重要。

此外，很多学者都提出了不同的职业发展阶段理论。如格林豪斯（Greenhaus）从人生不同年龄段职业生涯发展所面临的主要任务的角度对职业生涯发展进行研究，并据此将职业生涯发展划分为职业准备阶段、进入组织阶段、职业生涯初期、职业生涯中期、职业生涯后期五个阶段。

埃德加·施恩根据人的生命周期的特点及不同年龄阶段所面临的问题和职业工作主要任务，将职业生涯分为如下几个阶段：成长探索阶段、进入工作阶段、基础培训阶段、早期职业的正式成员资格阶段、职业中期阶段、职业中期危机阶段、职业后期阶段、衰退和离职阶段、退休阶段。职业生涯发展阶段理论指出，人的职业选择和发展贯穿人的一生，应根据不同的职业发展阶段实行不同方式和内容的指导。这个理论注意到人的职业心理处于一种动态的过程中，个人和职业的匹配不是一次就可以完成。虽然该理论对个人而言较为笼统，无法直接进行各项决策，但它为以后蓬勃兴起的职业管理和职业指导体系的建立奠定了良好的基础。

（三）职业发展主动建构理论

美国斯坦福大学教育和心理学教授约翰·克朗伯兹（John Krumboltz）从自我效能的角度提出了职业生涯规划的主动建构理论。职业生涯的自我效能是指我们相信自己能够成功地完成生涯决策活动。他认为职业生涯发展是一个了解我们自身并做出各种可能性选择的过程。过去的学习、经验以多种方式影响我们的职业生涯决策。个人信念与期望是职业生涯发展的一个重要组成部分。因此，职业生涯的发展不是被动而是一个主动建构的过程。我们可以主动地寻找生活中的角色榜样和良师益友，并以此学习有关职业和生涯规划过程的知识。

从职业选择理论到职业发展主动建构理论的逻辑演进表明了传统的职业生涯管理理论的发展从静态转向了动态，人们在职业生涯管理的实践中由被动转向了主动。随着以知识和信息为主导的新经济时代的到来，特别是无边界职业生涯兴起，追求职业生涯的成功已成为人们职业生涯管理的出发点和归宿。

无边界职业生涯概念产生于20世纪90年代早期，迪菲利皮（Defilippi）和亚瑟（Arthur）（1994）将无边界职业生涯定义为"超越某一单一雇佣范围设定的一系列工作机会"。贝克（Bake）和奥尔德里奇（Aldrich）（1996）丰富了无边界职业生涯的概念，他们认为对于一个趋向无边界职业的人会表现出三个职业特征：所经历雇主的数量、知识积累的程度和个人认同的程度，即除了公司内部的移动，可转换能力的积累和个人认同也是判断一个人是否在追求无边界职业生涯的重要因素。总的来说，无边界职业生涯主要的特点是雇员已不再是在一个或两个组织中完成他们的终身职业生涯,而是在多个组织、多个部门、多个职业、多个岗位实现自己的职业生涯目标,而且这个移动包含着心理或主观移动。通过无边界职业生涯与传统职业生涯的对比分析,可以清晰地体现出无边界职业生涯的特点,具体如表 9-3 所示。

表 9-3 传统职业生涯与无边界职业生涯的比较

区　　别	传统职业生涯	无边界职业生涯
边界	一个或两个公司	多个公司
身份	依赖于雇主	独立于雇主
雇佣关系	工作安全换取忠诚	可雇佣能力换取绩效和灵活
技能	公司确定	可转化能力
成功衡量标准	工资、晋升、地位	心理上有意义的工作
职业生涯管理的责任	组织	个人
关键态度	组织承诺	工作满意度、职业承诺

四、职业开发的内容、要素与注意事项

从内容上来讲,职业开发主要注重对于员工工作能力、态度、职业资本甚至社会资本的开发。职业开发的要素主要涉及开发过程中的主体、客体与对象。

(一) 职业开发的内容

1. 能力的开发

一般而言,能力包括基础能力、业务能力和素质能力。组织中的个体应结合组织的目标与发展进程制定适当的发展计划,并结合组织所提供的职业开发手段不断增强自己的理论水平和实践能力。

2. 态度的开发

态度是个人信仰、立场、期望和价值等的总和,决定了人们处理事情的方式。在职业开发过程中,个人应该将自己的态度与组织的期望结合起来,不断解析自己的态度,形成乐观积极的工作态度。

3. 职业资本的开发

职业资本包括职业素质、职业技能和职业阅历等方面。个人在职业开发过程中通过自身努力汲取不同岗位的知识营养、注重培养工作效率、开阔职业思路和积极踏实工作等途径发展自己的职业资本。

4. 社会资本的开发

社会资本是个人与其他人在交往过程中形成的一系列合作互利的认同关系。积极开发和利用社会资本,可以有效地促进个人职业生涯发展。相较于职业资本开发,

社会资本开发的涵盖面更加广泛，旨在通过职业开发过程，使员工获得职业内外的多方面资本。

(二) 职业开发的要素

1. 职业开发过程中的主体与客体

在人力资源开发过程中，开发的主体一般是从事开发活动的计划者、领导者与组织实施者。客体指接受人力资源开发活动的组织和个人，是开发活动的承受者。

职业开发过程中的主客体可以理解为当条件限定在职业开发范围内的宏观意义上的人力资源开发过程中的主客体，但是，在微观层面上，这里的主客体可能要发生变化。因为在职业开发过程中，首先由组织确定开发的方法，即职业开发，意在通过这种方法提高组织内员工的能力从而达到组织预期的效果。所以，在职业开发过程中，开发主体可以定义为进行开发的组织或者部门，有时也包括接受开发的员工自己。通过职业开发这种方法，达到个人工作能力的提升，从而取得个人目标与组织目标双赢的效果。

2. 职业开发过程中的对象

职业开发过程中的对象是指主要针对什么进行开发。结合职业开发的目标与流程来看，职业开发的对象可以理解成对于员工知识、技能、能力、品德和其他因素的综合开发过程。这也可以概括为组织通过职业开发这种方法对组织内员工的体力、脑力、心力进行开发。

员工的体力包含体质、精力与身体运动能力，这与职业技能是密切相关的；员工的脑力指知识、智力以及经验等要素，这与职业知识和个人能力是相对应的；员工的心力则指员工的态度、品德及其他个性品质，这就是职业开发过程中针对员工潜在素质或其他因素所要达到的目的。

(三) 职业开发的注意事项

1. 与战略目标相联系

职业开发需要与组织战略目标联系起来。职业开发计划与组织业务战略联系越紧密，开发活动的效果越好。当组织将员工职业开发看作是一项业务需求而非"善事"时，为了提高竞争优势和基本实力，组织会有很高的热情推动职业开发活动。所以制定职业开发计划时要注意将眼光放在组织面临的实际问题上。

2. 与组织需求相联系

当个人结合总体组织业务战略和发展方向来规划个人职业开发时，双赢的结果会为双方带来巨大的收益。

3. 选用多种不同的工具和方法

人的学习风格和爱好千差万别，不同的工作现场要求不同的工作方法。优秀的员工职业开发技术应该提供多种开发工具与活动。

4. 组织与部门发展相结合

组织各部门的情况参差不齐,有效的方法是在组织范围内推广一套指导性原则,在各独立业务部门实施时,允许有一定的灵活性,从而与各部门的具体业务需求结合,获得更大的参与性、自主性和决心。

5. 管理人员积极参与

职业开发过程中需要保证一线管理人员的参与,管理人员对职业开发活动起着至关重要的联系纽带作用。管理人员的参与以及在职业开发过程中的认真负责十分重要。在这个过程中,管理人员的自身能力与素质也可以得到提高。

6. 不断评价与改进

对职业开发工作进行不断评价和改进是十分重要的,这可以保证职业开发工作的质量。评价和改进本身也是一种沟通过程,为了使职业开发制度化,组织应该在不断评价和改进的同时,对职业开发进行积极宣传。

第二节 职业生涯规划

一、职业生涯规划的基本概念与作用

职业生涯,根据美国组织行为学家道格拉斯·霍尔(Douglas T. Hall)的观点,是指一个人一生工作经历所包括的一系列活动和行为,它包含外职业生涯和内职业生涯两个方面。前者是指从事职业时的工作单位、地点、时间、内容、职务、环境和工资待遇等因素的组合及其变化过程;后者是指从事一项职业时所具备的知识、观念、心理素质、经验、能力、内心感受等因素的组合及其变化过程。简而言之,职业生涯是指员工一生中所从事职业的全部过程,它以员工的心理开发、生理开发、智力开发、技能开发和伦理开发为基础,以工作内容的确定和变化、工作业绩的评价、工资待遇、职称、职务变动为标志。

职业生涯规划是指个人在对自己的主观因素、客观因素进行分析的基础上,确立自己的职业生涯发展目标,根据这一目标选择合适的职业,并且制订相应的工作、培训和教育计划,按照一定的时间安排,采取行动以达成目标的过程。

职业生涯规划是人生发展、成就事业的目标和方向,是不断自我完善的动力。职业生涯规划在人生职业发展中具有导向、基础和支撑的重要地位。具体而言,职业生涯规划的作用主要体现在以下五个方面。

1. 能帮助个人确定职业发展目标

制定职业生涯规划,可以确定符合自己兴趣与特长的生涯路线,正确设定自己的

职业发展目标,并制订行动计划,使自己的才能得到充分发挥,使自己得到恰当的发展,以实现职业发展目标。

2. 能鞭策个人努力工作

职业生涯规划是我们努力的依据,也是对我们行动的鞭策,它能使职业发展思路更清晰,行动更具体。

3. 有助于个人抓住重点

制定职业生涯规划有助于我们把握日常工作的轻重缓急。没有职业生涯规划,我们很容易陷入跟人生目标无关的日常事务当中。通过规划,能使我们紧紧抓住工作的重点,增加我们成功的可能性。

4. 能引导个人发挥潜能

没有职业生涯规划的人,即使他们有巨大的力量与潜能,也很容易把精力放在小事情上,而忘记了自己本应做什么。做好规划能帮助自己集中精力,全神贯注于自己有优势并且会有高回报的方面,这样有助于发挥个人的潜能。同时,当一个人不断地在自己有优势的方面努力时,这些优势也会得到进一步发展和加强,进而获得成功。

5. 能评估目前的工作成绩

职业生涯规划是自我评估的重要手段。如果做出的职业生涯规划具体细致,规划的实施结果也是看得见、摸得着的,那么就可以根据规划的进展情况评价目前所取得的成绩。

二、职业生涯各阶段的特征

人在职业生涯的不同时期会有不同的需要,根据普遍遇到的典型问题和经历的不同可以将其分为五个阶段,即职业准备阶段、进入组织阶段、职业早期阶段、职业中期阶段和职业晚期阶段。虽然每个人经历这五个阶段的时间不尽相同,但是在各阶段中面临的主要任务和问题具有很大的共性。

1. 职业准备阶段(小于25岁)

此阶段为自出生至职业前期的年龄段。这段时间,大多数人还没有正式参加工作,而是通过各种方式接受教育,确定职业取向和为实际工作做准备。这一阶段主要任务有三项:确定最初的职业去向;接受一套系统的教育,以便贯彻职业去向;形成适合自己发展的职业观念,这是最重要的任务。

2. 进入组织阶段(25~30岁)

这一时期与职业准备阶段有所交错,因为此时大多数接受高等教育的人已开始通过各种非正式的形式接触社会了,而没有机会接受高等教育的人更是如此。这一阶段主要是对工作和组织的选择,因为它关系到每个人的前途和命运,且可能影响整个职业生活。在这个阶段中,每个人开始了解并判断自己喜欢什么工作,应具备何种条件才可以从事所喜欢的工作。一旦他们明确了工作或职业的性质,就会开始寻求职业所必需的教育与训练。职业探索一般人从十五六岁或二十岁左右就开始了,一直延续到进入职场。从组织的角度看,定向训练和社会化活动有助于新员工顺利地适应工作和人际关系,以使其尽快进入角色并开始为组织做贡献。

3. 职业早期阶段(30～40岁)

此阶段的基本任务是在组织和职业中塑造自我,要胜任现时的工作,并力求在选定的具体领域获得成功。这影响到组织和自我工作能力的评价和看法,对个人以后的职业发展起着坚实的基础作用。在这个阶段,个体在组织中找到了自己的位置,能独立做出贡献,担负起更大职责,获得更多的收入,并建立一种理想的生活方式。员工在选定职业之后,会十分关注自己的成长、发展或晋升,看问题也趋于理智、客观。同时,组织也要制定政策,协调其工作角色。该阶段的员工要积极参与职业生涯规划活动。

4. 职业中期阶段(40～55岁)

职业中期的特征是对其早期的生活方式进行重新确认,提炼出新的生活结构。因为员工已经有了多年工作经验和丰富的专业知识,可以成为组织的训练者和新员工的良师益友,而且他们经常参与审定公司的政策或目标,对工作进程、工作问题及工作部门所面临的一些重大事项的看法都较为中肯和成熟。从组织的角度看,主要任务是防止该阶段员工流出组织,同时,要确保其学习的敏锐度,保持其技能的领先和贡献度。

5. 职业晚期阶段(55岁至退休)

职业晚期是职业生涯的最后一个阶段,在这个阶段里,一方面要为组织继续发挥余热,另一方面又要做好人生重心从工作中转移出来的准备。从55岁到退休,大多数人对成就和发展的期望减弱,仅希望维持或保留自己目前的地位和成就。他们生活的重心不再是工作,而是工作以外的活动,诸如公益服务。因此,在这个阶段,员工主要关切的是能够有足够的储蓄或退休金,使自己退休后能够保持理想的生活品质。同时,他们也应该规划退休后的生活状态,避免走出以工作为主的生活模式后无所适从。

三、影响员工职业生涯选择的因素

职业生涯是一个人一生中的重要部分,而且大多数人的职业生涯都不可能是一帆风顺的,它要受到个人因素和环境因素的影响。了解这些因素,无论对个人还是组织都具有非常重要的意义。影响职业生涯选择的因素有很多,概括起来主要有个人因素、社会环境因素和组织环境因素三大方面。

1. 个人因素

(1)能力。对于员工而言,其能力是指劳动的能力,也就是运用各种资源从事生产、研究、经营活动的能力,包括体能、心理素质、智能三个方面。体能即生理素质,主要就是人的健康程度和强壮程度,表现为对劳动负荷的承受能力和劳动后消除疲劳的能力。不同的职业对人的生理素质要求不同,生理素质是影响职业生涯选择的一个重要因素,有时甚至是决定性因素。在当今社会,虽然男女平等的观念已普遍被现代社会所接受,但性别因素仍然扮演着重要的角色,尤其是由于传统的职业观和社会对男女社会角色期望的差异,以及生理特征差别造成职业的限制、女性在家庭中所担任的角色等因素都会在职业生涯的不同阶段对女性的职业设计产生较大的影响。心理素质指人的心理成熟程度,表现为对压力、挫折、困难等的承受力。智能包含三个方面:智力、知识和技能。体能、心理素质和智能构成了一个人的全面综合能力,它是员工职业发展的基础,与员工个体发展水平成正比。

(2) 人格特征。每个人都有其各自的特点,性格、兴趣、爱好都不同,这就决定了每个人的职业生涯选择会千差万别。对于职业不同的选择,究其背后的原因就在于人格特征的不同。人格是个性中除能力之外的心理属性的总称。个性包括个性倾向性和个性心理特征。个性倾向性是指个人行为的能力,主要包括需要、兴趣、动机、理想、价值观、信念和世界观;个性心理特征包括能力、气质和性格。

(3) 职业锚。职业锚是人们选择和发展自己的职业时所围绕的中心。职业锚作为一个人自省的才干、动机和价值观的模式,在个人的职业生涯中以及组织的事业发展过程中都发挥着重要的作用。职业锚能准确地反映个人的职业需要及其所追求的职业工作环境,反映个人的价值观和抱负。了解自己的职业锚类型,有助于增强个人职业技能,提高工作效率,进而取得职业成功。

(4) 职业发展阶段。人是有生命周期的,传统的说法是把人的一生分为幼年、少年、青年、壮年、老年几个阶段。在不同的人生阶段,人们的心理特征、心理素质、智能水平、社会负担、主要任务等都不同,这就决定了在不同阶段其职业发展的重点和内容也是不同的。

2. 社会环境因素

(1) 经济因素。影响职业生涯选择的经济因素有社会经济发展政策、经济增长率、经济运行状况、从业人数需求等。如金融危机导致全球经济状况不景气,大批人员失业,使得很多人不得不重新调整自己的职业生涯道路。

(2) 政治环境因素。政治环境因素如政治制度,不仅可以影响到一国的经济体制,而且也会影响到企业的组织体制,从而影响到个人的职业发展;政治制度和氛围还会潜移默化地影响个人的追求,从而对职业生涯产生影响。如随着"双减"政策的落地,从事学科类教学培训的培训机构教师的职业生涯大受影响。

(3) 社会文化环境因素。社会文化环境因素包括教育条件和水平、社会文化设施以及家庭环境对于职业生涯选择的影响等因素。在良好的社会文化环境中,个人能受到良好的教育和熏陶,从而为职业发展打下更好的基础。这里要特别指出的是,家庭环境对于一个人的职业生涯选择的影响颇为重大,主要表现在家庭成员的职业观念、家庭的社会经济地位和社会的职业观念等方面,其中,家庭成员的职业观念主要是指家庭核心成员的职业观念。

3. 组织环境因素

(1) 组织文化。组织文化决定了一个组织是如何看待员工的,所以,员工的职业生涯是为组织文化所左右的。一个主张员工参与管理的企业显然比一个独裁的企业能为员工提供更多的发展机会;而渴望发展、追求挑战的员工也很难在论资排辈的企业中受到重用。

(2) 管理制度。管理员工的职业发展,归根结底要靠管理制度来保障,它包括合理的培训制度、晋升制度、考核制度、奖惩制度等。企业价值观、企业经营哲学也只有渗透到制度中,才能得到切实的贯彻执行。没有制度或者制度定位不合理,员工的职业发展就难以实现,甚至可能流于空谈。

(3) 领导者素质和价值观。企业的文化和管理风格与其领导者的素质和价值观有直接的关系,企业经营哲学往往就是企业家的经营哲学。如果企业领导者不重视员工的职业发展,这个企业的员工也就没有希望了。

总的来说,组织是通过一定的硬环境(如规章制度)和软环境(如企业文化)的共同作用来影响员工的职业生涯发展道路。

四、员工职业生涯规划的设计与调适

(一) 员工职业生涯规划的设计

职业生涯规划作为个人人力资源开发的一个重要方面,实际上起到统领的作用。只有有了明确的职业生涯目标与规划,才可能有针对性地进行自我开发和管理。职业生涯规划的设计主要由自我评估、职业生涯发展机会评估、选择职业、设定职业生涯目标、职业生涯路线的选择、制定行动计划与措施、评估和调整七个阶段组成,如图9-2所示。

1. 自我评估

从事适合的工作,才能发挥自己所长。职业生涯规划要从认识自我开始,必须了解自己的各种特点,如基本能力素质、工作风格、兴趣爱好、价值观、个性特征、自己的长处与短处等。其中自己具备的职业技术和职业兴趣是最关键的两个因素。自我评估的目的是认识自己、了解自己,对自己认知程度越深刻,职业生涯的目标和方向才越

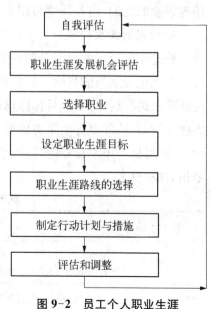

图9-2 员工个人职业生涯规划的设计

明确,越能选定适合自己发展的职业生涯路线。

对自己的认知和评估,可以通过专家协助(如做测试题、专家访谈等),也可以不断反思以下的问题:

(1) 自己喜欢的工作有哪几种?
(2) 自己的专长是什么?
(3) 现有的工作对自己的意义是什么?
(4) 家庭对自己的工作有哪些影响?
(5) 有哪些工作机会可供选择?
(6) 与工作有关的因素有哪些?

2. 职业生涯发展机会评估

每一个人都处在一定的环境之中,离开了这个环境便无法生存与成长。所以,在制定个人的职业生涯规划时,要分析环境条件的特点、环境的发展变化情况、自己与环境的关系、自己在这个环境中的地位、环境对自己提出的要求,以及环境对自己的有利条件与不利条件等。只有对这些环境因素充分了解,才能做到在复杂的环境中趋利避害。

3. 选择职业

每个人的职业发展中总会面临很多选择,职业选择正确与否直接关系到人生事业的成功与失败。当你必须为选择做决定的时候,恐惧就会油然而生——既怕骑虎难下,又怕错失良机。选择既是难题,也是机遇,正确的选择往往是职业成功的第一步。选择正确的职业至少应考虑这四点:性格与职业的匹配、兴趣与职业的匹配、特长与职业的匹配、内外环境与职业相适应。

4. 设定职业生涯目标

职业生涯目标的设定是职业生涯规划的核心。一个人事业的成败很大程度上取决于有无正确适当的目标。只有树立了目标,才能明确奋斗的方向。目标的设定是在继职业选择后,对人生目标做出抉择,其抉择是以自己的最佳才能、最优性格、最大兴趣、最有利的环境等信息为依据。通常职业生涯目标的确定包括人生目标、长期目标、中期目标与短期目标的确定,它们分别与人生规划、长期规划、中期规划和短期规划相对应(见表9-4)。

表9-4　设定职业生涯目标

类　型	定　义　及　任　务
人生规划	整个职业生涯的规划时间长至40年左右,设定整个人生的发展目标,如规划成为一个有巨额财富的公司董事长
长期规划	5~10年的规划,主要设定较长远的目标,如规划30岁时成为一家小型咨询公司的咨询师,40岁时成为一家大型咨询公司的高级咨询顾问等

(续表)

类　型	定义及任务
中期规划	一般为2~5年的目标与任务,如规划到不同业务部门当经理、从大型公司部门经理到小公司做总经理等
短期规划	2年以内的规划,主要是确定近期目标,规划近期完成的任务,如对专业知识的学习、2年内掌握哪些业务知识、职业选择等

5. 职业生涯路线的选择

在职业选择后还要考虑向哪一路线发展,是走行政管理路线,向人力资源管理方面发展,还是走专业技术路线,向业务方面发展,发展路线不同,对其要求也不同。通常职业生涯路线的选择须考虑以下三个问题:我想往哪一路线发展? 我能往哪一路线发展? 我可以往哪一路线发展? 对以上三个问题进行综合分析,以此确定自己的最佳职业生涯路线,如图9-3所示。

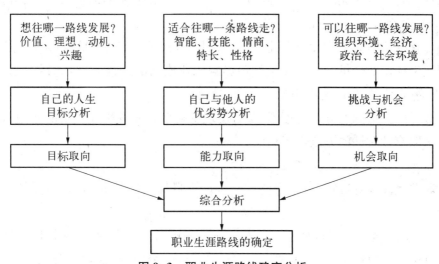

图9-3　职业生涯路线确定分析

6. 制定行动计划与措施

在确定了职业生涯目标后,行动便成了关键的环节。没有行动,目标就难以实现。这里所指的行动是指落实目标的具体措施,主要包括工作、训练、教育、轮岗等。

7. 评估和调整

对自己和环境有了清楚的认识后,就可以进行有效的配置了,可以选择适合自己的行业和方向发展。但是,这种有效的匹配并不是一劳永逸的,社会在不断地发展,个人也在不断地变化。职业的发展阶段与生命的发展阶段是高度相关的,随着年龄的增长、受教育程度的提高、经验的积累和社会环境的变化,人们的职业心理也会发生变化。任何人的职业管理都不是一蹴而就的,它是一个不断评价与调整的过程,这也反映了职业生涯管理最重要的意义。职业生涯管理实际上是为了更好地实现自己的人生价值和生活目标。为了更好地平衡工作与生活，它应当建立在清楚了解生活目标的基础上，而不仅仅是事业这唯一的目标。在此状况下，要使生涯规划行之有效，就必须不断地对规划进行评估与修订，其内容包括职业的重新选择、生涯路线的选择、人生目标的修正、实施措施与计划的变更等。

（二）员工职业生涯规划的调适

员工职业生涯规划制定后需要根据不同阶段的具体情况进行相应的调适，以使职业规划符合个人实际，有效促进职业规划的达成。员工职业生涯规划的调适与实施，主要包含以下四个方面的内容。

1. 职业生涯诊断

职业生涯诊断的主要内容包括个人状况诊断和环境状况诊断两大部分。

个人状况诊断的主要内容包括个人、事业、家庭、职业兴趣、性格、职业能力、职业性向、健康情况、自我充实、个人休闲情况、个人财富情况、所属的社会阶层、自我实现情况、个人生活品质等各方面。

环境状况诊断分析主要从行业条件、组织条件、地区条件和社会条件等进行分析。职业生涯诊断分析的关键在于发现影响职业成功的关键问题，包括问题发生的领域、问题的难度、自己与组织相互配合的情况。

通过对两大部分的分析与诊断，及时发现影响个人职业生涯发展的问题所在，个人才能采取有针对性的方法进行相应的调适。

2. 发展目标和成功标准确定

对职业生涯规划进行调适，需要进一步审视目标设定和成功标准的制定是否准确可行。

（1）职业生涯发展目标确定。职业生涯目标包括人生目标、长期目标、中期目标和短期目标。一般情况下，个人要根据自己的专业、兴趣和价值观以及社会发展趋势确定自己的人生目标与长期目标，然后再把人生目标和长期目标分解为中期目标与短期目标。

（2）职业生涯成功标准确定。职业生涯成功是员工职业生涯追求目标的实现。职业锚能清楚地反映出个人的职业追求与抱负，从职业锚可以判断员工达到职业成功的标准。

C. 布鲁克林·德尔（C. Booklyn Derr, 1988）总结出企业员工有五种不同的职业生涯成功的方向：

① 进取型。达到组织系统的最高地位。
② 安全型。追求认可、工作安全、尊敬和成为"圈内人"。
③ 自由型。在工作过程中得到最大的控制而不是被控制。

④ 攀登型。得到刺激、挑战、冒险和"擦边"的机会。

⑤ 平衡型。在工作、家庭关系和自我发展之间最有意义的平衡,以使工作不至于变得太耗精力或太乏味。

3. 职业生涯发展策略确定

职业生涯发展策略包括确定职业生涯发展通道、职业生涯所需的能力转换。

(1) 确定职业生涯发展通道。确定职业生涯发展通道是指当一个人选定职业后,从什么方向上实现自己的职业目标,包括纵向发展、横向发展和向核心方向发展。

① 纵向发展即员工职务等级由低级到高级的提升。

② 横向发展是在同一层次不同职务之间的调动,可以发现自己的最佳发挥点,同时可以积累各个方面的经验,为以后的发展创造更加有利的条件。

③ 向核心方向发展,有更多的机会参加单位的各种决策活动,满足员工的发展需求。

个人通过对职业发展通道的诊断分析,发现问题并及时调整自己的职业发展通道。

(2) 职业生涯所需的能力转换,具体包括管理能力转换和专业能力转换。

① 管理能力转换具有层次性结构,而且不同层级的管理人员所要求的管理能力是不同的。

② 专业能力是指拥有理想的专业能力结构,就是既精通专业知识,又对周边知识和其他知识了解很多。专业能力的开发与转换可通过自我启发、多种研究开发专题的经验、参与某个专案小组、参与公司外的专家交流等实现。

4. 职业生涯实施管理

确定了职业生涯发展策略之后,行动即成为关键。职业生涯发展方案通过准备一套周密的行动计划,并辅以考核措施以确保预期实现。影响职业生涯规划的因素有很多,对职业生涯设计的评估和修订也很重要,通过不断的修订调整,使得职业生涯规划更适合个人发展。

五、员工职业生涯规划的原则与分析方法

(一) 员工职业生涯规划的原则

要做好职业生涯规则,应遵循以下十个原则。

1. 清晰性原则

考虑目标措施是否清晰明确,实现目标的步骤是否直截了当。

2. 变动性原则

目标或措施是否有弹性或缓冲性,是否能依据环境的变化而调整。

3. 一致性原则

主要目标与分目标是否一致,目标与措施是否一致,个人目标与组织发展目标是否一致。

4. 挑战性原则

目标与措施是否具有挑战性,还是仅保持其原来的状况而已。

5. 激励性原则

目标是否符合自己的性格、兴趣和特长,是否能对自己产生内在激励作用。

6. 合作性原则

个人的目标与他人的目标是否具有合作性与协调性。

7. 全程性原则

拟定职业生涯规划时必须考虑到职业生涯发展的整个历程,做全程的考虑。

8. 具体性原则

职业生涯规划各阶段的路线划分与安排必须具体可行。

9. 实际性原则

实现职业生涯目标的途径很多,在做规划时必须要考虑到自己的特质、社会环境、组织环境以及其他相关的因素,选择确定可行的途径。

10. 可评量原则

规划的设计应有明确的时间限制或标准,易评量、检查,使自己随时掌握执行状况,并为规划提供参考依据。

(二)员工职业生涯规划的分析方法

1. "五What"法

"五What"法共有五个需要思考的问题:我是谁?我想干什么?我能干什么?环境支持或允许我干什么?自己最终的职业目标是什么?这种方法认为,一个人回答了这五个方面的问题,也就有了自己的职业生涯规划,如表9-5所示。

表9-5 "五What"法

五个问题	目的
我是谁?	充分认识自我
我想干什么?	检查自己的职业发展心理倾向
我能干什么?	分析自己具备的能力和潜力
环境支持或允许我干什么?	分析客观和主观因素
自己最终的职业目标是什么?	确立自己的职业奋斗目标

- 我是谁?(What are you?)

对自己进行一次深刻的反思,充分认识自己,将自己的优点、缺点一一列出。

- 我想干什么?(What do you want?)

这是对自己职业发展心理倾向的检查。每个人的兴趣和目标在不同阶段并不一定是完全一致的,但随着年龄的增长和阅历的增多会逐步趋向稳定,并最终锁定自己的职业发展目标。

- 我能干什么？（What can you do?）

一个人的职业选择与发展空间取决于其所具有的能力大小以及发展潜力。为此，需要在对自己的能力与潜力进行客观全面的分析和理性思考。

- 环境支持或允许我干什么？（What can support you?）

环境支持包括客观因素，如经济发展、职业空间、组织制度与人力资源政策等的状况；主观因素包括人际关系、领导的态度、亲戚朋友的态度等。

- 自己最终的职业目标是什么？（What you can be in the end?）

明确了以上问题后，就能找到对实现职业目标有利和不利的条件，列出不利条件最少、自己想做而且又能够实现的职业目标，这第五个问题自然就有了答案。

2. 生涯愿景模型法

生涯愿景模型提出进行职业生涯规划可分两个步骤考虑问题。

（1）个人愿景是什么。个人愿景是指发自个人内心的、个人最关心的、一生最渴望达成的结果，它是一种期望的未来或意向。当一个人为自己认为至高无上的目标付出全部精力的时候，它就会产生一种自然的、发自内心的强大力量。一般来说，个人愿景的内容主要包括自我形象、有形财产、家庭生活、个人健康、人际关系、职业状况、个人休闲等方面。

- 自我形象：你希望成为什么样的人？假如你能成为自己向往的那种人，你将有哪些特征？
- 有形财产：你希望拥有哪些物质财产？希望拥有的数量是多少？
- 家庭生活：在你的理想中，你未来的家庭生活是怎样的？
- 个人健康：对于自己的健康、身材、运动及其他相关方面，你有什么期望？
- 人际关系：你希望与你的同学、同事、家人、朋友及其他人保持怎样的关系？
- 职业状况：你理想中的职业状况是怎样的？你希望你的努力可以发挥什么样的影响力？
- 个人休闲：在个人的学习、旅游、阅读或其他的活动领域，你希望得到什么样的结果？

（2）如何建立个人愿景。人们可以通过以下三个方面建立个人愿景：

- 想象实现愿景后的情景，这到底是什么样的愿景，你怎样来形容它？你的感觉如何？这种感觉是不是你真正想要的？
- 形容个人愿景，回顾你从中小学时代至今的个人愿景，其中哪些愿景实现了，哪些还没有实现？原因是什么？
- 检验并弄清楚个人愿景：假定你现在就实现了愿景，它能为你带来什么？你接受了它，你的感受又是怎样的？

第三节　职业生涯管理

一、职业生涯管理的含义

(一) 职业生涯管理的概念

职业生涯管理是指组织通过帮助员工制定职业生涯规划和帮助其职业生涯发展的一系列活动,是竭力满足员工、管理者和组织三者需要的一个动态过程,是组织帮助员工确定个人在本组织的职业发展目标,并提供员工在工作中增长职业素质的机会的人力资源管理方法,它使组织发展目标与员工个人发展目标相联系并协调一致,有助于企业与员工间建立双赢的关系,进而结成紧密的利益共同体。职业生涯管理工作包含两个层面的内容,一个是员工自我职业生涯管理,主要工作有自我评估、对发展机会进行分析判断、确定自我发展目标、评估组织内外部的发展机会、通道及可能性等,制定具体的发展计划或规划、实施发展计划等;另一个是组织层面的职业生涯管理,主要工作是在充分了解员工能力及各种需求的基础上,结合组织的发展规划,帮助员工对其职业生涯进行规划和管理,并设置职业通道,提供相应的教育培训或轮岗等发展的机会,帮助员工实现职业发展计划,增强员工的归属感和成就感,以期达到员工与组织的共同发展。

员工不可能抛开组织单纯地讨论自我职业生涯发展,他们需要依托组织去实现自己的职业目标。同时,现代企业的经营和发展,除了对利益的追求外,也要考虑员工个人职业理想和抱负的实现,这样才有可能实现企业和员工的共同成长。美国麻省理工学院斯隆管理学院教授、著名职业生涯管理学家施恩根据其多年的研究,提出了组织发展与员工职业发展的匹配模型,如图9-4所示。在匹配模型中,他强调组织与员工个人间应该积极互动,最终实现利益的双赢——组织目标的实现及员工的职业发展与成功。

(二) 职业生涯管理的特征

1. 职业生涯管理是组织为其成员设计的职业计划

职业生涯规划以个体的价值实现和增值为目的,个人价值的实现和增值并不局限于特定的组织内部;职业生涯管理则是从组织角度出发,将组织成员视为可开发增值而非固定不变的资本,通过组织成员职业目标的努力,谋取组织的持续发展。职业生涯管理带有一定的引导性和功利性,它帮助组织成员完成自我定位,克服工作中遇到的困难挫折,鼓励组织成员将职业目标同组织发展目标紧密相连,尽可能多地给予他们机会。由于职业生涯管理是由组织发起的,通常由人力资源部门负责,所以具有

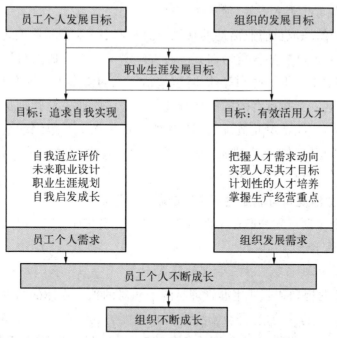

图 9-4 组织发展与员工职业发展的匹配模型

较强的专业性、系统性。与之相比,职业计划没有那么正规和系统。或者可以说,只有在科学的职业生涯管理之下,才可能形成规范、系统的职业生涯规划。

2. 职业生涯管理必须满足个人和组织的双重需要

与组织内部的一般奖惩制度不同,职业生涯管理着眼于帮助组织成员实现职业计划,即力求满足职工的职业发展需要。因此,要实行有效的职业生涯管理,就必须了解组织成员在实现职业目标过程中会在哪些方面碰到问题;如何解决这些问题;组织成员的漫长职业生涯是否可以分为有明显特征的若干阶段;每个阶段的典型矛盾和困难是什么;如何加以解决和克服。组织在掌握这些知识之后,才可能制定相应的政策和措施,帮助组织成员找到内部增值的需要。一方面,全体组织成员的职业技能的提高带动组织整体人力资源水平的提升;另一方面,在职业生涯管理中有意引导可使同组织目标方向一致的组织成员脱颖而出,为培养组织高层经营、管理或技术人员提供人才储备。组织需要是职业生涯管理的动力源泉,无法满足组织需要将导致职业生涯管理失去动力而终止,最终导致职业生涯管理活动的失败。

3. 职业生涯管理是一种动态管理

每一个组织成员在职业生涯发展的不同阶段或者组织发展的不同阶段,其发展特征、发展任务是不同的。所以对每一个阶段的职业生涯管理也应该有所不同,并且随着主客观条件的变化,组织在职业生涯管理过程中应该有所变化和侧重,以适应情况的变化。

4. 职业生涯管理形式多样,涉及面广

凡是组织对组织成员职业活动的帮助,均可列入职业生涯管理之中。其中既包括针对组织成员个人的,如各类培训、咨询、讲座以及为组织成员自发地提升和拓展技能、提高学历的学习提供便利等;同时也包括组织的诸多人事政策和措施,如规范职业评议制度,建立和执行有效的内部升迁制度等。职业生涯管理从招聘组织新成员进入组织开始,直至组织成员流向其他组织或退休而离开组织的全过程中一直存在。职业生涯管理同时涉及职业活动的各个方面。因此,建立一套系统的、有效的职业生涯管理体系是有相当难度的。

(三) 职业生涯规划与职业生涯管理的联系与区别

有效的职业生涯规划和职业生涯管理对组织和员工个人来讲都是必需的,两者紧密联系,相互配合。

1. 职业生涯规划与职业生涯管理的联系

(1) 职业生涯规划和职业生涯管理是两个相对的独立主体的活动。职业生涯规划是以个人为中心的活动,它是员工在了解自身能力、特点、爱好、性格、气质的基础上,考虑自身在家庭、组织和社会中的角色状况,做出职业选择或职业转换的决策。职业生涯管理是以组织为中心的,它是在组织目标基础上,进行各项具体的人力资源规划,然后通过招聘、培训、迁调等管理活动来恰当地配备人员,并给予控制和管理。

(2) 个人的职业规划和组织的职业生涯管理是同一个问题的两个方面。职业生涯规划是为了使个人在职业生涯过程中感到满意、快乐和成功,同时意味着个人将继续努力工作,表现出组织所需要的工作行为,从而完成工作任务。职业生涯管理表现为引导和影响职业设计的过程。虽然组织内部的环境在一定程度上会限制个人的发展,但是在特定的条件下,如能调整自身的职业期望和职业行为,表现出良好的工作状态,充分发挥其能力,提高工作效率,就能优化整个职业生涯。

(3) 职业生涯规划和职业生涯管理是动态的配合过程。一般来说,大多数人员的职业生涯都要经历相类似的几个阶段。其中,他们所表现出的工作动机、价值观和目标十分具体而又有区别。同时,随着组织的发展、所需配备的人员的变化,职业生涯管理的侧重面也相应发生改变,以适应变化了的外部环境和内部条件。在这些变化中都需要个人和组织相互配合。

2. 职业生涯规划和职业生涯管理的区别

(1) 概念范畴不同。职业生涯管理的范围比职业生涯规划更广。职业生涯管理涵盖了职业生涯规划、职业选择和职业发展的系列活动过程。而职业生涯规划仅是职业生涯管理的一部分,其主要活动分别是职业能力获得、职业准备、职业目标选择、职业策略制定与调整等过程。

(2) 实施主体不同。职业生涯管理主要是以组织为中心。职业生涯规划的实施主体主要是员工,是个人根据自身条件和环境状况所选择的与工作有关的体验和经历。

(3) 实施手段不同。职业生涯管理主要依托组织人力资源管理的相关职能来实现,如建立各种适合员工发展的职业通道、针对员工职业发展需求进行培训等。个人职业生涯规划主要集中在自我测评、自我学习、社会实践等微观层面的个人行为。

(4) 影响因素不同。职业生涯管理的影响因素主要是组织层面的变量。而就员工个体而言,他对职业的准备和选择主要受到个体层面变量的影响,也就是说,职业生涯规划的影响因素主要是个体层面的变量。

(5) 目的不同。职业生涯规划是以个体的价值实现和增值为目的,而且并不局限在特定的组织内部。职业生涯管理则是从组织的角度出发,将员工视为可开发增值的资本而非固定不变的资本。通过员工职业目标的努力,谋求组织的持续发展。

(四) 职业生涯管理与员工培训的关系

职业生涯管理是组织设计的用来援助员工职业发展的计划。通过职业生涯管理,可以使员工明确组织中的职业发展路径和可能的发展机会。它能为员工的发展创造条件,同时也为员工的培训和员工的自我教育提供基础。员工可以通过组织的规划发现组织是如何支持职业发展的,从而增强自身的责任感和归属感,为组织创造出更多更好的效益。

职业生涯管理不仅能为组织培训员工提供依据,增强培训的针对性,节约培训成本,提高培训效率和绩效,而且还能为员工进行自我教育提供指导,使其能结合自身下一步发展目标,自主学习相关知识和技能,提高自身素质,促使个人职业发展目标的实现。

二、组织职业生涯管理程序

人力资源管理的一个基本假设就是组织要最大限度地利用员工的能力,并且为每一位员工都提供一个不断成长以及挖掘个人最大潜力和走向成功的职业机会。而组织职业生涯管理是从组织角度出发,将员工视为通过开发成为可增值而非固定不变的资本,通过激发员工对职业目标的努力,谋求组织的持续发展。职业生涯管理是一个复杂的过程,其管理程序如下。

1. 确定个人需求和组织需求,并使之相匹配

当今员工的需求多种多样,不同的员工有不同的主导需求。每个人都在尽力了解自己的知识、技能、兴趣和价值观的基础上,为自己设立和管理自己的职业生涯规划,并发现职业生涯选择方面的信息,以设立目标和开发职业生涯计划。组织的需求要与个人的职业生涯需求联系在一起,这种联系可以通过将员工个人的有效性和满意度与组织的战略目标结合来实现,如图9-5所示。

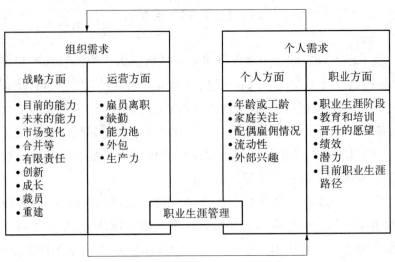

图 9-5 平衡个人和组织的需求

2. 识别职业机会

在确认了组织需求和个人需求后，接下来就是对现实情况的全面审查与分析。在这一过程中，员工获得组织对他们的知识和技能的评价，以及他们的职业目标是否与组织的规划（潜在的晋升机会、职业生涯路径的选择）相符等方面的信息。通常情况下，这些信息是由员工的上级管理者作为绩效评价过程中的一个组成部分提供给员工的。员工与管理者在绩效审查后还要单独面谈，讨论员工可能参与的培训开发活动。一般包括以下三个方面的工作：

（1）能力分析。能力分析与员工绩效评价和工作分析密切相关。一方面，通过绩效评价来分析员工的能力和素质；另一方面，通过工作分析来确定不同能力与素质对绩效贡献的权重。

（2）工作晋升计划。工作晋升计划是一个新员工可能会经历的职位等级、发展模式、晋升标准和流程的方案安排。组织可以根据工作的重要性对其所需要的技能进行确认，在此基础上拟定工作晋升的计划。例如：一个没有经验的新员工被分配去从事一项初始工作。从事此项工作一段时间之后，这个员工可以晋升到一个需要更多知识和技能的岗位上来。大多数组织集中发展管理型、专家型和技术型岗位的工作晋升体系，然而工作晋升应该针对所有的职系进行。工作晋升计划是个人发展其职业成长道路的基础。图 9-6 反映了一个大型的跨国公司在人力资源领域中一个典型的工作晋升计划。

许多组织准备了有趣而有吸引力的手册，对员工可使用的职业生涯道路进行了周详的描述。通用汽车公司准备了一个职业发展指南，它根据工作领域的不同划分为不同的职组、职系，如工程、制造、沟通、数据加工、财务、人力资源和科学部。系统完备的职位等级表和晋升路线图使员工对各个领域的职业机会有了一个清楚的了解。

（3）寻找职业生涯发展通道。在组织寻求发展的同时，员工也会寻求发展。员工寻求发展的目光将首先定位于组织内部存在的条件和机会，即"成长通道"。在组织的发展过程中，组织可以通过多种途径实施员工的职业生涯发展，如建立职业发展通道和职业阶梯、实施工作轮换、导师制、管理继承人计划（接替计划）、无边界职业等。

				HR 副总裁
			公司的 HR 总监	
		公司的 HR 经理	部门的 HR 总监	
		部门的 HR 经理		
	地区 HR 主管	工厂的 HR 经理		
	工厂的 HR 主管			
地区的 HR 助理	HR 监督者			
HR 助理				

图 9-6　人力资源管理领域中一个典型的工作晋升计划

这里主要介绍施恩教授的员工职业发展三维圆锥模型，如图 9-7 所示。

埃德加·施恩提出了员工职业发展三维圆锥模型，该模型描绘了员工在组织内部职业发展的三种线路，即垂直的、向内的、水平的。垂直的发展线路指职位的晋升，即根据组织发展的需要及组织设立的职业阶梯，员工不断从下一层职位晋升到上一层职位。

垂直的职业生涯发展线路是员工职业生涯发展的主要模式。这种发展模式要求

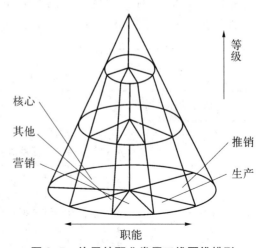

图 9-7　施恩的职业发展三维圆锥模型

员工达到目标职位所应具备的能力、素质等条件，员工总是在能力或素质达到一定的水平后，才能上升或被提升到更高层面的职位。组织则通过设立相应的职业发展阶梯（career ladder），为员工提供职业生涯持续发展的可能性和具体台阶。

第二种发展模式是向内职业发展线路。这种发展模式可能是最令人陌生的，因为它不一定要伴以职位或头衔上可见的变化。员工需要用实际行动证明给上司看自己是值得信赖的。

第三种发展模式是在组织机构内部不同职能部门之间的轮换。员工不是在向上攀爬，而是在同一级别的不同职位水平移动。

3. 职业目标设定

在全面摸清和识别职业机会后,组织和员工要共同设定职业目标。设定目标时应注意两个问题:一是目标的高低,二是目标的长短。目标的设定要符合可实现性和时间的限定性。随着竞争的加剧,组织生命周期越来越短,组织适应环境变化进行调整的频率也越来越快,这些大大增加了实现目标的难度。除此之外,一定要注意员工个人职业目标必须和组织的目标相一致,而且个人要在组织目标的基础上设立自己的职业目标。

4. 评估员工的潜能

与描绘和识别组织的职业机会一样,管理者必须对他们可以利用的人才库有清晰的了解。这一过程通常以绩效评估作为开始,然后再采用其他更复杂的办法。常用的评估方法有绩效评估、量表化管理人才和运用评估中心等。绩效评估在职业生涯管理当中尤为重要,它成为员工职业发展的衡量标准或决策标准,有很好绩效的人往往是成功晋升的合理人选,而绩效差的人可能需要从一个岗位轮换到适合他的岗位上去,或者被降职。

除此之外,还有一种现在较为流行的评估员工潜能的方法——运用评估中心。如在加州高速公路巡警学院(California Highway Patrol Academy)管理评估中心里,评估中心方案中的各种活动见表9-6。

表9-6 加州高速公路巡警(CHP)评估中心项目

执行此评估前一周	对所有评估员进行5天的培训
星期一上午	● 评估员进行评估练习 ● 对参加者介绍活动流程
星期一下午	● 无领导小组讨论:参加者被分为两个组,每组6个人,3名评估员观察,每名评估员观察2名参加者 ● 评估员准备这个练习的最后报告 ● 公文处理练习:每一个参加者分别在3小时里处理31件公文 ● 评估员对公文处理练习进行评价和打分,准备第二天的公文处理面试
星期二下午	● 参加者参加一个40分钟的阅读测试(戴维斯阅读测试) ● 评估员和参加者一起评估公文处理练习中观测到的情况,并准备有关此练习的最后报告
星期三上午	● 参加者完成一个个人的分析练习,并就这个问题的解决准备一个7分钟的即席讲演展示给在座的评估员小组 ● 参加者开始对在座的评估员小组进行即席讲演
星期三下午	● 即席讲演一直延续到下午 ● 参加者回到工作岗位 ● 评估员准备此练习的最后报告 ● 监督者准备明天每一个候选人的讨论

(续表)

执行此评估前一周	对所有评估员进行5天的培训
星期四全天	评估员对3天来每一个参加者全部练习中的情况进行整合,要在每一个所评估的技能上达成一个双方都同意的评估结论,并且对有特殊发展的人员加以推荐
在45天内	评估员在参加者的工作岗位上与参加者及其监督者一同来讨论评估员小组的观测结果
在60天内	参加者和监督者共同完成一个职业发展计划来帮助参加者提高其技能

参与这些活动可以提供所要求的具有代表性的行为模式。在评估中心的最后阶段,评估员的观察被整合,以用来勾画出参加者的需要和优势的全面框架。同时,提交给上级管理部门一份报告,并且及时将反馈传达给参加者。目前,人们越来越重视评估中心程序的有效性。

5. 行动规划并给予员工特定的支持

在评估了员工的潜能以及确定了其职业路径和目标后,就需要有一个具体的行动计划甚至是时间表来保证目标的实现。行动规划是在综合个人评价和组织评价结果的基础上,为提高个人竞争力和达到职业目标所要采取的措施,包括个人体验、培训、轮岗、申请空缺职位等。通过这些方式,可以弥补个人的能力缺陷,同时增进对不同工作岗位的体验。行动规划制定后,还需要有一个实现职业目标的时间表,如用两年的时间取得相应的技术职称、在3~5年内成为某项技术开发项目的带头人等。

6. 评估和反馈

任何一个人的职业发展都不可能一帆风顺,即使为自己制定了一个非常完善的计划,也会受到环境和组织条件等因素的影响而不得不随时进行调整。在现代社会,这种调整的频率会随着组织间竞争的加剧而越来越快。因此,在实施规划的过程中,要随时注意对各种影响要素进行评估,并在此基础上有针对性地调整职业规划的目标。

三、职业生涯发展通道

人力资源管理要善于把组织的目标和员工的个人职业发展目标有效地结合起来,努力为他们确定一条有所依循的、可感知的、充满成就感的职业生涯发展通道,这也应该是现代企业需要正视和面对的一项紧迫任务。到目前为止,职业生涯发展通道主要有五种模式:单通道发展模式、双通道发展模式、水平发展模式、网状发展模式和多通道发展模式。

1. 单通道发展模式

单通道发展模式即传统的职业生涯管理模式,是单一金字塔式职业阶梯,呈现出在组织中不断纵向晋升、向上发展的路径。如一般管理人员→初级经理→部门经理→子公司经理→分公司经理→总公司经理，图9-8就是典型的单通道发展模式。

2. 双通道发展模式

随着组织结构扁平化和分权化改革，员工发展空间受到阻碍。为摆脱单阶梯弊端，许多企业为员工提供两种职业发展路径：管理通道和专业技术通道，如图9-9所示，我们把这种模式称为双通道模式，也称"双轨制"，现在已成为企业中较流行的职业生涯管理模式。这一模式既避免了因管理岗位拥堵而造成人才流失或浪费，又为那些同时具备专业技术基础及特殊管理才干的卓越人员提供了更大发展平台。

在进行"双轨制"职业生涯路径设计时，应注意以下三个原则：

（1）清晰定义管理通道和专业通道。管理通道较容易定义，其与企业组织结构相对应，参照组织结构即可明确该通道每个级别的行为标准、资历准则、职责范围等。专业技术通道的高度取决于研发人员所从事工作的性质以及研发人员相对于管理人员的劳动力市场价值。需要分析研发机构中存在的研发工作等级，从而确定专业通道中的级别，然后为每一级别确定称谓、工作责任、资历准则和责任标准等。

图9-8 单通道发展模式

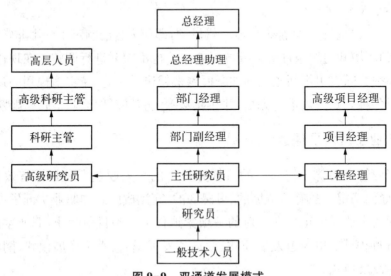

图9-9 双通道发展模式

（2）保证两条通道之间的平行、平等。对专业通道要提供与管理通道同样程度的认可、地位和报酬，每个专业技术级别都应对应一个管理等级，以保证两条通道各个级别之间的平行关系。

(3) 要确保专业通道的声誉。允许专业技术人员自行决定其职业发展方向,但是对于着眼于管理通道发展的人员,应避免其转向专业通道,以确保专业通道的声誉,防止将专业通道作为安置失败的管理人员的"收容所"。

3. 水平发展模式

事实上,职业生涯发展并不仅限于直线向上发展,这种传统式的发展是相当有限的,而且现在组织结构的扁平化使得这种传统模式的提升机会越来越少。前面我们提到的施恩的职业发展三维圆锥模型有三种职业发展线路:垂直的、向内的、水平的。其中,工作内容扩大化和丰富化以及岗位轮换就是员工向水平发展的一种模式。

4. 网状发展模式

网状发展模式是指纵向职务序列和横向转换线路相结合的职业生涯发展通道。如某银行中的发展通道:私人业务部经理→公司业务部经理→二级分行行长→一级分行业务部经理→甲省一级分行行长→乙省一级分行行长→总行副行长等。这一模式承认某些层次的工作经验的可替换性,是员工在纵向晋升到较高层次职位之前具有拓展和丰富工作经验的经历。这种通道比传统通道更现实地代表了员工在组织中的发展机会,纵向和横向的选择交错,减少了职业道路堵塞的可能性。

5. 多通道发展模式

建立职业生涯发展的双重通道,既是为了满足员工职业生涯发展的需要,更是为了建立起稳定的关键或核心员工队伍,从而确保组织竞争力的不断提升并促进组织的持续发展。现代企业更多地开始建立多层次的职业发展通道,它包括管理、技术和业务等不同的职级序列,还可以建立岗位轮换、丰富工作内容等管理机制,并且在薪酬设计上相互衔接和对应,使具有不同能力素质、职业兴趣的员工都可以找到适合自己的上升路径和比较满意的工作状态,避免所有人都拥挤在管理通道上。图 9-10 说

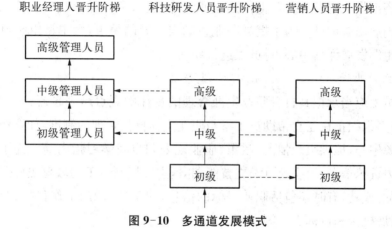

图 9-10 多通道发展模式

明了采取多重职业发展路径,能够使得满足条件的科技研发人员既可以转化为营销人员,也可以晋升到管理岗位。

四、职业生涯管理的相关工具和措施

职业生涯管理包括许多分析和计划,需要有一套帮助评估员工在组织中成功可能性的工具与技巧,以确保他们能够在职业成长道路中获得成功。当然,所有工具的使用都需要员工自身的积极参与。人力资源部全体职员和监督者广泛使用非正式咨询的方法。许多组织给员工提供教育帮助、EEO/AA 计划和政策、薪金管理以及工作要求的信息,职业计划书和工作手册等,以帮助员工识别其潜能及其兴趣强弱。下面介绍六种主要的职业生涯开发工具或措施。

1. 提供职业生涯规划工作手册

有些组织已经准备了职业生涯规划工作手册,通过涉及价值观、兴趣、能力、目标和个人发展计划的自我评价系统来分别指导员工。如通用电气公司已经发展了一套涉及面广的手册来服务于它的职业发展计划,其中包括两个工作手册,用于帮助员工探究各种各样的影响其职业决策的生活问题。

2. 职业生涯计划研讨会

研讨会提供的经验与工作手册提供的类似。然而,职业生涯计划研讨会有一定的优势,即给了参与者一个机会,在面对类似情况时能够和其他人就态度、关心事宜及计划进行比较和讨论。

3. 职业咨询

职业咨询,即人力资源管理者或咨询专家与员工讨论其当前的工作情况和表现、个人岗位和职业目标、个人技能,以及合适的职业发展目标的过程。当一些组织将咨询作为年度绩效评估的一部分时,职业咨询通常是自愿进行的。职业咨询可能由人力资源部的职员、监督者、专门的人事咨询员或外部的专家来进行。许多组织已经指派了职业咨询员,对员工而言,他们是全职工作人员,可以随时找到。其他的组织在雇佣周期内雇用咨询员。为了提高职业咨询与指导的效果,大中型组织可在组织内设立职业生涯发展评估中心,对员工进行评估。

4. 建立职业资源中心

如今员工应当承担其自身职业生涯管理的责任的观点越来越流行,为了顺应这个趋势,许多组织正在建立帮助员工参与职业生涯自我管理的制度,如在组织内部建立职业资源中心,提供组织情况、政策、职业规划和自我学习指南等。为了主动地获取组织人力资源信息,组织还可设立技能档案,主要记录员工的教育史、工作史、任职资格、取得的成就,有时还包括职业目标的信息,如工作喜好、工作目标、个人自我评价信息、发展机会和目标安排等。

5. 加强职业信息系统管理

职业信息系统是组织进行职业生涯规划与管理的基础,为此必须重视开展以下三方面的工作:

(1) 加强组织的发展战略与规划、人力资源供求状况、职位的空缺与晋升等方面信息的动态发布与管理,为员工提供透明、及时的组织职业发展信息。

(2) 加强员工职业信息的档案管理,为此,应建立员工职业发展的电子档案,包括个人的自然状况信息、个人的职业发展规划信息及其在组织内的工作状况、工作业绩及考核情况等方面的信息。

(3) 加强对组织和员工的职业信息管理,要根据环境和情况的发展和变化,不断更新和维持,以保证信息的时效性和动态的完整性,为组织对员工职业生涯的开发与管理提供全面和有效的信息服务。

6. 建立职业生涯评审制度

职业生涯评审是职业生涯规划与管理的重要环节,通过评审可以阶段性、周期性地检查职业生涯规划的实施状况,以便及时发现问题,并采取改进措施。

职业生涯评审的周期通常以年度为单位,评审通常是在两个人、三个人乃至更多的人之间以谈话的方式进行。年度评审会谈的内容一般包括以下方面:本年度的工作成绩与失误,本年度中观念的转变与能力的变化,成绩与失误的原因分析,本年度教育培训的效果,有关家庭和个人身体健康信息,本人对未来工作的希望,本人对教育培训的需求等。

评审结束后,组织可以通过各种方式获得来自上级、平级、下级各方面对员工职业生涯发展的反馈意见。通过对反馈意见的整理,组织可对职业生涯规划方案进行调整,并对今后职业生涯管理工作进行必要的改进。同时,员工个人也可对自己的职业生涯规划进行必要的修正,包括目标的修正、达到目标的方法和措施的调整等。总之,职业生涯评审的最终目的是阶段性检查组织员工职业生涯发展中的成果、问题与差距,并最终找到解决问题、缩小差距的方法和措施。

五、不同职业生涯时期的职业生涯管理任务

1. 进入组织阶段

组织要做好招聘、挑选和配备工作,要根据发展的目标和现状,向求职者提供准确的职业信息和发展信息,以供他们决策参考。

2. 早期职业阶段

组织通过试用发现新员工的才能,帮助新员工确定长期发展目标,明确新员工的职业定位。

3. 中期职业阶段

个人事业发展基本定型或趋向定型,个人特征表现明显,个人情感复杂化,容易

引起职业生涯中期危机。面对这一复杂的人生阶段,组织一方面要通过各种方法帮助员工解决诸多实际问题,激励他们继续奋斗,以获得更大的成就;另一方面要通过各种方式,针对不同员工的不同情况为其指示和开通事业发展的新通道。

4. 后期职业阶段

老年员工即将结束职业生涯,组织一方面要鼓励老年员工继续发挥自己的余热、专长和智慧,让他们把知识和经验传授给年轻人,做年轻人的良师益友;另一方面要帮助老年员工做好退休的心理准备和退休后的安排。

 案例分析

不同的选择,不同的结果

IA公司是一家传统的服装加工企业,其生产的礼服、套装、衬衣等各类款式的中高档时装主要以出口为主。公司现有员工800多人,先进的机器设备650套,年产高级服装300余万件(套)。

小李曾是大学里的优等生,毕业前一年,他在一家国有企业的信息办公室实习,每天的工作就是更新一两篇网站文章,其他部门的电脑出故障时去修理电脑,工作很清闲。小李感到这样安逸的工作会让自己消沉下去,应该趁着实习期,找到一个更为广阔的发展空间。于是,小李来到了IA公司。

在小李来到公司前,IA公司根本没有信息部门,只是因为正在投资建设的厂房和办公楼需要建设企业网络,才招聘了小李来负责建设公司的信息和弱电工程(网络、电话、监控系统)。小李来到公司后,就开始独当一面,负责设计网络系统、招标及采购设备等工作,能力得到了极大的发挥,觉得非常充实和愉快。公司总经理看到他的成绩后,非常器重他,不仅总在大大小小的场合表扬他,还将2万元以下信息和通信设备的采购审批权授权给了他,尽管工资不是很高,感到深受器重的小李还是在毕业后毫不犹豫地留了下来,他为自己做了一下职业规划,立志要为这家企业的信息化建设贡献力量,将来成为企业的CIO(首席信息官)。

刚开始,小李属于行政部,之后不久,公司拟成立信息技术中心,于是小李负责筹建信息技术中心,他的岗位也上升到了主管。三年后,小李被提拔为信息技术中心经理(以前信息技术中心没有经理一职),但小李并没有因此而感到高兴,因为公司的信息化一直没有进展,还总被一些维修电脑等琐事烦扰。而自己的工资尽管得到了提高,但还是比自己担任软件工程师的同学低了很多。

就在这个时候,有一家软件公司打电话给他,想让小李跳槽到他们公司担任软件工程师,负责做一些具体的软件开发工作,其开出的薪水也比现在要高。没有经过慎重思考,小李便愉快地答应了,可是去了以后小李才发现自己离成为一名CIO的梦

想更远了。

IB公司是某国一家电气巨头在中国设立的全资子公司,公司位于上海市郊。由于公司的管理层大多是外国人,不了解中国市场,所以其产品迟迟没有打开国内市场,而主要是销往海外。IC公司成立于2000年,地处广东某市,是一家集研发、生产和销售于一体的综合型照明企业。IC公司重视技术创新和产品开发,产品覆盖商业照明、办公照明、家居照明、光源电器、户外照明、电工等领域,营销网络遍布全国。

一天,IB公司的产品研发工程师张军接到了一家猎头公司发来的邀请,猎头公司在代理IC公司招聘产品研发工程师,他们觉得在IB工作了5年的张军是一个合适的人选,想用比张军现在高一倍的薪资将他挖过去,请张军考虑几天。

面对去留问题,张军连续思考了三天都没有答案。他想,到了IC公司,薪酬待遇会很高,发展空间也会更大,但周围的一切都是陌生的,需要自己去适应;而在IB公司呢,自己已经工作了5年,未来的发展空间并不是很大。可是,自己已经在上海买了房子,妻子在上海有稳定的工作,根本不可能和自己南下。走还是留,两种想法在他的内心中挣扎,最后张军决定对两份工作进行一下优缺点的对比分析,并实施量化打分,最终通过分数决定自己的去留。于是,张军自己设计了一份评价表,在表中设计了10个需要评价的项目,并根据其重要性确定每个项目的最高分值。由于张军自己对IC公司并不是很了解,所以他通过行业内的朋友侧面打听了一下。最后,他根据信息资料和自己的理解对两家公司的各个项目进行了评分。

根据评分结果,张军跳槽到IC公司似乎更为有利。可是张军认为,自己的评分很大程度取决于自己的主观判断,而且这两个公司的评分结果较为接近,所以不能轻易作出选择,还是再问问家人和朋友的意见为好。

一番对比和考量之后,张军最终选择留在了老东家IB公司,巧合的是,由于经营管理优良,公司决定进一步开拓市场,抓住公司的战略机遇期,向国内市场进军。张军由于业务能力强,属于老员工,工作兢兢业业,又熟悉国内环境,成了大中华区总经理的不二人选,不仅薪酬比之前更高了,张军心里也充满了干劲,对公司的归属感也更强了。在这里他找到了实现自身更大价值的舞台,妻子和孩子也免于动迁之苦,一家人和和美美,生活蒸蒸日上。

(资料来源,李作学:《人力资源管理工作案例》,人民邮电出版社2009年版,有改动)

案例思考题

1. 你认为哪些因素影响了小李和张军的职业生涯路线选择?
2. 你认为张军最有可能从哪些方面对IB公司和IC公司进行对比评价,小李和张军两人的经历对你的职业生涯规划有什么启发?

思考与练习

一、单项选择题

1. 提出职业发展主动建构理论的是 （   ）
   A. 埃德加·施恩 B. 约翰·霍兰德
   C. 约翰·克朗伯兹 D. 弗兰克·帕森斯

2. 下列关于职业生涯规划与职业生涯管理关系的描述，错误的是 （   ）
   A. 职业生涯规划和职业生涯管理是两个相对独立的主体的活动
   B. 个人的职业规划和组织的职业生涯管理是同一个问题的两个方面
   C. 职业生涯规划和职业生涯管理是动态的配合过程
   D. 职业生涯规划的范围比职业生涯管理更广

3. 一方面，要为组织继续发挥余热；另一方面，又要做好从工作中解脱出来的准备。他们生活的重心不再是工作，而是工作以外的活动。这描述的是职业生涯发展阶段中的哪一个阶段 （   ）
   A. 职业准备阶段 B. 职业早期阶段
   C. 职业中期阶段 D. 职业晚期阶段

4. 职业生涯管理的主体是 （   ）
   A. 员工 B. 组织 C. 社会 D. 单位领导

5. 下列不属于职业开发内容的是 （   ）
   A. 健康的开发 B. 能力的开发 C. 态度的开发 D. 社会资本的开发

二、多项选择题

1. 影响员工职业生涯选择的个人因素主要有 （   ）
   A. 个人心理素质 B. 个人生理素质
   C. 职业发展阶段 D. 职业锚
   E. 领导者价值观

2. 职业规划是指规划者对每个员工职业选择的可能性及（   ）进行认真分析与计划的过程。
   A. 制约因素 B. 发展方向
   C. 发展结果 D. 发展内容
   E. 发展意义

3. 萨伯以年龄为依据，将职业生涯划分为成长阶段、探索阶段、（   ）和衰退阶段。
   A. 确立阶段 B. 职业早期阶段
   C. 职业中期阶段 D. 维持阶段
   E. 职业后期阶段

4. 施恩的职业发展三维圆锥模型描绘的员工在组织内部的职业发展线路有
（　　）

A. 垂直的　　　B. 水平的　　　C. 向内的　　　D. 向外的
E. 网状的

5. C. 布鲁克林·德尔(C. Booklyn Derr,1988)总结出企业员工的五种不同职业生涯成功的方向,具体包括
（　　）

A. 社会型　　　B. 进取型　　　C. 安全型　　　D. 自由型
E. 平衡型

三、简答题

1. 什么是职业开发？
2. 职业规划的内容是什么？
3. 什么是霍兰德的个性与职业匹配理论？
4. 员工职业生涯规划中的"五 What"法是什么？
5. 组织职业生涯管理的程序是怎样的？

四、论述题

1. 员工个人应如何做好自己的职业生涯规划？
2. 试述职业生涯规划与职业生涯管理的联系与区别。

第十章 组织开发

知识导览

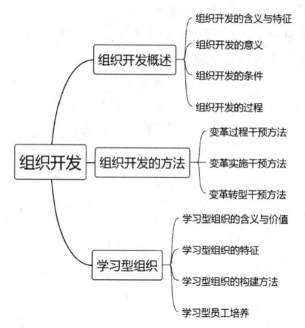

学习目标

1. 掌握组织开发的含义、特征和过程
2. 了解组织开发的意义、条件
3. 掌握组织开发的方法并会运用
4. 掌握学习型组织的概念、特征和构建方法
5. 了解学习型组织的价值
6. 掌握学习型员工的概念与特质
7. 了解学习型员工的培育方法

重点概念

组织开发　团队建设　工作再设计　组织再造　质量圈　全面质量管理　学习型组织　学习型员工

引导案例

华为公司的活力之源：熵减

2017年9月，华为总裁办发布了《华为之熵，光明之矢》的内部学习邮件，文章系统阐述了任正非思想中的"熵减"理论。

熵是热力学第二定律的概念，代表的是无序的混乱程度。一个孤立封闭系统的熵，也就是混乱程度，会随时间增大，随着熵越来越大，整个系统最终会到达热寂状态，再也没有任何有效的活动。熵最初用来描述物理学上的现象，但随着研究的深入，发现社会学也是遵循同样的熵增原则，一个封闭的组织、国家、社会都会逐步地从有序走向无序，最终消亡。

企业的发展，尤其是封闭情况下，企业的自然走向也遵循熵增原则，企业的熵增就是组织懈怠、流程僵化、创新乏力、墨守成规等现象逐步出现，企业中的个体也会逐步走向惰怠贪婪、追求安逸、使命感和责任感丧失等境地，这些都是熵增。

华为的熵减主要包括四个流程：简化流程、饱和攻击、自我批判和战略预备队。

熵减的第一个措施是简化流程。流程是为绩效服务的，不能让流程成为束缚企业获得绩效的绳索。流程不是越繁复越好，规定得越细致越好，而是要合适。正如华为发布的"1130日落法"，其核心内容是"每增加一个流程节点，要减少两个流程节点；或每增加一个评审点，要减少两个评审点"。

当人们需要增加一个流程节点时，不是一味地增加，而是同步减少两个原有的流程节点，此时流程节点总数上是在减少的。同理当人们需要增加一个评审点时，是以同步减少两个评审点为前提，这样具体参与其中的团队成员不会有太大的压力，工作量并不会陡然上升，人们明白增加的目的是优化，为了提升效率，为了取得更大的成果。

熵减的第二个措施是多路径、多梯次和饱和攻击。面对未来不确定性，必须要有一个战略定力。

防止组织性惰怠可以运用多梯次跟进的方式，让每一个梯级上的同事都有责任、有压力、有目标，一个梯队推着一个梯队往前走。而饱和攻击就是利用密集弹药长期聚焦投入。

支持同方向科学家也是熵减，而且华为不独占成果，愿意分享，使成果既给华为带来利益,也使资源方获益。

熵减的第三个措施是自我批判。华为提出长期自我批判。人在取得了一定成绩后容易滋生自满情绪,如果不能长期自我批判,就容易进入个人熵增的局面,唯有持续自我批判,才能不断消解负能量,留出更多空间让好的能量存活。

最后一个措施是战略预备队。战略预备队的循环流动是熵减,在训战结合的过程中为真正的战役做好充足的准备。正如《熵减》这本书里所描述的那样,"队员在训战中完成知识结构转变、技能提升,扩大视野、增加见识,组成一支拥有全新能力、钢铁般意志的新军"。新手们在训战结合的练习中完成知识结构的转变,不断打磨工作技能,在磨砺的过程中扩大视野、增加见识,从而逐步成长。

以上四个措施是华为从组织层面进行的熵减,目的是激活组织,避免进入组织性的惰怠。

(资料来源,http://www.chinahrd.net/blog/414/970236/413308.html)

第一节　组织开发概述

一、组织开发的含义与特征

(一) 组织开发的含义

组织是指为了实现某一共同的目标,通过权责分配和层次结构所构成的一个完整的有机体,它与环境相互影响,相互作用。每一个组织都有其特定的组织目标、组织成员、组织环境、组织结构等。

组织开发是指组织为适应内外部环境的变化,通过采用新的管理方法和组织文化,运用行为科学的理论和技术,通过组织这个载体来改变员工态度、价值观以及信念的一系列有计划的人员开发活动。可见,组织开发不是指对组织本身的开发,而是指通过组织这个中介对组织中的成员进行开发的一种形式与活动。具体地说,组织开发是通过创设或控制一定的组织因素与组织行为,进行组织内人力资源开发的活动与形式。组织不是开发的目标,只是开发的手段。例如,通过组织文化改变员工的态度、价值观以及信念,以适应组织内外各种变化,通过组织设计、组织重组与变革对员工带来变化与影响。

组织开发是一种在组织层次上的人员培训开发活动,它是关于个人、团队、组织之间如何成功地面对变革的活动,综合利用全部员工培训开发形式来促进组织作为一个整体的变革,并且也是组织的一种重要战略工具。组织开发需要评估组织所处的外部环境以及开发需求,然后组织全体成员进行相应的开发活动,目的在于使组织提高绩效,获得竞争优势。

组织开发活动一般从组织的顶层开始,并需要得到高层管理人员的认同。然后为整个组织设计一个整体性的改革计划。每个层次的员工都应遵循相应的原则,有相应的目标,这些原则和目标必须要在员工中得到支持和协调。组织开发活动的关键在于根据特定的原则,使各个特定的群体(正式、非正式)成员在一起,为实现同一目标而努力。而且开发活动不只是在设定的时间内完成的,而是一个连续的过程,并通过定期的组织活动来维持这种连续性。当然,无论是什么具体形式,这些组织开发活动的一个共同点就是实现组织目标同个人自我开发需求的有机结合。

在未来,组织开发将从强烈的人文关怀和福利色彩发展到战略色彩并提升到组织绩效色彩。随着对变革的需求越来越大,对组织开发的需求也将变得更大。组织开发将成为组织日常运作的一个组成部分。计算机、网络技术和信息管理技术的发展使得信息的收集、整理和分析变得更容易,这使得特别依赖信息的组织开发有了更坚实的技术基础。技术的进步可能改变组织开发的程序和过程,进而节省更多的时间和成本。随着资料和信息的积累,可能会使组织开发变得容易起来。此外,组织开发将越来越跨文化、国际化,这是全球化趋势下的一个必然结果。

(二)组织开发的特征

组织开发具有以下五种特征:

(1)组织开发是行为科学知识在不同的组织层次(群体、群体间、整个组织)的系统运用,以引起有计划的变革。组织开发活动是组织整体变动的管理,不是一个局部的行为,它意在改变组织各个方面的现状,把组织改造为理想的模式。

(2)组织开发基于"组织是用动态的人际关系维系的系统"的认识,致力于运用行为科学的知识来改变信仰、态度、价值观、人际关系、策略、结构和实践,激发群体动力,开辟沟通渠道,从根本上实现改变组织的所有组成部分并以此来解决实际问题。

(3)组织开发是有计划的、长期的,具有远期效应。它不是解决短期绩效问题的一蹴而就的战略,而是一种能解决长期而错综复杂的组织问题的方法。组织开发是一整套管理变革的过程,包括目标的制定和行为的计划、实施、检测,并且需要投入相当多的时间和金钱。在许多组织中,组织开发与战略策划同时进行,因为二者都具有长期效应。

(4)组织开发寻求的是增强组织有效性和员工满意度。组织开发通过改变组织的信仰、结构、态度、价值观和意识,以使它能更好地适应新的技术、市场挑战和日新月异的变化。其目标包括更高质量的工作、生活,更高的生产率、工作效率,更强的适应性。

(5)组织开发在很大程度上依赖人们的经验,并且重视对变革的推动。组织开发常常采用"行为学习"的方式教育和培训人们以更好的方式来办事，同时它使用变革代替人来对组织开发进行诊断，发动变革并推动变革。

二、组织开发的意义

组织开发是人力资源管理理念的完美体现。它强调员工的福利和作为人的价值。组织开发关心组织绩效，但它是以全新的思维来关心绩效的。它从心理学、社会学等角度看到官僚特征下的组织中对人性的漠视以及由此产生的消极后果（包括个体后果，如积极性的下降；社会后果，如工作场所的诸多不公平），从而提出了一系列能使组织更加重视员工幸福的管理方式。组织开发往往缺乏对组织效率的关注，为了增强组织对组织开发的认可程度，组织开发必须更加关注绩效问题，与绩效管理工具进行更多的结合，这样才能提高自己的适用性。

组织开发也是组织战略的重要工具之一。这也是最容易产生争议之处。既然它是一种战略工具，将它仅仅划分到人力资源开发活动的范围似乎是有问题的。我们认为，组织开发应该被看成是在人力资源开发活动中最具有战略意义的一个领域。因此，它被划分到哪个职能领域并不重要，重要的是在组织中需要有组织开发这样的活动。由于组织开发是关于组织的整体变革的，也就是组织中大多数员工的知识、技能、能力、态度、行为等的变革，从这一点来说，它的本质仍然是人力资源开发活动。

组织开发在促进组织变革方面的作用越来越大。如果说一般的人力资源培训与开发活动是以个体为对象展开的，那么组织开发就是以组织为对象展开的。它同样需要评估自己所处的外部环境和开发的需求，然后就组织全体成员在知识、技能、能力、态度、行为等的方面做出改变而开展相应的开发活动。

组织开发的理念尽管已经提出多年，但似乎在现在才开始获得比较广泛的认可，政府中介组织、制造型企业、跨国公司、服务行业、教育机构和非营利性组织等越来越多地采用组织开发的方法来进行变革。在这样一个高度复杂和日新月异的环境中，组织开发能使组织更加迅速和恰当地对变化做出响应。

三、组织开发的条件

（一）可以进行组织开发的条件

（1）组织中至少有一个关键的决策者认识到必须进行变革，而且其他的高层管理者并不强烈地反对变革。

（2）这种认识到的变革需要全部或部分地由涉及工作环境的问题而引起。

（3）组织管理者愿意进行一种长期的改革。

（4）管理者和员工都愿意以一种开放的心态来对待内部或外部顾问提出的组织开发建议。

(5) 组织中存在一定的信任和合作。

(6) 高层管理者愿意提供必要的资源来支持组织内部或外部顾问的行动。

(二) 不能进行组织开发的条件

(1) 不与顾问接触，人们感觉不到改革的必要。决策者刚愎自用，拒绝接受变革。

(2) 组织的管理者更喜欢现实的东西，他们追求"立竿见影"的方法，这给人们造成管理层支持变革的错觉。

(3) 管理者或员工不愿意了解组织开发的主要设想和价值，而更喜欢强制执行改革。

(4) 互不信任的思想普遍地存在于决策者之中，以至于在解决冲突问题时，他们不愿同别人交流。在这种情况下，组织成员宁可选择离开也不愿解决他们的问题。

(5) 组织文化很强，即便内部没有合适的人才，管理者也不愿意从组织外部聘请专家。

四、组织开发的过程

组织开发是一个不断向前、逐步展开的过程，是有着自己独立的实施步骤的管理活动。这些步骤环环相连，紧密相扣。一个完整的、以组织为对象的组织开发活动，常常会耗时3～5年，因此，每一个步骤的进入和退出都应该遵循严格的要求。一般来说，组织开发大致包括介入、诊断、反馈、规划变革、实施、评估、采纳和退出八个步骤。

1. 介入

当组织中变革的需要变得明显，出现了要解决的问题时，组织便会开始寻找能解决问题或进行变革的人，即组织开发过程一般始于某一组织中的重要参与者请求组织开发专家(来自组织内部或外部)解决组织问题。组织开发介入过程可以细分为区分客户和资助者、走进客户的世界、明确组织问题(初步扫描)、确定相关当事人、选择组织开发专家、建立信任关系、了解组织的文化和价值观、了解组织的权力体系和签订合同几个小步骤。介入阶段的工作是整个组织开发中其他活动的基础，而且也为其他活动提供基础数据。对这些问题进行分析，可以帮助组织确定应该通过什么活动来解决问题、怎样实施这些活动以及能达到什么目的。其中最关键的是组织和专家双方的相互评价以及对和谐工作关系的预期。

2. 诊断

在进行组织诊断时，要将组织视为一个开放系统，可以在三个层次上进行诊断：一是组织层次上的诊断，包括对公司战略、结构和程序的设计；二是群体层次上的诊断，包括基于团队成员之间结构性的相互作用而进行的团队设计和策略；三是个体层次的诊断，包括用来设计岗位以得出必需的作业行为的各种方式。

3. 反馈

反馈时专家要对诊断中所收集的各种数据进行陈述,包括防御和接纳行为的分析,接着在讨论中根据需要回答的问题澄清陈述,然后再给出对组织系统的初步诊断。在这个过程中有明显的组织开发特征,即组织的协作,组织的积极参与有可能改变专家的最初诊断结果。

4. 规划变革

规划变革是制定一个改善组织绩效的计划,找出组织中的问题,并且概述解决问题要采取的步骤。在规划变革阶段,组织与专家协同工作,识别行动的各种备选方案及其效果。这些备选方案可以是针对某个部门或职能的,也可以是针对整个组织的,其基础是组织开发理论。选定方案后,相关人士就要对实施组织发展所需的各个步骤进行布置。此阶段的一个显著特征是由组织而不是专家来确定变革发展计划的性质。

对行动规划研究最多的是理查德·贝克哈德(Richard Beckhard)和鲁本·哈里斯(Reuben T. Harris)。他们认为,组织开发的专家应该与客户共同制定行动计划,并且该计划应该是有弹性的和可行的。计划包括确定客户愿意变革的程度,决定从什么方面进行变革,决定变革从什么地方开始和选择变革的技术与方法。他们同时还提出了行动计划的指南:行动应该与变革目标相关;行动应该是具体的而不是笼统的;各项行动之间应该紧密联系;各项行动应该有时间顺序;应该对可能出现的后果设计应急方案;规划应该获得高层的支持,应该考虑成本因素。

5. 实施

组织开发的实施是组织开发中的实质性步骤,也是组织开发中最重要的一个步骤。它包括诸如工作设计与组织设计的变化,冲突降低计划或管理培训,与受诊断影响的员工分享在诊断中获得的信息并帮助他们认识到改变行为不端的必要性等。具体而言,实施过程一般包括下列五个子步骤:

(1) 激励变革。激励变革的关键在于激发组织成员参与组织开发活动的积极性,并获得他们对组织开发活动的承诺。激励变革之所以必要,是因为组织成员可能抵制变革,他们不愿意将希望寄托在不确定的未来上。因此,需要创造变革需求和采取提高员工参与度等措施来克服和减少对变革的抵制。

(2) 创造愿景。愿景是组织成员在努力后可能变成的样子。愿景包括核心价值观和由这种价值观所决定的目标,它描述了一个变革所指向的可视的未来。愿景是为未来和变革确定方向的活动,如果愿景所确定的是不可能实现的任务,反而会挫伤成员的积极性。能否创造好的愿景是衡量一个领导的能力的关键要素。只有他们能为成员描绘一个大家所渴望的物理的图景时,他们才能获得成员的支持。

(3) 为变革形成团体支持。在变革过程中评估变革推动者的权利,辨别关键的利益相关者,然后主动地去影响他们和获得他们的支持是组织开发的关键之一。组织中的不同利益集团有着各自不同的利益,他们的追求和需求也是不同的。组织中不同的集团都在组织的总体资源中进行竞争,因此,需要有一种机制使组织朝着整体目标努力,而不仅仅是以自己的小团体的本位利益为准则。变革就是一种对不同利益团体已经实现的均衡的破坏,这将导致团体之间的利益斗争。在这个过程中应该特别关注弱势团体的利益,因为他们常常缺乏代言人来表达他们的利益。

(4) 管理变革过程。有的时候,可能需要有专门的机构来管理变革。这种机构有权利用各种资源来对变革进行计划、组织、控制和领导。可供选择的变革管理机构的方式包括:由 CEO 管理变革;由临时任命的变革管理项目经理管理变革;由参与变革的各个机构的代表联合进行管理;选择受变革影响大的成员代表来管理变革;选择不同职能部门的代表来管理变革等。

(5) 维持变革并使变革制度化。变革一旦开始,就应该对其不断地注入变革持续进行所需要的精神动力。变革的激情是很容易消失的,而使变革制度化是变革最终完成的保证。为了实现这一目标,应该为组织变革不断地提供资源,不断地加强学习,使新的行为社会化。

6. 评估

评估关注的是组织开发的努力是否产生想要的效果。评估既包括对变革和发展在实际执行中的过程评估,也包括对变革和发展是否实现预期目标的事后结果评估。结果评估往往比过程评估更难,数据和资料的收集要求更详细、更系统和更全面。典型的结果衡量需要进行专门的调查。结果反馈注重的是变革的总体效果和影响,注意是否应该向变革进一步追加资源或者向其他变革方向努力。评估结果可以为组织系统提供关于下一步行动的信息,帮助组织改进计划和实施过程,还可以加强客户和专家之间的关系,提高专家的技能,也是获得组织支持的最佳手段。组织开发评估的层次与人力资源培训评估一样,也分为四个层次:反应、学习、行为和结果。评估的方法和效果的分解也与人力资源培训评估大致相同。

但是,许多进行了组织开发的企业却不能进行评估。有的是组织方面缺乏资金、缺少时间;有的则是外部专家由于担心影响自己的声誉而不愿意接受评估,况且组织开发的结果也是很难加以衡量的。

7. 采纳

采纳是一种组织成员已经接受变革,将变革推广到整个组织范围,并将变革制度化的状态,它是变革希望产生的结果。

采纳意味着变革的努力已经得到大家的承认,已经成为组织文化的一部分,成员之间的关系和工作方式因此而发生了变化。他们的责任和权利模式也发生了变化,交流和沟通方式也不同了,而且最重要的是,组织的成员都很喜欢这种变化,这就是真正的采纳。采纳可能在组织开发已经实施了相当长时间后才出现。

影响真正的采纳出现的原因有：员工缺乏活力；主要的执行官调整岗位或离开；组织开发专家才思枯竭；变革完全由时间控制；等等。

8. 退出

退出是组织开发专家或顾问离开客户或项目的过程和程序，这是变革结束的标志。退出不一定就意味着与客户完全没有关系，组织也许还需要继续的协助和支持。

这一阶段是专家顾问将变革所需要的知识、技术传授给组织的成员后，准备退出变革的行为。专家顾问与组织的关系是暂时性的，内部顾问不存在退出问题，只是脱离变革项目，而外部顾问则需要离开组织。无论是外部专家还是内部专家，都希望组织系统能独立于专家，但这种独立并不是指永远终止进一步的接触或断绝关系。不少优秀的组织开发专家会和组织建立长期的关系，从而在同一组织内推动一个又一个组织开发项目。退出包括对项目进行评估、制定下一步行动方案、顾问的后续工作计划等。

第二节　组织开发的方法

组织开发的方法一般来说都是建立在一些理论基础上的。大致来说，有三种理论具有重要影响，它们是组织变革过程理论、组织变革实施理论和组织变革转型理论（又称为大系统理论）。下面对基于这三种理论发展起来的主要方法分别加以介绍。

一、变革过程干预方法

变革过程干预方法是以变革过程理论为指导而发展起来的组织开发方法。最早的变革过程干预方法是培训实验室。后来，这种方法又发展成了比较有影响的调查反馈法。

变革过程干预的目的是帮助管理人员、员工和团队来评估和提高他们的表现，例如人际交流、人际关系、决策和目标实施。变革过程干预方法帮助相关人员明确他们的问题，获得相关的技巧和方法，以诊断问题和解决问题。施恩对变革过程干预的定义是："创造一种关系，以便允许当事人认识、理解并作用于在他的周围发生的过程事件，从而按照当事人的意愿来改善环境。"这一组织开发方法中，咨询者并不像医生与病人那样以解决问题的方式来提供专家支持，从事变革过程干预的咨询人员致力于改善人际关系、关注团队和个体的动向，帮助他们诊断完成任务的方式，并帮助他们学会如何更有效地开展工作。

1. 培训实验室

组织开发首先来源于国家培训实验室和技术团队。技术团队一般来说规模比较小,而且不是正式组织,团队中的成员在交往中相互学习,共享彼此的经验。培训实验室是一个促进和支持实验性学习和变革的组织。

培训实验室与员工培训课程不同,它强调的是集体交流的过程和集体的力量。培训者发现在每天的培训结束后,个人和整体提出的反馈比讲座本身带给人们的东西更多。同时人们发现参与学习的人,很难将学习到的东西应用到工作中去,因为一个人的学习会被原来的环境同化,除非整个组织都进行学习。由此引发了所谓的"团队建设"技术。培训实验室引导人们关注团队或团队之间相互沟通所产生的力量。

2. 调查反馈法

这一方法实际上是培训实验室的进一步发展,也为组织开发的发展做出了重要的贡献。调查反馈法通常是企业在外聘组织开发咨询专家和组织领导者的合作下,通过访谈、问卷、观察等方法进行测量调查,把收集和分析的数据结果绘制成图表,反馈给被调查的群体或组织成员并征询意见,以此诊断所存在的问题,制订出解决问题的方案和使组织得到改进的方法。

(1) 调查的内容主要有三点:

① 领导在管理过程中的问题。

② 组织在沟通、决策、协调和激励等方面的情况。

③ 员工对组织中各方面情况的满意度。

(2) 使用调查反馈法需要注意以下问题:

① 调查对象最好是一个群体、部门或组织的全体成员,这样收集的资料才比较全面准确。

② 调查表一般按无记名方式设计。

③ 所调查数据的处理分析由外来的组织发展专家进行。

④ 数据结果的反馈要面向全体有关人员,通常以小组讨论的方式进行解释。

⑤ 组织开发专家要培训有关的管理人员,使之掌握向下级进行数据反馈以及收集意见和建议的技能。同时组织发展专家要参加每一级别的讨论,让每一个人都来分析所拥有的数据,营造坦诚相见、共同解决问题的气氛,促进会议的进行。

二、变革实施干预方法

变革实施干预方法是在变革实施理论指导下发展起来的一系列方法。在这一理论基础上发展起来的组织开发技术很多,主要有以下三类。

(一) 人际过程干预方法

人际过程干预方法在 20 世纪 60—70 年代占主导地位。它主要关注的是改善人际、团队内部、团队之间的关系,从而提高组织效率。这一方法的代表是团队建设。

团队建设是指在外聘专家的帮助下,依靠群体成员自己的力量,协调群体内部的关系,改进活动过程,提高群体工作效率的变革活动。它可以用于群体内部,也可用于相互依赖的群体之间,还可以推广到整个组织。

1. 团队建设的过程

(1) 团队内部或外部的成员提出和了解团队存在的问题。

(2) 从所有成员处收集和分析有关数据。

(3) 团队成员讨论数据并针对问题所在确定优先解决顺序,制定行动计划。

(4) 共同执行具体行动的计划。

(5) 团队成员一起监督实施过程,估算结果,克服组织内部垂直边界和水平边界引发的僵化问题。

团队建设的主要过程如图 10-1 所示。整个团队建设的过程可以视为不断协调的过程,特别强调通过"团队成员在一起工作"来完成各项团队建设任务。通过这一过程,达到人人参与的目的,团队成员就担负起对整个团队的责任,有助于执行共同做出的决定。

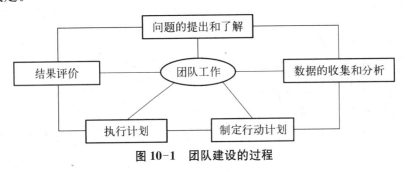

图 10-1 团队建设的过程

2. 团队建设培训内容

(1) 团队角色界定。成功的团队是由不同性格的人结合在一起而组成的,成功的团队必须包括担任不同角色的人。在培训中,培训师会给每个学员界定角色。

(2) 团队互助意识。团队是一个整体,任何超级员工、非正式组织的出现都是致命的。任何上指下派、各扫门前雪的行为也是不应该的。针对这样的情况,必须化解内部矛盾,通过培训除去员工的心理屏障。可以设计一些游戏教学,使团队成员认识到必须齐心协力才可以完成任务。按照任务为导向的建设途径,团队必须清楚地认识到某项任务的挑战,然后在已有的团队知识基础上研究完成此项任务所需要的技能,并发展成具体的目标和工作程序,以保证任务的完成。

(3) 团队沟通技巧。研究表明,沟通问题处理不善是团队不和的另外一个主要原因。通过培训、团队沟通可以帮助学员克服人际交往沟通中的不必要心理恐惧,帮助员工走出沟通的误区,建立适合团队良性发展的沟通机制。

3. 团队培训的种类与其适用对象分析

综合目前有效的团队培训种类,大致可以分为"传统培训""户外拓展""室内拓展"

三种类型,这三种培训各有针对的人群,各有特点,企业可以根据自身情况进行选择。

(1) 传统培训。传统培训一般是指由培训讲师采取讲座的形式,辅以若干直观的教具、多媒体手段、案例分析、情景模拟、趣味游戏等教学方法。此种培训多适用于老员工、主管层以上的学员,课堂内多教授团队建设方法,比较注重系统理论教学。此类培训课程设计偏理论化,课程元素相对单一,这是许多企业受训者的共同感受。

(2) 户外拓展。近年来,户外拓展训练、探险学习已被广泛应用在团队建设与领导技能培训中。户外环境与一般工作环境不同,学习活动类型比较多,对大部分参加者来说都是新的体验,没有人会特别占优势,这就使参与的同事都处于较平等的地位。拓展训练通常利用崇山峻岭、瀚海大川等自然环境,通过精心设计的活动达到"磨炼意志、陶冶情操、完善人格、熔炼团队"的培训目的。

此种培训由于运动强度大、体能要求高,比较适合年轻员工、新进员工、综合体能素质较优人群。团队培训中的拓展训练通常以改善受训者的合作意识和受训集体的团队精神为目标,通过复杂而艰巨的活动项目,促进学员之间的相互信任、理解、默契和配合。

(3) 室内拓展。此种培训是前两种培训方式的有效结合,既保留了传统的理论基础,也吸收了拓展训练的体验式培训方法,上课地点多为封闭式,在讲课过程中也多采用多媒体手段、案例分析、情景模拟、趣味游戏等方法辅助教学。其适用人群比较广,学员年龄不受限制。

(二) 技术系统干预方法

技术系统干预方法的目的是改善工作的内容、工作的方法和工作中人与人的关系;用更高效的技术替换低效率的原材料、方法、设备、工作流设计和劳动力,从而达到降低成本的目的;改善组织结构,不仅关注单个职位,更关注职位与职位的关系,部门与部门的关系,从而形成一种从总体上对组织结构的设计。具体方法主要有两种。

1. 工作再设计

工作再设计是对有关工作内容、功能及工作关系等进行有计划的重新安排,以期提高员工积极性和工作效率,增强工作本身的激励因素和工作满意度,改善工作绩效的一种组织发展方式。它从人的全面发展出发,通过工作本身的改进和工作之间相互关系的调整,让员工担负较多的工种,赋予员工较大的责任,使之了解工作过程,从而大大增强员工工作的内在兴趣,提高工作积极性,完善工作关系。

(1) 工作再设计涉及的工作特征因素有以下四点。

① 工作内容,指工作的一般性质,如任务的多样性、复杂性、自主性、完整性、难易程度等。

② 工作功能,指工作的要求和方法,如责任、权力、工作方法、工作协调、信息沟通等。

③ 工作关系，指人际关系。

④ 工作结果与反馈，指任务完成情况、工作满意度、工作结果的反馈程度等。

（2）工作再设计的方法主要有三种。

① 工作轮换。工作轮换是指企业有计划地按照大体确定的期限，让员工轮换从事若干种不同工作。工作轮换拓宽了员工的工作领域，给他们带来了更多的工作体验，使他们熟悉多种工作，防止技能老化和因工作一成不变带来的倦怠感，具有激励员工、促进员工职业成长、适应组织变化等作用。

② 工作扩大化。工作扩大化则是给某一特定的工作增添更多的职责，使原来狭窄的工作范围得以拓展，这样有助于改善工作中的单调、重复和枯燥感，促进技术的多样化发展。

③ 工作丰富化。工作丰富化指的是将更多的具有不同特性的任务加到某一工作中。那么，如何区分工作扩大化与工作丰富化呢？前者指的是增加相同性质的工作，后者指的是增加不同性质的工作。增加相同性质的工作指的是在原工作的基础上增加更多的特性相同的任务，而增加不同性质的工作指的是创造出一种包含很多特性或任务的工作，这些特性包括工作意义、工作自主性、反馈、技能多样化等，工作丰富化设计强调通过提高工作的挑战性和自主性、增加工作责任来达到向工作的纵深方面发展的目标，其直接影响是有效改善了员工的心理状态，进而达到激励员工的效果，提高劳动生产率。

2. 组织再造

组织再造是对组织业务流程的再设计和重新思考，使组织传统的生产和流通方式发生根本转变，它打破每个专业工作部门的界限，把它们变成更加整合的、跨部门的工作流程，这样的工作流程能使组织变得更加灵活，更加适应竞争环境、顾客需求、产品生命周期和技术等方面的变化。组织再造的出发点是解决组织流程的低效率、不流畅问题，是以组织作为载体与平台，通过将组织中的权力、责任、利益进行再分配，再造组织的竞争能力。

（1）组织再造的方法主要有三种。

① 组织消肿。组织消肿是指消除组织中过度的、不合理的人员冗余现象。一种做法是通过裁员给组织瘦身，降低人力成本，增强组织活力；另一种是无裁员的"消肿"，主要是通过在外部环境中寻找新的、可行的投资项目或者开拓更大的市场来增加营业收入，在内部环境中采取措施挖掘员工潜力或者通过教育、培训提高员工的素质、能力、技能，以满足新投资项目或更大市场的需要，从而实现人力资源的充分利用，消除人员冗余现象。

② 扩大管理幅度。减少管理层次是以扩大管理幅度为前提的。只有有效扩大管理幅度，才能达到减少管理层次的目的。管理幅度的扩大取决于一定的因素，如管

理者及其下属的素质和能力、能否有效授权、信息沟通的现代化等。

③ 组织扁平化。传统的组织结构形如金字塔，它是组织不断分层的产物。几乎所有传统企业的管理组织均呈现金字塔形状。这也是管理经典理论所一再表达的原则。然而，现代信息技术从管理幅度切入，寻找到突破口，使管理法则重新发挥作用：组织层次开始随着管理幅度的增大而不断缩小，随着管理下属能力的大幅度增长以及员工素质的提高，企业组织由金字塔形向扁平形转化。

(2) 组织再造是有目的、有意识的主动行为，绝不会偶然发生。成功的组织再造远远不只是构建合适的组织结构。其最终目的的实现，还需要经过更加艰难的沟通与实施阶段。组织再造应注意的问题主要有三点。

① 组织再造本身不会自动给企业带来任何利益的绝对增加。如果组织再造后新的更加敬业而富于进取与创新精神的人涌现出来，进入关键岗位，那么组织的整体实力便会提高，呈现帕累托改进的良好局面。但是，如果关键岗位上不能涌现出一批更加有价值或创造力的人，那么组织再造无论如何也不会成功。

② 再造后的组织应由合适的人来掌控，而且这些人应该具有足够的信心与动机来保持激情，不断追求更高的绩效，这就需要有一系列保护创新激情的配套制度。不少公司在重组初期，员工热情高涨，充满期待，开始时的确使企业效益突飞猛进，但是持续的时间很短，不得不进行再造，不同的人轮番登场，其结果是企业业绩不但没有增加，反而带来了种种不利结果。连续不断的组织变革使员工怀疑公司的领导能力。公司的许多职位上充满着不少疲劳的、被过度提拔的、不能胜任的领导干部，这样缺乏合适领导的组织再造必然不会成功。

③ 只有首先坚定改造人的决心，才能够推进组织结构的变革，组织再造绝不是简单地绘制组织结构图。尽力改变关键人物的动机和观念将是组织结构重组的起点。领导者只要有充分的冒险精神，组织再造只是一瞬间的事。但是，即将进入关键岗位的人的能力提升、观念更新，却绝非一朝一夕之功。

(三) 社会技术系统设计方法

20 世纪 70 年代后，社会技术系统设计方法成为组织开发方法的主流，许多组织都采用这些方法来提高生产率和改善员工满意度。社会技术系统将人际过程干预所关心的方向(人与人的关系、人的需求)和技术系统干预所关心的方向(工作或职务方面的问题，例如工作流、任务的完成和绩效等)结合起来考虑。典型方法有质量圈、全面质量管理和自我管理团队。

1. 质量圈

质量圈是一种让相关员工参与工作决策和参与解决与职务相关问题的管理方法。它是一种大家在一起通过开会来发现问题和解决问题的自愿参与的小群体。质量圈对增加组织绩效和对员工授权有较大的促进作用，是一个比较有力的组织开发工具。

(1) 质量圈的人员构成。质量圈一般是由5~10名经过特殊培训的员工组成,他们通常是通过共同工作来生产某一特定部件或者提供某一特定服务的工作人员。

质量圈的组成成员分为促进者、质量圈领导、同事委员会。同事委员会由关键管理者和相关员工组成,同事委员会负责运作质量圈,对资源分配、生产或者运营的变化和员工的任务分派进行决策。促进者由同事委员会挑选出来,任务是培训质量圈领导,并监管质量圈的运作,促进者必须具备基本的组织开发胜任能力。质量圈领导通常是质量圈的主管,他的责任是召开会议,推动成员的积极参与,撰写同事委员会的总结报告等。

(2) 质量圈的活动。每个质量圈应该定期进行集会,讨论改善工作程序、产品质量、工作条件和设施方面的问题。通常,质量圈应该给予员工参与相关会议的时间。质量圈向管理层就他们所研究的问题提出建议。一般来说,在没有得到管理层的批准之前,他们是不能实施这些建议的。这种质量圈的管理方法,能够充分发挥每一个人的积极性与创造力。

2. 全面质量管理

全面质量管理(total quality management;TQM)是指组织通过一系列观念的灌输和工具的运用,让企业的全体员工以顾客的需要为最高目标,关注产品品质持续改进的过程。这是一种专门为关注质量问题而设计和运用的一种干预方法。全面质量管理这一概念由爱德华兹·戴明(W. Edwards Deming)等学者提出,其意义在于明确了产品或服务的质量不是个别员工或管理者的事情,要持续地改善产品或服务的品质,需要所有员工的持续参与。在当今国内和国际竞争日趋激烈的背景下,无论是生产型组织还是服务型组织,竞争优势的重要来源都是产品质量。全面质量管理现已成为以提高质量为目标运用得最广泛的组织开发方法之一。

3. 自我管理团队

自我管理团队(self-managing teams;SMTs)是在当今的竞争环境中获得越来越多青睐的一种组织形式。自我管理团队拥有内生能力,在竞争日益激烈的环境中,可以通过自我变革来实现高绩效。自我管理团队是为了组织的特殊目标而成立的团队,具有下列共同特征:

① 团队中的成员之间是彼此依赖的。

② 成员就工作任务安排、工作方法、工作时间表、培训和与外部顾客及供应商打交道等事项进行自我决策。

③ 团队成员都具备多样技能,这样他们就可以同时进行几项任务。

④ 团队经常获得绩效反馈。

这些特征使得自我管理团队与传统的团队有了很大的差异。在自我管理团队中,主管和中间层次的管理者的数量大大减少。在新的自我管理团队中,那些留下的主管需要扮演新的角色。有的组织干脆将传统的主管改称为团队指导者,或者称为团队推动者或教练。这时,他们的角色就变成了帮助培训团队成员,在成员的筛选、财务预算、时间表的制定、绩效评估和纪律约束等方面提供指导和咨询。组织通常将自我管理团队作为更大的组织变革战略的一部分,目的是降低成本、提高生产率和增强员工参与度。

组织实施自我管理团队项目的关键因素是培训与教育。首先应该进行的培训是知会性培训。知会性培训对员工有一种发动作用,是向他们介绍自我管理团队过程、解释这一项目可能带来的收益的最佳形式。然后,应该进行技能培训,在培训中让团队成员获得有效地管理团队所需的技能和胜任能力,包括预算、计划、解决问题、交流与沟通、缓解冲突与压力等。如果员工受教育水平较低,要实现这种技能培训是比较困难的。接下来的培训主要针对团队中的个体成员和其他团队的个体成员进行,培训的主要目的是通过交叉培训,使在任务上有共同合作关系的不同团队之间建立和谐的关系。

三、变革转型干预方法

组织转型变革的关注点是培育一种新的组织愿景,通过对组织文化、使命和战略的变革来完成组织开发的任务。它们是在大系统理论指导下发展起来的组织开发方法,其基本理念是:价值观是决定人们行为的最根本的原因,只有在价值观方面进行变革,才能真正地实现变革。组织转型变革方法关心的是员工如何感知、思考和实施变革。

组织转型变革干预与其他类型的组织开发比起来更加复杂和难以控制,对组织文化、组织成员的素质等有很高的要求。这种组织开发方法对高级经理的要求尤其高,他们必须积极地参与,对战略方向和组织的运作负责,必须积极地引导转型;他们决定什么时候开始转型,应该进行什么样的转型,如何实施转型,谁来领导转型;他们也必须为变革提供足够的资源,对积极的变革行为进行激励。

在这种理论指导下发展起来的组织开发方法有学习型组织、文化变革等。学习型组织将在下节中详细加以介绍。

文化变革是组织转型的最基本形式。由于组织已经看到了文化对员工行为和态度的形成、价值观的形成具有关键作用,所以,文化变革也就随之发展起来了。

文化变革干预不仅仅是将价值观、信仰、规范用新的语言陈述出来,然后向员工沟通就了事的。文化变革是一个复杂的过程,它需要转变的是员工的思考方式。例如,当一个国际化经营的组织期望变成多元化组织,将其他文化的特征融汇到现有的文化中,它就必须对现存的组织价值观进行根本的变革,必须尊重文化差异。为此,组织需要树立一系列新的价值观,这些价值观会影响员工对来自其他文化的员工的态度。其中一种最重要的树立新的价值观的方法是文化多样性的培训。

文化变革的程序包括文化诊断和文化建设两大阶段。在诊断阶段,需要变革推动者去理解和揭示那些能代表一个组织文化特色的共同的假设、价值观、规范和信仰。目前,组织开发者所依赖的主要诊断方法有三种:行为方法、竞争价值方法和深度假设方法。每种方法针对的都是组织文化的特定方面,因此,只有在同时使用这些方法的时候,才能对组织文化有一个深层次的理解和揭示。企业文化没有一个固定的模式,因而文化建设的方法也千差万别,需要根据实际情况加以选择和运用。

第三节 学习型组织

学习型组织的学习,不是传统意义上的学知识。彼得·圣吉认为学习就是提升创新的能力,只有当一个人尝试去做一些真正想做的事的时候,才开始学到东西。学习是一种全过程的学习,整个工作的过程也就是学习的过程,即在工作中学习,在学习中工作。在学习型组织中学习不是单个人孤立地去学,而是一种团队的学习。

一、学习型组织的含义与价值

(一)学习型组织的含义

学习型组织这一概念是美国麻省理工学院佛瑞思特(Jay W. Forrester)教授于1965年在《企业的新设计》一文中首先提出的。彼得·圣吉(Peter M. Senge)本人是学习型组织理论的奠基人,他在《第五项修炼》开篇时指出:"这本书所提出的构想与工具,就是要打破这个世界是由个别不相关的力量所创造的幻觉,奠基于此,才能建立不断进步、创新的学习型组织;在其中,大家得以不断突破自己的能力上限,创造真心向往的结果,培养全心、前瞻而开阔的思考方式,全力实现共同的抱负以及不断一起学习如何共同学习。"

圣吉已将他所理解和创造的学习型组织模型——自我超越、改善心智模式、共同愿景、团队学习、系统思考诠释殆尽。具体内容见表10-1。

表10-1 学习型组织的五项修炼模型

五项修炼	具 体 含 义
自我超越	一个团队由若干人组成,只有团队内部每个人都积极主动地去提高自己的效率,才能促成整个团队效率的提高
心智模式	心智模式是认知心理学上的概念,指人们的长期记忆中隐含着的关于世界的心灵地图,是思想的定势反映

(续表)

五项修炼	具 体 含 义
共同愿景	共同愿景是组织中全体成员的个人愿景的整合,是能成为员工心中愿望的愿景。它由三个因素组成,即目标、价值观和使命感
团队学习	团队学习的目的就是使团体智商大于个人智商,使个人成长速度更快
系统思考	系统思考是五项修炼的核心。系统思考要求整体地、动态地、本质地思考问题,防止分割思考、静止思考、表面思考

所谓学习型组织是指在这种组织中,个人、团队和组织是学习的三个层次,他们在由组织共同愿景所统领的一系列不同层次的愿景引导和激励下,不断学习新知识和新技能,并在学习的基础上持续创新,以实现组织的可持续发展和个人的全面发展。

学习型组织是以信息和知识为基础的组织,它实行目标管理,成员能够自我学习,自我发展和自我控制。组织中的信息流是自下而上的,要想使以信息为基础的系统发挥作用,必须要求每个人和每个部门都为他们的目标、任务和联系沟通承担起责任。每个人要自问:我能为组织贡献什么?我必须依靠谁来获取信息、知识和专门技能?反过来,谁又依靠我获取信息、知识以及专门技能?这样的组织能促进成员的自我学习和自我发展。

彼得·圣吉强调学习型组织的本质特征和核心理念是创新和成长,即知识创新、学习方法创新,组织成长和员工成长。判断学习型组织的主要尺度,是看这个组织(企业、地区、单位、班子)的知识创新能力,看能否进行创造性劳动的高素质管理者和员工队伍的质量与数量,看组织的管理者、员工学习力、创新力的提升和全面发展的成果。因此,创建学习型组织,已经不是一般地强调个体学习和组织学习,而是要能够不断主动学习,持续创造,真正与时俱进,与信息社会发展相适应的那种创造性学习;已经不是一般地强调学习的必要性、重要性,建立一般的学习制度,而是要形成一套推动全体员工不断学习、终身学习的学习机制,促使从领导到员工不断更新知识、更新观念,形成反思、反馈、共享、互动的那种有活力有效益的学习;已经不是一般地倡导某种学习方法、制订某种学习纪律,而是培育与知识经济发展相适应,与系统论、控制论、信息论和先进管理理论相匹配的一整套学习技术和方法,不断提高创新力、领导力、执行力的那种变革式学习。这就是"学习型组织"的内涵所在。

工业时代的许多组织不能称为学习型组织,是因为存在两种分离:从组织角度看,是工作与学习的分离;从个人角度看,是工作与知识的分离。前者导致组织绩效中没有学习而带来的改善,后者则妨碍了个体成长。而整合学习、工作与知识的方法,就是创建学习型组织。在成熟的学习型组织中,学习和工作是融为一体的,员工要成为学习型组织的一员,而管理者则要千方百计地提高组织的学习能力。这一方面要求有高素质、自我超越的员工,另一方面在于管理者的认识。

(二) 学习型组织的价值

在新的经济背景下,为了在新环境中获得和保持竞争优势,企业应该更快、更好地从成功和失败中学习,需要持续不断地进行变革,将自身改造成为学习型组织,以便所有员工个人与团队都不断参与到新的学习过程中来。学习型组织的本质是一个具有持久创新能力去创造未来的组织,就像具有生命的有机体一样,在内部建立起完善的"自我学习机制",将成员与工作持续地结合起来。

1. 学习型组织以共识的方式建立起企业的共同愿景

学习型组织的共同愿景,不像传统的组织那样,可以简单通过高层宣示的做法而产生,它是一个长时间的过程。圣吉指出:"当科技打破疆域,高度信息化,使全球一体共存,各类变化加速加剧,任何单个人的力量都相对有限,即使身居高位的领导人也是如此。集思广益,相濡以沫极为重要。企业生存的目的、价值和意义,要使每位成员的生命、工作目的、价值和意义契合在一起,变成生命的共同体。这些'软件'的重要性,超过了利润、市场占有率等'硬'指标。"共同愿景契合了员工内心真正的愿望时,将会产生出一种强大的驱动力,激发出一种勇气,一种无形的势、无形的场、无形的力推动着员工为了愿景的实现而努力奋斗。学习型组织的真正价值在于组织成员在共同建立学习型组织的过程中,被激发出惊人的能力与能量。

2. 学习型组织的价值在于其学习文化对学习的倡导和推动

随着信息化时代的到来,学习已经成为领导职能中不可缺少的一部分。彼得·圣吉表示:"我们对领导者的传统看法是,确定方向,做出关键性决定,并激励团队的特定人物。这种看法深深地根植于个人主观和非系统的世界观中。特别是在西方世界,领导者等于是英雄,他们常常在危机时刻挺身而出。我们对领导者的向往,仍然停留在骑兵队队长率领麾下部队冲锋陷阵、从印第安人手中救出移居者的印象。只要这种传奇存在一天,它们就会强化这种大刀阔斧式的具有传奇色彩的英雄形象,而不是去强调依靠制度的力量和集体的学习精神。"新时代的领导者必须同时身为教练、启蒙者以及问题解决者来为企业增加价值;必须因为成败而接受奖励和承担责任,必须持续地评估并强化本身的领导者角色。

3. 学习型组织的价值在于企业组织知识创造

企业组织的知识创造是一个隐性知识和显性知识不断发生相互作用的动态过程。然而,组织内部的许多员工其实并不能自由地共享他们所掌握的知识。因此,为了创造出新知识,他们必须超越个人的范畴。组织内部的各个团队必须将它们得到的新知识清晰地表达出来,并把这些新知识和原有知识汇总组合,以便能与公司内部其他的小组或部门进行共享,从而创造出新的组织知识。这样,知识创造成为一个自我超越的过程,而组织也真正成为知识创造的场所。组织不应该控制它的员工,而应该支持他们,因为组织内部的员工才是组织隐性知识的来源。

二、学习型组织的特征

一般而言,学习型组织具有以下八种特征。

1. 组织成员拥有一个共同的愿景

共同愿景是大家共同愿望的景象,是在客观分析现实情况基础上勾画出来的远景规划,它来源于员工个人的愿景而又高于个人愿景。共同愿景使具有不同个性的人凝聚在一起,朝着共同的目标前进。

2. 组织由多个创造性团体组成

在学习型组织中,团体是最基本的学习单位,也是最具创造力的单位。组织的所有目标都是直接或间接地通过团体作战来达到的。所谓"终身学习""全过程学习",不仅是对员工个人提出的要求,更是对组织中所有团体提出的要求。因此,组织必须大力倡行"团体学习",并借此提取出高于个人智慧的团体智慧,从而形成多个创造性团体,以不断的创新、创造推动组织的发展。

3. 善于不断学习

这是学习型组织的本质特征,主要有四点含义:一是强调"终身学习",即组织成员均能养成终身学习的习惯;二是强调"全员学习",即组织中的决策层、管理层、操作层都能全身心地投入学习,尤其是决策层(包括管理决策层和技术决策层),因为他们是决定企业发展方向与命运的重要阶层;三是强调"全程学习",即学习必须贯穿于组织系统运行的整个过程中;四是强调"团体学习",即组织不但重视个人学习和个人智力的开发,更强调组织成员的合作学习和群体智力的开发。学习型组织正是通过学习能力的保持,及时铲除发展道路上的障碍,不断突破组织成长极限,进而实现可持续发展。

4. 扁平化的组织结构

传统的组织结构通常是金字塔式的,学习型组织的组织结构则是扁平化的,从最上面的决策层到最下面的操作层,中间相隔层级极少,尽最大可能将决策权向组织结构的下层移动,让最下层单位拥有充分的自主权,并对产生的结果负责。只有这样的体制,上下才能不断沟通,下层能直接体会到上层的决策思想和智慧,上层能亲自了解到下层的动态,汲取第一线的营养。只有这样,组织内部才能形成互相理解、互相学习、整体互动思考、协调合作的团队,才能产生巨大的、持久的创造力。

5. 自主管理

按照学习型组织理论,现在的企业管理方式有两类:一类是权力型的,一类是学习型的。权力型的基本管理模式是等级式的,逐级管下来,问题要逐级上报。这种方法的一个致命弱点是任何问题都是权力大的人在做主,虽然大多是正确的,但不可否认,许多工作在基层的员工也有好的想法和经验,这就需要充分发挥员工的管理积极性,实行自主管理。学习型组织是人性化组织,坚持以人为本的现代管理思想,真正把员工当作组织的主人翁,使组织成员能边工作边学习,把工作与学习紧密结合起来。通过自主管理,可由组织成员自己发现工作中的问题,自己选择伙伴组成团队,自己进行现状调查,自己分析原因,自己制定对策,自己组织实施,自己检查结果,自己评估总结。团队成员在自主管理的过程中能形成共同愿景,并以开放求实的心态相互切磋,不断学习新知识,不断进行创新,从而增强组织快速应变、创造未来的能力。日本企业几乎都实行自主管理模式,不定期地召开会议,气氛很活跃,领导们都坐在后面以示支持。

6. 组织的边界被重新界定

学习型组织会重新界定组织边界,推倒各式各样的隔墙,使部门与部门之间、员工与员工之间、组织与外界之间能够更便捷、更顺畅地沟通与交流。学习型组织的边界界定,建立在组织要素与外部环境要素互动关系的基础上,超越根据职能或部门划分的"法定"边界。

通用电气公司第八任总裁杰克·韦尔奇提出了"无边界行为"。韦尔奇提倡员工之间、部门之间、地域之间广泛地相互学习,汲取新思想。这种"无边界"的推广,使得通用公司将注意力集中在发现更好的方法和思想上,促使公司发展不断升级。"无边界"成为通向学习型文化和自我实现的关键一步。为了真正达到"无边界"的理想状态,韦尔奇坚决减少管理层次,加强公司硬件建设;大力提倡全球化思维;创立"听证会"制度。"听证会"不仅使普通员工参与公司的管理,而且成为领导者和员工相互沟通、相互学习的场所,大大提高了工作效率。

7. 员工家庭与事业的平衡

学习型组织努力使员工的家庭生活与工作生活相得益彰,学习型组织对员工承诺,支持每位员工的自我发展,而员工也以承诺对组织的发展尽心尽力作为回报。这样,个人与组织的边界变得模糊,工作与家庭的界限也逐渐消失,两者之间的冲突大大减少,从而达到家庭与事业的平衡。

8. 领导者的新角色

学习型组织中,领导者是设计师、仆人和教师。领导者作为设计师,其工作是对组织要素进行整合,它不只是设计组织的结构和组织政策、策略,更重要的是设计组织发展的基本理论;领导者的仆人角色表现在他对实现愿景的使命感,他自觉地接受愿景的召唤;领导者作为教师的首要任务是界定真实情况,协助组织成员对真实情况进行正确、深刻的把握,提高其对组织系统的了解能力,促进每个成员的学习和发展。

三、学习型组织的构建方法

学习型组织是一个善于创造、取得和传播知识的组织,它善于改进自身的行为,以反映新的知识。因此,要成为学习型组织,最根本的是要达成两点共识:一是学习要改变行为,这是学习的目的;二是学习要反映新的认知,也就是要改变思想方法,从而提升员工与组织的学习力。构建学习型组织需从以下六方面着手。

1. 打造基础管理平台

学习型组织有自己的骨骼,涉及包括组织结构在内的企业的各个"硬"要素,如战略、组织、流程、制度等。这些是建设学习型组织的前提,没有这些"硬"要素,学习型组织建设就无法落地。学习型组织对这些企业要素提出了新的要求,如要求组织结构扁平化,强调授权与分权;要求流程面向市场和客户,组织设计要以流程为核心等。

很多企业在建设学习型组织时,认为只要做了培训,学习了"五项修炼",组建了学习小组,就是建成了学习型组织,其实不然,"五项修炼"是学习型组织建设的"软"要素,是对管理者和员工的技能要求,培训和学习小组都是学习型组织的一种表现形式,而非学习型组织的实质。建设学习型组织的第一步就是打造自己的企业"硬"要素,做好基础管理平台。

2. 塑造学习型文化

学习型组织要有学习型文化。首先要确定学习的理念和价值观,要把学习与创新作为组织的核心理念进行塑造;其次要求管理者改变过去的管理风格,多与下属进行沟通和交流;再者,要建立学习型的团队和相应的激励和约束机制,如成立"读书会""分享会"等,并把学习作为一项工作任务,与考核和薪酬结合起来,这样才能形成真正的学习文化。

3. 构建培训和学习体系

学习型组织首先要明确学习的内容,企业的学习不同于学校里的教育,企业的学习要能够解决企业的实际问题。这就需要企业一方面要构建完善的培训体系,另一方面还要建立各种制度来维持组织的持续学习,如定期的读书会、提交学习心得以及人员流动和工作轮换等。此外,还要建立相应的考核机制,以确保学习效果。尤其是需要由管理者协助员工制定个人发展计划,在计划中要明确提出通过实践、教育和培训要实现的学习目标,使之不仅有利于个人事业成功,也符合公司发展需要。

另外,企业的学习可以从三个方面进行:第一,部门内的学习,尤其是对于出现的问题,要运用"五项修炼"的办法,深入探讨;第二,各部门之间的学习;第三,向联盟伙伴和竞争对手学习各种管理方法;等等。

4. 构建知识共享与交换平台

知识共享与交换平台包括硬件与软件两部分,硬件包括以 IT 技术为基础的知识管理平台，如 ERP、KMS 等，可以大大提高组织运营和知识积累与共享的效率；软件包括各种沟通会、研讨会、学习会等形式，大到组织的战略发展研讨会，小到班组每日的工作总结会，都可以成为知识共享的平台。

要使这种平台发挥作用，就要求员工要公布自己的假设，避免先入为主，认真倾听他人的意见，领导者则要善于引导大家讨论，塑造一种提倡分享的文化氛围。

良好的内部沟通机制可以极大地提高学习效果，很多公司会定期向员工推荐、或为其印制、购买学习资料，而且组织部门会就其内容进行研讨和交流。另外，公司还可以设立公开记事牌、电子公告牌等，及时公布企业的经营方针、重大问题、建议征集、岗位需求、热点讨论等，以提高员工的参与度，使知识得到增值。

5. 实施标杆管理

通过设定标杆，引导、支持员工与团队学习组织内外先进的生产、管理实践知识，并在组织内合理分配、使用这些知识，在不同部门之间达成知识、技术、数据的共享。

企业需要成立专门的机构来进行标杆管理，其实质是企业的一种变革管理。该机构最好采取矩阵式的组织结构，从研发、市场、营销、生产、人力资源等部门抽调人员，建立详细的标杆管理制度，定期收集和分析市场上先进的管理方法、技术、策略等，并及时协调相关部门人员在企业内部进行试运行，如果效果良好，则可以推广到整个企业。

6. 提升团队学习技能

彼得·圣吉提出学习型组织的"五项修炼"，不是指企业的组织形态，而是企业建设学习型组织所必备的技能，这个技能主要是指领导者和员工的能力和素质，是一种思维方法而非操作方法。因此，学习型组织的建立首先要求企业里的"人"在观念上和方法上进行改变，即先要改善心智模式，转变观念；然后要塑造组织和团队的共同愿景，让大家有共同的目标；再者要进行团队学习，群策群力，集思广益；进而实现个人的自我超越，唯有个人能力不断提高，才能带动团队和组织的飞跃；最后是要能够系统思考，不局限于局部，用整体和长远的眼光来看待问题。

四、学习型员工培养

（一）学习型员工的概念

福特公司 CTO（首席技术官）路易斯·罗斯有一个著名的观点："在你的职业生涯中，知识就像牛奶一样是有保鲜期的，如果你不能不断地更新知识，那你的职业生涯便会快速衰落。"在知识经济时代，知识作为蕴含在人力资源和技术中的重要成分，已成为诸多生产要素的核心，是决定分配的主要因素。因此，知识经济就是人才经济。知识的积累、知识向生产领域转化为生产力，其载体、推动力都是人才。人力资源只有掌握知识，掌握科学技术，才能成为生产力中最积极、最活跃的因素。

学习型员工就是具备学习能力的员工。这种学习能力不是单纯的读书能力，而是学习行为全过程和学习与工作相联系过程中的全面的学习能力。

学习能力是指个人、团队和更大的社区所具备的技巧和能力，它能帮助人们有效地学习，并取得确实重要的学习效果。学习能力不是强加给学习者的，而是学习者本身就有的学习愿望。彼得·圣吉所说的这种学习涉及整个思维方式的转变，它已不限于学会或学懂某一领域的某一具体知识，而是深入到哲学的方法论层次，这种学习要求改变多年来养成的思维习惯，要强制和约束自己形成新的思维方式，破旧立新，以实现心灵的感悟。

从广义上讲，学习型员工符合"自我实现人"假设。学习型员工是将自我实现作为人生的最大需求，有明确的学习目的，能主动地寻找学习机会，能把学习和工作系统地、持续地结合起来，并把自身的学习看作是一个持续终生的过程的员工。与其他员工相比，学习型员工更加追求自主性、个性化、多样化和创新精神。

学习型员工更加重视能够促进其不断发展的、有挑战的工作；他们对知识、对个体和事业的成长有着持续不断的追求；他们要求企业给予自主权，以他们认为有效的方式进行工作并完成企业交给他们的任务，能获得一份与自己的贡献相应的报酬，并使得自己能够分享到自己创造的财富。由于学习型员工具有很强的自我学习能力，所以即使离开了自己目前的工作岗位，也能很快获取新的知识，适应新的环境，找到新的谋生手段，具有终生就业的能力。

（二）学习型员工的特质

1. 自我学习

自我学习是指学习者对自己的学习活动负责并进行自我管理。学习者根据自己的需要设定学习目标，确定学习需要的资源，自己选择学习方法并评价自己的学习结果。自我学习以学习者为中心，而传统的学习方法则以培训专家、教师为中心。学习型员工的学习不再是跟在别人背后的学习，而是积极主动的学习，这种学习使得学习型员工建立了信心。

2. 自我管理

学习型组织理论认为，自我管理是指组织成员边工作边学习，并使工作和学习紧密结合的能力。自我管理能力要求员工具有很强的主体意识、自我意识和责任感。自我管理的能力充分体现了人的自主性。学习型员工通过自我管理，能对自己本身、自己的思想和行为表现有一个客观的清醒的认识，并能与社会规范、企业要求相对照，在自我评价、自我反省的基础上，调整或修正自己的行为方式，主动而积极地参与到企业的管理工作中去，并在工作中发挥其聪明才智和创造性，从而找到一个既合乎企业发展需要又有利于自身全面发展的途径和平衡点。

3. 自我超越

自我超越是指学习型员工能够不断为自己设立新的愿景，并能够为之奋斗，最终突破极限，实现自我，从而取得不断的发展。自我超越以磨炼个人才能为基础，以精神的成长为发展方向。自我超越是个人成长的学习修炼，是对一个人真正心之所向的愿景，不断重新聚焦，不断自我增强的过程。高度自我超越具有以下特征：永不停止学习、有非常清晰的个人愿景、正视现实、学会心灵的自我安慰。企业应当正确地引导学习型员工建立起与企业目标相一致的愿景，只有在这个基础上，员工对个人的追求才不会增加组织的困扰，反而会增强组织实力。

4. 自我启发

自我启发是指员工自己加强学习，提高修养，不断开发和提高自身能力。自我启发有三种类型：

一是无意识的自我启发。这是指以本人的个性为基础所作的自我启发，是在职业训练以前就存在的，这种无意识的启发具有强烈的影响力，能在不知不觉中产生潜移默化的作用。

二是有意识的自我启发。这是个体在了解自身的优点和缺点后，为了取长补短而有意识地进行的自我启发。但由于人的强烈的自我意识，这种有意识的自我启发必须有他人对自己优缺点的评价，否则效果就会大打折扣。

三是依据目标的自我启发。这种自我启发是指为了完成较高层次的具体目标，自行选定必要的启发课题，计划完成时间、内容和方法的一种自我启发。

学习型员工的自我启发属于较高层次的依据目标的自我启发。它以学习为前提，通过学习型员工不断地学习有关工作的知识和技术，同时结合自身的工作不断提出疑问，并寻求解决疑问的各种手段，以研究的态度进行的自我启发。

5. 自我经营

有良好的自我经营能力是学习型员工的一大特点。自我经营包含两方面的含义：

从短期来看，自我经营要求员工不仅要有扎实的理论知识、熟练的操作技能，更重要的是员工要对工作保持高度的热诚。学习型员工能够很好地理解并全面接受企业的经营理念，从而对自己的工作具有较强的使命感。学习型员工对于工作的态度不再是为了简单地获取物质上的回报，而是将工作看作是一种真正的事业来经营，将工作的成功视为自己人生的成功。

从长远的角度看，自我经营能力是员工能够根据自己的特点及社会发展的趋势，对自己的职业生涯做出很好的规划的能力。学习型员工可以对自己做出客观、公正的自我评价，明白自己的优劣势所在。

此外，学习型员工还能敏锐地察觉到环境的变化、新知识的产生，且能够根据自身的需求迅速对其做出反应，以最快的速度学习并掌握最新的知识和技能。正是这种长远的自我经营能力使学习型员工在这个急速变化的时代中获得了终身就业的能力，这是学习型员工区别于普通员工的关键所在。

(三) 学习型员工的培育

对于学习型员工个人来说，学习力使其具备了终身就业的能力，对于企业来说，学习型员工学习新知识、运用新知识、创造新知识的能力会为企业带来巨大的财富，因为学习力是他人所模仿不了的，所以拥有高素质的学习型员工是企业取得竞争优势的关键。从这个意义上来讲，培育学习型员工应从企业和员工个人两方面着手。

1. 员工个人角度

(1) 在工作中学习，在学习中工作。

对于学习型员工来说，学习和工作是紧密结合在一起的，学习的知识是和工作密切相关的。学习型员工应善于从工作中洞察和发现新知识、新技能，并能根据工作的实际需要，学习、掌握和吸收新知识、新技能。学习知识的目的是应用知识，学习型员工应具有很强的学以致用的能力，他们可以将所学知识正确运用于工作实践中，在工作中将所学的知识转化为价值。学习型员工在工作中具有很大的主动性和独立性，他们期望自己的工作能够获得发展，所以从不停止学习。

(2) 创造性学习。

创造性学习是超越现有的认知框架，创立新的认知体系。它是一种能动的学习，也称双环学习，它调整原来的设想以适应外界环境的变化。学习型员工具有对知识不断学习、更新，对新技术不断探索、追求，并促进自我完善的意识和自觉性。在学习兴趣上，学习型员工有强烈的好奇心，有旺盛的求知欲，对智力活动有广泛的兴趣，能排除外界干扰而长期地专注于某个感兴趣的问题；在学习动机上，学习型员工对事物的变化机制有深究的动机，渴求找到疑难问题的答案，喜欢寻找缺点并加以批判；在学习态度上，学习型员工愿意把大量的时间花费在感兴趣的事物上；在学习方法上，学习型员工会创设创造性学习的环境，懂得运用一定的学习策略。总之，学习型员工的学习是为了重新创造自我。

(3) 终身学习。

学习对于员工来说是一个终生积累的过程。学到的东西越多，就越觉得自己欠缺很多，员工永远都不可能达到永恒的卓越，必须不断地学习，才能持续成长。学习是人的天生本能，它可以不断进行知识结构重组，并不断创造新的知识。学习型员工作为知识经济时代财富的创造者，善于不断地学习是他们的根本特征。他们能够有效地利用认知的策略，掌握适当学习方法来指引自己的学习，并培养自我学习的能力，建立终身学习的习惯和态度。他们可以系统地结合日常工作学习，不断补充新的知识和掌握最新信息，并不断寻求解决问题，进行变革、创新的新途径。

2. 企业角度

环境造就人才，企业要使普通型员工向学习型员工转化，就要有良好的企业文化、高效便捷的信息流通渠道、注重提供创新的工作环境，使员工在这样的环境中培养出学习的动力、毅力和能力。

企业文化为学习型员工树立了共同的价值观和共同的利益追求,可以把员工的思想、观念和行动引导到企业所确定的目标上来,使之同心协力为实现企业的目标而奋斗。而且,共同的价值观、信念和利益追求把全体员工凝聚到一起,激发员工的群体意识,使员工产生对工作的自豪感、使命感和责任心,增强对本企业的集体感、认同感和归属感,凝聚成一个协调有机的整体。良好的企业文化能激励员工不断发挥自己的特长和潜能,与企业同呼吸,共命运。

学习型员工的最大特点就是能不断地学习知识并能将知识有效地运用到工作中去,进而取得创造性的成果。学习知识的前提是要获得知识,企业要想促进学习型员工的学习,充分发挥学习型员工的作用,就必须建立畅通的信息流通渠道,使企业的知识共享,以便员工可以及时获取自己所需要的知识。在这样的环境下,员工之间不仅可以进行沟通和学习,避免工作中的重复作业,还可以在工作中相互协作,相互尊重,提高工作的满意度和荣誉感。建立畅通的信息流通渠道就应该减少金字塔层次,打造扁平化组织,加强企业的内部沟通,让信息和人员可以自由流动。

学习型员工具有很强的自我超越能力和自我实现意识,他们喜欢具有创造性和挑战性的工作,美国著名管理学家汤姆·彼得斯说过:"只有创新,才能超越。"因而企业要想发挥学习型员工的这种创造能力,就必须为员工提供一个具有创造力、充满挑战的工作环境,为员工创造一个广阔的发展空间。促进创新的最好方法就是宣传创新,激发创新,树立"无功便是过"的新观念,从而营造一种人人谈创新、时时想创新的气氛,使每个人都能去探索新的工作方式,找出新的程序,以获得留在组织中的资格。只有在这种宽松的创新环境中,学习型员工才能最大限度地发挥自己的潜力和优势,为企业的发展带来勃勃生机。

 案例分析

华为的学习型组织

创立于1987年的华为,历经30多年的成长,从默默无闻到成长为行业领头羊。目前华为公司掌握的技术专利数量已在行业内处于领先位置,这显然是组织学习与创新学习的结果。有人说,正是学习型组织的构建,使华为公司成长为有竞争实力的世界级公司。

(一)学习的主体是人

"人力资本增值的目标优先于财务资本增值的目标",这也成为华为培训人才的宗旨和目标。任正非说:"在华为,人力资本的增长要大于财务资本的增长。追求人更甚于追求资本,有了人才就能创造价值,就能带动资本的迅速增长。"人力资本不断

增值的目标优先于财务资本增值的目标,但人力资本的增值靠的不是炒作,而是有组织的学习。而让人力资本增值的一条途径就是培训,华为的培训体系经过多年的积累已经自成一派。

任正非对于培训有一个精辟的见解,他说:"技术培训主要靠自己努力,而不是天天听别人讲课。其实每个岗位天天都在接受培训,培训无处不在、无时不有。成功者都主要靠自己努力学习,成为有效的学习者,而不是被动的被灌输者,要不断刻苦学习提高自己的水平。"可见,华为培训的本质或许并不单单是让员工具有某种技能,而是培养他们具备自我学习的能力。

华为旨在把自己打造成一个学习型组织,因此建立了一套完善的以华为大学为主体的华为培训体系,集一流教师队伍、一流教学设备和优美培训环境于一体,拥有千余名教师和能同时容纳 3 000 名学员的培训基地。

华为的培训对象很广,不仅包括本公司的员工,还包括客户方的技术维护、安装等人员;不仅在国内进行,也在海外基地开展;同时还建立了网络培训学院,培养后备军。

(二) 学习动力

如何才能让新员工主动学习、提高自己呢?华为采取的办法是全面推行任职资格制度,并进行严格的考核,从而形成了对新员工培训的有效激励机制。

譬如华为的软件工程师可以从一级开始做到九级,九级的待遇相当于副总裁级别。新员工入职后,如何向更高级别发展,怎样了解个人的差距,华为都有明确的规定,比如一级标准是写万行代码、推出产品等,有明确的量化标准,新员工可以根据这个标准进行自检。

任职资格制度的实施较好地发挥了四个方面的作用:一是镜子的作用,照出自己的问题;二是尺子的作用,找出与标准的差距;三是梯子的作用,知道自己该往什么方向发展和努力;四是"驾照"的作用,有新的岗位了,便可以应聘相应职位。

除任职资格制度外,华为还通过严格的绩效考核,运用薪酬分配这个重要手段,来实现"不让雷锋吃亏"的承诺。即使考核结果仅仅相差一个档次,可能收入差别就是十万元、二十万元甚至更多,华为就是通过这样的方式来识别最优秀的人,给他们更多的资源、机会、薪酬和股票,以此牵引员工不停地向上奋斗。

(三) 导师制

华为是国内最早实行"导师制"的企业。华为对导师的确定必须符合两个条件:一是绩效必须好,二是充分认可华为文化,这样的人才有资格担任导师。同时规定,导师最多只能带两名新员工,目的是确保成效。

华为规定,导师除了对新员工进行工作上的指导、传授岗位知识外,还要给予新员工生活上的全方位指导和帮助,包括帮助解决外地员工的吃住安排,甚至化解情感方面的问题等。

(四) 岗位轮换、人才流动

华为员工"之"字形个人成长,即一个员工如果在研发、财经、人力资源等部门做过管理,又在市场一线、代表处做过项目,有着较为丰富的工作经历,那么他在遇到问题时,就会更多从全局考量,能全流程地考虑问题。任正非一直强调干部和人才的流动,形成例行的轮岗制度,并要求管理团队不拘一格地从有成功实践经验的人中选拔优秀专家及干部;推动优秀的、有视野的、意志坚强的、品格好的干部走向"之"字形成长的道路,培养大量的将帅团队。

(五) 授权与决策

华为强调"让听得见炮声的人来呼唤炮火",就是要求班长在最前线发挥主导作用,让最清楚市场形势的人指挥,提高反应速度,抓住机会,取得成果。这要求上级对战略方向正确把握,平台部门对一线组织有效支持,班长们具有调度资源、及时决策的授权。其基础是组织和层级简洁而少(比如3层以内),决策方式扁平、运营高效。这样战争的主角——优秀班长就在战争中主动成长,从而成为精英中的精英。

按照"学习型组织"的概念,整体提升组织的"创造未来的能力"就是提升组织未来发展的竞争力,取决于三个核心能力:理解复杂性、开创性交谈、滋育热情。学习型组织强调从整体系统的观念上来重新思考组织的学习行为,从而解决传统组织学习无效率的问题。从个体学习到组织学习,学习动力、学习环境、学习资源等方面的全盘考虑是必要的,否则就不能称之为"学习型组织"。

(资料来源:https://www.sohu.com/a/242067098_100147886)

案例思考题

请结合案例分析应如何构建学习型组织?

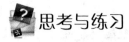

思考与练习

一、单项选择题

1. 下列方法中,属于人际过程干预方法的是 (   )
   A. 团队建设　　　B. 工作再设计　　　C. 质量圈　　　D. 文化变革
2. 学习型组织的本质特征与核心理念是创新和 (   )
   A. 共享　　　　　B. 成长　　　　　　C. 超越　　　　D. 互动
3. 组织开发需要满足一定的条件,下列哪一项不属于可以进行组织开发的条件 (   )
   A. 高层管理者愿意提供必要的资源来支持组织内部或外部顾问的行动
   B. 组织中存在一定的信任和合作

C. 组织的管理者更喜欢现实的东西,他们追求"立竿见影"的方法

D. 组织中至少有一个关键的决策者认识到必须进行变革,而且其他的高层管理者并不强烈地反对变革

4. 让相关员工参与工作决策和参与解决与职务相关问题的管理方法是(　　)。

A. 团队建设　　B. 质量圈　　C. 组织再造　　D. 目标管理

5. 下列哪项不属于学习型员工所具有的特质　　　　　　　　　　(　　)

A. 自我学习　　B. 自我管理　　C. 自我超越　　D. 自我评价

二、多项选择题

1. 学习型组织的特点有　　　　　　　　　　　　　　　　　　(　　)

A. 拥有一个共同的愿景

B. 善于不断学习

C. 领导者的角色是设计师、仆人和教师

D. 自主管理

E. 金字塔式的组织结构

2. 下列描述符合组织开发特征的是　　　　　　　　　　　　　(　　)

A. 组织开发活动是组织整体变动的管理,不是一个局部的行为

B. 组织开发致力于运用行为科学的知识来改变信仰、态度、价值观、人际关系、策略、结构和实践

C. 组织开发是解决短期绩效问题的策略与方法

D. 组织开发寻求的是增强组织有效性和员工满意度

E. 组织开发在很大程度上依赖人们的经验,并且重视对变革的推动

3. 使用调查反馈法时应注意做到　　　　　　　　　　　　　　(　　)

A. 调查对象最好是一个群体、部门或组织的全体成员

B. 调查表一般按实名制方式设计

C. 所调查数据的处理分析由内部的组织发展专家进行

D. 组织开发专家要培训有关的管理人员,使之掌握向下级进行数据反馈以及收集意见和建议的技能

E. 数据结果的反馈要面向全体有关人员,通常以小组讨论的方式进行解释

4. 学习型组织的"五项修炼"不是指企业的组织形态,而是说企业要建设学习型组织而必备的技能。下列选项中属于"五项修炼"的有　　　　　　　　(　　)

A. 自我超越　　　　　　　　B. 改善心智模式

C. 个人目标　　　　　　　　D. 团队学习

E. 系统思考

5. 下列关于组织再造的表述正确的有　　　　　　　　　　　　(　　)

A. 成功的组织再造就是构建合适的组织结构
B. 组织再造能直接给企业带来利益的增加
C. 组织再造是对企业业务流程的再设计和重新思考
D. 组织再造后需要有一系列保护创新激情的配套制度
E. 组织再造是有目的、有意识的主动行为,不会偶然发生

三、简答题

1. 什么是组织开发?组织开发具有什么意义?
2. 可以进行组织开发的条件有哪些?
3. 自我管理团队具有哪些共同特征?
4. 组织再造应注意哪些问题?
5. 学习型员工具有哪些特质?

四、论述题

1. 试述组织开发的过程。
2. 试述学习型组织的构建方法。

各章部分习题参考答案

第一章

一、单项选择题
1. B 2. D 3. A 4. A 5. C

二、多项选择题
1. ABCDE 2. ABD 3. ABD 4. ABE 5. CDE

第二章

一、单项选择题
1. C 2. D 3. B 4. B 5. C

二、多项选择题
1. BC 2. ADE 3. ABC 4. ABDE 5. BCD

第三章

一、单项选择题
1. C 2. B 3. A 4. B 5. B

二、多项选择题
1. ABD 2. BD 3. CE 4. ABCD 5. ABC

第四章

一、单项选择题
1. D 2. A 3. B 4. B 5. D

二、多项选择题
1. BCE 2. ABCE 3. ACD 4. BD 5. ABE

第五章

一、单项选择题
1. C 2. C 3. B 4. A 5. D

二、多项选择题

1. ABD 2. ABDE 3. ACDE 4. CE 5. ABC

第六章

一、单项选择题

1. D 2. B 3. C 4. A 5. B

二、多项选择题

1. ACE 2. BCE 3. BCDE 4. ABCD 5. BDE

第七章

一、单项选择题

1. A 2. A 3. B 4. D 5. C

二、多项选择题

1. ABE 2. ACDE 3. BC 4. BCDE 5. CD

第八章

一、单项选择题

1. D 2. B 3. D 4. C 5. A

二、多项选择题

1. ABDE 2. CDE 3. ADE 4. ABC 5. BCDE

第九章

一、单项选择题

1. C 2. D 3. D 4. B 5. A

二、多项选择题

1. ABCD 2. ABCD 3. AD 4. ABC 5. BCDE

第十章

一、单项选择题

1. A 2. B 3. C 4. B 5. D

二、多项选择题

1. ABCD 2. ABDE 3. ADE 4. ABDE 5. CDE

参 考 文 献

1. [美] 阿拉斯泰尔·赖兰特,凯文·洛汉.创造培训奇迹[M].刘薄林,等译.经济管理出版社,2005.
2. 白睿.培训管理全流程实战方案[M].中国法制出版社,2019.
3. 曹荣,孙宗虎.员工培训与开发管理(至尊企业至尊人力资源第2分册)[M].世界知识出版社,2003.
4. 曹振杰.人力资源培训与开发教程[M].人民邮电出版社,2006.
5. 陈胜军.培训与开发:提高·融合·绩效·发展[M].中国市场出版社,2010.
6. 顾英伟,杨春晖.人力资源培训与开发[M].电子工业出版社,2007.
7. 胡华成.人力招聘与培训全案[M].清华大学出版社,2019.
8. [美] 杰克·菲利普斯.培训评估与衡量方法手册[M].李元明,林佳澍,译.南开大学出版社,2001.
9. 金延平.人员培训与开发(第五版)[M].东北财经大学出版社,2019.
10. 课思课程中心.培训课程体系设计方案与模板(第2版)[M].人民邮电出版社,2018.
11. 李前兵,周昌伟.员工培训与开发[M].东南大学出版社,2013.
12. 林泽炎,李春苗.员工职业生涯设计与管理[M].广东经济出版社,2003.
13. 刘建华.人力资源培训与开发[M].中国电力出版社,2019.
14. 刘燕,曹会勇.人力资源管理[M].理工大学出版社,2019.
15. [美] 罗伯特·L.乔勒斯.如何组织培训[M].奚卫华,彭涛,等译.机械工业出版社,2007.
16. 苗海荣.七步打造完备的培训管理体系[M].哈尔滨出版社,2006.
17. [美] 乔恩·M.沃纳,兰迪·L.德西蒙.人力资源开发(第4版)[M].徐芳,董恬斐,等译.中国人民大学出版社,2009.
18. 任康磊.培训管理实操从入门到精通[M].人民邮电出版社,2019.
19. 任余礼,许为民,王良志.企业人力资源管理师(二级)[M].中国劳动社会保障出版社,2020.
20. 石金涛.培训与开发[M].中国人民大学出版社,2009.
21. 宋培林.企业员工战略性培训与开发:基于胜任力提升的视角[M].厦门大学出版社,2011.
22. 滕宝红.人力资源管理实操 从入门到精通[M].人民邮电出版社,2019.
23. 王海玲,陈国政,张燕娣,等.企业人力资源管理师(四级)[M].中国劳动社会保障出版社,2020.
24. 王亚丹,严国涛.员工培训[M].上海财经大学出版社.2016.
25. 王振,朱庆敏,张亚平,等.企业人力资源管理师(一级)[M].中国劳动社会保障出版社,2020.
26. 郗亚坤,曲孝民.员工培训与开发[M].东北财经大学出版社,2019.
27. 萧鸣政.培训与人力资源开发:理论与方法[M].中国人民大学出版社,2020.

28. 谢晋宇.人力资源开发概论[M].清华大学出版社.2005.
29. 徐芳.培训与开发理论及技术[M].复旦大学出版社,2005.
30. 颜世富.培训与开发[M].北京师范大学出版社,2007.
31. 杨生斌.培训与开发[M].西安交通大学出版社,2006.
32. 姚裕群,张再生.职业生涯与管理[M].湖南师范大学出版社,2007.
33. [美]伊布雷兹·泰里克.企业培训与发展的七个趋势：保持员工需求与组织目标一致的策略[M].杨震,颜磊,译.江苏人民出版社,2017.
34. [美]伊莱恩·碧柯.美国培训与发展协会领导力开发手册[M].徐中,占卫华,刘雪茹,译.电子工业出版社,2012.
35. 袁燕华.培训课程开发与设计案例集[M].人民邮电出版社,2011.
36. [英]约翰·阿戴尔.有效领导力开发[M].翁文艳,吴敏,译.格致出版社,2011.
37. 赵曙明,赵宜萱.人员培训与开发——理论、工具、实务[M].人民邮电出版社,2019.
38. 赵涛.人力资源工作制度规范与流程设计[M].北京工业大学出版社,2009.
39. 中国就业培训技术指导中心.企业人力资源管理师(三级)(第三版)[M].中国劳动社会保障出版社,2020.
40. 周文霞.职业生涯管理[M].北京邮电大学出版社,2008.
41. 朱仁崎.组织行为学原理与实践[M].湖南大学出版社,2018.
42. Robert L. Katz.Skills of an Effective Administrato[M]. Harvard Business School Press,2009.
43. Tung, Rosalie L. Selection and Training of Personnel for Overseas Assignments[J]. Columbia Journal of World Business，March 1981.

图书在版编目(CIP)数据

人力资源培训与开发/张燕娣主编. —上海：复旦大学出版社，2022.6
ISBN 978-7-309-16124-3

Ⅰ.①人… Ⅱ.①张… Ⅲ.①人力资源管理 Ⅳ.①F243

中国版本图书馆 CIP 数据核字(2022)第 032902 号

人力资源培训与开发
RENLIZIYUAN PEIXUN YU KAIFA
张燕娣　主编
责任编辑/于　佳

复旦大学出版社有限公司出版发行
上海市国权路 579 号　邮编：200433
网址：fupnet@fudanpress.com　http://www.fudanpress.com
门市零售：86-21-65102580　团体订购：86-21-65104505
出版部电话：86-21-65642845
上海华业装潢印刷厂有限公司

开本 787×1092　1/16　印张 21　字数 411 千
2022 年 6 月第 1 版第 1 次印刷

ISBN 978-7-309-16124-3/F·2876
定价：65.00 元

如有印装质量问题，请向复旦大学出版社有限公司出版部调换。
版权所有　侵权必究